研究生学习基地建设（1900542869/023）项目

未成年人
刑事诉讼程序探究

The Exploring on Procedure
for Juvenil Criminal Cases

主　编◎谢安平　郭　华

撰稿人◎郭　华　谢安平　高　寒　冯　康
郭太平　于丰源　杨　茜　曾　薇
韩　笑　种　政　邬巧莹　张　蕊

中国政法大学出版社

2015 · 北京

目 录

CONTENTS

导 论

梁启超先生在《少年中国说》中认为，“故今日之责任，不在他人，而全在我少年。少年智则国智，少年富则国富，少年强则国强，少年独立则国独立，少年自由则国自由，少年进步则国进步，少年胜于欧洲，则国胜于欧洲，少年雄于地球，则国雄于地球。”尽管其说中的少年不完全等同于未成年人，在全面推进依法治国语境下对未成年人投入更多的程序保障却是应当的。由于未成年人身心处于发育时期，社会化程度不高且认识能力不成熟，从某种意义上而言，其自然属性多于社会属性，人的本能性多于理性，更多体现出不同于成年人的特质。因此，对未成年人刑事案件采取不同于成年人的诉讼程序不仅是理性的使然，也是法律正义的应然，更是社会和国家责任的必然。为此，我国2012年修改的《刑事诉讼法》在“特殊程序”中将“未成年人刑事案件诉讼程序”设专章规定（第266～276条共11条）。这一程序不仅解决了我国多年来有关未成年人保护方面法律法规的碎片化问题，也摆脱了未成年人刑事案件在程序适用中的困境，而且还践行了我国参加的国际公约中有关保护未成年人的国际义务，树立了“条约必须遵守”的良好国际形象。因为“非行少年是缺少保护的少年，国家应当代替父母保护这些少年”[1]。基于少年司法的“国家亲权思想”，我国《刑事诉讼法》对未成年人刑事案件诉讼程序在特别程序中设专章予以规定，不仅具有重要的现实意义以及诉讼制度上的创新价值，

---

〔1〕［日］田口守一：“少年审判”，载［日］西原春夫主编：《日本刑事法的重要问题》（第2卷），金光旭等译，法律出版社2000年版，第168页。

也能够为未成年人的合法权利提供更好的程序性保护。[1]

在未成年人合法权益保护中，我国还参加或批准了国际社会制定的关于保护少年儿童的国际性文件，以保证未成年人合法权益真正得以优先保护，体现了国家监护的理念。例如，我国参加或者批准联合国《儿童权利公约》、[2]《经济、社会及文化权利国际公约》、《联合国少年司法最低限度标准规则》（以下简称《北京规则》）、《联合国保护被剥夺自由少年规则》、《联合国预防少年犯罪准则》以及《儿童生存、保护和发展世界宣言》和《执行90年代〈儿童生存、保护和发展世界宣言〉行动计划》等。同时，我国还为保护未成年人合法权利制定了法律法规及相关解释、规定和规则等。如1991年全国人大常委会通过，2006年、2012年修订的《未成年人保护法》；1999年全国人大常委会通过，2012年修订的《预防未成年人犯罪法》；2014年4月24日第十二届全国人民代表大会常务委员会第八次会议通过《关于〈中华人民共和国刑事诉讼法〉第二百七十一条第二款的解释》；2012年最高人民法院《关于适用〈中华人民共和国刑事诉讼法〉的解释》（法释［2012］21号）（以下简称《法院刑诉法解释》）（第459～495条共37条）；2012年最高人民检察院《人民检察院刑事诉讼规则（试行）》（高检发释［2012］2号）（第484～509条共26条）；2012年最高人民检察院《关于进一步加强未成年人刑事检察工作的决定》；2012年公安部《公安机关办理刑事案件程序规定》（公安部令第127号）（第306～321条共16条）；2013年12月27日最高人民检察院修订的《人民检察院办理未成年人刑事案件的规定》（高检发研字［2013］7号）（共6章83条）；2013年最高人民法院、最高人民检察院、公安部、司法部《关于刑事诉讼法律援助工作的规定》、《关于依法惩治性侵害未成年人犯罪的意见》以及2014年最高人民法院、最高人民检察院、公安部、民政部《关于依法处理监护人侵害未成年人权益行为若干问题的意见》等。[3]这些法律法规、规范性文件

[1] 郭华："未成年诉讼程序观念更新与制度重塑"，载《人民检察》2015年第2期。

[2] 目前全球已有192个主权国家签署该公约，其为国际未成年人权利保护方面最为重要的公约。我国于1990年8月29日签署，成为第105个签署国。该公约1992年4月1日正式对我国生效。

[3] 有关解释和规定还包括最高人民法院《关于审理未成年人刑事案件具体应用法律若干问题的解释》、《公安机关办理未成年人违法犯罪案件的规定》以及2010年中央综合治理委员会预防青少年违法犯罪工作领导小组、最高人民法院、最高人民检察院、公安部、司法部、共青团中央的《关于进一步建立和完善办理未成年人刑事案件配套工作体系的若干意见》等。

以及解释、规定对于落实我国有关未成年人保护的政策与体现对未成年人的特殊关怀，将对未成年人特殊保护的理念贯彻于司法实践中去均有重要意义。

然而，有关保护未成年人合法权益的有些法律和相关法规还存有一些不足，有些规定之间还存在冲突，在实践中阻碍了相关法律文件的有效执行，甚至影响了预期的法律效果和社会效果的统一。此时不仅需要修改法律，更亟须从理论层面予以解读，以期通过理论指导能够更好地保障未成年人的合法权益，更好地履行国际义务，更好地实现国家对未成年人的特殊保护。我们将未成年人刑事案件诉讼程序中带有制度性的疑难问题进行梳理，基于现实中存在的问题与办案实践的需要，从理论上对未成年人刑事诉讼程序的主要原则、制度与程序等方面进行探讨并提出一些建设性的建议，希望引起办案机关的特别关注与重视，保障“未成年人刑事案件诉讼程序”与相关制度得以按照法律规定和未成年人司法的基本方针、原则和理念来解决司法实践中带有普遍性的问题。

一、“未成年人案件诉讼程序”作为特别程序的原则、方针和观念的理论诠释

“未成年人案件诉讼程序”作为特别程序，其内容不同于普通的诉讼程序。因为未成年人案件中犯罪嫌疑人、被告人、被害人等诉讼主体的特殊性使得其程序在权利保障方面比普通诉讼程序要更充分，更能充分体现对未成年人保护的优先性及国家对未成年人的“特别”关怀和特殊“待遇”。特别程序不可能对未成年人案件的所有问题均作出规定，其没有规定或者规定不充分的，需要依照未成年人案件诉讼程序的精神、原则予以填补。然而这些填补性规定并非简单地依照其他程序尤其是普通程序办理，应当体现出未成年人刑事案件诉讼的程序特点和规律。这就需要在司法实践中关注未成年人刑事案件诉讼程序作为特殊程序与普通诉讼程序的差异，特别需要更新未成年人权益保护的观念，注重发挥其优先保护的功能。这一问题的前提是通过理论对于未成年人刑事案件诉讼程序的立法原则、精神予以解读，同时对于偏离立法目的的观点予以澄清，并借此改变原来落后甚至错误的观念与做法。“作为一个国家，在错误观念没有得到改变之前就

来修正我们的制度是非常艰难的。"[1]因此，在办理未成年人案件上理念的更新、观念的转变尤其重要。

未成年人是一个独特的社会群体，未成年人犯罪也是一个特殊的社会问题，关乎家庭的希望、国家的稳定和民族的未来。由于未成年人犯罪的动机相对简单，有些是因为感情用事或一时情绪冲动，或受特殊环境的影响而酿成罪果。对未成年人适用刑事诉讼程序时，不仅应当坚持"教育为主"的原则，更应注重强调挽救、感化的方针，还应严格遵循普通程序的基本原则。以"无罪推定原则"为例，在法院作出生效的有罪判决之前，任何人在法律上都应被视为"无罪之人"，均不应招致任何类似犯罪人的惩罚。"无罪推定"的精神不仅需要在普通程序中予以贯彻，在作为特殊程序的未成年人刑事案件中更应充分予以体现，不得以"挽救措施"为借口在判决有罪之前对未成年人采用惩罚性的措施，即使是在其附条件不起诉考察期间也不得为之。由于我国在此方面的立法经验尚不成熟，2012 年《刑事诉讼法》修改中曾出现未成年人附条件不起诉的救济程序依照普通程序进行的规定，2014 年全国人大常委会《关于〈中华人民共和国刑事诉讼法〉第二百七十一条第二款的解释》对此进行纠正，该解释针对《刑事诉讼法》第 271 条第 2 款规定的"对附条件不起诉的决定"、"被害人申诉的，适用本法第 175 条、第 176 条的规定"进行更正。在一定意义上说，2012 年修改的《刑事诉讼法》存在认识上的错误，混淆了特殊程序附条件不起诉与普通程序不起诉之间的区别，将特殊程序与《刑事诉讼法》"附则"规定混同。对这类问题如果不及时更正，《刑事诉讼法》有关未成年人刑事诉讼程序的实施就难以达到立法预期的目标，难以实现立法目的。因此，根据立法的精神与未成年人刑事诉讼程序的特点对此进行理论解读，在一定程度上可以暂时弥补上述规定与解释的不足与缺陷。

在诉讼程序中，即使未成年人在实体法意义上可以作为犯罪人，但在程序上也不得将其作为罪犯对待，不宜采用单纯的"惩罚为辅"的做法。因为这一原则只适用于特定的执行阶段，这也是2012 年修改的《刑事诉讼法》将原来修正案草案规定的"未成年人犯罪案件诉讼程序"修改为"未成年人刑

[1] [美] 吉姆·佩特罗、南希·佩特罗：《冤案何以发生：导致冤假错案的八大司法迷信》，苑宁宁等译，北京大学出版社 2012 年版，第 83 页。

事诉讼程序”的原因。[1]有论者认为，在未成年人案件诉讼程序中将“实行教育、感化、挽救的方针，坚持教育为主、惩罚为辅”[2]作为原则“明显不完整，并且因为针对的是‘对犯罪的未成年人’，而不是未成年的刑事被告人，因此主要是实体法意义上的原则。需要明确的是，《刑事诉讼法》虽然也可以规定实体法的内容，但就原则而言，应当确定的是未成年人刑事诉讼程序的原则”[3]。《刑事诉讼法》规定该原则适用的前提是“对犯罪的未成年人”，而在《法院刑诉法解释》中取消了这一限制，改为“人民法院审理未成年人刑事案件”，[4]防止出现因坚持“惩罚为辅”的原则致使未成年人在诉讼程序中的地位低于坚持无罪推定原则下成年人地位的情形。我国《刑事诉讼法》在未成年人案件诉讼程序中直接移植了《未成年人保护法》、[5]《预防未成年人犯罪法》等有关实体法规定的原则与方针，并在落实《刑事诉讼法》相关解释、规定中也采用了这一原则。那么，如何正确认识与理解该原则，特别是如何在贯彻这一原则和方针中使未成年犯罪嫌疑人、被告人获得更好的“特殊保护”并低于我国已经批准加入的联合国《儿童权利公约》的相关要求值得思考。[6]同时，在办案过程中亦应注重贯彻“双向保护原则”，既要保障未成年犯罪嫌疑人的合法权益，还要教育其认罪服法，促使其主动向被害人赔礼道歉、赔偿损失，实现对未成年犯罪嫌疑人、被告人权利保护与未成年被害人保护之间的制度平衡与程序正当。

以上问题需要理论予以解读，也需要理论对实践的困惑予以纾解。因为“解释世界是我们的需要，是我们的欲求……每一个欲求都是一种追求规则的欲望，每一个人都有自己的视角，每一个人都倾向于强迫所有其他的人接受他的观点。”[7]如果观点是理性且有利于对未成年人权利的特殊保护，那么借

〔1〕 参见2011年第十一届全国人大常委会第二十二次会议初次审议的《中华人民共和国刑事诉讼法修正案（草案）》规定的“未成年人犯罪案件诉讼程序”。

〔2〕 参见我国《刑事诉讼法》第266条的规定。

〔3〕 王敏远：“论未成年人刑事诉讼程序”，载《中国法学》2011年第6期。

〔4〕 参见《法院刑诉法解释》第459条的规定。

〔5〕 我国《未成年人保护法》第54条规定：“对违法犯罪的未成年人，实行教育、感化、挽救的方针，坚持教育为主、惩罚为辅的原则。”《预防未成年人犯罪法》第44条也作了相同的规定。

〔6〕 联合国《儿童权利公约》第40条第2款B项规定：“所有被指称或指控触犯刑法的儿童至少应得到下列保证：①在依法判定有罪之前应视为无罪……”

〔7〕 ［美］丹尼斯·M. 帕特森：《法律与真理》，陈锐译，中国法制出版社2007年版，第19页。

助于“强迫”灌输而获得有价值的保障，不仅是维护未成年人合法诉讼权利所需要的，也是架构未成年人司法制度所欲求的，更是司法追逐目标所期待的。

二、“未成年人案件诉讼程序”不具有可操作性的程序性规定的理论纾解

我国《刑事诉讼法》关于未成年人刑事案件诉讼的特别规定，主要以法律条文的形态固定在具体制度与程序之中，然而仅由单个条文予以粗糙地规定是远远不够的，特别需要理论结合整个未成年人诉讼程序和办理未成年人案件的理念予以解释，以弥补单纯依靠对条文的机械理解而带来制度实施过程中的不足以及出现的偏差。本书主要选择了以下几个主要方面进行解释与探究：

一方面，未成年人案件诉讼程序规定了附条件不起诉制度，明确了分押制度以及讯问和审判时合适成年人到场制度，并确立了犯罪记录封存制度。这些制度对于充分保障未成年犯罪嫌疑人、被告人的合法权利，消除其犯罪污点，使之尽快回归社会无疑具有重要的现实意义。然而，在附条件不起诉制度中，尽管这次立法解释及时纠正了制度中的一些缺陷，但仍然存在对附条件不起诉与酌情不起诉和存疑不起诉制度之间重叠问题处理条件不明确、附条件不起诉缺乏程序应有的“时间上有期限”和“空间上有隔离”以及适用空间过于狭窄致使在实践中操作性不强的问题。在讯问和审判时合适成年人在场制度中，“讯问和审判的时候”是否包括第一次采取强制措施之日，规定的未成年犯罪嫌疑人、被告人的法定代理人无法、不能、不应到场的情况下“可以通知未成年犯罪嫌疑人、被告人的其他成年亲属，所在学校、单位、居住地基层组织或者未成年人保护组织的代表到场”，而未成年人对法定代理人和合适成年人是否享有相应的选择权？一旦“合适成年人”对未成年人的利益有所威胁或者未成年人对其并不信任，该制度保障未成年人权利的目标就会落空。在分案处理上，强调对被拘留、逮捕和执行刑罚的未成年人与成年人实行“三分别”，即分别关押、分别管理、分别教育，其立法本意旨在加强对未成年人的司法保护，防止其与成年犯罪嫌疑人或被告人接触而发生“交叉感染”，有助于未成年人顺利回归社会。但值得研究的是，将未成年人与成年人共同犯罪案件分案处理后该如何保障程序公正，确保未成年人不因分案处理而受到更不公平的待遇。在未成年人情况调查中，存在着如何理解

“根据情况可以”进行调查，调查的性质该如何判定，为何检察机关将其界定为“社会调查”而其他机关的规定仅仅规定为“调查”，调查的主体为谁，调查后得出的报告是否仅“作为办案和教育的参考”以及能否作为证据等一系列疑惑。这些问题尽管不是制度缺失造成的，却因有关条款过于简疏，单纯依靠条文的规定在实践中还不能有效、规范地运行这些制度，需要理论予以填补与推进。

另一方面，从内容上来看，因缺乏相关制度协调与支持，《刑事诉讼法》的规定尚不能满足对未成年人予以“特别帮助和保护”的要求。如我国《刑事诉讼法》第196条规定：“宣告判决，一律公开进行。”也就是说，不公开审判的未成年人犯罪案件，也必须公开宣告判决，同时对未成年人附条件不起诉的决定亦予以公开。然而，从其他国家的法律规定上看，未成年人犯罪案件的判决一般也不公开宣告。[1]那么，公开宣告如何与未成年人犯罪记录封存制度相协调，如何解决与未成年人犯罪案件判决不能网上公开的冲突以及保证公共媒体监督作用的发挥需要进一步研究。如果按照《刑事诉讼法》第276条的规定，“办理未成年人刑事案件，除本章已有规定的以外，按照本法的其他规定进行”，在诉讼信息公开问题上将会出现对未成年人帮助和保护不足的问题。为此，应当进一步补充对未成年人特别帮助和保护的规定。例如，羁押后通知其家人不能按照一般程序的规定进行，应当采用针对未成年人犯罪案件的特别规定以确保被羁押未成年人的家人知晓其被羁押的情况。同时，不仅应当规定负责羁押的机关有通知其家人的义务，不得以“有碍侦查”为由不通知，还应当赋予被羁押的未成年人享有立即打电话通知其家人的权利，以避免对其羁押成为“秘密”。[2]

对于未成年人犯罪记录的封存制度应研究如何进一步完善封存时间、封存范围和条件等问题。法条中的“有关单位”是指哪些单位？“国家规定”具体包括哪些范畴？犯罪记录封存后作何处理，是永久存放还是彻底销毁？这些问题首先应与刑法学理论研究中以及司法实践所尝试的“前科消灭制度”相区别。根据我国《公务员法》、《检察官法》、《法官法》、《律师法》等法律

〔1〕 如《德国未成年人刑法》第48条规定：“对于未成年人刑事案件，进行审判的法庭不得公开进行审理和宣判。”

〔2〕 王敏远：“论未成年人刑事诉讼程序”，载《中国法学》2011年第6期。

的规定，有犯罪前科的人员不得或在一定期限内不得从事公务员、检察官、法官、律师等职业。根据《兵役法》的规定，依照法律被剥夺政治权利的人，不得服兵役。即使未被剥夺政治权利，在政审时往往也难以通过。基于此，在上述法律未作修改之前如何实施犯罪记录封存制度需要实践创新，尤其是要解决与公安部的《重点人口管理规定》、公安机关开具有无违法犯罪记录证明的制度、公安机关的户籍管理制度等许多现行规章愈加明显的冲突矛盾。对诸如此类的问题，特别值得研究者从法理上对法律位阶、立法意图与制度向度等理论问题予以解释与说明，以维护这一制度的有效实施。

三、"未成年人案件诉讼程序"司法实践创新经验与做法的合理性与合法性的理论解读

在司法实践中，公检法三机关组建了侦查、检察、审判和帮教转化阶段的专门机构并采取办案人员专门化的工作方式。有些检察机关严格把好审查批捕关，降低对涉罪未成年人的批捕率，建立羁押必要性"动态评估审查工作办法"〔1〕。多数法院不仅设立了少年法庭，在庭审中还采用了审判人员、公诉人员、未成年人围坐在同一张圆桌的所谓"圆桌审判"的模式，形成了不同于普通案件的庭审格局。据统计，2012 年最高人民法院在原来 17 个试点中级人民法院的基础上，选择了 32 个符合条件的中级人民法院开展未成年人案件综合审判庭试点工作。这种审判方式适合未成年人的语言表达方式及心理状态，有助于营造比较宽松的庭审环境，也能够有效地减少未成年被告人的压力，使庭审教育与庭后矫治实现有效衔接。2014 年 5 月 29 日，最高人民检察院召开新闻发布会通报检察机关近年来开展未成年人刑事检察工作、加强对未成年人司法保护的有关情况，并介绍了 15 个检察机关创新工作方法和工作机制的事例。〔2〕据统计，目前全国已成立有独立编制的未成年人刑事检察机构 807 个。〔3〕但

〔1〕 参见杨文萍："务实创新　推动未成年人刑事检察工作健康发展"，载《检察日报》2014 年 4 月 28 日。

〔2〕 参见高鑫："高检院发布 15 个未成年人刑事检察工作创新事例"，载《检察日报》2014 年 5 月 29 日。

〔3〕 参见周斌："最高检召开检察机关未成年人刑事检察工作新闻发布会"，载《法制日报》2014 年 5 月 30 日。

是，如何保障司法工作中创新机制的展开对法庭审判的规范性要求，如何将其转化为具有制度意义的规则，其规则制度需要回归至理论的指导，司法实践中的大胆尝试以及程序机制创新尤其需要通过理论予以检验，以免实践走出制度又违背原则成为影响司法权威的异化因子而伤害未成年人，甚至给失足少年重新做人回归社会带来“负能量”。实践中，合适成年人参与机制在很多地方都是由办案机关推动的，办案机关还因此承担了相应的费用。虽然办案机关推动合适成年人参与目的在于保障未成年人权益、约束和规范自身办案行为，但客观上却造成了合适成年人依附于办案机关的后果。[1]如此一来，不仅可能会影响合适成年人监督讯问过程作用的发挥，更为严重的是导致这一制度的执行出现本末倒置“怪象”：“合适成年人”最初定位为未成年人权利的“专门保护者”，旨在成为制约公检法机关的“监督者”，实践中却不断转化为协助公检法机关对未成年人的“教育者”和促进未成年人供述的“促进者”，极大可能造成实践运行超越制度设计而走向反面的情形。

在对“未成年人案件诉讼程序”的研究中，“附条件不起诉制度”作为学界“热议”的重点问题之一将会随着立法解释的出台而式微，但对有些问题的争论并未因立法解释的出台而不再成为焦点问题。就一些制度而言，“调查制度”因实施状况不佳、适用比例较低等突出问题为学界热烈讨论，且将成为实践需要解释的重要问题之一；合适成年人制度也随着实践的推进有所发展，并在司法实践中不断得到丰富；未成年人犯罪记录封存制度与其他相关制度间的矛盾与冲突则成为继续完善未成年人刑事诉讼程序亟须解决的实践难题之一。不仅如此，司法实践中还创新了涉案未成年人社会观护体系，并在注重本土资源和域外经验的良性互动中通过不断完善“观护机构”的设置和强化“社会观护组织”来保障这一创新制度的推广。谈及关于未成年人案件的新闻报道，媒体对案件事实虽享有报道的自由，但应当时刻牢记自身肩负的社会责任，尤其当报道涉及未成年人的“性侵案件”时，更应当充分考虑对未成年人心理状况的关照和未成年人合法利益的保护。联合国《北京规则》第8条规定，有关司法机构“应在各个阶段尊重少年犯享有隐私的权利，以避免由于不适当的宣传或加以点名而对其造成伤害。原则上不应公布

〔1〕参见何挺：“‘合适成年人’参与未成年人刑事诉讼程序实证研究”，载《中国法学》2012年第6期。

可能会使人认出某一少年犯的资料”。我国《未成年人保护法》第58条规定：“对未成年人犯罪案件，新闻报道、影视节目、公开出版物、网络等不得披露该未成年人的姓名、住所、照片、图像以及可能推断出该未成年人的资料。”《广播影视新闻采编人员从业管理的实施方案（试行）》第7条规定：“切实维护未成年人的合法权益。采编涉及未成年人的负面报道，要遵守我国对未成年人保护的法律规定，维护未成年人的权益。未获得未成年人的监护人同意，一般不披露未成年人的姓名、住址、肖像等能够辨别和推断其真实身份的信息和音像资料……对未成年人犯罪案件一般不予公开报道。广播影视不能借报道新闻、宣传法制之名展示未成年人犯罪案件，不能为了追求收听率和收视率而公开披露未成年人的犯罪细节、作案方式。特殊情况需要报道的，要采取必要的技术手段加以处理。”因此，媒体报道应当力求在满足公众知情权与保护未成年人权益之间找到平衡点，媒体的报道更应本着关爱未成年人、保护未成年人的态度，让媒体在法治轨道上发展前进。基于此，我们在本书中以专题的形式对“未成年人案件诉讼程序”确立的制度、程序以及相关规定存在的问题、理论上的争议以及需要完善的内容等观点给予理论上梳理、分析与解读，以期在已有的研究成果基础上推动对“未成年人案件诉讼程序”的理论研究向前发展，并能够解决实施中的一些困惑，进而推动实践对“未成年人案件诉讼程序”的有效尝试，达到我国《刑事诉讼法》对未成年人的特殊保护的目的。

尽管我国《刑事诉讼法》设专章将未成年人案件诉讼程序作为特别程序进行规定，体现对未成年人权利的特别保护，但完善未成年人刑事诉讼程序，推进公正司法，实现对未成年人的特殊保护并不能因此不予具体展开。因为“未成年人刑事诉讼程序还应更‘特殊’”，[1]更要将体现其特殊保护的“儿童最大利益原则”发挥到最大化，特别是呼吁社会力量的积极参与是各项未成年人刑事诉讼制度真正落实到实处的重要保障，也是未成年人刑事司法发展的重要动力之一。党的十八届四中全会通过的《中共中央关于全面推进依法治国若干重大问题的决定》提出了“立法先行”的思路，当现有法律不能适应社会发展和社会的需要，必须要先通过修改法律或重新立法的方式来适

〔1〕 参见李艳丽、徐改青：“未成年人刑事诉讼程序还应更‘特殊’”，载《检察日报》2014年4月9日。

应社会的发展和满足社会的需要，而不应再采取所谓先“合情合理违法，后再修改法律予以认可”的非法治方式来进行。因此，探究健全保护未成年人刑事案件程序规则与推进未成年人案件诉讼程序改革，有利于为其改革提供“正当性”依据与改革的动力，以避免在立法层面上失去司法改革前进的动力源泉，致使刑事司法停滞不前或者仅仅停留在“纸面上”法条的机械执行。本书在解释有关制度时主要以实践中存在的“问题”和司法实践的“需求”作为导向，并结合国外以及我国港澳台地区的未成年人相关制度和规定作为解读的参考。但是，这种解释与探究不同于基于完善未成年人案件诉讼程序的一般性立法探讨，即不再仅仅是为了修改法律所提出的建议，而是更多地从现存的问题与执行的难题出发，为合理并理性地解决现存问题而进行理论探究。从全面贯彻与真正落实“未成年人利益最大化原则”出发，为未成年人案件诉讼程序的实施提出可供启发以及机制创新的理论依据与现代化观念，从而保证在未成年人案件诉讼程序中的未成年人得到优质的特殊保护与特别程序的关爱与呵护。

基于上述认识、分析与判断，对于未成年人案件诉讼程序的探究不仅需要通过实践探索、创新、发展未成年人权利如何保障的问题，更亟待理论以《刑事诉讼法》的规定为起点进一步地创新、探索、发展有关未成年人权利在诉讼中还存在哪些应当纳入而尚未纳入保护以及现有规定的保护制度还尚不足以保护其权利的问题，尤其是一些有关该程序的理念、观念与原则上的问题更需要理论与实践予以特别关注，这些问题在本书中均有不同程度的诠释，并对观点的冲突与制度的矛盾予以冰释。

第一章

未成年人刑事案件诉讼程序的特有原则

“原则”（principium）的基本含义是“开始、起源和基础”，或者说话或行事所依据的法则。[1]法律有关原则的规定是：“法律职业者进行法律解释和法律推理的基础或出发点，它可以克服规则的刚性，弥补成文法的漏洞、纠正法律的失误，利于个案公平地实现，并具有发展法律、增强法律权威性等功能。”[2]因而，“在一定意义上讲，法律原则已然成为法官解决疑难案件、说服当事人和公众的工具。法官以不容置疑的原则来增强司法裁判尤其是创造性裁判的公信力。与此同时，法律原则也限制着办案人员面对疑难案件时过大的自由裁量权，捍卫了立法权与司法权分离的传统。总之，法律原则一方面浸渍着伦理价值，另一方面也极具司法意义。”[3]可以说，原则是研究一门学科的基础和本源，对于法律这门学科来说，法律原则更是有关法律的精髓所在，在整个法律体系中具有核心的地位。基于此，不同的法律制度都应具有与其相匹配的法律原则，由于程序法原则与实体法原则的不同，我国对刑事诉讼法进行了区别于刑法的原则的规定，而在刑事诉讼中，基于未成年人刑事案件诉讼程序与普通刑事案件诉讼程序存在区别，我们有必要对未成年人刑事诉讼程序原则进行专门的分析与探讨。本章针对未成年人刑事诉讼程序有关原则的规定进行讨论，并借助于讨论对其进行理论上的分析评价，

---

〔1〕 中国社会科学院语言研究所词典编辑室编：《现代汉语词典》（第5版），商务印书馆2005年版，第1676页。

〔2〕 庞凌：“法律原则的识别和适用”，载《法学》2004年第10期。

〔3〕 庞凌：“法律原则的识别和适用”，载《法学》2004年第10期。

以保障办案人员对原则的理解获得准确的认识并在程序运用中得以理性的适用，使未成年人在刑事诉讼程序中获得更好的程序保障与恰如其分的特别保护。

一、有关未成年人刑事案件诉讼程序原则的概说

我国刑法所规定的未成年人是指已满14周岁不满18周岁的人，未成年人刑事案件是指已满14周岁、不满18周岁的人实施的危害社会、触犯刑律且应受到刑事追究的案件。[1]虽然未成年人犯罪与成年人犯罪一样，同样违反刑事法律制度，具有社会危害性，应当受到刑罚处罚，但与成年人不同的是，对于未成年人的刑罚处罚要贯彻以教育、感化和挽救为主的指导思想，以帮助其顺利回归社会为最终目标。正因如此，我国2012年修订的《刑事诉讼法》对于未成年人刑事诉讼程序的内容进行了专门规定。

未成年人刑事诉讼程序作为特别程序，其正当性基础应是预防而非纯粹的程序正义。因为未成年人无法理解冗长、严苛的诉讼程序中的“正义”价值，他们在充满仪式化的诉讼程序中感受到的更多的是司法的冷漠与不近人情，程序正义所带来的制度能量在此很可能会异化为鞭笞脆弱心灵的“凶器”。将特别程序原理定位于预防，不仅是未成年人犯罪特质的要求，更是未成年人司法保护理念的重要体现。[2]因此，在进行未成年人刑事诉讼的过程中，应将未成年人刑事诉讼程序作为刑事诉讼的特别程序予以对待，这样就要求其程序不仅要受制于特别程序的规制，也要先受制于刑事诉讼法基本程序的约束。也就是说，未成年当事人在此程序中不仅享有特别程序原则的特别保护，如分离处理原则、社会参与原则；同时也享有一般程序原则的一般保护，如无罪推定原则。然而，我国《刑事诉讼法》特别程序中有关原则不仅内容简单，而且主要是移植其他法律的实体性规定，有关程序性的原则明显不足。再加上理论与司法实践对这些原则未能放置在整个刑事诉讼框架中予以阐述与认识，致使其有关规定与特别程序的原理存在一定的冲突，使未

---

〔1〕王永杰、吴晓丽：“论我国未成年人刑事案件诉讼程序的不足与完善——兼评《刑事诉讼法修正案》的相关规定”，载《时代法学》2012年第3期。

〔2〕庄乾龙：“未成年人犯罪特别程序之定位”，载《青少年犯罪问题》2014年第3期。

成年人在此程序中的特别保护难以有效地全面获得。因此，需要将未成年人刑事诉讼程序原则置于整个刑事诉讼中进行理论解读，以保障原则得以全面、有效地贯彻。

（一）国际社会关于未成年人刑事案件诉讼程序原则的相关规定

未成年人刑事案件诉讼程序原则作为一项基本原则，是立法者在构建未成年人刑事诉讼程序以及办案人员在运行未成年人刑事诉讼程序时所必须遵循的行为准则。这一准则在国际性法律文件中也都有所体现。首先，国际公约中涉及未成年人刑事案件诉讼程序原则的条约主要是《公民权利和政治权利国际公约》和《儿童权利公约》。《公民权利和政治权利国际公约》作为国际人权宪章的一部分，以法律的形式明确了世界各国公民所应享有的公民人身安全和自由的权利，其中还特别强调了各国在进行未成年人刑事诉讼活动时所需坚持的诉讼原则，其第 10 条第 2 款（乙）规定："被控告的少年应与成年人分隔开，并应尽速予以判决"；第 14 条第 1 款规定："所有的人在法庭和裁判所前一律平等。……由于民主社会中的道德的、公共秩序的或国家安全的理由，或当诉讼当事人的私生活的利益有此需要时，或在特殊情况下法庭认为公开审判会损害司法利益因而严格需要的限度下，可不使记者和公众出席全部或部分审判；但对刑事案件或法律诉讼的任何判决应公开宣布，除非少年的利益另有要求或者诉讼系有关儿童监护权的婚姻争端"；此外，第 14 条第 4 款还规定："对少年的案件，在程序上应考虑他们的年龄和帮助他们重新做人的需要"；以上这些规定是从公民人身自由、平等和安全的角度出发对未成年人刑事诉讼制定的特殊的诉讼原则，即为了最大限度地保证未成年人的人身安全和诉讼权利，以给予未成年人特殊保护。

《儿童权利公约》也为未成年人的刑事诉讼确立了独有的诉讼原则和诉讼保障制度，该原则第 3 条第 1 款规定："关于儿童的一切行为，不论是由公私社会福利机构、法院、行政当局或立法机构执行，均应以儿童的最大利益为一种首要考虑。"国际社会将这一规定称为"儿童最大利益原则"，它要求各个成员国在进行国内立法和司法的过程中，必须首先考虑这一原则，一切以儿童的最大利益为出发点。同时，各国在应用这一原则时，还要注意与各国的国情和法律文化与制度相结合，使其能够融入本国的法律体系。此外，这一原则还要求各国都要采取有效措施或者制定与此相适应的诉讼程序以使其义务与《儿童权利公约》中有关的儿童权利相结合，切实保障儿童权利的实现。这一国际公约除了明确“儿童最大利益原则”以外，还具体规定了一系列未成年人的特有诉讼权利。如第37条规定：“缔约国应确保：（A）任何儿童不受酷刑或其他形式的残忍、不人道或有辱人格的待遇或处罚。对未满18岁的人所犯罪行不得判以死刑或无释放可能的无期徒刑。（B）不得非法或任意剥夺任何儿童的自由。对儿童的逮捕、拘留或监禁应符合法律规定并仅应作为最后手段，期限应为最短的适当时间。（C）所有被剥夺自由的儿童应受到人道待遇，其人格固有尊严应受尊重，并应考虑到他们这个年龄的人的需要的方式加以对待。特别是，所有被剥夺自由的儿童应同成人隔开，除非认为反之最有利于儿童，并有权通过信件和探访同家人保持联系，但特殊情况除外。（D）所有被剥夺自由的儿童均有权迅速获得法律及其他适当援助，并有权向法院或其他独立公正的主管当局就其被剥夺自由一事之合法性提出异议，并有权迅速就任何此类行动得到裁定。”第39条规定：“缔约国应采取一切适当措施，促使遭受下述情况之害的儿童身心得以康复并重返社会；任何形式的忽视、剥削或凌辱虐待；酷刑或任何其他形式的残忍、不人道或有辱人格的待遇或处罚；或武装冲突。此种康复和重返社会应在一种能促进儿童的健康、自尊和尊严的环境中进行。”除了上述两个法条之外，该公约在第40条也针对未成年人规定了一系列权利保障条款：“①缔约国确认被指称、指控或认为触犯刑法的儿童有权得到符合以下情况方式的待遇，促进其尊严和价值感并增强其对他人的人权和基本自由的尊重。这种待遇应考虑到其年龄和促进其重返社会并在社会中发挥积极作用的愿望。……④应采用多种处理办法，诸如照管、指导和监督令、辅导、察看、寄养、教育和职业培训方案及不交由机构照管的其他办法，以确保处理儿童的方式符合其福祉并与其情况和违法行为相称。”这些法律条文都给予了未成年人区别于成年人的刑事诉讼特有权利，同时也是保障未成年人诉讼权利原则具体内容的体现。

除了国际公约中关于未成年人刑事诉讼原则的规定之外，在联合国的其他法律性文件中，也有相关规定，其中包括1985年的《北京规则》、1990年的《联合国非拘禁措施最低限度标准规则》（以下简称《东京规则》）以及1991年的《联合国预防少年犯罪准则》（以下简称《利雅得规则》）。这些规定通过确立统一的最低限度标准，为各个不同国情和法律制度的国家处理未成年人刑事诉讼相关问题确立了相对统一和明确的标准。就以上三个法律规定来讲，《北京规则》始终都被认为是凌驾于国际政治、经济、文化之上的共同行为准则，这一规则所规定的处理未成年人刑事诉讼的基本原则也成了各国制定其相关刑事诉讼法则的标准和依据。具体说来，《北京规则》、《东京规则》以及《利雅得规则》为各国确立的统一的未成年人刑事诉讼基本原则有以下几个方面：

（1）双向保护原则。《北京规则》第1条第4款规定："少年司法应视为是在对所有少年实行社会正义的全面范围内的各国发展进程的一个组成部分，同时还应视为有助于保护青少年和维护社会的安宁秩序。"这一原则说明了在处理未成年人刑事诉讼的过程中，要坚持惩罚犯罪与保护人权的和谐统一。要兼顾社会利益与未成年人利益，既要惩罚犯罪以保护社会秩序的稳定，又要兼顾未成年人犯罪的特殊性，做到教育与保护相结合。

（2）减少司法干预原则。《北京规则》第1条第3款规定："会员国应充分注意采取积极措施，这些措施涉及充分调动所有可能的资源，包括家庭、志愿人员及其他社区团体以及学校和其他社区机构，以便促进少年的幸福，减少根据法律进行干预的必要，并在他们触犯法律时对他们加以有效、公平及合乎人道的处理。"减少司法干预不同于排斥司法干预，它是以保护未成年人身心健康为出发点，尽可能通过非司法途径达到惩罚犯罪、教育和改造未成年人的目的，以减少刑事司法对未成年人的不利影响。

（3）相称原则。《北京规则》第5条规定："少年司法制度应强调少年的幸福，并应确保对少年犯做出的任何反应均应与罪犯和违法行为情况相称。"对于未成年人的刑事处罚，不能仅仅考虑未成年人的犯罪行为的严重程度和社会危害性，同时也要考虑行为人的具体情况，如年龄、智力、家庭、学校和社会的责任等。从未成年人自身情况出发，对未成年人进行全面调查，不仅可以帮助公安司法机关找准诱发此未成年人的犯罪原因，以便有针对性地对未成年人进行教育、感化和挽救。同时通过对犯罪未成年人的调查，进而对其生活或学习环境进行评估与管理，个案联系共案，也可以帮助公安司法机关提早发现问题，防止更多犯罪的发生。

（4）迅速及时原则。《北京规则》、《东京规则》和《公民权利和政治权利国际公约》都强调了迅速办理未成年人案件的重要性，因为随着时间的推移，会增加案件调查的难度，降低案件的真实性，同时也会给未成年人带来不必要的心理负担，因此，办理未成年人案件应当及时迅速进行，以最快捷、最便利的方式，给予未成年人最优的处理。

由此可见，无论是国际公约还是在联合国其他法律性文件，都对未成年人刑事诉讼规定了区别于成年人的更多的诉讼原则。而我国作为《公民权利和政治权利国际公约》、《儿童权利公约》的缔结者，作为《北京规则》、《东京规则》和《利雅得规则》的赞成并通过者，都应在制定我国国内法的时候贯彻和履行公约内在的精神及其所提出的要求，使我国的未成年人刑事案件诉讼程序特有原则与国际公约和联合国法律文件保持一致，并结合我国的国情和具体的法律制度不断完善。

（二）确立未成年人刑事诉讼的缘由

之所以要在未成年人刑事诉讼中专门规定未成年人刑事案件诉讼程序原则，有其深刻的理论与制度基础。

（1）从未成年人的生理、心理特点来看，其有着不同于成年人的特征。在生理上，未成年人还处于生长发育阶段，尚未完全成熟，但其身体特征已经不同于幼年时期，而是处于幼年到成年的过渡时期。这一时期的未成年人，由于其自身身体特征的变化，而变得精力充沛，做事容易冲动且不计后果，相当大一部分未成年人犯罪都是由于冲动所致，并无提前预谋和策划。在心理上，未成年人的人生阅历和经验也远少于成年人，心理发育还未成熟，人格尚未定性，可塑性较大，其犯罪的主观恶性程度也低于成年人。因此，作为直接针对未成年人的刑事诉讼基本原则，就必须要立足于未成年人的身心特点，要从未成年人自身的生理和心理状态出发。

（2）从社会的角度来看，未成年人犯罪除了个人因素外，更有社会的原因。其生长的环境、社交网络、朋友圈子以及学校环境等，都会对未成年人产生影响，因此，未成年人犯罪是家庭、学校、社会各种因素共同作用的结果。根据国家侵权理论，未成年人不是家长的私有财产，而是国家的共有资产，这就意味着国家是未成年人的最终保护者，即在未成年人的家长、学校等个人或社会团体无法对未成年人进行照顾、教育和保护时，国家应肩负起保护和教育未成年人的义务，以未成年人最高监护人的身份保护未成年人的健康成长，从未成年人的利益出发，保护未成年人，促使其尽早回归社会。

（3）从未成年人的发展来看，未成年人的人生道路还很长，在受到刑罚处罚后还存在着回归学校和社会的问题。由于犯罪受到刑事追诉会使未成年人的社会评价降低，在制定未成年人刑事案件诉讼程序原则时需要对此加以考虑，避免程序给未成年人带来过大的心理压力和负担，防止未成年人因心理障碍而给心灵留下阴影，使其产生反感，出现新的犯罪问题。因而我们有必要从未成年人的未来考虑，制定相关的诉讼原则，力争在追究未成年人刑事责任的同时将社会影响降到最低。

（4）从权利保障的角度来看，在刑事诉讼过程中，我们应当给予未成年人一些特别对待。由于未成年人在面对公安司法机关追诉时，其心理承受力往往要弱于成年人，一般来说，为了保证法庭审理案件的效果，各方诉讼参加人往往会在法庭中展开激烈的质证和辩论，而这种严肃、紧张的法庭气氛很容易给未成年人带来心理上的压力；同时，未成年人的诉讼能力较之成年人也要欠缺许多，这使得其面对法庭的审判时，很多时候并不能准确的表达自己的意愿和诉求。所以，在程序进行时给予未成年人以特别的对待，也是保障权利和程序正义的具体体现和要求。[1]

（三）未成年人刑事案件诉讼程序原则的特点

未成年人刑事诉讼程序作为刑事诉讼程序的一种特别程序，是基于未成年人的特点和应予以特殊保护的需要而形成的，现代刑事诉讼法律制度关于保障权益、规范职权的基本原则同样应适用于未成年人诉讼程序。[2]基于此，未成年人刑事诉讼程序首先应当遵守刑事诉讼的基本原则，如以事实为根据，以法律为准绳原则；在适用法律面前人人平等原则；检察机关实行法律监督原则；各民族公民有权使用本民族语言文字进行诉讼的原则；侦查权、检察权、审判权由法定机关行使原则；公、检、法三机关分工负责，相互配合，相互制约的原则；审判权、检察权独立行使原则；犯罪嫌疑人、被告人有权获得辩护原则；未经审判，不得确定有罪原则；保障诉讼参与人诉讼权利原则；具有法定情节不予追究刑事责任原则；追究外国人刑事责任适用我国刑事诉讼法原则以及司法协助原则等。这些原则是刑事案件诉讼程序的基本原则，未成年人刑事案件诉讼程序作为刑事诉讼程序的特别程序，首先应当坚持刑事诉讼程序的基本原则。但由于未成年人自身的生理和心理状况以及未成年人犯罪案件的特殊性，使未成年人刑事诉讼除了应遵循刑事诉讼法的基本原则之外，还应根据未成年人案件诉讼程序的特点，遵循一些特殊原则。

---

〔1〕参见梁玉霞主编：《刑事诉讼法》，厦门大学出版社2011年版，第352页。

〔2〕参见王永杰："论我国未成年人刑事案件诉讼程序的不足与完善——兼评《刑事诉讼法修正案》的相关规定"，载《时代法学》2012年第3期。

这些原则与刑事诉讼基本原则相比，主要有以下不同：

（1）刑事诉讼的基本原则体现了我国刑事诉讼的目的和立法精神，是立法对刑事诉讼活动的性质、特点和规律的全面反映。根据我国《刑事诉讼法》第1条的规定，刑事诉讼的立法目的在于“保证刑法的正确实施，惩罚犯罪，保护人民，保障国家安全和社会公共安全，维护社会主义社会秩序”，而未成年人刑事案件诉讼程序原则是对未成年人刑事诉讼活动的性质、特点和规律的反映。虽然对于犯罪的未成年人，由于其违反了刑法规范，产生了社会危害，理应受到刑罚处罚，但因未成年人与成年人之间存在差异，使得未成年人的刑事诉讼更加强调对于未成年人的教育、感化和挽救，寓教于诉，强调保护未成年人诉讼权利的重要性，以使未成年人所受的诉讼不利影响降到最低，保证其顺利回归社会。因此，针对未成年人刑事案件诉讼程序的特有原则应符合未成年人案件的特点，体现未成年人案件的特殊性，保障未成年人的权利。

（2）未成年人刑事诉讼原则是在总结未成年人犯罪原因、刑事责任和刑罚适用等具体的规定中抽象出来的，而未成年人的犯罪原因、刑事责任和刑罚适用都与成年人有着相应的区别。这就使得一般刑事案件的审理都是围绕着犯罪嫌疑人和被告人是否构成犯罪，构成何种犯罪，以及是否应当承担刑事责任和应当承担什么样的刑事责任进行的。而办理未成年人犯罪案件，不应当仅仅将其看作是一个证明犯罪的过程，更应当将其设为一个求证的过程，即重点关注未成年人的犯罪原因，以及如何使未成年人受到最小的不利影响，并关注于如何保障未成年人有效回归社会等问题进行，因而其原则的侧重点也有所不同。

（3）未成年人刑事诉讼原则能够反映未成年人刑事诉讼的目的，实现未成年人刑事诉讼的任务。刑事诉讼的目的在于惩罚犯罪和保障人权，未成年人刑事诉讼与之相比更注重对未成年人人权的保障，注重对未成年人的特别保护，确保未成年人的实体权利和程序权利免受非法侵害，因而对于未成年人刑事诉讼，应当在刑事诉讼基本原则的基础上，增加有利于未成年人刑事诉讼的原则。从以往的经验教训来看，刑事诉讼中的职权机关应当将被追诉的未成年人作为权利主体来看待，切忌将其作为“刑事诉讼的对象”、“教育的工具”。例如，绝不能对未成年人刑讯逼供；又如，让刑事诉讼中的未成年被告人到学校去宣读“悔过书”，这些做法今后都应严厉禁止。因此，刑诉法修正案规定的未成年人刑事诉讼特别程序的价值，如果仅仅停留于立法层面是不够的，如何将其准确、完整地予以贯彻落实，才是法治进步的关键。[1]

（四）研究未成年人刑事案件诉讼程序原则的意义

未成年人刑事案件诉讼程序原则贯穿于未成年人刑事诉讼的全过程，体现了未成年人刑事诉讼的立法精神，反映了未成年人刑事诉讼的目的和任务，对人民法院、人民检察院和公安机关办理未成年人案件具有指导作用。因此，只有在科学、完善的原则指导下，才能有效控制未成年人犯罪，保护未成年人合法权益，实现诉讼的目的。研究未成年人刑事案件诉讼程序原则的意义，具体包括以下几个方面：

（1）为进一步完善未成年人刑事案件诉讼程序对未成年人的特别保障提供指导思想。未成年人刑事案件诉讼程序原则是未成年人刑事诉讼立法精神的具体体现，未成年人刑事案件诉讼程序的具体制度和程序均是围绕未成年人刑事诉讼原则的精神设计与安排的。因此，在贯彻实施未成年人刑事诉讼制度和程序中均需要体现这些原则，凡是与未成年人刑事案件诉讼程序原则有冲突的制度和程序均应以原则作为指导思想予以完善。例如，我国《刑事诉讼法》第268条规定："公安机关、人民检察院、人民法院办理未成年人刑事案件，根据情况可以对未成年犯罪嫌疑人、被告人的成长经历、犯罪原因、监护教育等情况进行调查。"这一制度不仅是建立在全面调查原则上的一项具体制度，同时还需要在制度贯彻中不折不扣地以全面调查原则作为指导，保障调查制度有效贯彻，更有利于维护未成年人的合法利益。

（2）为进一步保障未成年人特有的合法权益提供建议性意见。人民法院、人民检察院和公安机关在办理未成年人案件时，必须按照未成年人刑事案件诉讼程序基本原则进行，而且还需要在该原则下保障未成年人合法利益最大化。仅就目前我国特别程序的规定来看，未成年人刑事案件诉讼程序原则已经基本形成，但仍存在一些不完善的地方甚至缺陷，如果不能把握其原则，在实践中就有可能阻碍未成年人合法权益的顺利实现，不能真正实现刑事诉讼立法的目的。因此，就需要我国对未成年人刑事诉讼原则进行研究，为准确解读原则含义提供清晰的内容，同时还需要通过研究发现缺点与问题，以完善相应的原则，确保最大程度的维护未成年人的实体性利益和程序性权利。

---

〔1〕 参见王敏远："《刑事诉讼法》修改后的未成年人权利保护问题探讨"，载《中国青年报》2012年6月8日，第7版。

（3）为进一步增强人民法院、人民检察院和公安机关的办理未成年人案件的职责提出建议。未成年人刑事案件诉讼程序原则，对人民法院、人民检察院和公安机关办理未成年人刑事诉讼活动提出了更高的要求。如人民法院、人民检察院和公安机关办理未成年人刑事案件时，不仅要体现未成年人的特点，更需要由熟悉未成年人身心特点的审判人员、检察人员和侦查人员承办。研究未成年人刑事诉讼程序原则，有助于进一步规范人民法院、人民检察院和公安机关的办理未成年人案件的行为，促使其严格遵循程序办理案件，有责任心地履行其应尽的特殊保护之责，保证案件的质量与社会效果，充分体现国家对未成年人的关怀与体贴，并为人民法院、人民检察院和公安机关创新办理未成年人刑事案件机制提供理论指引。有论者认为，应当在《刑事诉讼法》修改的基础上，进一步研究有利于推进刑事诉讼中的未成年人权利保护的问题。以被逮捕后通知家属的规定为例，刑事诉讼法将通知家属作为职权机关的职责是很有必要的，应当将其作为权利予以规定，那么对被逮捕的未成年人来说，是否可以考虑由其自己通知家属并予以特别的权利设置；不仅如此，还应进一步探索有助于推进刑事诉讼中关于未成年人权利保护的实践，以讯问时律师在场制度为例，可以考虑在实践中展开试点。[1]

二、我国未成年人刑事案件诉讼程序原则的简约分析

据统计，我国未成年人犯罪比率在刑事犯罪率中在保持了长时间居高不下的情势下，于2006年开始逐年下降，目前，未成年人的犯罪案件大多都集中在抢劫、盗窃等财产案件中。可见，未成年人犯罪比率的下降与我国刑事诉讼的不断完善有着密不可分的联系。我国有关未成年人刑事案件诉讼程序的司法实践，可追溯到1984年上海长宁区少年法庭的建立。少年法庭的出现标志着我国少年司法作为一项司法制度的诞生，自少年司法制度诞生以来，我国在未成年人保护和治理未成年人犯罪方面均取得了较为明显的进步。而2012年《刑事诉讼法》的修改，更是以专章对未成年人刑事案件诉讼程序加以规定，足以说明我国对未成年人刑事诉讼的重视程度。基本原则作为我国

〔1〕参见王敏远：“《刑事诉讼法》修改后的未成年人权利保护问题探讨”，载《中国青年报》2012年6月8日，第7版。

法律的重要特色，也是一项制度具有独立性的重要标志。[1]进一步完善未成年人刑事案件诉讼程序，首先应当确立科学、完整的未成年人刑事诉讼原则。但就目前来看，我国对于未成年人刑事诉讼原则的研究主要集中于学理讨论层面，有些原则还处于思想原则的范畴，不具有统一性、完备性和规范性，以至于形成了“一原则说”、“三原则说”、“四原则说”、“五原则说”、“六原则说”和“八原则说”等不同学说。

(1)“一原则说”仅仅将《刑事诉讼法》第266条明确规定且以带有原则字眼的“教育为主，惩罚为辅”作为原则，将教育、感化、挽救作为方针，而分案处理，审理不公开，社会调查原则以及隐私特别保护等都被作为基本制度予以确定。[2]

(2)坚持“三原则说”的论者认为，我国未成年人刑事案件诉讼程序原则包括三项内容，但对于这三项原则究竟包括哪些内容，学者们持有不同的观点。有观点认为，未成年人刑事案件诉讼程序原则包括：全面调查原则、分离处理原则和迅速简易原则。具体说来，全面调查原则是指公安机关、人民检察院和人民法院在办理未成年人案件的过程中，既要对未成年人的犯罪事实进行调查，也要对未成年人本身进行特别调查。分离处理原则，是指在刑事诉讼过程中将未成年犯罪人和成年犯罪分子程序分离、分别羁押、分案审理、分别执行。迅速简易原则可分为迅速和简易两个方面，其中迅速是指公安机关、人民检察院和人民法院应依法在尽可能短的时间内完结应当进行的工作，而简易就是简化，即在整个诉讼中，尽量简化诉讼程序。[3]也有观点认为，未成年人刑事案件诉讼程序原则应当包括教育、感化、挽救原则，不公开审理原则和迅速、简易原则。教育、感化、挽救原则要求司法机关在对未成年人犯罪案件进行审判时，应当帮助未成年人认清自己所犯罪行的严重性，唤醒他们的悔罪意识，使其认罪服法，并教育未成年犯罪人增强接受处罚的内心承受能力，使他们有充分的思想准备接受应有的惩罚，为以后投入改造打下思想基础。而坚持不公开审理原则，则主要是为了防止公开审判给未成年人的名誉、人格和自尊心造成伤害，使未成年人在精神上受到创伤，

[1] 参见陈卫东：“未成年人犯罪案件诉讼程序的立法完善”，载《法律适用》2012年第3期。

[2] 参见陈光中主编：《刑事诉讼法》(第5版)，北京大学出版社、高等教育出版社2013年版，第429页。

[3] 参见陈光中主编：《中国刑事诉讼程序研究》，法律出版社1993年版，第463~464页。

影响其健康成长。

（3）主张“四原则说”的观点认为，未成年人刑事案件诉讼程序原则应当包括：全面调查原则；分案处理原则；保障未成年犯罪嫌疑人、被告人诉讼权利原则和迅速简化原则。其中全面调查原则、分案处理原则和迅速简化原则的内容都与“三原则说”相关原则的内容大致相同或者基本相似。而保障未成年犯罪嫌疑人、被告人诉讼权利原则，是指未成年犯罪嫌疑人、被告人除了享有与成年犯罪嫌疑人、被告人相同的诉讼权利外，由于其身心上的特殊性，还应享有一些特殊的保护。〔1〕

（4）坚持“五原则说”的学者认为我国未成年人刑事案件诉讼程序原则应当包括五项内容。有论者对这五项内容进行了明确，认为未成年人刑事案件诉讼程序原则应包括：教育、感化、挽救原则；分案处理原则；不公开审理原则；保障未成年被告人诉讼权利原则和及时迅速原则。

（5）而“六原则说”是目前我国学界普遍认同的观点。“六原则说”接受了各个“五原则说”共同承认的原则，如教育、感化、挽救原则，分案处理原则，不公开审理原则等，同时，将多数学者共同认可的原则纳入其中，如保障未成年人依法享有的诉讼权利原则，全面审查原则，迅速简易原则。但舍弃了综合治理原则等不具有诉讼程序基本原则特征的原则，〔2〕即“六原则说”包括：教育、感化、挽救原则；分案处理原则；保障未成年人依法享有的诉讼权利原则；审理不公开原则；全面调查原则和迅速简易原则。〔3〕此外，也有论者提出不同于上述原则的“缓和原则”以及“及时迅速原则”。〔4〕

（6）“八原则说”则包括教育为主、惩罚为辅原则；分押分管原则；全面调查原则；审理不公开原则；确保诉讼权利和优先保护原则；及时审结原则；两可案件从轻原则以及案后跟踪原则。〔5〕其中确保诉讼权利和优先保护原则是指，在审理未成年人案件的过程中，如果出现未成年人的利益与成年人的

---

〔1〕 参见温小洁：《我国未成年人刑事案件诉讼程序研究》，中国人民公安大学出版社 2003 年版，第 75～109 页。

〔2〕 参见姚建龙：《中国少年司法研究综述》，中国检察出版社 2009 年版，第 220 页。

〔3〕 参见宋英辉：《刑事诉讼法学》，中国人民大学出版社 2007 年版，第 520～522 页。

〔4〕 参见程荣斌、王新清主编：《刑事诉讼法》（第 5 版），中国人民大学出版社 2013 年版，第 402～404 页。

〔5〕 黄一超：“论未成年人刑事诉讼中应遵循的原则”，载《青少年犯罪问题》1994 年第 5 期。

利益都要保护的情况，应当优先保护未成年人的利益。两可案件从轻原则则是指可羁押可不羁押，可诉可不诉，可判可不判的应当遵循“可捕可不捕的不捕，可诉可不诉的不诉，可杀可不杀的不杀”的原则。而案后跟踪原则，则是指对于被作出不起诉决定的未成年被告人，虽然其诉讼阶段已经结束，但是，公安司法机关都应当继续承担起保护未成年人的责任，对未成年人进行案后跟踪，并督促、配合有关机关落实帮教的措施，化解未成年人在升学、复学、就业等方面遇到的问题。

通过以上观点我们发现，目前学术界对于我国未成年人刑事案件诉讼程序原则的研究并不多，已有的研究也主要是在现有法条的基础上，从理论和比较法出发，借鉴国际少年司法的先进理论而形成的，尽管所提出的未成年人刑事诉讼的原则已经基本全面，但是对于哪些内容应当作为原则，哪些作为制度还缺乏深入的分析与研究，需要从未成年人刑事案件诉讼程序的本质与特点等方面予以归纳提升，保证其具有原则的基本意义。

三、我国未成年人刑事案件诉讼基本原则的理论梳理与解读

2012 年修改的《刑事诉讼法》凝聚了我国未成年人保护事业多年来相关努力的成果，对稳固和推进刑事诉讼中的未成年人权利保护，具有十分重要的作用，[1]也为我国未成年人刑事案件诉讼程序原则的确立奠定了基础。根据“原则”一词基本含义以及法学界的通常理解，能够作为未成年人案件诉讼程序的特有原则，应当具备以下几方面的基本属性：

（1）原则的抽象性。未成年人刑事诉讼原则是未成年人刑事诉讼法律制度的精髓所在，能够作为未成年人案件诉讼程序的原则，应当具有高度的抽象性。未成年人刑事案件诉讼程序特有原则，是对未成年人刑事诉讼法律制度的一种高度概括，更深入地讲，它是对未成年人刑事诉讼活动的性质、特点和规律的全面反映。研究各个原则的内涵可以发现，这些原则无一例外都包含了未成年人刑事诉讼程序的普遍规律，因而只有依靠抽象的概括思维才能对其进行分析和把握。

---

〔1〕 王敏远：“《刑事诉讼法》修改之后的未成年人权利保护问题探讨”，载《预防青少年犯罪研究》2012 年第 5 期。

（2）原则的普遍指导性。未成年人刑事诉讼案件特有原则的抽象性，决定了它是不同于具体制度和规定的，其最主要的作用在于指导国家司法机关和公民正确的开展未成年人刑事诉讼活动。这里的诉讼主体是指，人民法院、人民检察院、公安机关和诉讼参与人。在具体的未成年人刑事诉讼活动中，由于各个案件所存在的特殊性、多样性等特征决定了再详细的法律规范都不能解决所有案件中的问题。因此，对于办案机关来说，未成年人刑事案件诉讼程序的特有原则的指导意义在于，它为办案机关正确处理案件，行使自己的权利提供了充分的自由裁量权，以便处理在实践中所遇到的各种问题。而对于诉讼参与人而言，未成年人案件诉讼程序特有原则，也给诉讼参与人和其他诉讼参与人全面保障自己的合法权益提供了法定的依据。因而能够作为未成年人刑事案件诉讼程序的原则，应当具有普遍的指导性，以弥补立法规定的不足。

（3）原则的法律规定性或者实践认同性。法律规定性要求未成年人刑事案件诉讼程序原则，必须有与之相应的法律依据，这种法律依据既可以是国内法，也可以是我国加入或承认的国际公约，即使没有直接法律依据，也应该为我国或世界未成年人司法实践所认同，也即应该具备习惯法的性质。[1]如我国《刑事诉讼法》并没有对迅速简化原则专门加以规定，但根据我国加入的《北京规则》第20条规定：“每一案件从一开始就应迅速处理，不应有任何不必要的拖延”，这一规定使得迅速简化原则有了法律依据，并可作为一项基本原则加以适用。

（4）原则的贯穿全局性。贯穿全局性是指作为未成年人案件诉讼程序的原则，必须能够贯穿未成年人刑事诉讼程序的始终，是未成年人刑事诉讼进行的各个阶段都要遵循的基本原则，它是整个未成年人刑事诉讼的总原则，因此不能把只在某一阶段应遵循的原则视为未成年人刑事案件诉讼程序的原则。如不公开审理，我国《刑事诉讼法》第274条规定：“审判的时候被告人不满18周岁的案件，不公开审理。但是，经未成年被告人及其法定代理人同意，未成年被告人所在学校和未成年人保护组织可以派代表到场。”由此可见，不公开审理仅适用于法庭审理阶段，因此不能作为原则予以确立。

（5）原则的保障性。未成年人刑事案件诉讼程序特有原则作为未成年人在诉讼中的总指导，必须具备一定的保障作用，保障未成年人诉讼权利的实

---

〔1〕姚建龙：“少年司法制度基本原则论”，载《青年探索》2003年第1期。

现和保障未成年人在诉讼中受到最小的伤害。其中保障未成年被告人、犯罪嫌疑人诉讼权利原则就是这一特性的体现。我国《刑事诉讼法》给予未成年人的特殊诉讼权利保障，如合适成年人到场制度，不公开审理制度和指定辩护制度都是对未成年人进行的诉讼权利保障，为未成年人顺利进行诉讼提供了依据。基于以上对原则的基本要求，立足于我国未成年人刑事案件诉讼程序发展现状，参照我国已经加入或承认的国际公约和其他发达国家的有益做法，并结合我国未成年人刑事案件诉讼的实践，对我国现有学说进行梳理分析，为进一步解读我国未成年人刑事案件诉讼程序原则奠定理论基础。

（一）未成年人刑事案件诉讼程序原则理论梳理

理论界在我国未成年人刑事案件诉讼程序原则问题上的研究主要集中在以下几个方面：

1. 教育、感化、挽救原则

2008 年 12 月，党中央转发了中央政法委员会《关于深化司法体制和工作机制改革若干问题的意见》。该意见要求按照“教育为主、惩罚为辅”的原则，探索处理未成年人犯罪的司法制度。我国相关法律对此作了相应规定，如《未成年人保护法》第 54 条第 1 款规定：“对违法犯罪的未成年人，实行教育、感化、挽救的方针，坚持教育为主、惩罚为辅的原则。”《预防未成年人犯罪法》第 44 条第 1 款规定：“对犯罪的未成年人追究刑事责任，实行教育、感化、挽救方针，坚持教育为主、惩罚为辅的原则。”司法机关按照中央的规定完善办理未成年人犯罪案件的工作机制，确立了适合未成年人生理特点和心理特征的案件处理方式。2012 修改的《刑事诉讼法》吸收了这一规定，该法第 266 条第 1 款规定：“对犯罪的未成年人实行教育、感化、挽救的方针，坚持教育为主、惩罚为辅的原则。”《公安机关办理刑事案件程序规定》第 306 条规定：“公安机关办理未成年人刑事案件，实行教育、感化、挽救的方针，坚持教育为主、惩罚为辅的原则。”《人民检察院办理未成年人刑事案件的规定》第 2 条规定：“人民检察院办理未成年人刑事案件，实行教育、感化、挽救的方针，坚持教育为主、惩罚为辅和特殊保护的原则。……”《法院刑诉解释》第 459 条规定：“人民法院审理未成年人刑事案件，应当贯彻教育、感化、挽救的方针，坚持教育为主、惩罚为辅的原则，加强对未成年人的特殊保护。”另外，国际少年司法也对教育、感化、挽救原则有明确规定。如《北京规则》第 1 条指出：“……会员国应尽力创造条件确保少年能在社会上过有意义的生活，并在其一生中最易沾染不良行为的时期使其成长和受教育的过程尽可能不受犯罪和不法行为的影响。应充分注意采取积极措施，这些措施涉及充分调动所有可能的资源，包括家庭、志愿人员及其他社区团体以及学校和其他社区机构，以便促进少年的幸福，减少根据法律进行干预的必要，并在他们触犯法律时对他们加以有效、公平及合乎人道的处理。……”《联合国保护被剥夺自由少年规则》亦指出：“少年司法系统应维护少年的权利和安全，增进少年的身心福祉，监禁办法只应作为最后手段加以采用。”

有论者认为，“从刑事诉讼法的规定角度来看，以这种方式确定未成年人刑事诉讼程序的基本原则未必合适；由于未成年人刑事诉讼程序的基本原则大都适用于未成年人刑事诉讼程序的全过程，而将针对‘犯罪的未成年人’的实体法原则，即‘教育、感化、挽救原则’作为未成年人刑事诉讼程序的基本原则，在有罪认定尚未经依法确定前就予以适用，将易于导致刑事诉讼中的有罪推定，因而并不适宜；因此，即使‘教育、感化、挽救原则’可以作为未成年人刑事诉讼程序的原则，也需要予以严格的限制（如仅适用于依法确定为有罪之后的程序），不宜将其作为基本原则予以规定。”[1]也有论者认为，对未成年人而言，教育、感化与挽救不仅是实体结果确定之后的司法行为，它也贯穿了整个未成年人诉讼程序，即未成年人诉讼程序本身具有教育、感化与挽救功能，这是未成年人司法保护的应有之意。若按此学者观点推论，未成年人诉讼程序中的司法转处等案件分流做法都有可能违反无罪推定原则。因为上述分流决定都是在判决之前作出的，而在国外大量实行的未成年人品格证据规则及我国现行的社会调查制度同样会遭遇程序正义的质疑。又如附条件不起诉是起诉便宜主义与法定起诉主义冲突与平衡后的结果，亦是法院最终裁决原则的例外，同样属于违背无罪推定情形。[2]以至于有论者提出疑问，若此结论成立，则在维护无罪推定原则这面大旗下，未成年人案件将被再次纳入普通程序范畴，若果真如此，未成年人司法还有何改革空间?[3]尽管法律、法规确定了教育、感化、挽救原则的法律地位，同时“三原则说”、“五原则说”、“六原则说”中也都存在有关教育、感化、挽救原则的表述，这就表明了“教育为主、惩罚为辅”作为未成

---

〔1〕 王敏远：“论未成年人刑事诉讼程序”，载《中国法学》2011 年第 6 期。

〔2〕 宋远升：“少年犯罪案件暂缓起诉制度的冲突与重构——以新刑事诉讼法增添未成年人特殊程序为契机”，载《青少年犯罪问题》2013 年第 1 期。

〔3〕 庄乾龙：“未成年人犯罪特别程序之定位”，载《青少年犯罪问题》2014 年第 3 期。

年人刑事案件诉讼程序特有原则所具备的共识性。在未成年人刑事诉讼过程中，坚持对未成年人进行教育、挽救和感化，是与未成年人的身心和智力发育水平相适应的，因为未成年人还处于生长发育阶段，尚未形成完整的世界观、人生观和价值观，可塑性较大，及时对未成年人进行教育、感化和挽救，不仅可以唤醒未成年人的悔罪意识，使其认罪服法，同时也有助于未成年人顺利回归社会，减少司法对其产生的不利影响。但是否应将“教育为主、惩罚为辅”确定为未成年人刑事诉讼基本原则仍然存有争议，这种争议主要是基于不同学者对于原则内容的不同界定而产生的：

一种观点认为，未成年人刑事案件诉讼程序原则既可以包含程序法原则，也可以包含实体法原则，因而这种观点将“教育为主、惩罚为辅”列为未成年人刑事诉讼的特有原则之一；而另一种观点则认为，能够作为未成年人案件诉讼程序的原则只能是程序法原则，即未成年人刑事诉讼程序中有关程序的特殊性原则。未成年人刑事案件诉讼程序原则应为未成年人在进行刑事诉讼的过程中所应遵循的特殊性原则，它是指司法机关应侧重于帮助未成年人认清自己所犯罪行的严重性，认识到自己的错误，以及给被害人和社会所造成的损害，并教育未成年人改过自新，真诚地接受刑罚处罚。由此可见，“教育为主、惩罚为辅”主要是为司法机关的办案提供理论上的指导，是要求其在办案过程中，注重对未成年人心理的教导和帮助，并不涉及有关未成年人刑事诉讼程序中的相关问题，因而是一项程序性的理论规定。正是由于上述理论对于原则的不同界定，使得“教育为主、惩罚为辅”是否可以作为一项原则产生了争议，因为从这个原则本身来看，教育、感化、挽救原则应当是一个实体法原则，而未成年人刑事诉讼是刑事诉讼的一部分，属于程序法律规范，那么根据第二种观点，在程序法中加入实体法原则似乎就有些不妥。因此，有论者称“将教育为主、惩罚为辅原则作为刑事诉讼程序的原则明显不完整，并且因为针对的是‘对犯罪的未成年人’，而不是未成年的刑事被告人，因此主要是实体法意义上的原则。需要明确的是，刑事诉讼法虽然也可以规定实体法的内容，但就原则而言，应当确定的是未成年人刑事诉讼程序的原则。”据此观点，我国现行法律将教育为主、惩罚为辅作为未成年人刑事诉讼程序的一项基本原则，显然存在不妥之处。不仅如此，无论是刑事诉讼法中的基本原则，还是未成年人刑事案件诉讼程序原则，作为原则，都应当能够贯穿于整个刑事诉讼的始终。而教育、感化和挽救是对有罪的未成年人进行的一项措施，设想如果未成年人没有犯罪，那又何须教育、感化甚至是挽救呢？因此如果在未成年人刑事诉讼的一开始就运用教育、感化、挽救原则，便是在一开始就认定了未成年人有罪，而《刑事诉讼法》第12条明确规定“未经人民法院依法判决，对任何人都不得确定有罪。”那么，还未经人民法院审判，就先行对未成年人进行教育、感化和挽救，显然是与无罪推定原则相违背的。同时，由于未成年人刑事诉讼案件程序原则大都是用于未成年人刑事诉讼程序的全过程，而将针对“犯罪的未成年人”的实体法原则，即“教育、感化、挽救原则”作为未成年人刑事诉讼程序的基本原则，在有罪认定尚未经依法确定前就予以适用，将易于导致刑事诉讼中的有罪推定，有恶化未成年人诉讼地位之嫌。因此，即使“教育、感化、挽救原则”可以作为未成年人刑事诉讼程序的原则，也需要予以严格的限制（如仅适用于依法确定有罪之后的程序），不宜将其作为基本原则予以规定。[1]通过以上分析，我们发现虽然法律明确规定了教育为主、惩罚为辅作为未成年人刑事案件诉讼程序原则的地位，但从其是否能够作为原则的基本理论来看，如果将这一原则作为未成年人刑事案件诉讼程序原则，仍然存在诸多不妥之处，有待立法将其完善，实践执行时予以谨慎。

2. 分案处理原则

分案处理原则是指公安司法机关在办理未成年人刑事诉讼的过程中，应当将未成年人犯罪案件与成年人犯罪案件，实行诉讼程序分离，对未成年人和成年人实行分案侦查、分案起诉、分案审判和分押看管。我国法律法规和国际刑事司法准则对于这一原则都有明确的规定。具体说来，我国的法律法规有关这一原则的规定起源于2002年4月最高人民检察院颁布的《人民检察院办理未成年人刑事案件的规定》，这一规定第20条指出：“人民检察院提起公诉的未成年人与成年人共同犯罪案件，不妨碍案件审理的，应当分开审理”。这是分案处理原则在我国首次体现，具有里程碑的意义。此后，我国开始了关于分案处理原则的理论研究和司法适用，这一原则也相继在其他法律中有了明确的阐述。例如，《未成年人保护法》第55条规定：“公安机关、人民检察院、人民法院办理未成年人犯罪案件和涉及未成年人权益保护案件，应当照顾未成年人身心发展特点，尊重他们的人格尊严，保障他们的合法权益，并根据需要设立专门机构或者指定专人办理。”《预防未成年人犯罪法》第46条规定：“对被拘留、逮捕

〔1〕　参见王敏远：“论未成年人刑事诉讼程序”，载《中国法学》2011年第6期。

和执行刑罚的未成年人与成年人应当分别关押、分别管理、分别教育。……”《刑事诉讼法》第266条第2款规定：“人民法院、人民检察院和公安机关办理未成年人刑事案件，应当保障未成年人行使其诉讼权利，保障未成年人得到法律帮助，并由熟悉未成年人身心特点的审判人员、检察人员、侦查人员承办。”第269条第2款规定：“对被拘留、逮捕和执行刑罚的未成年人与成年人应当分别关押、分别管理、分别教育。”《公安机关办理刑事案件程序规定》第317规定：“对被羁押的未成年人应当与成年人分别关押、分别管理、分别教育，并根据其生理和心理特点在生活和学习方面给予照顾。”《法院刑诉法解释》第464条第1款规定：“对分案起诉至同一人民法院的未成年人与成年人共同犯罪案件，可以由同一个审判组织审理；不宜由同一个审判组织审理的，可以分别由少年法庭、刑事审判庭审理。”国际刑事司法准则对于这一原则的规定主要体现在《北京规则》和《联合国保护被剥夺自由少年规则》中，其中《北京规则》第13条第4款规定：“审前拘留的少年应与成年人分开看管，应拘留在一个单独的监所或拘留在成年人监所的单独部分。”《联合国保护被剥夺自由少年规则》第29条规定：“在各种拘留机构内，少年应与成人隔离，除非他们属于同一家庭的成员。作为确经证明有益于所涉少年的特别管教方案内容的一部分，可在管制情况下让少年与经过慎重挑选的成人在一起。”

我国和世界各国都如此重视分案原则在未成年人刑事案件诉讼程序中的运用，主要有两方面的原因：

（1）未成年人的思想还不够成熟，如果将其与成年人同案办理，有可能导致未成年人与成年人之间的串供，进而影响案件审理效果；同时，也容易使未成年人受到办案的“二次污染”。正如心理学家弗洛伊德（Sigmund Freud）所言，“在一个集体中一个人的特殊的后天习性会被抹杀，因此，他们的个性也会消失”。与此同时，“每个人身上都相同的无意识的基础则显露出来。这是由于一方面，受感染性的影响，在一个集体中，每一种情感，每一个人行为都具有极大的感染性，他甚至能使一个人欣然牺牲自己的个人利益而服从团体的利益；另一方面，是因为机体的暗示感染性。这种暗示感染性能使人如同被催眠一般，对集体中的领袖人物的指令唯命是从。”[1]这就是说，当一个人处于一个固定的

[1]［奥］西格蒙德·弗洛伊德：《弗洛伊德后期著作选》，林尘等译，上海译文出版社1986年版，第78~79页。

集体中时，他就会丧失自己原来的性格特点，进而致使其责任心下降、智能减退，且容易感情用事，良心消失。

（2）实行分案审理更有利于打击成年人犯罪。我国刑事诉讼强调对未成年人犯罪，一律从轻或减轻处罚，而对成年人犯罪，特别是罪行严重的犯罪，就要进行严厉打击，但在未成年人与成年人共同犯罪案件中，如果同案办理，就容易造成为了平衡全案量刑差距，而给予成年被告人从轻减轻处罚的情形，进而导致成年被告人虽犯重罪却被判轻刑的判罚失衡结果的产生。

（3）实行分案起诉有利于未成年人与成年被告人各自诉讼权利的保护。我国《刑事诉讼法》第274条规定："审判的时候被告人不满18周岁的案件，不公开审理。……"实践中在一案起诉的情况下，法院对成年人与未成年人共同犯罪的案件均不公开审理，但由于部分共同犯罪案件中成年被告人多、辩护人多、出庭证人多，这样庭审活动名义上的不公开，实际上成了变相公开或半公开审理，这在客观上影响了对未成年被告人的特殊司法保护。同时对成年被告人而言，本应使用公开审理方式而实际上不能公开审理，并强行使用未成年人刑事诉讼程序中特有的教育，并且其家属也因不公开审理而不能到庭旁听审理，客观上也侵害了成年被告人的合法权益。[1]因而只有分案办理，才能平衡罪责刑相适应的问题，既实现对未成年罪犯的保护，也有利于对成年罪犯进行打击。

通过对司法界和理论界学者对分案处理原则的分析可以看出，目前学界普遍赞同的分案处理原则包括以下三个方面的内容：一是对未成年犯罪嫌疑人、被告人适用拘留、逮捕等强制措施时，要将未成年人与成年人分开关押看管；二是在处理未成年人与成年人系共犯或者有牵连关系的案件时，要对其使用不同的诉讼程序，要设立专门的办案机构或人员办理未成年人案件；三是对未成年人案件的生效裁决、裁定的执行，要同成年人分开，不能在同一场所执行。[2]对于以上三方面的内容，学者基本上持统一观点，实践也未有不同之处，但就分案处理在司法实践中的一些细节问题，还存有不明，有待于立法和司法的进一步完善。

（1）明确分案审理的开始阶段。从世界各国法律来看，实行分案处理原则

〔1〕胡巧绒："完善分案起诉制度"，载《中国检察官》2008年第9期。

〔2〕参见温小洁：《我国未成年人刑事案件诉讼程序研究》，中国人民公安大学出版社2003年版，第86页。

的国家对于分案处理的起始阶段各不相同。如俄罗斯认为应当从侦查阶段就开始分案，《俄罗斯联邦刑事诉讼法典》第369条第1款规定："如果未成年人与成年人一起参与实施犯罪，则在侦查阶段应尽可能地分案处理。"但也有一些国家将分案处理原则引入起诉审判阶段，如日本、英国等。《日本少年法》第49条规定："必须把少年嫌疑犯或少年被告人与其他嫌疑犯或被告人分开，尽量避免接触。少年被告案件即使同其他被告案件有牵连，只要不妨碍审理，就必须将他们从程序上分开。"英国关于对在普通刑事法院内接受审判的重罪少年刑事被告人的办案程序规则第4条规定："如果少年被告人与成年被告人（因共同犯罪）被同时指控，法院应在辩诉及指示审讯阶段考虑是否将少年被告人单独审判。法院通常应当决定将少年被告人单独审判，除非有理由说明合并审判有利于司法公正，以及能够避免过分地偏向于少年被告人之福利。"基于以上观察与考虑，对于未成年人和成年人的分案处理，原则上应自侦查阶段就应当进行分离。这样不仅有利于保证程序的完整性和连贯性，同时也是基本原则贯穿未成年人刑事诉讼全过程的要求和体现，除非分案审理严重影响到案件的正常进行，一般都应分案侦查、分案起诉、分案羁押、分案审判、分押看管与分案执行。

（2）均衡全案的量刑标准。我国对于未成年人与成年人共同犯罪案件，法院大多都采取了分案处理的原则，但在实践中，不同法官对于具有相同情节的同一案件的不同被告人的量刑，则可能会出现影响全案公正的差异与悬殊。具体说来，这种差异具有两种不同的表现情形：第一种情形是同一案件中未成年被告人与成年被告人的量刑可能出现倒挂的现象；第二种情形是对未成年被告人的从轻、减轻幅度与成年被告人的从轻、减轻幅度相比不甚明显。这种现象存在是基于我国法官对于同一案件，可能在量刑幅度的把握上有所不同而产生的，若将未成年人案件与成年人案件分别来看，并无任何不妥，但若从全案来看，就可能会显失公平。因此，针对以上问题，有论者提出应当适当改变目前分案分院审理案件的模式，即对于涉及未成年人的案件，统一由少年法庭进行审理，但坚持分案起诉的前提下，实行由同一法官分庭审理。[1]采取这种形式来审理案件，不仅可以达到未成年人与成年人案件分别审理的效果，保障各自的诉讼的公正性和合理性，同时也可以避免因不同法官审理而造成的未成年与成年被告人之间的量刑平衡的差异，而且由同一法官分庭审理同一案件，还有

〔1〕胡巧绒："完善分案起诉制度"，载《中国检察官》2008年第9期。

利于提高诉讼效率，节约诉讼成本。

3. 全面调查原则

我国《刑事诉讼法》第268条规定："公安机关、人民检察院、人民法院办理未成年人刑事案件，根据情况可以对未成年犯罪嫌疑人、被告人的成长经历、犯罪原因、监护教育等情况进行调查。"这一规定不仅将全面调查原则予以法定化，同时也明确了全面调查原则的主体和内容。所谓全面调查原则，是指公安机关、人民检察院和人民法院在办理未成年人刑事案件的过程中，在查清案件客观事实的基础上，还应对未成年人的性格特点、生活和学习环境以及导致未成年人犯罪的主客观因素进行调查，必要时还要对未成年人进行医疗检查以及社会学、心理学、精神病学的调查分析，并根据调查结果对未成年人做出最合理恰当的处理。

全面调查的主体为公安机关、人民检察院和人民法院。该原则要求公安机关、人民检察院和人民法院在办理案件时，不仅要查明犯罪案件的事实和证据，还应对未成年犯罪嫌疑人、被告人的成长经历、犯罪原因、监护教育等情况进行全面调查。针对此原则，相关规定与解释作了明确的规定。《公安机关办理刑事案件程序规定》第311条第1款规定："公安机关办理未成年人刑事案件，根据情况可以对未成年犯罪嫌疑人的成长经历、犯罪原因、监护教育等情况进行调查并制作调查报告。"《人民检察院刑事诉讼规则（试行）》第486条第1款规定："人民检察院根据情况可以对未成年犯罪嫌疑人的成长经历、犯罪原因、监护教育等情况进行调查，并制作社会调查报告，作为办案和教育的参考。"《人民检察院办理未成年人刑事案件的规定》第9条第1款规定："人民检察院根据情况可以对未成年犯罪嫌疑人的成长经历、犯罪原因、监护教育等情况进行调查，并制作社会调查报告，作为办案和教育的参考。"《法院刑诉法解释》第460条规定："人民法院应当加强同政府有关部门以及共青团、妇联、工会、未成年人保护组织等团体的联系，推动未成年人刑事案件人民陪审、情况调查、安置帮教等工作的开展，充分保障未成年人的合法权益，积极参与社会管理综合治理。"

全面调查原则作为未成年人刑事案件诉讼程序原则之一具有重要的意义。主要体现在以下两方面：①未成年人的心理和生理发育还不成熟，尚未完全形成明辨是非的能力，对于犯罪行为，大多是一时冲动，具有很大程度的盲目性和突发性。通过对未成年人家庭、学校和所处社会进行调查，有助于全面了解未成年人犯罪目的与动机，同时家庭、学校、社会都是与未成年人具有最密切联系的地点，未成年人的心理和性格特征的形成都与这些环境具有直接关系。只有对未成年人的各种情形进行调查，才能确保公安司法机关找准对未成年人进行教育的感化点，对症下药，从根本上对未成年人进行教育，确保他们不再犯罪。②对个案的未成年人案件进行调查，可以帮助处理好这一案例，但如果对千千万万的未成年人案例进行调查分析，就可以找到未成年人犯罪的共通点，有关机关便可根据这些共通点，对一定时期或一定地域的未成年人犯罪进行调查分析，从而采取相应措施，做好预防未成年人犯罪的工作，抑制未成年人犯罪现象的发生。

全面调查原则在国际司法准则和世界许多国家的少年司法制度中都有所体现。如《北京规则》第16条规定："所有案件除涉及轻微违法行为的案件外，在主管当局作出判决前的最后处理之前，应对少年生活背景和环境或犯罪的条件进行适当的调查，以便主管当局对案件作出明智的审判。"在说明中，《北京规则》强调"在大多数少年法律诉讼案中，必须借助社会调查报告（社会报告或判决前调查报告）。应使主管当局了解少年的社会和家庭背景、学历、教育经历等有关事实。为此，有些司法制度利用法院或委员会附设的专门社会机构和人员来达到这一目的。其他人员包括执行缓刑的人员，也可起到这一作用。因此，本规则要求提供足够的社会服务，以便提出合乎要求的社会调查报告。"其他国家关于全面调查原则的规定较为普遍，在俄罗斯、日本、英国、前联邦德国等都有关于这项原则的规定。《俄罗斯联邦刑事诉讼法典》第392条规定："对于未成年人案件进行侦查和法庭审理时，必须特别注意查明下列情况：①未成年人的年龄（出生的年、月、日）；②生活和教育的条件；③促成未成年人犯罪的原因和条件；④有无成年的教唆犯或其他共犯。在具有说明未成年人由于精神病无关的智力落后的情形时，也应当查明他是否能够完全了解自己行为的意义。"日本《少年法》在其第9条规定："家庭裁判所考虑对该少年应当审判时，应对案件进行调查，在调查时，务必调查少年、监护人或者有关人员的人格、经历、素质、环境，特别要有效的运用少年鉴别所提供的关于医学、心理学、教育学、社会学以及其他专门知识的鉴定结果。"此外，英国在其《治安法院（少年儿童）规则》第10条中规定："法院必须考虑有关儿童或少年的平常行为、家庭环境、学校档案和病史的资料，以便对案件作出最符合其利益的处理。"前联邦德国《青少年刑法》第43条规定，在未成年人刑事案件诉讼程序开始之后，“应当尽快地对有助于判断被告人道德、思想和个人特点的被告人的生活和家庭情况、成长过程、至今为止的行为以及所有其他情况进行调查。如有可能，应当听取家长、法定代理人、学校、师傅或者培训领导人的意见。如果该犯担心听取他的师傅或者培训领导人的意见，会给他带来不合心愿的不利，尤其是可能使他失掉工作岗位，就可以不去听取他们的意见。”〔1〕

尽管我国《刑事诉讼法》对全面调查原则予以明确规定，但从司法实践来看，这一原则的可操作性并不强，还有许多需要进一步研究解决的问题。

一是将全面调查的主体限定为公安机关、人民检察院和人民法院似乎并不合理。全面调查强调的是对未成年人的心理、生理、性格特征以及其生活、学习和所处的社会环境进行调查，并不涉及案件事实本身，而公安机关和检察机关的主要职责是追诉犯罪，证实犯罪的成立，并严厉打击犯罪。因此如果由公安机关、检察机关进行调查，就会影响案件调查结果的真实性和客观性，其调查的性质也就转变为追诉犯罪；对于法院来说，由于法院的职责在于居中审理案件，作出公正判决，若由他们进行调查就会使他们在审理案件时带有先入为主的印象，从而影响案件判决的客观公正。同时，我国《刑事诉讼法》规定的调查主体，只限定于公安司法机关，完全忽略辩方的观点，辩方无法提供调查结论，就会使双方的诉讼地位不平等，从而产生不利于未成年犯罪嫌疑人、被告人的现象。那么，到底由哪个机关对未成年人进行调查才能最大程度的发挥全面调查的作用呢？答案是，进行全面调查的主体应是具有一定专业素质的独立的中立机构，这与世界各国的调查主体相适应。美国社会调查工作就由缓刑官负责，调查一名未成年人就一般要花费 1 个月到 2 个月的时间，调查的内容包括未成年人的学习、工作和生活环境，会见未成年人的父母、老师以及邻居等，然后根据调查事项制作调查报告。而英国，对未成年人的社会调查工作都由缓刑局负责，缓刑局的职能之一就是为法院提出报告，以帮助法院在审理少年犯罪案件中，保持公平、公正。为了制作这些报告，缓刑局需要花费大量的时间对相关内容进行调查，如对少年犯罪人背景的调查，包括青少年犯罪人的家庭情况、住址、父母情况、学校教育的情况。同时，对少年犯所实施的行为

〔1〕参见温小洁：《我国未成年人刑事案件诉讼程序研究》，中国人民公安大学出版社 2003 年版，第 76～77 页。

的危害性也要进行评估，然后根据评估结果对法官提出建议。[1]因此，我国仍需进一步对调查主体进行确认，以保证调查结果的公正性和客观性。

二是对于全面调查的具体操作，由于法律并没有做统一的规定，就使得不同地区都采取了不同的方式，如对于调查程序来说，有的采取书面调查的形式，有的采取电话通知的形式，还有的采取面对面谈话的形式。不仅如此，各地进行社会调查的方式也都存在很大的不同，如有的地区采取指定填写表格的方式，有的地区采取日常公文报告的方式，还有的地区采取调查笔录的方式，这些不同的调查程序和方式，严重削弱了调查结果的意义，同时也影响了调查结论的权威性。

三是对于调查报告的法律性质，《刑事诉讼法》没有给出明确的定论，以至于在执行中存在不同的做法，理论上也有不同的观点。有论者认为，调查报告应当作为证据使用，因为根据《刑事诉讼法》第41、52条的规定，享有取证权的有审判人员、检察人员、侦查人员和辩护律师。而《刑事诉讼法》规定，对未成年人进行全面调查的主体是公安机关、人民法院和人民检察院，因此，由以上机关作出的调查报告，理应具有证据的性质。但也有论者认为，证据必须是与案件事实本身有着客观、必然的联系，对未成年人的调查结果与犯罪事实是否存在、未成年人是否有罪并没有直接联系，因此不能作为证据，只能作为法庭审理未成年人刑事案件时在量刑环节的参考。确定调查结论的证据应建立在对调查主体的完善之上，只有明确了调查主体，才能明确调查结论的法律地位，这些都需要立法部门对其不断修改完善，同时也需要办案机关在刑事诉讼活动中将其视为基本原则予以贯彻。

4. 保障未成年犯罪嫌疑人、被告人诉讼权利原则

我国《刑事诉讼法》第266条第2款规定："人民法院、人民检察院和公安机关办理未成年人刑事案件，应当保障未成年人行使其诉讼权利……"《人民检察院办理未成年人刑事案件的规定》第3条规定："人民检察院办理未成年人刑事案件，应当保障未成年人依法行使其诉讼权利，保障未成年人得到法律帮助。"保障未成年犯罪嫌疑人、被告人诉讼权利原则，是指公安机关、人民检察院和人民法院在办理未成年人案件的过程中，除了要保障未成年人享有的与成年人相同的诉讼权利之外，还应给予未成年人更多的特殊保护。这种特殊保护

---

〔1〕 王运生、严军兴：《英国刑事司法与替刑制度》，中国法制出版社1999年版，第86页。

主要包括：

一是要正确理解保障未成年犯罪嫌疑人、被告人诉讼权利原则，明确未成年人享有哪些特有权利。例如，《公民权利和政治权利国际公约》第 14 条第 1 款规定："所有的人在法庭和裁判所前一律平等。在判定对任何人提出的任何刑事指控或确定他在一件诉讼案中的权利和义务时，人人有资格由一个依法设立的合格的、独立的和无偏倚的法庭进行公正的和公开的审讯。由于民主社会中的道德的、公共秩序的或国家安全的理由，或当诉讼当事人的私生活的利益有此需要时，或在特殊情况下法庭认为公开审判会损害司法利益因而严格需要的限度下，可不使记者和公众出席全部或部分审判；但对刑事案件或法律诉讼的任何判决应公开宣布，除非少年的利益另有要求或者诉讼系有关儿童监护权的婚姻争端"。《北京规则》第 7 条规定："在诉讼的各个阶段，应保证基本程序方面的保障措施，诸如假定无罪指控罪状通知本人的权利、保持沉默的权利、请律师的权利、要求父亲或母亲或监护人在场的权利、与证人对质的权利和向上级机关上诉的权利。"《联合国保护被剥夺自由少年规则》规定，对被逮捕扣押的少年或待审讯的少年应给予特殊的诉讼权利，包括假定少年无罪权、尽可能避免审讯前拘留权以及得到法律顾问并可申请免费法律援助的权利等。《北京规则》中也有关于未成年犯罪嫌疑人、被告人诉讼权利的规定，具体体现在第 1 条第 3 款："应充分注意采取积极措施，这些措施涉及充分调动所有可能的资源，包括家庭、志愿人员及其他社区团体以及学校和其他社区机构，以便促进少年的幸福，减少根据法律进行干预的必要，并在他们触犯法律时对他们加以有效、公平及合乎人道的处理。"同时《儿童权利公约》第 40 条第 1 款也指出，缔约国确认被指称、指控或认为触犯刑罚的儿童有权得到符合以下情况方式的待遇，促进其尊严和价值感并增强其对他人的人权和基本自由的尊重。具体说来这些待遇包括迅速直接的被告知其被指控罪名权、获得独立公正的主管当局或司法机关的迅速审理权、要求其父母或法定监护人在场权、不得被迫做口供或认罪权以及得到口译人员协助权等。从以上少年法规可以看出，未成年人在诉讼时除了应当获得成年人享有的诉讼权利以外，基于其自身的特殊性，还应享有更多的诉讼权利，包括父母或监护人在场权，以及得到法律顾问并申请免费法律援助权等，如《联合国保护被剥夺自由少年规则》规定，对被逮捕扣押的少年或待审讯的少年应给予特殊的诉讼权利，包括假定少年无罪权、尽可能避免审讯前拘留权以及得到法律顾问并可申请免费法律援助的权利等。

二是我国《刑事诉讼法》在我国现行司法实践的基础上借鉴并吸收了国际少年法规先进理念，规定了未成年人在刑事诉讼中所享有的特有诉讼权利保障，如合适成年人到场制度。《刑事诉讼法》第 270 条第 1 款规定："对于未成年人刑事案件，在询问和审判的时候，应当通知未成年犯罪嫌疑人、被告人的法定代理人到场。无法通知、法定代理人不能到场或者法定代理人是共犯的，也可以通知未成年犯罪嫌疑人、被告人的其他成年亲属，所在学校、单位、居住地基层组织或者未成年人保护组织的代表到场，并将有关情况记录在案。到场的法庭代理人可以代为行使未成年犯罪嫌疑人、被告人的诉讼权利。"这一规定强调司法机关"应当"通知未成年人法定代理人到场而不是"可以"通知其到场，就表明了通知未成年人法定代理人到场，是司法机关的一项职责，而非权力。而未成年人父母的到场，不仅有利于其了解案情，了解未成年人是如何一步步走向犯罪道路的，还有利于帮助未成年人父母认识到子女犯罪与家庭的关系，增强他们教育未成年人的责任感，以协助司法机关做好教育挽救的工作，同时未成年人父母的到场也可以有效监督审判权的正确行使，保证案件结果的公正性。而学校、单位、居住地基层组织或者未成年人保护组织的代表等人到场参与诉讼，则有利于其了解未成年人犯罪的原因、目的，并通过对个案的分析找到相应的措施，避免和预防其他未成年人走上犯罪道路，同时也有利于帮助其对涉罪未成年人进行教育、感化和挽救。不仅如此，未成年人学校、单位、居住地基层组织或者未成年人保护组织的代表等人到场参与诉讼也是各地司法实践经验的总结，有效避免了未成年人的法定代理人因交通不便、地域广阔、办案时间较短等原因不能到场参与诉讼的缺陷，增强了仅法定代理人到场制度的实践性。

除了合适成年人到场制度，2012 年修订的《刑事诉讼法》还增加了指定辩护制度，对于未成年人刑事诉讼具有极为重要的作用。首先，这项制度有助于使被刑事追诉的未成年人获得及时、有效的法律帮助。相对于成年人而言，被刑事追诉的未成年人更不知道如何维护自己的合法权益，如何行使诉讼权利，如果讯问时辩护律师可以在场，可以为未成年人提供特别需要的法律帮助。其次，讯问时辩护律师在场制度可以更有效地预防刑讯逼供尤其是诱供、骗供的发生。刑讯逼供主要发生在侦查讯问阶段，刑讯逼供这种犯罪与其他多数犯罪一样，大都是在见不得人的场合下发生的，辩护律师的到场对于防止刑讯逼供、保护未成年人的合法权益具有积极作用。最后，讯问时辩护律师在场有助于增强讯问程序的规范化和透明度，对维护讯问程序的正当性和权威性也有积极的意义。[1]这一制度规定在《刑事诉讼法》第267条："未成年犯罪嫌疑人、被告人没有委托辩护人的，人民法院、人民检察院、公安机关应当通知法律援助机构指派律师为其提供辩护。"新修订的《刑事诉讼法》较原来的《刑事诉讼法》相比，主要有两方面的完善：首先，1996年《刑事诉讼法》规定："被告人是盲、聋、哑或者未成年人没有委托辩护人的，人民法院应当指定承担法律援助义务的律师为其提供辩护。"根据这一法律条文，为未成年人提供指定辩护只能开始于法庭审判阶段，而新《刑事诉讼法》则将指定辩护的阶段提前到起诉阶段，这样不仅是人民法院，公安机关和人民检察院都应当为未成年人指定辩护。其次，修改后的《刑事诉讼法》将原来的由人民法院直接指定律师辩护改为由公安司法机关通知法律援助机构，再由法律援助机构指派律师辩护，这样更加充分地保障了未成年犯罪嫌疑人和被告人的诉讼权利。

而不公开审理制度则规定在《刑事诉讼法》第274条，即"审判的时候被告人不满18周岁的案件，不公开审理。但是，经未成年被告人及其法定代理人同意，未成年被告人所在学校和未成年人保护组织可以派代表到场"。根据法律规定可以看出，不公开审理制度是对法庭审理阶段所作的具体规定，而作为未成年人刑事诉讼的原则，应贯穿于未成年人刑事诉讼的始终，即在未成年人刑事诉讼的各个阶段都必须遵循的原则。因而，将不公开审理作为一项制度更为适合，它可以充分保护未成年人的隐私，使其不受庭审的影响，顺利回归社会。虽然2012年修订的《刑事诉讼法》对合适成年人在场制度、指定辩护制度以及不公开审理制度进行了明确和细化，但在某些方面还应当进一步加以完善。例如，确立讯问时辩护律师在场制度，这有助于增强讯问程序的规范化和透明度，对维护讯问程序的正当性和权威性，也有积极的意义。[2]

5. 迅速简化原则

迅速简化原则是联合国少年刑事诉讼法准则所确立的少年刑事司法基本原则。[3]《人民检察院办理未成年人刑事案件的规定》第4条规定："人民检察院办理未成年人刑事案件，应当在依照法定程序和保证办案质量的前提下，快速

---

〔1〕王敏远："论未成年人刑事诉讼程序"，载《中国法学》2011年第6期。

〔2〕王敏远："论未成年人刑事诉讼程序"，载《中国法学》2011年第6期。

〔3〕刘金霞：《未成年人法律制度研究》，群众出版社2007年版，第333页。

办理，减少刑事诉讼对未成年人的不利影响。”该原则是指对未成年人案件的立案、侦查、起诉、审判都应当迅速进行，并且简化诉讼程序。其中的迅速，是指在诉讼进行的每个阶段，都尽可能地争取时间，缩短诉讼期限，尽早结案，简化是指简化公安司法机关的内部报批手续，整个诉讼程序应当尽可能的从简。未成年人案件应尽量适用简易程序，迅速和简化是相互关联的，简化是迅速的前提，迅速是简化所要达到的目的和效果，两者相辅相成。[1]

在办理未成年人刑事案件过程中应当正确理解迅速简化原则。一是从特殊预防的角度来看，迅速简化原则有利于及时实现刑罚对未成年人的教育、挽救和改造。由于未成年人辨别是非的能力较差，不能有效抵御社会的不良影响，在处理未成年人刑事诉讼的过程中，冗长的诉讼程序会使未成年人产生认识或判断的错误，强化其观念中的副作用，加大其转化的难度。二是从刑事诉讼的价值和目的角度来看，有利于实现诉讼的公正，保护未成年人的合法权益。司法实践表明，未成年人在诉讼中停留时间的长短与对其挽救的难易程度成正比，停留时间越长，挽救起来就越困难。未成年人大都是初犯，对法律知识了解甚少，精神容易紧张，过长的诉讼时间容易使未成年人出现思想障碍，产生抵触心理。而迅速简化原则恰恰能避免诉讼给未成年人身心带来的“负面效应”，排除其思想障碍，减少司法干预给未成年人造成的不必要的伤害。而从提高诉讼效率的角度来看，则有利于促使司法机关集中力量迅速办理未成年人案件。[2]通过诉讼解决纠纷必然要投入一定的司法资源，诉讼效率意味着以最少的投入取得最大的收益。未成年人案件相对于成年人案件来说，事实比较清楚，案情相对简单，适用法律争议较小，因而应当采取迅速、简易的程序，以较少的司法资源，获取较大的利益。三是从国际司法和世界各国未成年人诉讼的角度来看，采取迅速简易原则是大势所趋。《北京规则》第20条规定：“每一案件从一开始就应迅速处理，不应有任何不必要的拖延。”在说明中对此解释为：“在少年案件中迅速办理正式程序是首要的问题。否则，法律程序和处置可能会达到的任何好效果都会有危险。随着时间的推移，少年理智和心理上就越来越难以（如果不是不可能）把法律程

〔1〕温小洁：《我国未成年人刑事案件诉讼程序研究》，中国人民公安大学出版社2003年版，第86~87页。

〔2〕吴翔义、司左军：“未成年人刑事快速简易程序探讨”，载《河北公安警察职业学院学报》2013年第3期。

序和处置同违法行为联系起来。”同时，世界各国也将迅速简易原则作为其少年刑事诉讼的重要准则。如美国伊利诺伊州通过的《少年法院法》第5条规定：“少年法院应当以简易的方式审理和处理案件。”在德国也规定，检察官可以向少年法庭建议用简易方式对少年进行审理，且在审理时，检察官不用出庭。[1]由于我国《刑事诉讼法》尚未对迅速简化原则予以明确，因而这一原则在适用中也就存在一些不明确的地方。

第一，在办理案件过程中尽可能缩短诉讼期间。我国《刑事诉讼法》仅在第117条第2款规定：“传唤、拘传持续的时间不得超过12小时；案情特别重大、复杂、需要采取保留、逮捕措施的，传唤、拘传持续的时间不得超过24小时。”但并未针对未成年人作其他的规定，对其传唤、拘传“持续”的时间不能理解在12小时或者24小时“不间断”也属合法。在适用中，公安司法机关仍应特别注意，对于未成年人，无论在侦查、起诉，还是在审理中，都应当本着迅速简易的原则，减少长时间诉讼给他们带来的负面影响。

第二，在法庭审理过程中，应尽量使用简易程序进行审理。适用简易程序审理未成年人案件，无论是从法律的角度还是从学理的角度都没有冲突，同时，简易程序的快速简便正是和迅速简化原则相一致的。因而，对于犯罪事实清楚、证据确实充分，案情简单，罪名单一，适用法律无争议的未成年人案件都应当适用简易程序进行审理。对未成年人犯罪后应当采取各种诉讼分流措施，尽力避免进入诉讼程序，即使进入审判程序且应当判处刑罚的，也应当在需要的最低限度量刑，并积极扩大非监禁刑的适用，体现《北京规则》第19条“把少年投入监禁机关始终应是万不得已的处理办法，其期限应是尽可能短的必要时间”的意蕴。

6. 双向保护原则

双重保护原则是指在办理未成年人刑事案件的过程中，既要注重保护社会利益，维护社会秩序和社会公众的利益，也要注重未成年人自身利益的保护，在依法对未成年人进行惩处的同时，注重对未成年犯罪嫌疑人的教育、感化和挽救，注重对未成年被害人的呵护，不得有二次伤害。

这一原则最早在《北京规则》中提出来，可以说，源于《北京规则》。《北京规则》第1条第4款规定：“少年司法应视为是在对所有少年实行社会

---

〔1〕卢琦：《中外少年司法制度研究》，中国检察出版社2008年版，第85页。

正义的全面范围内的各国发展进程的一个组成部分，同时还应视为有助于保护青少年和维护社会的安宁秩序。”即对于未成年人进行诉讼时，要兼顾社会利益和未成年人利益，不能偏废其一。具体说来，办理未成年人犯罪案件时，首先，应注意对整个社会利益和社会秩序的保护。这主要是针对未成年人犯罪案件中的罪行极其严重，社会危害性极大，未成年人本身主观恶性较大，认罪态度不好，或为悔罪、累犯等情形的案件。对于这类案件来说，如果仅仅为了保护未成年人而对未成年人适用与之罪行不符的较轻的处罚，则不仅不能起到惩罚罪犯、保护被害人的作用，同时也会激起社会群众的不满，从而引发其对司法机关审判公正性和合理性的质疑，影响法律的权威性，这就与刑事诉讼的立法目的和要求相违背。其次，毕竟未成年人与成年人不同，他们还处于成长阶段，尚未形成完整的世界观和价值观，同时未成年人的犯罪也大多是因为冲动所致，并没有提前的预谋和策划。对于犯罪情节较轻、初次犯罪以及再犯可能性和人身危险性较低的未成年人来说，如果对其加以严厉的刑罚处罚，可能会造成未成年人的心理扭曲，甚至对家庭、学校以及社会产生了仇恨的心理，这将会给未成年人以后的生活、工作和学习带来众多的困惑。最后，体现对未成年人刑事案件中保护未成年当事人的平等性，强化未成年被害人及其法定代理人、诉讼代理人参与诉讼的权利，从程序上保障未成年被害人充分表达意见的权利。因此，对于未成年人案件，要在保护社会利益和保护未成年人利益中予以权衡，既不能仅强调对国家、社会和被害人的保护，而忽视了对未成年人的保护，也不能仅注重于保护未成年人，而轻视对公众利益的保护，使国家、集体甚至被害人的利益遭受损害。

在司法实践中，我们如何才能正确贯彻落实双向保护原则，做到在保护未成年人的同时也兼顾保护国家社会利益，便成为我们讨论双向保护原则所要解决的首要问题。要全面贯彻落实双向保护原则，一个重要的前提就是必须理解和掌握双向保护原则的外延。双向保护原则的外延是指在各国未成年人司法实践中贯彻执行双向保护原则的具体制度和措施，它既是双向保护原则的外化形式和载体，也是衡量和评价该原则执行力度和实际效果的标准。贯彻双向保护原则的具体制度应体现保护未成年人利益和保护社会利益二者的有机统一。[1]

---

〔1〕 张青聚：“双向保护原则的价值冲突与平衡”，载《福建法学》2014 年第 1 期。

2012年修改的《刑事诉讼法》对于未成年人利益的保护有了更加明确和具体的规定，它首先确立了处理未成年人刑事案件所必须要遵循的“教育、感化、挽救”方针，同时也对未成年人刑事诉讼程序中的各个环节进行了细致的规定，以实现对未成年犯罪人施以刑罚的人性化和轻缓化。较之未成年人利益保护而言，我国《刑事诉讼法》并没有对保护社会利益进行明确的规定，这主要是因为目前理论和实务界都将保护社会利益等同为保护社会安定秩序，认为只要对未成年犯罪人进行了刑罚处罚，就保护了社会的安定秩序，也就保护了社会大众的利益，其实这一想法是片面的、残缺的，甚至可以说是错误的。

事实上，保护社会利益与保护社会安定秩序是一个包含与被包含的关系，通过对未成年犯罪人施以刑罚处罚来修复被破坏的社会秩序仅是保护社会利益的一方面，保护社会利益还应包括对被害人尤其是未成年被害人利益的保护，这是由犯罪行为侵害的客体具有二重性所决定的。[1]因而，我们在界定保护社会利益时，不能仅仅关注对国家、集体和社会公众利益的保护，在未成年人犯罪的案件中，我们更应当注重对被害人特别是未成年被害人的保护。从实践中看，目前未成年人刑事案件大多被害人也都是未成年人，而这些未成年被害人的身心尚未成熟，在刑事案件发生时，就已经受到了一次伤害，如果在诉讼中，仅强调保护未成年犯罪嫌疑人、被告人和国家社会的利益，而忽视被害人自身的感受，将会对未成年被害人造成二次伤害。同时，被害人在受到伤害以后，出于本性会自然地产生报复心理，此时若给予未成年犯罪嫌疑人适当的处罚，并积极帮助被害人行使权利参加到诉讼中来，通过诉讼表明观点，发泄情绪，将会有助于被害人减少对犯罪嫌疑人的仇视，实现心理平衡，防止其作出伤害国家、社会、他人甚至自身的行为。

因而，在未成年人刑事案件诉讼程序中，应当强调双向保护原则，即要使未成年犯罪嫌疑人的诉讼权益得到最大保护，同时也不能忽视对于国家、社会、特别是未成年被害人的保护。具体说来，要坚持双向保护原则，保护未成年被害人，应当在诉讼程序的各个环节，注意以下几方面的内容：

（1）侦查阶段。侦查阶段作为整个案件的起始环节，要特别注重对于未成年被害人的保护。首先，未成年被害人作为案件的直接受害者，也是案件

〔1〕张青聚：“双向保护原则的价值冲突与平衡”，载《福建法学》2014年第1期。

经过的直接知情者，而办案机关在对未成年被害人进行调查取证时应尽量坚持一次会谈原则，让被害人只对案发经过叙述一次，防止多次、反复询问。这主要是为了避免未成年被害人的多次、反复回忆而使受害人对被害经过的加深，再次给其带来伤害。其次，办案机关对被害人调查取证时，应选择在较为舒缓的环境进行，使被害人能够在一个相对轻松的环境下接受调查，在调查取证的过程中还应通知未成年被害人的监护人或近亲属在场，以消除被害人的紧张和恐惧心理。此外，侦查人员在对被害人进行取证时，也应尽量不暴露警察身份，以保护未成年被害人的隐私。

（2）起诉阶段。起诉阶段对于未成年被害人的保护，应侧重于保护被害人的知情权和参与权。检察机关在作出起诉、不起诉或附条件的不起诉的决定时，都应充分听取未成年被害人及其监护人的意见，以便被害人能够亲自参加到诉讼中来，并能够在亲身体验惩罚侵害其合法权益的犯罪嫌疑人的过程中，减轻对未成年被害人身心的伤害，从而树立正确的社会正义观；尤其是决定给予犯罪嫌疑人附条件不起诉决定的，更应注重听取被害人及其监护人的建议，因为从被害人的角度来讲，对已符合起诉条件的犯罪嫌疑人附条件不起诉，无疑会对其人身安全、心理安全和法律信任产生潜在影响。因此，检察机关应将其决定及时告知被害人及其监护人，并认真听取他们的意见。[1]

（3）审判阶段。审判阶段对于被害人的保护首先就要强调审判不公开原则，虽然目前我国也有未成年人案件不公开审理的规定，但这一规定主要是针对未成年犯罪嫌疑人而做出的，并非是对未成年被害人的保护。而在司法实践中我们发现，很大一部分未成年被害人的案件，都是类似性侵犯、暴力、虐待等伤害性极大地案件，对于这类案件，如果进行公开审理很可能会给被害人带来心理阴影，以致影响被害人今后的学习生活。其次，未成年被害人本来就是弱者，受到过犯罪行为的严重侵害，在法庭审理中让未成年被害人出庭参与审理并接受控辩双方的询问，会给其造成第二次伤害。因此，对于可能会给被害人的心理造成很大压力和痛苦、严重影响被害人身心健康的案件，法律应当规定其有不出庭的权利，[2] 对于需要由未成年被害人进行作证

〔1〕 罗红兵："刑事未成年被害人保护探析"，载《四川警察学院学报》2008 年第 4 期。

〔2〕 陈捷："刑事案件中未成年被害人权益保护之合理构建"，载《法制与经济》2011 年第 3 期。

的，也应当允许被害人在证人席以外的地方作证，必要时也可以采取电话或网络的方式作证。

总之，被害人是受到犯罪行为最直接侵害的个体，而犯罪行为对于未成年被害人的侵害无疑是更为严重的。与成年人相比，未成年被害人由于其心理、生理发育尚不成熟，躲避和抵御侵害的自我保护机制还未完全形成，因而更容易遭到犯罪分子的侵害。一旦未成年人遭受到犯罪侵害，往往会出现不同程度的犯罪后续性影响，从而在其成长过程中留下心理阴影，有的被害人甚至因受到“犯罪毒素”的感染而发生恶逆变进而转化为加害人。[1]因此，在未成年人刑事诉讼程序中坚持双向保护原则，在保护未成年犯罪嫌疑人权益的同时，注重保护国家、社会、特别是未成年被害人的权益，是十分必需而且必要的。

就以上论述来看，对有些原则而言可以作为制度，但是作为一个次级原则对保障未成年人诉讼权利还是有意义的，需要建立层级不同的原则体系。衡量一个国家是否有完善的未成年人司法制度，其最为核心的问题在于是否有完备的不同于成年人案件处理的未成年人法律体系，而法律原则具有指导、评价和弥补法律漏洞等作用，[2]是任何一个法律体系最核心的组成部分，因而确立未成年人刑事案件诉讼程序原则，对于未成年人法律体系乃至未成年人司法制度都具有十分重要的作用。通过以上分析梳理，在总结我国司法界和理论界关于未成年人刑事案件诉讼程序原则的研究成果的前提下，根据我国现行的司法体制，并参照我国已经认同的联合国少年刑事司法的基本准则，保障遵循的基本原则，能够最大限度地保障未成年人合法权益，充分体现教育、感化和挽救的方针，最终成为帮助未成年人能够顺利、有效回归社会的重要依据。

（二）我国未成年人案件诉讼原则的理论解读

我国有论者对我国未成年人案件诉讼原则进行理论梳理与分析后提出，除了应确定现代刑事诉讼的基本原则，未成年人刑事诉讼程序还应根据其特殊的需要而确定特殊的原则。未成年人诉讼基本原则反映了未成年人法治精

〔1〕　兰跃军：“未成年被害人权益保障新论”，载《青少年犯罪问题》2013年第6期。

〔2〕　王永杰：“论我国未成年人刑事案件诉讼程序的不足与完善——兼评《刑事诉讼法修正案》的相关规定”，载《时代法学》2012年第3期。

神在诉讼程序方面的要求，应当调和未成年人保护与社会保护之间的冲突与矛盾。未成年人诉讼基本原则具有根本性、普适性与至上性，其是未成年人立法的根基，是构建未成年人诉讼程序及制度的航标，是划分一般诉讼程序与未成年人诉讼程序的根本标准，是未成年人诉讼程序独立化的重要标志。基本原则的普适性特点要求未成年人诉讼原则适用于诉讼程序始终，并成为指导程序的灵魂。未成年人诉讼基本原则具有至上性，任何诉讼程序规则都应接受基本原则的检验，在缺乏具体程序规则时，司法者的任何司法行为都应遵循基本原则的内在要求。〔1〕

从理论研究的角度来看，将未成年人犯罪相关的实体法原则和程序法原则统一研究，与“刑事一体化”的研究思路相契合，具有积极意义。然而，刑事诉讼法所规定的未成年人刑事诉讼程序的基本原则，应着眼于程序法的原则，除了“全面调查原则”、“分案处理原则”、“保障未成年犯罪嫌疑人、被告人诉讼权利原则”、“迅速简化原则”，“双向保护原则”外，应当将对未成年人予以“特别帮助和保护原则”作为未成年人刑事诉讼程序的基本原则。所谓对未成年人予以“特别帮助和保护”，是指对其提供超过成年人的、适合未成年人需要的特殊帮助和保护。需要进一步说明的是，之所以对未成年人予以“特别帮助和保护”，一方面是基于未成年人刑事诉讼同样会出现冤假错案的现实，另一方面则是因为未成年人在刑事诉讼中更易于受到不法侵害且在现行刑事诉讼制度中难以得到有效保护。该原则的宗旨应是有效保障刑事诉讼中的未成年人的合法权益，尤其是被刑事追诉的未成年人的合法权益；该原则应适用于刑事诉讼的全过程；该原则要求对未成年人提供适合其需要的特别帮助和保护，主要是关于辩护律师的特别帮助、合适成年人的帮助以及从程序上对其提供的特别保护。〔2〕我们认为，在从程序的视角对未成年人案件诉讼程序原则予以考虑的同时，还需要厘清以下关系，甚至对以下问题予以重新解读：

1. “教育为主、惩罚为辅原则”与“无罪推定原则”之关系

我国《刑事诉讼法》将“教育、感化、挽救”作为公安机关、人民检察院、人民法院办理未成年人刑事案件的方针。这一方针，是指在依法追究未

〔1〕 庄乾龙：“未成年人犯罪特别程序之定位”，载《青少年犯罪问题》2014 年第 3 期。
〔2〕 参见王敏远：“论未成年人刑事诉讼程序”，载《中国法学》2011 年第 6 期。

成年人刑事责任时，必须立足于教育、感化、挽救，通过教育、感化、挽救，增强其法制观念，使其认识错误改过自新，重新回归社会。[1]然而，方针作为“指引事业前进的方向和目标”，将其作为原则并无不可，但是立法已经明确其方针的法律地位，再作为原则来讨论似乎有点不合时宜。

“教育为主、惩罚为辅的原则”，主要是指在处理教育与惩罚的关系时，要以教育为主要目的，而不能以刑罚作为目的，刑罚也是对其教育的一种手段，服从于教育、感化、挽救的目的。这就要求在办理未成年人犯罪案件过程中应当查清犯罪事实，确保法律正确适用，保护其合法权利，同时根据犯罪原因有针对性地对其进行法制教育，以矫正其犯罪心理和不良行为习惯，促其改过自新，重新融入社会。[2]在刑事诉讼中应坚持教育为主、惩罚为辅的原则，既要收集证据查明案件事实，又要以案说法，以情动人，帮助未成年人认识到其罪行的严重性，唤醒他们的悔罪意识，使其认罪服法。但是，对这一原则解释为“办理未成年人犯罪案件”而非采用“办理未成年人刑事案件”有可能导致一些误解，在办理未成年人案件一开始就认定其犯罪，进而认定其有罪，致使在普通案件中需要遵循的“无罪推定原则”被忽视，而在有罪推定的基础上进行不断的教育或者挽救，使其程序上保障不到位甚至出现偏差。

基于以上分析，我们认为在办理未成年人刑事案件应当在坚持“无罪推定原则”的框架下进行“教育”，即使采用所谓的带有“惩罚性的措施”也是为了更好地发挥教育效果而非教育不能达到目的，或者在教育的同时，辅之以惩罚作为教育的补充。同时，也应当正确理解我国理论关于教育刑的认识。根据教育刑理论，刑罚同时具有惩罚性和教育性，“教育为主、惩罚为辅”原则是现代教育刑思想在少年司法中的切实体现，这种体现应当弱化甚至摒弃教育刑的惩罚性，充分体现其教育性。

2. 保障未成年人最大利益原则与权利优先保护原则之探讨

法国中世纪史、社会史名家菲力浦·阿利埃斯（Philippe Ariès）在其被称为儿童史和家庭史的奠基之作《儿童的世纪——旧制度下的儿童和家庭生活》中说：“对于生活儿童还不够成熟。在让他们进入成人世界之前，儿童必

〔1〕 参见郎胜主编：《中华人民共和国刑事诉讼法释义》，法律出版社2012年版，第582页。

〔2〕 参见郎胜主编：《中华人民共和国刑事诉讼法释义》，法律出版社2012年版，第582～583页。

须受到一种特殊的对待，一种保护性的隔离。”对于未成年人刑事案件诉讼程序原则的归纳与提炼不应仅仅局限于我国立法的规定，还应当置于能够指导未成年人刑事案件诉讼程序立法的框架下进行总结与提升，需要将保障未成年人最大利益作为一项基本原则。如《儿童权利公约》第3条第1款规定："关于儿童的一切行动，不论是由公私社会福利机构、法院、行政当局或立法机构执行，均应以儿童的最大利益为一种首要考虑。"《儿童权利宣言》规定："儿童应受到特别保护，并应通过法律和其他方法而获得各种机会与便利，使其能在健康而正常的状态和自由与尊严的条件下，得到身体、心智、道德、精神和社会等方面的发展。在为此目的而制定法律时，应以儿童的最大利益为首要考虑。"澳大利亚学者菲利浦·敖斯通（Philip Alston）指出"最大利益原则"开辟了新的儿童权利发展方向和法理解释，即儿童作为权利个体的权利理念。[1]可以说，公约为儿童权利保护相关立法及司法实践指明了价值取向。因此，确立保障未成年人最大利益原则不仅是未成年人刑事案件诉讼程序立法与司法的需要，也是履行国际义务的需要。

我国《未成年人保护法》第3条第1款规定："未成年人享有生存权、发展权、受保护权、参与权等权利，国家根据未成年人身心发展特点给予特殊、优先保护，保障未成年人的合法权益不受侵犯。"该规定明确了"未成年人权益保护优先的原则"是国际社会保护儿童先进理念在国内法中的集中体现，与《联合国儿童权利公约》中的"儿童最大利益原则"是一致的。确立特殊、优先保护未成年人的原则有利于在全社会树立起未成年人利益优先的观念，以在最大程度上保障和维护未成年人的利益。

因此，我们对未成年人刑事案件诉讼程序原则的解读属于仅仅指明了理解的思路，尽管《刑事诉讼法》对未成年人刑事案件诉讼程序原则的相关规定有很多进步之处，体现了我国对未成年人合法权益的特殊保护，其理论解读仍显得十分必要。如2012年修改的《刑事诉讼法》将其他法律的相关规定进行了整合，有效解决了刑事案件中对于未成年犯罪嫌疑人保护的法律依据较为松散、不系统、不统一等诸多弊端，规定了对未成年犯罪嫌疑人、被告人应当严格限制适用逮捕措施；应当保密、封存不满18周岁且被判处5年以

〔1〕 王雪梅：《儿童权利论：一个初步的比较》，社会科学文献出版社2005年版，第64页。

下有期徒刑未成年人的犯罪记录。[1]但也不可否认，我国《刑事诉讼法》通过专章设定的未成年人特别程序仅仅有11个条款，有些制度和程序的规定还相当宏观和比较粗放，未能体现原则所有的内涵，甚至与《北京规则》所确立的国际最低标准以及其他国家关于未成年人诉讼程序的规定存在着一定的差距，在实践操作中仍存在许多亟须丰富和完善的地方，理论对此的解释在一定程度上能够解决一些不完善的问题。

另外，针对严重的未成年人犯罪，少年法庭放弃管辖，将少年案件转交给普通刑事法庭，根据严格的诉讼程序与证据制度对严重犯罪案件进行对抗式的诉讼化处理，对于绝大多数未成年人案件仍通过特别程序予以处理。根据相称性原则，特别程序缺乏应对极为严重的少数未成年人犯罪案件的能力，将其转交普通程序既能满足部分民众的报应心理，又可以协调保护未成年人与保护社会安全、社会公众利益不平衡之间的矛盾。对于贯彻未成年人最大利益原则与权利优先保护原则还应当特别注意的问题是：

一是对未成年人与成年人实行区别保护，相对于成年人而言，实行的是一种区别或者差别保护。例如，未成年人与成年人分别羁押、附条件不起诉、分别审判等制度。我国《刑事诉讼法》第276条规定："办理未成年人刑事案件，除本章已有规定的以外，按照本法的其他规定进行。"实际上，未成年人案件从立案、侦查、起诉到审判阶段都有普通诉讼程序适用的余地。从适用比例上看，普通程序在未成年人犯罪案件处理过程中，占据半壁江山，加之执行程序的非独立化使普通程序本质上仍控制着未成年人犯罪的诉讼过程。未成年人特别程序萌发于普通程序，它能在多大空间内发展适用不仅取决于特别程序制度围建之完善程度，还将考验权力者的司法智慧。普通程序自身的强大秩序价值惯性难保不会对稚嫩的特别程序制度造成"心理阴影"。而未成年人特别程序制度融合功能的不彻底性已证明制度本身已经遭受普通程序制度的不良渗透。[2]因此，未成年人与成年人共同犯罪案件在保护程序上应当区别对待，体现为成年人差别待遇。

二是需要关注"特殊未成年人"要优先于"普通未成年人"的保护，对其实行最大利益保护。尽管2012年修改的《刑事诉讼法》专章设立未成年人

---

〔1〕 于现忠："浅析新刑事诉讼法视野下的人权保障问题"，载《法制博览》2014年第6期。

〔2〕 庄乾龙："未成年人犯罪特别程序之定位"，载《青少年犯罪问题》2014年第3期。

刑事案件诉讼程序，但并不意味着我国建立了独立的未成年人司法制度，亦不意味着此次对《刑事诉讼法》的修订就开创了我国刑事司法制度与未成年人司法制度二元分立的局面。我国未成年人刑事案件诉讼程序仅是以成年人刑事案件诉讼程序为基础进行的修正。[1]未成年人可在侦查、审查起诉、审判乃至执行阶段选择适合自己的再生之路。办案人员在每一分流处起到把关、引导、教育、帮助之作用，无论是司法者的软性建议还是强制决定都以预防、帮助未成年人为宗旨。与成年人相比，未成年人软弱的身躯与幼稚的心灵难以承受传统刑法与实现刑罚结果的正义性程序所带来的压力。特别程序的软性、多样性与非正式性与未成年人的脆弱性、多变性与可塑性相匹配，只有合理适当的程序承载管教、帮助与惩罚的作用方能将其功能发挥至最大化。然而，特别程序的独立化并不意味着未成年人司法制度完全摒弃普通程序，而只是将普通程序的地位由主导转变为补充。在应然意义上，在诉讼程序实现由一元化向二元化转变后，特别程序与普通程序之间应呈相互独立、相互补充状。对未成年人而言，特别程序是其主导程序，普通程序则处于补充地位。对成年人而言，普通程序处于主导地位，特别程序也可以作为其重要的补充。特别程序的独立化不仅是满足处理未成年人案件的需要，亦迎合了世界诉讼程序发展的大趋势，正是世界范围内持续的非犯罪化、非刑罚化改革浪潮不断推动着非正式化的发展。[2]因此，在实践中应当对关注“特殊未成年人”要优先于“普通未成年人”保护的问题。

三是对未成年犯罪嫌疑人、被告人权利保障的同时，不可忽视对未成年被害人权利的特别保障，实行一视同仁的优先保护。2013 年 10 月 23 日，最高人民法院、最高人民检察院、公安部、司法部颁布的《关于依法惩治性侵害未成年人犯罪的意见》（法发［2013］12 号）第 7 条规定：“各级人民法院、人民检察院、公安机关和司法行政机关应当加强与民政、教育、妇联、共青团等部门及未成年人保护组织的联系和协作，共同做好性侵害未成年人犯罪预防和未成年被害人的心理安抚、疏导工作，从有利于未成年人身心健康的角度，对其给予必要的帮助。”公安司法机关要做好未成年被害人的心理

〔1〕 陈晓宇：“冲突与平衡：论未成年人附条件不起诉制度”，载《中国刑事法杂志》2012 年第 12 期。

〔2〕 庄乾龙：“未成年人犯罪特别程序之定位”，载《青少年犯罪问题》2014 年第 3 期。

安抚、疏导工作，“询问未成年被害人，应当考虑其身心特点，采取和缓的方式进行。对与性侵害犯罪有关的事实应当进行全面询问，以一次询问为原则，尽可能避免反复询问。”尤其强调“办理性侵害未成年人犯罪案件，……贯彻特殊、优先保护原则，切实保障未成年人的合法权益”。该意见突出体现了对未成年被害人的特殊、优先保护，不仅力求避免对被害人造成“二次伤害”，更为重要的是为未成年被害人提供最大限度的、有效的司法呵护。

由于普通程序对特别程序的干扰源于特别程序的依附性地位，特别程序规定于刑事诉讼法典内，必然受普通程序的正义性制约，外加特别程序缺乏自成一体的制度、理念支持，其独立性品格当然难以确立。由于未成年人犯罪原因、治理理念与刑罚策略等有别于成年人，协调普通程序与特别程序之间矛盾关系的关键则在于为两者准确定位。普通程序与特别程序的理论根基完全不同决定了两者之间并非是相互依赖的关系，而是相互独立且具有内在品性的个体。未来立法应构建完全独立的未成年人特别诉讼程序，融合实体法、证据法及法院组织法内容，形成高度融合化的未成年人司法制度，这既是未成年人犯罪治理规律的要求，更是实现未成年人司法正义的重要保障。[1]因此，无论立法还是司法，更需要原则予以填补与推进，对于未成年人刑事案件诉讼程序原则的认识、理解与把握不仅在司法实践中是不可缺少的，也是立法完善与舆论评说未成年人刑事案件诉讼程序需要把握的。

基于以上所述，尽管我国2012年修订的《刑事诉讼法》对我国现有的未成年人刑事案件诉讼程序进行了细化和完善，使我们能够对未成年人刑事案件诉讼程序的特有原则进行进一步的明晰和讨论。但是，由于我国对于未成年人刑事诉讼程序的研究仍处于探索阶段，2012年修订的《刑事诉讼法》虽有创新但仍不够彻底，造成在处理未成年人刑事案件上产生了不同的标准，导致各地的未成年人刑事案件处理结果千差万别，参差不齐，不能形成统一的标准。但无论在国际还是国内社会，对于未成年人的保护始终都是坚定且必需的。因此，我们还是要从保护未成年人身心健康，使其顺利回归社会的角度出发，立足于未成年人本身的心理和生理特征，遵循充分保障未成年人合法权益的基本原则，寻求更加健全的法律保护制度，尊重理性和未成年人的成长规律，这也是人类社会所达到的基本共识。

---

〔1〕庄乾龙：“未成年人犯罪特别程序之定位”，载《青少年犯罪问题》2014年第3期。

第二章

未成年人刑事案件的辩护制度

从一定意义上讲，未成年人犯罪更多的是学校、家庭、社会、国家等各个方面的责任，未成年人本身在形式上尽管属于“犯罪人”，但实质上却为“受害者”。相对于成年人，未成年人社会经验不足、对法律了解相对欠缺，自身的保护意识和防御能力较弱，在诉讼中弱势地位非常明显，这些因素决定了未成年人在诉讼中更加需要特别的关照和优先的保护。为保障未成年人充分行使其诉讼权利并得到有效的法律保护，2012 年修改的《刑事诉讼法》以及公、检、法机关颁布的相关规定、解释，确立了不同于成年人的辩护制度，尤其是在未成年犯罪嫌疑人、被告人的辩护人选任问题上以法律的形式予以确定和保障，这为未成年人这一特殊诉讼主体提供了必要的法律保护。为了充分有效的落实这些规定，“保障未成年人得到法律帮助”，[1] 并保障这种法律帮助获得实效，有必要对未成年人刑事案件诉讼的辩护制度、辩护程序和辩护规则等问题进行理论解读。

一、未成年人刑事案件强制辩护制度的理论解读

理论上对辩护的种类大致划分为三种类型。一是按照辩护主体来划分，辩护分为自行辩护和辩护人辩护；二是根据确认辩护人的主体不同，辩护可分为委托辩护和指定辩护，如《刑事诉讼法》中的有关规定；[2] 三是在某些

[1] 参见我国《刑事诉讼法》第 266 条的规定。

[2] 参见我国《刑事诉讼法》第 32、34 条的规定。

特殊情况下出于对犯罪嫌疑人、被告人权利的特别保护，辩护可以分为任意辩护和强制辩护。我国辩护制度中的辩护种类只有自行辩护、委托辩护和指定辩护三种，我国《刑事诉讼法》第32条规定："犯罪嫌疑人、被告人除自己行使辩护权以外，还可以委托1至2人作为辩护人。下列的人可以被委托为辩护人：①律师；②人民团体或者犯罪嫌疑人、被告人所在单位推荐的人；③犯罪嫌疑人、被告人的监护人、亲友。正在被执行刑罚或者依法被剥夺、限制人身自由的人，不得担任辩护人。"第34条规定："犯罪嫌疑人、被告人因经济困难或者其他原因没有委托辩护人的，本人及其近亲属可以向法律援助机构提出申请。对符合法律援助条件的，法律援助机构应当指派律师为其提供辩护。犯罪嫌疑人、被告人是盲、聋、哑人，或者是尚未完全丧失辨认或者控制自己行为能力的精神病人，没有委托辩护人的，人民法院、人民检察院和公安机关应当通知法律援助机构指派律师为其提供辩护。犯罪嫌疑人、被告人可能被判处无期徒刑、死刑，没有委托辩护人的，人民法院、人民检察院和公安机关应当通知法律援助机构指派律师为其提供辩护。"第267条规定："未成年犯罪嫌疑人、被告人没有委托辩护人的，人民法院、人民检察院、公安机关应当通知法律援助机构指派律师为其提供辩护。"因此，根据我国《刑事诉讼法》以及相关司法解释的规定，指定辩护包括两种，即任意指定辩护和强制指定辩护。任意指定辩护是指被告人没有委托辩护人而同时具有下列情形之一的：①符合当地政府规定的经济困难标准的；②本人确无经济来源，其家庭经济状况无法查明的；③本人确无经济来源，其家属经劝说仍不愿为其承担辩护律师费用的；④在共同犯罪案件中，其他被告人已委托辩护人的；⑤具有外国国籍的；⑥案件有重大社会影响的；⑦人民法院认为起诉意见和移送的案件证据材料可能影响正确定罪量刑的。只要具备这些情形之一的被告人，人民法院才可以为其指定辩护人。强制指定辩护是指被告人没有委托辩护人而具有下列情形之一的：①盲、聋、哑人或者限制行为能力的人；②开庭审理时不满18周岁的未成年人；③可能被判处死刑的人。只要具备这些情形之一，人民法院应当为其指定辩护人。

那么，我国在未成年人刑事诉讼中是否存在强制辩护，在理论上因我国对此无明确的法条规定存在分歧。学者们也多从国外的规定或者学术观点角度进行探讨，对我国的指定辩护制度与国外的强制辩护制度之间的关系，存在两种不同的观点：一种观点认为，强制辩护与指定辩护不能等同。"强制辩护是与任意辩护相对的一种制度，而指定辩护则是与选任辩护相对的一种制度。二者不同之处在于：在前一种情形下，被告人可以拒绝国家为其提供的辩护人的帮助，而在后一种情形下，被告人无权拒绝；此外，与后者不同，违反前者并不会导致整个审判活动的无效。"[1]另一种观点认为，我国的强制性指定辩护制度与大陆法系国家的强制辩护制度有异曲同工之处。"按照刑事诉讼法关于指定辩护的立法本意推断：在强制性指定辩护的场合，指定不仅仅需要完成一个程序活动，更重要的是在实质上为被告人提供他人辩护。因此，即使被告人拒绝一切他人辩护，仍然要为他指定承担法律援助义务的律师，这样一来，强制性指定辩护就等同于强制辩护。"[2]基于未成年人特别程序原则以及特别保护的要求，有必要从指定辩护和强制辩护的内容和性质两方面来解读这一问题，以便未成年人在诉讼中获有效辩护。

（一）强制辩护的基本意义与价值

我国有论者将强制辩护总结为，"被告人自行辩护存在某种特殊问题时，为使被告人能有效地行使辩护权，法律规定不管被告人是否愿意法院都必须指定辩护人为他辩护。"[3]由于我国刑事诉讼法没有规定强制辩护的术语，有些学者便从海外立法与学说中寻找论据。如我国台湾地区有关强制辩护的立法规定："最轻本刑为3年以上有期徒刑或高等法院管辖第一审案件或被告因智能障碍无法为完全之陈述，于审判中未经选任辩护人者，审判长应指定公设辩护人为其辩护"。《日本刑事诉讼法》第37条规定："在下列场合，被告人没有辩护人时，法院可以依职权选任辩护人：①被告人是未成年人时；②被告人年龄在70岁以上时；③被告人是聋人或者哑人时；④被告人疑似为心神丧失的人或者心神耗弱的人时；⑤其他认为有必要时。"第289条规定："在审理相当于死刑、无期徒刑或无期监禁以及最高刑期超过3年的惩役或监禁的案件时，如果没有辩护人到场，不得开庭。在没有辩护人到场不得开庭的场合辩护人不到场或者没有辩护人时，审判长应当依职权选任辩护人。"上述法院依职权指定或者选任辩护人之案件，可称为强制辩护。此外，德国、俄罗斯等国家也有强制辩护制度的规定以及违背强制辩护时相应的保障、制裁

---

〔1〕李昌盛："在正义与效益的平衡中构建强制辩护制度"，载《检察日报》2006年9月25日，第3版。

〔2〕张建伟："强制辩护：一项势在必行的制度"，载《中国司法》2010年第2期。

〔3〕宋世杰主编：《外国刑事诉讼法比较研究》，中国法制出版社2006年版，第63页。

措施。基于以上考虑，强制辩护，是指法律为保护特定犯罪嫌疑人群体的诉讼权利，授权公安司法机关为其选任辩护人且无需犯罪嫌疑人本人同意，并强制适用的制度。强制辩护制度的确立是以犯罪嫌疑人的利益保障为出发点，以国家的强制力为后盾的一种国家救助的形式，具有强制性、程序保障性和制裁性。

关于指定辩护的国际公约有：《公民权利和政治权利国际公约》第 14 条规定："在判定对他提出的任何刑事指控时，人人完全平等地有资格享受以下的最低限度的保证：……（丁）出庭受审并亲自替自己辩护或经由他自己所选择的法律援助进行辩护；如果他没有法律援助，要通知他享有这种权利；在司法利益有此需要的案件中，为他指定法律援助，而在他没有能力偿付法律援助费用的案件中，不需要他自己付费。"《保护所有遭受任何刑事拘留或监禁的人的原则》第 17 条规定："被拘留人如未自行选择法律顾问，则在司法利益有此需要的一切情况下，应有权获得由司法当局或其他当局指派的法律顾问，如无充分的支付能力，则无需支付。"《欧洲人权公约》第 6 条第 3 款第 3 项规定了刑事控告者的权利："由他自己或由其选择的法律援助为自己辩护，或者，如果他无力支付法律援助的费用，则当司法利益有此要求时，应给予其无偿的法律援助。"《美洲人权公约》第 8 条第 2 款规定："被控告犯有罪行的每一个人，只要根据法律未证实有罪，有权被认为无罪，在诉讼的过程中，人人都有权完全平等地享有下列的最低限度的保证：……④被告有权亲自为自己辩护或由他自己挑选的律师来协助，并自由地和私下里与其律师联系；⑤如果被告不亲自为自己辩护或者在法律规定的期间内未聘请自己的律师，他有不可剥夺受到国家所派律师帮助的权利，并按照国内法律规定自付费用或不付费用。"《关于律师作用的基本原则》第 3 条规定："各国政府应该拨出向穷人并在必要时向其他处境不利的人提供法律服务所需要的资金和其他资源。律师专业组织应在安排和提供服务、便利和其他资源方面进行合作。"第 6 条规定："任何没有律师的人在司法需要情况下均有权获得按犯罪性质指派给他的一名有经验和能力的律师，以便得到有效的法律协助。如果他无足够力量为此种服务支付费用，可不交费。"第 8 条规定："遭逮捕、拘留或监禁的所有的人应有充分机会、时间和便利条件，毫无迟延地、在不被窃听、不经检查和完全保密情况下接受律师来访和与律师联系协商。这种协商可在执法人员能看得见但听不见的范围内进行。"第 9 条规定："各国政府、律师专业组织和教育机构应确保律师受过适当教育和培训，具有对律师的理想和道德义务以及对国内法和国际法所公认的人权和基本自由的认识。”第14条规定“律师在保护其委托人的权利和促进维护正义的事业中，应努力维护受到本国法律和国际法承认的人权和基本自由，并在任何时候都根据法律和公认的准则以及律师的职业道德，自由和勤奋地采取行动。”第21条规定：“主管当局有义务确保律师能有充分的时间查阅当局所拥有或管理的有关资料、档案和文件，以便使律师能向其委托人提供有效的法律协助，应该迟早在适当时机提供这种查阅的机会。”

尽管我国刑事诉讼法没有规定强制辩护，但规定了指定辩护。指定辩护可以分为强制性指定辩护和任意性指定辩护。强制性指定辩护是指犯罪嫌疑人、被告人在没有委托辩护人的情况下，公安司法机关依照法律规定承担通知法律援助机构为其指定辩护人的义务。从《刑事诉讼法》第34、267条的规定来看，强制指定辩护的对象包括以下四类：①盲、聋、哑人；②尚未完全丧失辨认或者控制自己行为能力的精神病人；③可能被判处无期徒刑、死刑的人；④未成年人。任意性指定辩护是指犯罪嫌疑人、被告人因经济困难或者其他原因没有聘请辩护人的，司法机关依照法律规定应当告知其可以申请法律援助。《法院刑诉法解释》第43条规定具有下列情形之一，被告人没有委托辩护人的，人民法院可以通知法律援助机构指派律师为其提供辩护：①共同犯罪案件中，其他被告人已委托辩护人；②有重大社会影响的案件；③人民检察院抗诉的案件；④被告人的行为可能不构成犯罪；⑤有必要指派律师提供辩护的其他情形。对比强制辩护与指定辩护，可以发现，因为指定辩护里的任意指定辩护不具有强制性，故而不能将强制辩护与指定辩护等同对待。那么，强制辩护与强制性指定辩护的关系又如何呢？一种观点认为不论是何种形式的指定辩护，都区别于强制辩护；另一种观点则认为指定辩护中的强制性指定辩护就是强制辩护。从概念上比较，强制辩护和指定辩护具有内容上的交叉性，即都是在某种特定情形下，为保障犯罪嫌疑人、被告人的诉讼权利，不论犯罪嫌疑人、被告人是否同意，都必须有辩护人为其辩护；从立法目的上看，立法者均是出于对特定对象的诉讼权利的保障，以国家强制力为后盾通过立法的手段予以确认；在制度性质上，二者均具有强制性，由相应的司法机关予以贯彻执行并且不允许当事人拒绝。综上所述，指定辩护中的强制性指定辩护即为大陆法系的强制辩护制度。需要指出的是，我国的强制性指定辩护对象的范围较小，相关立法还存在许多漏洞，故与强制辩护制度是包含与被包含的关系，强制指定辩护还有待于进一步发展与完善。

针对未成年人刑事案件而言，指定辩护具有强制性而非任意性，从指定辩护的概念及对象来看，未成年人诉讼案件属于强制性指定辩护的范畴，故而，我们有理由将未成年人强制性指定辩护认同为未成年人强制辩护制度。从这一层面上看，虽然我国未明文规定强制辩护制度，但细化到具体法律规定时，实际上已然存在。但是，这种强制辩护与其他大陆法系国家的相关理论依据和立法经验相比，仍存在诸多问题，需要进一步解读与诠释。

（二）未成年人刑事案件强制辩护制度的意义及正当性解读

未成年人由于年龄较小，正处于成长发育的早期阶段，生理、心理、智力都未能达到成年人标准，社会阅历欠缺，模仿性较强，容易受到环境、社会、他人的影响。这就决定了立法者在立法时需要充分考虑到未成年人的身心特点，针对这一特殊弱势群体的犯罪案件而言，确立一套从侦查、起诉、审判等各个环节的程序和法律保障措施，以充分维护未成年人的诉讼权利。未成年人案件强制辩护制度是完成上述目标不可缺少的制度，也是落实未成年人刑事诉讼程序中特殊保护原则的一项重要制度。未成年人刑事指定辩护制度既可以保障未成年犯罪嫌疑人、被告人的合法利益，切实维护其在司法过程中的各项权利的有效性表达与行使，又可以保障案件质量、促进刑事诉讼活动的顺利进行，是贯彻无罪推定原则、实现控辩平等、保障人权、实现司法公正的重要方式。从这一层面上来看，未成年人强制辩护制度存在诸多的社会效益。

强制辩护制度的意义决定了其存在的正当性。如果没有强制指定辩护的相关法律规定，那么在未成年人犯罪案件，基于各种原因未能委托辩护人的未成年犯罪嫌疑人、被告人相关的诉讼权利及合法利益将会有可能得不到有效保障，也会影响诉讼效率、案件质量、司法公正与权威。只有在指定辩护制度得到充分贯彻与实施的情况下，作为被追诉一方的案件当事人才能借助法律援助的力量充分运用法律武器维护自身的合法权益，对抗指控，积极促使审判结果更加有利于自身，同时也尽可能地避免了冤假错案的发生。“未成年人处于成长发育的早期阶段，心智尚未成熟，在身心和社会发展方面需要得到照顾和帮助，并且需要在和平、自由、尊严和安全情况下获得法律保护。未成年人刑事指定辩护制度是落实未成年人刑事诉讼程序中特殊保护原则的一项重要制度。未成年人刑事指定辩护制度既可以保障未成年犯罪嫌疑人、被告人的合法权益，又可以保障案件质量，保障刑事诉讼活动顺利。”[1]成年人具备完全的刑事责任能力，有自己独立的意思表示且能对自己的行为负责，但是未成年人因为心智、阅历的不足，缺乏对自己的行为有足够认识与理解的能力，也可能无法对自己的犯罪行为作出合理、有效的辩解，故而为未成年人指定辩护人是必须且必要的。

与此同时，对未成年人实行强制辩护也是联合国刑事司法准则的基本要求。《联合国儿童权利宣言》要求：“鉴于儿童因身心尚未成熟，在其出生以前和以后均需要特殊的保护和照料，包括法律上的适当保护。”《联合国儿童权利公约》第40条第2款规定：“……所有被指称或者指控触犯刑法的儿童至少应得到下列保证：……②迅速直接地被告知其被控罪名，适当时应通过其父母或者法定监护人告知，并获得准备和提出辩护所需的法律或者其他适当协助；……”《北京规则》第7条规定：“在诉讼的各个阶段，应保证基本程序方面的保障措施，诸如假定无罪、指控罪状通知本人的权利，保持沉默的权利，请律师的权利，要求父亲或者母亲或者监护人在场的权利，与证人对质的权利和向上级机关上诉的权利。”第15条第1款规定：“在整个诉讼程序中，少年应有权由1名法律顾问代表，或者在提供义务法律援助的国家申请这种法律援助。”《联合国保护被剥夺自由少年规则》第18条规定：“未审讯少年拘留的待遇条件应与下述各项规定相一致，必要时还可酌情根据假定无罪的要求、拘留期限和有关少年的法律地位和状况，作出具体的补充规定。这些规定应包括但不一定只限于下列各项：（a）这些少年应有权得到法律顾问，并应能申请免费法律援助（如有这种援助的话），并能经常与法律顾问进行联系。此种联系应保证能私下进行，严守秘密……”我国已经签署和加入了一系列关于未成年人司法保护的联合国公约，对于确立的原则、标准和规范，应当予以遵守。[2]未成年犯罪嫌疑人、被告人的强制辩护制度符合这些公约的宗旨和原则，其存在不仅具有正当性，而且也是履行国际公约义务的职责。未成年人指定辩护制度的确立，不仅在程序上确保公正，实体上维护

---

〔1〕 金同娟：“未成年人刑事指定辩护制度实证分析”，载《山西省政法管理干部学院学报》2013年第3期。

〔2〕 宋英辉等：《未成年人刑事司法改革研究》，北京大学出版社2013年版，第57页。

未成年犯罪嫌疑人、被告人的合法诉讼权益，更在立法设计上与国际公约接轨，对未成年人的诉讼权利进行有效的维护与保障，最大限度地发挥刑事诉讼保障人权的作用。

我国在未成年人刑事案件强制辩护方面初步形成了法律体系。《刑事诉讼法》第267条规定："未成年犯罪嫌疑人、被告人没有委托辩护人的，人民法院、人民检察院、公安机关应当通知法律援助机构指派律师为其提供辩护。"《法院刑诉法解释》第472条规定："审判时不满18周岁的未成年被告人没有委托辩护人的，人民法院应当通知法律援助机构指派律师为其提供辩护。"《人民检察院刑事诉讼规则（试行）》第485条规定："人民检察院受理案件后，应当向未成年犯罪嫌疑人及其法定代理人了解其委托辩护人的情况，并告知其有权委托辩护人。未成年犯罪嫌疑人没有委托辩护人的，人民检察院应当书面通知法律援助机构指派律师为其提供辩护。"《公安机关办理刑事案件程序规定》第309条规定："未成年犯罪嫌疑人没有委托辩护人的，公安机关应当通知法律援助机构指派律师为其提供辩护。"最高人民法院、最高人民检察院、公安部、国家安全部、司法部、全国人大常委会法制工作委员会《关于实施刑事诉讼法若干问题的规定》第5条规定，对于人民法院、人民检察院、公安机关根据刑事诉讼法规定，通知法律援助机构指派律师提供辩护或者法律帮助的，法律援助机构应当在接到通知后3日以内指派律师，并将律师的姓名、单位、联系方式书面通知人民法院、人民检察院、公安机关。《未成年人保护法》第51条规定："未成年人的合法权益受到侵害，依法向人民法院提起诉讼的，人民法院应当依法及时审理，并适应未成年人生理、心理特点和健康成长的需要，保障未成年人的合法权益。在司法活动中对需要法律援助或者司法救助的未成年人，法律援助机构或者人民法院应当给予帮助，依法为其提供法律援助或者司法救助。"最高人民法院等机构《关于刑事诉讼法律援助工作的规定》第9条规定："犯罪嫌疑人、被告人具有下列情形之一没有委托辩护人的，公安机关、人民检察院、人民法院应当自发现该情形之日起3日内，通知所在地同级司法行政机关所属法律援助机构指派律师为其提供辩护：①未成年人……"以上规定体现了未成年人刑事案件强制辩护的意蕴，从保障未成年人利益最大化的要求来看，将辩护规定为强制更有利于保障未成年人的合法权益，提高了未成年人案件的辩护质量，充分保护未成年人合法权益，实现司法公正。

（三）未成年人犯罪强制辩护制度的合理性解读

尽管强制辩护制度有其存在的正当性，但未成年犯罪嫌疑人、被告人拒绝辩护始终是未成年人强制辩护制度实践中难以回避的问题。刑事被告人拒绝辩护，是在刑诉理论界系统论述较少的一个问题，然而这却是实践中始终难以回避的一个问题。并且，对于未成年犯罪嫌疑人、被告人拒绝指定辩护人的问题又是拒绝辩护中的特殊方面。鉴于对强制指定辩护概念的分析，未成年犯罪嫌疑人、被告人在任何情况下都必须有辩护人为其辩护。获得辩护是未成年犯罪嫌疑人、被告人的固有权利。所谓权利，是指“为社会或法律所承认和支持的自主行为和控制他人行为的能力，表现为权利人可以为一定行为或要求他人作为、不作为，其目的是保障一定的物质利益或精神利益”。由此我们可以得知，辩护权作为未成年犯罪嫌疑人、被告人的法定权利，应该是权利人可以接受、可以拒绝的权利，是未成年犯罪群体享有的特定资格而非义务。然而，法律层面上对于未成年人犯罪采取的则是强制辩护的规定，也就是说，未成年犯罪人必须有辩护人为其辩护，辩护权对于未成年人来说，必须接受不得拒绝，此种权利具有一定程度上的约束力。那么，受到约束的权利还能称其为权利吗？有论者认为“不可否认在大多数刑事追诉中被告人更愿意有律师指导，因为他们自己缺乏辩护技巧。但在被告人不愿意接受律师帮助的情形下，律师在能力和经验方面的潜在优势能获得实现，仅仅是不完美而已。将辩护律师强加给被告人，只会导致被告人认为法律规定不利于他。既然他最终可以通过自我辩护达到他的目的，他的选择应当受到尊重。”[1]由此看来，出于保障未成年犯罪人权益而设立的强制辩护制度似乎与权利本身相互背离，强制辩护制度在某些特殊情况下限制了未成年犯罪嫌疑人、被告人拒绝辩护的权利。那么，是尊重未成年人的意愿重要，还是制度本身更为重要呢？有论者认为，“辩护毕竟是被告人的权利而不是义务，既然是权利，那么是行使这一权利，还是放弃这一权利，则悉凭权利人的决断。然而这里所说的权利必须是被告人神志清醒，具有健全的认知能力和判断能力为前提条件的，否则，被告人的处分行为便是无效的法律行为。例如：未成年人、盲聋哑人、尚未完全丧失辨认或者控制自己行为能力的精神病人等。”[2]

---

〔1〕 Charles F. Hemphill, “Criminal Procedure”, *The Administration of Justice*, 1978, pp. 120 ~ 121.

〔2〕 陈卫东：“被告人拒绝法院为其指定律师辩护的问题”，载《法学杂志》1988 年第 4 期。

从理论层面上看来，规定未成年犯罪嫌疑人、被告人的强制指定辩护制度，我国绝大部分学者均持肯定意见，因为未成年人心智、社会阅历都尚未成熟，欠缺一定的拒绝辩护的行为能力，也欠缺为自己进行有效辩护的能力。拒绝辩护有可能会使当事人相应的权利和利益得不到充分发挥或保障，甚至会带来相应的损害后果。故而，为保护未成年人诉讼权利与合法利益，国家以强制力的方式保障其辩护权，从根本上杜绝未成年人拒绝辩护可能会产生的一切不利后果。通过制度设置和程序设计来保障未成年人的诉讼权利具有正当性和合理性，是值得肯定的，但不可否认的是，此项制度依然存在瑕疵：强制辩护制度固然有其优越性，但未成年人的意愿也应得到尊重，如何在此制度中寻求平衡，则是理论需要解读的问题。

（四）法律层面内拒绝强制辩护人的理论解读

最高法院《法院刑诉法解释》第 45 条规定："被告人拒绝法律援助机构指派的律师为其辩护，坚持自己行使辩护权的，人民法院应当准许。属于应当提供法律援助的情形，被告人拒绝指派的律师为其辩护的，人民法院应当查明原因。理由正当的，应当准许，但被告人须另行委托辩护人；被告人未另行委托辩护人的，人民法院应当在 3 日内书面通知法律援助机构另行指派律师为其提供辩护。"第 254 条规定："被告人当庭拒绝辩护人辩护，要求另行委托辩护人或者指派律师的，合议庭应当准许。被告人拒绝辩护人辩护后，没有辩护人的，应当宣布休庭；仍有辩护人的，庭审可以继续进行。有多名被告人的案件，部分被告人拒绝辩护人辩护后，没有辩护人的，根据案件情况，可以对该被告人另案处理，对其他被告人的庭审继续进行。重新开庭后，被告人再次当庭拒绝辩护人辩护的，可以准许，但被告人不得再次另行委托辩护人或者要求另行指派律师，由其自行辩护。被告人属于应当提供法律援助的情形，重新开庭后再次当庭拒绝辩护人辩护的，不予准许。"最高人民法院等机构《关于刑事诉讼法律援助工作的规定》第 15 条第 2 款规定："对于应当通知辩护的案件，犯罪嫌疑人、被告人拒绝法律援助机构指派的律师为其辩护的，公安机关、人民检察院、人民法院应当查明拒绝的原因，有正当理由的，应当准许，同时告知犯罪嫌疑人、被告人需另行委托辩护人。犯罪嫌疑人、被告人未另行委托辩护人的，公安机关、人民检察院、人民法院应当及时通知法律援助机构另行指派律师为其提供辩护。"

从以上规定可以看出，我国允许被告人更换法律援助中心为其指定的辩护人，未成年人也享有拒绝国家为其指定的辩护人并自己选择辩护人的权利，但这种权利的行使最终不得妨碍国家强制辩护制度作用的发挥。未成年犯罪嫌疑人、被告人可以拒绝辩护人、自己委托辩护人，但最终在庭审过程中必须有律师为其辩护，不论该律师是委托还是指定的。概言之，未成年犯罪嫌疑人、被告人可以选择、拒绝辩护人，但不得拒绝强制辩护制度。这些条文在很大程度上缓解了未成年人在拒绝辩护与强制指定辩护之间存在的矛盾冲突，既赋予了未成年人选择权和拒绝权，极大程度上避免了未成年犯罪嫌疑人、被告人因不满辩护律师而拒绝指定辩护制度的问题，又能充分保障未成年人的诉讼权利和强制指定辩护制度的执行。不仅如此，我们还可从法律层面上推知，拒绝强制辩护和拒绝强制辩护人是两个不同的概念。如果有正当的理由，指定的强制辩护人可以有条件地替换，未成年犯罪嫌疑人、被告人选择和拒绝权利是可以在法律法规授权的范围内行使的，这是毋庸置疑的，也是强制辩护的应有之义。在整个法律层面内、在整个诉讼过程中，未成年犯罪嫌疑人、被告人在辩护制度上享有以下特别权利：①可以随意选择、更换委托辩护人，且没有理由和次数的限制（庭审时除外）；②可以拒绝指定辩护律师或委托律师，但不得拒绝强制辩护，即必须有律师在庭审中为其辩护；③对于法律援助中心指定的辩护律师可以拒绝。一般情况下，无正当理由，不得更换，有正当理由，可以更换，包括自身委托或由法律援助中心另行指派。

综上所述，在未成年人刑事诉讼的辩护制度上，无论拒绝何种辩护形式，必须保障庭审中有辩护人为其辩护。相关法律规定虽然缓解了拒绝辩护的难题，但也只是从法律层面上化解矛盾，并不能从根本上解决既拒绝辩护人又拒绝辩护制度的问题。即使在拒绝指定辩护人问题上，法律也有着严格的程序限制，即必须有正当理由，无正当理由和多次拒绝的情况可以排除在外。不可否认的是，这种法律上的严格规定，固然是为了维护庭审秩序、节省司法资源、保障未成年人诉讼权利，但一定情况下亦限制了当事人辩护权的自由行使。

现实中未成年犯罪嫌疑人、被告嫌疑人、被告人有可能既拒绝强制辩护人，又拒绝接受强制辩护制度。那么，未成年犯罪嫌疑人、被告人两次拒绝法律援助机构为其指定的强制辩护人，又不自己委托辩护人，坚持自行辩护或者甚至放弃辩护的情形出现时该如何处理。虽然法律规定不允许未成年犯罪人拒绝强制辩护制度，但实践中是否可行仍存在诸多难题。《刑事诉讼法》第267条规定："未成年犯罪嫌疑人、被告人没有委托辩护人的，人民法院、人民检察院、公安机关应当通知法律援助机构指派律师为其提供辩护。"从这一原则性的法律规定里延伸出的是未成年犯罪嫌疑人、被告人的强制辩护制度。辩护权作为一项权利而非义务，不应具有强制性，而法律规定里的强制辩护制度，在赋予了犯罪嫌疑人、被告人辩护权的同时，也变相的对强制辩护对象添加了接受的义务。值得注意的是，未成年人心智、社会阅历都尚未成熟，欠缺一定的行为能力，仅由未成年人凭借主观意志、自身决定接受辩护与否，不利于全面保护其诉讼权利和其他合法权益。《刑事诉讼法》第36条规定："辩护律师在侦查期间可以为犯罪嫌疑人提供法律帮助；代理申诉、控告；申请变更强制措施；向侦查机关了解犯罪嫌疑人涉嫌的罪名和案件有关情况，提出意见。"拒绝辩护会使未成年犯罪嫌疑人、被告人缺乏相关专业人员为其申请回避，申请解除强制措施，代为上诉、申诉，提出其无罪、罪轻或者减轻、免除其刑事责任的材料和意见。因未成年人自身不具备法律专业技能，国家立法机关出于对未成年犯罪群体的特殊照顾，从全面保护其诉讼权利和其他合法权益的角度出发，制定未成年犯罪嫌疑人、被告人强制辩护的法律规定具有重要意义，以期从根本上解决未成年犯罪人拒绝辩护可能造成的一切不良后果。强制辩护制度的初衷是好的，但不可否认的是，它在一定程度上对未成年犯罪嫌疑人、被告人的辩护权进行了只能接受、不能拒绝的限制。对此，有论者认为，"在指定辩护制度下，缺乏被告人拒绝指定辩护和选择权的规定。一般来说，对于人民法院可以指定辩护的情形下，被告人可以拒绝；而在人民法院应当指定辩护的情形下，被告人无权拒绝。由于辩护是被追诉者的最重要的一项诉权而非义务，权利可以行使也可以放弃，这是一般的法理学常识。因此，人民法院怎么有权剥夺被追诉者的拒绝辩护权呢，那岂不成了被追诉者的义务。如果说为被告人指定辩护也是人民法院的应尽义务而必须履行的话，当二者发生冲突时，也应从有利被告，原则出发进行解释，而不能与此相悖侵犯其辩护权。此外，对于人民法院的指定辩护，被告人是否有权选择承担法律援助义务的律师；对于指定的辩护律师，如果被告人不满意，是否可以进行调换。对此，法律未作明确规定，是一个值得探讨的问题。在司法实践中，人民法院有时为省时省力，可能会为被告人指定并非优秀和合格的律师，实难维护被告人的合法权益，达到指定辩护的立法目的。因此，为防止人民法院敷衍了事，也为了防止指定辩护走过场，切实维护被告人的合法权益。在制度设计上，可以借鉴西方国家如德国的做法，赋予被告人有对指定律师的选择权。"[1]

辩护权是宪法和刑事诉讼法赋予犯罪嫌疑人、被告人的基本诉讼权利，从法理学角度讲，辩护权及基于它产生的其他诉讼权利，犯罪嫌疑人、被告人可以自由处分，他既可以行使辩护权利，也可自愿放弃，包括放弃辩护人为自己进行辩护的权利。[2]从我国法律规定的未成年人刑事诉讼特别程序的辩护制度规定可以看出，相比于未成年犯罪嫌疑人、被告人的辩护选择权而言，国家立法机关更倾向于保护未成年犯罪人的整体诉讼权利。从法哲学角度来理解，即是当权利与高于或者可能高于权利的价值相冲突时，法律更倾向于对价值的保障，以高于或者可能高于权利的价值来压制权利。费因伯格（Feinberg）则持反对意见，认为"权利表达着对生活里善的概念的个人选择。这样的选择不可能是通过参考一组基本价值而以命令的方式下达给人们的。因此，他明确地拒绝以'爱'、'怜悯'或'神圣义务'为理由而克制权利，这样做将会再次违背自由主义的康德式基础。如果允许克制一个人的权利，也就是赋予立法机关对于善的选择以特权。"从本质上讲，费因伯格看到了当代政治法律哲学中的权利重要性在于它是一种允许人们做自决主体的机制，在这一点上，权利、至少是某些权利是绝对不能被限制或压倒的。[3]也有论者对权利的限制持肯定观点，"甚至是绝对不可让与的权利，至少就它们的使用来说，是应当受到限制的。权利的使用要服从正义在每一场合下的条件和限制。"[4]没有无义务的权利，也没有无权利的义务。权利与自由一样，其享有与实施都是在法律允许的框架之内的。但是，持有上述观点的学者，是以个人权利的无限制的行使将会毁损社会里其他成员的权利与自由为前提的。一般来说，对权利的限制来自对权利与他人或社会的关系的考量。密尔（John Stuart Mill）认为：公民应该拥有获享尽可能多的自由的权利，只要其权利的行使不妨害他人。在《论自由》里，他提出，个人权利只有在其运用

---

〔1〕 张春阳："略论指定辩护的制度性缺陷及其完善"，载《辽宁公安司法管理干部学院学报》2004年第1期。

〔2〕 李世亮："议被告人拒绝辩护"，载《法学杂志》1990年第4期。

〔3〕 夏勇："权利哲学的基本问题"，载《法学研究》2004年第3期。

〔4〕 沈宗灵主编：《现代西方法理学》，北京大学出版社1992年版，第108页。

会危害或干扰其他人的时候才能被压倒。除此以外，不应该有压倒人民权利的情形，因为这将会削减社会里功利的总量。[1]理论界对以公共利益或者社会利益为理由来遏制权利存在争议，至少我们可以赞同的是，在权利的行使不存在损害他人、集体、社会利益和公共利益时，就不应该对权利的行使施加限制。进一步而言，在未成年人涉嫌犯罪案件中，只要未成年犯罪嫌疑人、被告人拒绝辩护不会危及他人利益时，该当事人的拒绝辩护行为应予以保障和支持。

另外，我国《刑事诉讼法》第267条规定了“未成年犯罪嫌疑人、被告人没有委托辩护人的，人民法院、人民检察院、公安机关应当通知法律援助机构指派律师为其提供辩护。”从法条规定的内容我们可以得知，在关于未成年人涉嫌犯罪案件中的强制指定辩护的规定中，强制对象其实是公安机关、检察机关、法院和法律援助机构，即公、检、法各机关承担审查和通知义务，法律援助机构承担根据法定机关的通知指派辩护人的义务。此为公安机关、人民检察院、人民法院和法律援助机构的职责所在，强制指定辩护仅是法律对国家司法机关所做的要求和规定，我们不应该曲解立法原意，将此种义务附加给未成年人，进而强制未成年犯罪嫌疑人、被告人接受指定辩护。指定辩护与法律援助存在本质上的差别，指定辩护是指对于没有委托辩护人的犯罪嫌疑人、被告人，因经济困难或者其他原因以及在法律规定的某些特殊情况下，经本人及其近亲属申请或人民法院、人民检察院和公安机关通知，由法律援助机构指派律师为其提供辩护。[2]法律援助制度则为司法机关在法律规定的特定情形下，为部分犯罪嫌疑人、被告人群体指派辩护人提供法律服务，以维护特殊群体利益及司法公正的一项制度。

法律援助制度是国家为了保障社会成员平等实现法律所赋予的权利而建立的一项司法保障制度，是国家法律制度及司法公正体系的重要组成部分。[3]根据《法律援助条例》、《刑事诉讼法》的规定，对于下列未成年人，国家应当提供法律援助：①未成年人涉嫌犯罪的刑事案件中，从未成年人被侦查机关第一次讯问后或者采取强制措施之日起，或自案件移送审查起诉之

〔1〕夏勇：“权利哲学的基本问题”，载《法学研究》2004年第3期。

〔2〕詹建红主编：《刑事诉讼法》，清华大学出版社2012年版，第94页。

〔3〕李学宽、胡玉霞：“现代法律援助制度中的国家责任”，载《现代法学》2001年第5期。

日起，因经济困难没有聘请律师的，该未成年人应当获得法律援助；②未成年人涉嫌犯罪的刑事案件中，在人民法院审判阶段，没有委托辩护人的，人民法院为其指定辩护人的，法律援助机构应当提供法律援助；③未成年人追索抚养费的民事案件，可以获得法律援助；④未成年人请求支付劳动报酬，请求给予社会保险待遇或最低生活保障待遇，请求发给抚恤金、救济金，请求国家赔偿，主张因见义勇为行为产生的民事权益的其他案件，如果家庭经济困难，应当获得法律援助。

指定辩护和法律援助的区别为：①指定辩护的范围窄于法律援助。指定辩护的对象是我国法律规定的特定群体，如未成年人，盲、聋、哑人，尚未完全丧失辨认或者控制自己行为能力的精神病人，可能被判处无期徒刑、死刑的人。法律援助的对象是所有需要司法救济的弱势群体，除了指定辩护四种特定对象之外，经济上困难的人也可能成为法律援助的对象。②指定辩护适用的强度大于法律援助。对于指定辩护的四类对象来说，指定辩护是强制适用的。而法律援助的对象具有选择权，适用法律援助与否全凭意思自由，法律对此没有约束力，既可以选择适用法律援助，也可以选择不适用法律援助。③指定辩护是公安司法机关应承担的一项义务，提供主体是国家，法律援助是公安司法机关提供的一项救助措施，提供主体还包括社会以及私人。④强制辩护制度内容只是辩护人辩护，而法律援助提供的法律服务范围较广，包括辩护、代理等一系列诉讼业务，还有一些非讼的法律服务。⑤强制辩护适用于刑事诉讼领域，而法律援助不仅适用于各种诉讼，还包括一些诉讼外的法律服务等。指定辩护是法定义务而非援助。司法机关依照法律履行指定辩护义务，指派的辩护律师为未成年犯罪嫌疑人、被告人提供法律援助、维护其合法权益。在此种诉讼活动中，指定辩护和法律援助分别是职责和权利，即指定辩护是公检法机关和法律援助机构的职责，获得法律援助则是未成年犯罪嫌疑人、被告人享有的法律赋予的一项特权。二者在一定程度上不完全相同，故而不可把二者等同起来，也不可将本应由公安司法机关承担的职责附加给未成年人，限制未成年犯罪嫌疑人、被告人的自由诉讼权利。强制辩护与法律援助也存在紧密的联系，一方面强制辩护与法律援助在一定程度上存在交叉内容，也可以说属于国家义务的强制辩护部分内容与法律援助部分相同，包含于法律援助之内；另一方面，强制辩护与法律援助的规定与实施，都是对诉讼当事人诉讼权利的保障，对于维护司法公正、实现实体与程序公正具有促进作用。

在美国，因为获得律师帮助权是被告人的宪法权利，所以被告人有申请指定辩护的自由，也有自愿放弃辩护律师帮助的自由。美国将是否需要指定辩护律师视为被告人自由选择权，不具有强制性。但也有例外情况，比如被告人愚昧无知或者对辩护毫无经验，不理智地放弃了获得帮助权的时候。[1]获得辩护是未成年犯罪嫌疑人、被告人的权利，拒绝辩护也是行使这一权利的表现形式，那么，当未成年犯罪嫌疑人、被告人行使拒绝辩护权时，其行为并不会对社会、集体、他人的权利造成任何损害，拒绝辩护的行为也仅对未成年犯罪嫌疑人、被告人本身会产生影响。那么，既然拒绝辩护对于未成年犯罪嫌疑人、被告人以外的人不会产生任何不利的影响，那么法律为什么还要去限制它呢？即使是从保障未成年犯罪人本身而言，似乎也是非理性的，法律赋予我权利，而我有权在不对他人及社会造成危害的前提下，自由行使此项权利，这种自由行使权，接受放弃与否、结果如何，均由我个人承担，个人对个人的行为负责，法律不应该过多的进行干涉或者额外强加。再者，指定辩护是作为公安司法机关的一项法定职责而存在的，此种职责的行使不应该影响、干涉案件当事人的辩护权的自由行使。只硬性强调强制辩护制度的正义性，忽略少数未成年犯罪嫌疑人、被告人的拒绝辩护权是不应该的，制度保障固然重要，但若将权利覆上制度的枷锁，那么权利就不再是纯粹的权利了。基于此种逻辑，未成年犯罪嫌疑人、被告人的辩护权的自由行使是应当被尊重的，法律不应该出于维护正义的价值考量去强制其必然接受辩护。对于未成年人的这种权利却不能用成年人的权利这种狭义的概念予以对待。

现代刑事诉讼以控审分离、控辩平等对抗和审判中立为基本理念，其中控辩平等对抗更能促进法官中立，从而保证刑事实体公正与程序公正的实现。特别是刑事被告人在某种情况下无能力委托辩护或者进行自我辩护，面对强势的公诉机关，更需要通过指定辩护人帮助其与公诉机关达到控辩平等对抗，以更好维护其合法权益。指定辩护作为法律援助的一个重要组成部分，在使公民的权利得以顺利实现，健全法制及社会保障体系，实现司法公正，促进社会稳定发展等方面都具有重要的意义。但如果这一制度的设计只是流于形式，那就是欺骗公民的感情，必将大大地损害司法公信力。古人魏征说过：

〔1〕 谢文晶："论我国指定辩护制度的完善"，华中师范大学2012年硕士学位论文。

"民如水，君如舟，水可载舟，亦可覆舟。"所以，深入分析指定辩护制度，保障被告人的合法权益，完善我国刑事法律援助制度，对于推动法律援助理念的转变，促进"以人为本"的和谐社会建设，有着重要的理论价值和实践意义。[1]而针对未成年犯罪嫌疑人、被告人而设立的指定辩护制度，作为强制辩护中的一种情形，也更加需要重视和完善。

二、域外未成年人强制辩护制度解读

关于强制辩护制度，不同法系、不同国家的规定不尽相同。由于各国对于强制辩护的适用不尽相同，未成年人的辩护问题也未必列于强制辩护制度的适用范围。虽然域外关于未成年人强制辩护的规定有别于国内，但是其他各国关于未成年人辩护制度的相关规定，对于研究国内的未成年人强制辩护制度具有极大的借鉴意义。

（一）英美法系的强制辩护制度

1. 美国的强制辩护制度

辩护权是美国法律所保护的宪法性权利，美国的指定辩护制度是依照美国宪法第六修正案，以平等保护原则、正当程序原则为指导，以一系列的判例为基础发展起来的。美国宪法第六修正案规定："在一切刑事诉讼中，被告有权由犯罪行为发生地的州和地区的公正陪审团予以迅速和公开的审判，该地区应事先已由法律确定；得知控告的性质和理由；同原告证人对质；以强制程序取得对其有利的证人；并取得律师帮助为其辩护。"在美国判例法中，适用指定辩护的重要前提是被告人无能力聘请律师。即使是未成年人涉案情形下，也只有家庭贫困者才可申请指定律师。[2]因此，在美国，强制辩护制度的适用对象并没有明确的法律规定，是否适用强制辩护制度完全取决于遵循先例或者由法官自由裁量。对于指定的辩护律师，被告人没有选择权，必须接受。若被告人与律师之间信任关系因辩护主张或其他方面的不同而破裂，在美国的法律实践中是不认可随意更换指定的律师的，除非律师与被告人之

---

〔1〕 刘席宏、马德帅："浅析我国指定辩护制度的理论与实践"，载《湖北警官学院学报》2012年第2期。

〔2〕 谢文晶："论我国指定辩护制度的完善"，华中师范大学2012年硕士学位论文。

间产生了重大的利益冲突。[1]美国的强制辩护有良好的保障措施和救济制度。美国的许多州设立了公设辩护人制度、建立律师信托账户、被告人也可以未获得指定辩护权为由提起上诉。虽然在美国未成年人并不必然是强制辩护的适用对象，但是这些保障、救济措施的设立，也为我国未成年人强制辩护制度的发展和完善提供了一定的参考和借鉴价值。但是值得注意的是，"强制辩护"在美国作为被追诉人的一项权利，其适用受到一定的限制，这种限制就是当事人对于获得律师帮助权的一种放弃。当事人可以通过自行辩护而放弃律师帮助的权利，但是这种放弃必须基于两个条件：一是"自愿"，二是"明知且明智"。即被控告人必须精神健全地理解这个决定的分量并且不受任何强迫，放弃律师辩护权利的决定才有效。"明知且明智"强调被控告人能理解自行辩护可能带来的风险，以及在了解的基础上仍能作出理智的选择。这种立法上的选择，体现出美国法律认为被告人的自治高于其福利的一种理念。[2]基于此，美国的强制辩护制度并非具有完全的强制性，辩护权作为一项宪法性权利，其行使也相对自由。被控告人在符合一定条件的情况下，可以放弃指定辩护的权利，自行辩护。这样就可以解决我国未成年人涉嫌犯罪指定辩护与拒绝辩护的矛盾与冲突。

2. 英国的强制辩护制度

英国是当今法律援助制度最完善的国家，其指定辩护需满足两个条件：一是经济上贫困，无力聘请律师；二是法院认为给予其刑事法律援助符合司法正义的要求。对于辩护代理法律援助，根据《刑事辩护服务法案》，一般需满足司法审查和经济审查两个条件。司法审查内容包括：申请人是否涉嫌重罪；申请人是否存在由于知识、智力、精神等原因不能理解法律及程序的情形，以及涉及重大法律问题的争议等。经济审查，即成年申请人需接受对其（及其配偶）的实际年度收入的审查。年龄在16周岁以下或已满17周岁但无收入来源并与父母或监护人共同居住者或年龄在18周岁以下正在接受全日制教育者或领取失业福利救济金者，均被视为自动满足经济审查条件。[3]因此，英国也并未将未成年人单独归入到需要指定辩护的对象中去。但是，对符合

〔1〕谢文晶："论我国指定辩护制度的完善"，华中师范大学2012年硕士学位论文。

〔2〕王广："强制辩护制度研究"，中国政法大学2010年硕士学位论文。

〔3〕高贞等："英国法律援助制度及借鉴意义"，载《中国司法》2012年第2期。

条件的被追诉的未成年人，也在法律援助范围内。英国对于指定辩护等法律援助制度，建立了较为完整和严格的质量规范和保障体系，英国还通过建立无效辩护制度为指定辩护律师的辩护质量考核及综合评价提供制度保障，以权利救济的方式保障有效辩护的实现。被告人可在上诉程序中针对律师在整个诉讼过程中的不称职行为要求上诉法院裁判其在审判过程中获得的律师辩护是无效的，法院根据相关的证据和判断标准对无效辩护申请进行审查，上诉法院如果认为存在无效辩护的，将撤销对被告人的定罪判决。[1]

（二）大陆法系的强制辩护制度

1. 德国的强制辩护制度

《德国刑事诉讼法典》把辩护划分为强制辩护及指定辩护两种。强制辩护也称之为必要辩护，指的是在特定的诉讼阶段中必须有律师一同参加才属合乎程序，而不论辩护人是被告人自行选任或是法院所指定的。德国的指定辩护，是指出现了《德国刑事诉讼法典》第 140 条第 1 款列举的强制辩护的 7 种案件类型时，并且被告人没有选择辩护人的情形下，审判长才能够主动为被告人指定辩护人。在德国，刑事诉讼法把强制辩护作为指定辩护的前提条件，也就是说强制辩护要求在出现了特定的情况下，必须有辩护人在现场帮助被告人参加诉讼，若此时被告人没有自行委托辩护人，法院就必须作出相应的指定，审判开始，辩护人必须一直都在现场。这体现了德国刑事指定辩护制度更加具有严谨性。德国还规定了选择辩护人制度，即当法官决定为被告人指定辩护律师时，被告有权在规定的期限内提名自己意愿的律师作为辩护人。除非对方有重要的理由予以拒绝，否则审判长应当指定被提名的律师为被告人进行辩护。[2] 对于强制辩护的适用范围，主要体现在《德国刑事诉讼法典》第 140 条的规定中，其适用对象要求相对较低："对尚无辩护人的被指控人，在待审羁押令至少已经执行了 3 个月，并且检察院、他本人或者他的法定代理人对此提出申请的时候，应当指定一名待审羁押期间辩护人。"在简易程序中则为"预计要判处剥夺自由至少 6 个月的时候"。符合上述条件的未成年人也属于法律援助范畴内，但是，立法中并未将未成年被指控人单独列为指定辩护的对象。在德国，强制辩护是指定辩护的前提。《德国刑事诉讼

[1] 赖婷："论我国指定辩护制度的完善"，厦门大学 2014 年硕士学位论文。

[2] ［德］李斯特：《德国刑法教科书》，徐久生译，法律出版社 2000 年版，第 120 页。

法典》第143条规定："被告人不能对于指定的辩护人加以拒绝，但是被告人可以通过另外选任辩护人的方式达到拒绝法院指定辩护人的目的。"但是当法官决定为被告人指定辩护律师时，被告有权在规定的期限内提名自己意愿的律师作为辩护人，此即德国的选择辩护人制度，这项制度有利于缓解指定辩护被告人和律师之间的矛盾，减少被告人拒绝指定辩护律师的情况出现。

2. 日本的强制辩护制度

日本的国选辩护人（指定辩护人）提供辩护的情况包含两种：①因贫困而无能力聘请辩护人的；②可能判处死刑、无期徒刑或者3年以上惩役或者禁锢的案件，此类案件如果没有聘请辩护人，就不能开庭审理，此为必要的辩护案件。公设辩护人的设立对于保障人权、有效辩护、提高刑事辩护的地位和作用、维护司法公正具有重要作用。日本的"国选辩护"与我国的"指定辩护"基本相同，"指定辩护"分为"可以指定"和"应当指定"两种情况，"国选辩护"也分成"任意的国选辩护"和"必要的国选辩护"。但是两者对"可以"与"应当"（"任意"与"必要"）的具体划分标准和范围却是有区别的，《日本刑事诉讼法》第289条规定："审理死刑或者无期徒刑、3年以上长期惩役或禁锢的案件时，没有辩护人的，不能开庭。"换言之，即必要的国选辩护的条件是被告人可能被判处死刑或者无期徒刑、3年以上长期惩役或禁锢。日本将未成年人规定为任意国选辩护的对象。[1]

三、未成年人犯罪强制辩护在实践运行中的解读

（一）强制辩护制度在实践运行中的解读

我国没有设立专门的机构进行指定辩护质量的监督，也没有设立相应指定辩护质量的具体标准。对于担任援助的资格仅仅限定在律师，也就是只要具有律师资格就能够从事刑事法律援助工作，不会受到执业时间以及相关执业经验的限制。对于提供辩护的效果没有设定相应否定的反例标准，不会因为辩护不利而受到法律规定的惩戒。对于律师的约束，往往来自于行业自治组织和行政司法机关的纪律惩戒，而这些惩戒更多的仅仅涉及关乎律师个人品行方面的评价，很少会涉及辩护帮助的效果方面。总的来说，我国指定辩

〔1〕吴高庆："中日刑事辩护制度之比较"，载《河北法学》1998年第4期。

护的质量控制，处在仅仅对于援助主体资格的限制，对于实践中辩护的效果缺乏动态的控制机制和客观的标准。[1]未成年人犯罪案件的强制辩护制度在理论与实践中存在诸多缺陷，这些缺陷也是造成未成年人拒绝辩护的主要原因，尽管随着《刑事诉讼法》及相关规定、解释的实施，辩护律师参与案件的时间已从审判阶段扩展至侦查阶段和审查起诉阶段，这在很大程度上完善了辩护制度的部分缺陷，但仍然存在以下几个方面的问题有待解决：

1. 对辩护人与犯罪嫌疑人、被告人之间意见不一致的解读

司法实践中，存在未成年犯罪嫌疑人、被告人不信任为其指定的辩护人的情况，即指定的辩护律师不如私人执业律师更能得到委托人的信任；部分辩护律师不相信案件当事人陈述的相关事实，辩护意见与案件当事人的主张不一致。不只是未成年人涉嫌犯罪案件，大部分的刑事案件中均存在此种状况：在犯罪嫌疑人、被告人向辩护律师坚称自己无罪的案件中，由法律援助的律师作为辩护人的当事人作有罪答辩的案件数量远远多于由普通律师作为辩护人的当事人作有罪答辩的案件数量。这一点可以有两种解释：一是那些由法律援助律师作为辩护人的无罪被告人怀疑他们的律师赢得无罪判决的能力，二是这些人中大多数都是有罪的，他们只是更常向法律援助的辩护人撒谎。无论是哪种解释，都表现出被告人对法律援助辩护人缺乏信任，被告人或者质疑律师辩护的有效性，或者对律师的忠诚表示怀疑，并因此害怕以诚心对待律师。[2]另外，涉嫌犯罪的未成年当事人对其辩护律师的欺骗也造成了辩护律师对当事人的不信任，不仅辩护意见与当事人主张不一致，有些辩护人甚至采取夸大事实及后果的方法强制当事人接受其辩护意见，进而造成未成年涉嫌犯罪当事人与辩护人的关系不断恶化，部分未成年犯罪嫌疑人、被告人开始对强制辩护产生错误理解及抵触心理，并提出拒绝辩护的要求。在审判中，辩护人有权依据事实和法律，独立进行辩护。辩护人根据自己对事实的认定和对法律的理解，独立进行辩护，其他任何机关，包括人民法院和人民检察院，或团体、个人，都无权干涉。辩护人是独立的诉讼参与人，其辩护意见不受被告人意志的约束。然而，在普通的委托辩护中，辩护人是

---

〔1〕 刘菁："刑事法律援助的质量控制研究——以指定辩护为视角"，载《学理论》2013年第22期。

〔2〕 参见何家弘主编：《外国刑事司法制度》，中国人民大学出版社2006年版，第433~434页。

受被告人委托而承担辩护义务的，如果被告人认为辩护人的辩护对自己不利或者是违背了自己的意愿，有权终止这项委托。此即《刑事诉讼法》第43条的规定，在审判过程中，被告人可以拒绝辩护人继续为他辩护，也可以另行委托辩护人辩护。但是在未成年人涉嫌犯罪的指定辩护中存在着制约未成年人涉嫌犯罪案件拒绝辩护相关规则，打破了辩护人独立行使辩护权与案件当事人有权拒绝辩护之间的平衡，有可能造成案件当事人对指定辩护的排斥与抵制。这种实践中出现的困境制约着强制辩护作用的有效发挥，实际的辩护情况与立法初衷的脱节致使未成年人涉嫌犯罪的强制辩护制度仅是流于形式，缺乏实质的救助和保障效果。

2. 未成年犯罪嫌疑人拒绝辩护的个人因素

除辩护人、辩护制度、辩护人与当事人之间的矛盾外，司法实践中还可能出现当事人出于自身原因拒绝辩护的情况，即未成年犯罪嫌疑人、被告人单纯善意、恶意或者无理由拒绝法律援助机构指定的辩护人。具体说来，未成年犯罪嫌疑人、被告人可能出于对所犯罪行的悔悟而拒绝辩护；出于对被指控罪行的不满、对强制辩护制度的误解而拒绝辩护；或者只是单纯地拒绝辩护。针对正当理由、不当理由、无理由而拒绝辩护的不同情形，法律规定正当理由可以拒绝法律援助机构指派的辩护人但不能拒绝辩护制度；无理由和不当理由则是辩护人与辩护制度均不能拒绝。而无理由和不当理由拒绝辩护情形下对辩护权自由行使的限制，结合前文所述，同样是不恰当的。未成年犯罪嫌疑人、被告人基于个人因素而拒绝强制辩护，不论理由为何，都是司法实践中不可回避的问题。

3. 缺乏程序性制裁以保障制度的有序运行

从《刑事诉讼法》第267条以及相关规定、解释等关于未成年人犯罪强制指定辩护的内容可以看出，有关强制辩护的法律规定过于原则性、概括性，缺乏具体的实施方案、判定基准、惩罚机制等程序性的保障机制。“刑事程序法只要没有确立旨在宣告违反法律程序的行为无效的机制，只要没有为这种宣告无效机制的实施确立基本的司法裁判机制，那么，有关刑事程序规则就是不可实施的，也就具有天然失灵的可能性。”[1]由于我国对于各类刑事案件的强制指定辩护制度，均缺乏配套的法律保障以及相关的程序性制裁机制，

---

〔1〕 陈瑞华：《刑事诉讼的中国模式》，法律出版社2010年版，第300页。

其后果就是无切实依据来保障司法机关落实指定辩护的义务。仅有一般性的正面规定而缺乏违反该规定的制裁措施是无法切实保证相关机关履行指定辩护的义务的，甚至可能使指定辩护制度形同虚设。立法层面的缺失将会导致司法的混乱，因为指定辩护义务监督制约规范与救济措施的缺失导致即使人民法院、人民检察院、公安机关没有依法为未成年犯罪嫌疑人、被告人指定辩护人，履行指定辩护的义务，也不会招致任何不利后果，未成年犯罪嫌疑人、被告人及其亲属也找不到有效途径寻求救济。

4. 公检法机关对于辩护律师参与诉讼的协调与保障工作欠佳

我国《刑事诉讼法》将辩护人参与诉讼的时间提前到侦查阶段，公、检、法各机关在受理关于未成年人涉嫌犯罪案件时，均有义务通知法律援助机构为其指派辩护人。由于前面提到的强制指定辩护缺乏程序性制裁，这种“应当”义务的行使顺序、如何行使、不行使的后果如何就无从知晓了。故而，三机关极有可能出于对本部门利益的考量而忽略当事人的利益、法律的规定，不积极履行法定通知的义务。除去三机关可能相互推诿的情况之外，三机关与法律援助机构之间应如何协调工作，三机关之间应该如何协调配合也是需要进一步明确细化的。实践中公检法机关如果无法做到协调一致，那么就会阻碍强制辩护职能的发挥，进而降低整个诉讼程序的效率。

5. 辩护律师的执业水平有待提高

就目前而言，专业承担未成年人法律援助工作的律师的数量还远远不能达到未成年人法律援助工作的实际需求，往往指定过程与律师执业的随意性较大。在办理未成年人法律援助的有关案件时，一般都是随意指定律师办理，同时缺乏对受理案件的律师进行统一指导和培训，一些承担未成年人法律援助工作的律师对当前的未成年人的生理、心理状态知之甚少。因缺乏专业从事未成年人法律援助工作的律师，一些案件的援助结果未能达到其应有的效果。[1] 由于侧重打击犯罪的刑事司法传统，刑事辩护案件胜诉率较低，从而导致律师费低相关律师不愿接手，更何况未成年人涉嫌犯罪案件的指定辩护经费不高，缺乏参与法律援助的律师，特别是缺乏具有一定办案经验的资深律师的关注。承办未成年人犯罪案件的多为年轻律

〔1〕 刘顺珍等：“浅议未成年人法律援助工作的专业化”，载《广西师范学院学报》（哲学社会科学版）2013 年第 3 期。

师，法律知识不足和业务水平较低，对于未成年人涉嫌犯罪所适用的特别程序熟悉度不够，专业化水平过低。究其原因，一方面是参与刑事辩护本身不会获得较高的收益，律师的关注度和参与度不高，从事刑事诉讼的辩护律师数量远远低于参与民事诉讼案件的律师的数量；另一方面则是，就未成年人犯罪强制指定辩护而言，辩护律师多是意图以积累经验为目的，因而从事法律援助方面的辩护律师数量则少之又少。这两种实践困境制约着强制辩护理论充分发挥作用，实际的辩护情况偏离立法初衷，致使未成年人涉嫌犯罪的强制辩护制度仅是流于形式，缺乏实质性的救助和保障效果，难以收获较好的法律效果和社会效果。

6. *辩护质量难以满足现实需要*

法律援助机构指派的辩护律师不能尽心履行辩护职责，部分律师责任心不强，会见当事人时敷衍了事，不能全面收集证据，庭审准备不够充分，代理意见和辩护词简单，辩护意见模式化且缺乏实质性内容，甚至出现律师不接受指派、挑选案件的情形，这些都是需要解决的实践难题。不仅如此，辩护律师职业素质偏低造成办案质量低下，致使指定辩护制度未能在实践中得到贯彻落实。同时，经济发展的不平衡也造成律师事务所分布不均衡，再加上我国司法体制不够健全，造成律师数量主要集中于东部、大中城市，中西部、偏远地区人数较少的现状，司法资源分布严重不均衡。辩护律师提供的未成年人涉嫌犯罪指定辩护的质量明显不高，严重影响了未成年人涉嫌犯罪指定辩护的制度效果的提升。

7. *办案相关机构不完善*

由于立法进一步扩大了需要法律援助的对象的范围，增加了尚未完全丧失辨认或者控制自己行为能力的精神病人以及可能被判处无期徒刑的犯罪嫌疑人、被告人，使实践中关于未成年人涉嫌犯罪需要指定辩护的案件逐年增多。这样一来，指定辩护范围的扩大将导致需要法律援助案件数量的激增，可为未成年人提供法律援助的律师数量就会相对减少。本来参加刑事辩护、甚至是法律援助的律师人数就不足，政府用于法律援助的经费数目也不够，再加上案件数量的增加，加重了法律援助律师的负担，这不仅是在未成年人法律援助阶段，在整个指定辩护的法律援助领域，都存在着这样一种案多、人少、经费不足的困境。在这种情形下，想要提高援助律师的辩护质量、充分发挥强制辩护制度的优越性显然是困难重重的。

针对涉嫌犯罪的未成年人而言，司法实践中更缺少的是构建一支专门承担未成年人涉嫌犯罪指定辩护的专职律师队伍以及成立一个未成年人法律援助的专项资金。没有一些专门有效的配套措施来保障，就不可能将未成年人涉嫌犯罪案件的特殊性从其他各种指定辩护案件中区别对待，再加上实践中缺乏针对未成年人这一特殊群体的律师进行考量的评价标准与培养机制，使“挑选熟悉未成年人身心特征的律师担任辩护人”这句话只能是泛泛而谈。未成年人在年龄和心理上与成年人都存有一定差异，其特殊权益特别需要法律予以确认和保障，显然，我国的法律法规对于未成年人犯罪案件的制度保障方面的规定还是稍显不足的，需要进一步予以完善。

需要指定辩护的未成年犯罪嫌疑人、被告人，大多是因为家庭贫困，监护人没有经济能力为其单独委托辩护人或者是因为其他家庭问题，监护人不愿承担代为委托辩护人责任而未成年人自身也没有能力为自己委托辩护人，故而需要指定辩护律师的帮助。指定辩护的诉讼当事人一方没有经济能力支付辩护费用，承担这一责任的主体自然是政府机构。然而，现实中政府部门对于法律援助机构的经费补贴远远不够，在北京地区，律师承担一个法律援助案件得到的经费补贴仅仅是300～400元人民币，更别提偏远地区的经费补贴了，这与私人执业律师代理一项案件所得的个人收入相差甚远。如果将法律援助案件总体经费比作是一个蛋糕，这个蛋糕本身就不大，而未成年人涉嫌犯罪案件所得经费作为其中的一小块，份额就会更小，这种现状就会间接影响律师工作的积极性和辩护的质量。

（二）未成年人犯罪辩护制度的理论解读

1. 合理化解辩护过程中的意见冲突

未成年人刑事案件无论是在委托辩护还是强制辩护中，都会出现未成年犯罪嫌疑人、被告人与指定律师的意见不一致、与法定代理人委托辩护人的意见不一致的情形，此种情况的妥善处理直接关系着辩护的质量以及庭审的顺利进行。《刑事诉讼法》第35条规定：“辩护人的责任是根据事实和法律，提出犯罪嫌疑人、被告人无罪、罪轻或者减轻、免除其刑事责任的材料和意见，维护犯罪嫌疑人、被告人的诉讼权利和其他合法权益。”《律师法》第31条规定：“律师担任辩护人的，应当根据事实和法律，提出犯罪嫌疑人、被告人无罪、罪轻或者减轻、免除其刑事责任的材料和意见，维护犯罪嫌疑人、被告人的合法权益。”依据法条我们可以得知，辩护人是根据事实和法律做出辩护意见的，即辩护人依法独立进行辩护，不受犯罪嫌疑人、被告人意见的左右。因而在未成年人案件中，无论是指定的辩护人还是委托的辩护人，也都是依照事实和法律独立作出辩护行为的。此种情况下，未成年犯罪嫌疑人、被告人与指定或委托的辩护律师的辩护意见不一致的问题极易导致未成年犯罪嫌疑人、被告人对辩护人，乃至是辩护制度的不信任，最终致使拒绝辩护的情况出现。辩护人与未成年犯罪嫌疑人、被告人及其法定代理人委托代理关系的缺乏，沟通交流也相对较少，在缺少利益相关的指定辩护过程中就容易出现各种难以化解的矛盾。此时合理化解辩护过程中的意见冲突，是缓和强制指定辩护与拒绝辩护之间矛盾冲突的关键，若能从源头上减少未成年人拒绝辩护的难题，在一定程度上能够保障整个庭审程序的顺利进行。当出现未成年犯罪嫌疑人、被告人与指定律师的意见不一致、与法定代理人委托辩护人的意见不一致的情形时，本着为未成年犯罪嫌疑人、被告人争取最大的合法利益的原则，辩护人都应当做到与未成年犯罪嫌疑人、被告人充分沟通和交流。

由于未成年人心智尚未成熟、经验不足、对待问题的思维和观念不一定正确，对待案件事实的认识不够、法律常识匮乏，出于逃避制裁的心理有可能坚持己见，抵触辩护人所作的罪轻或者减轻其刑事责任的辩护意见。此时，就需要辩护人耐心与未成年犯罪嫌疑人、被告人进行沟通交流，针对其涉嫌的罪名以及相关的案件事实，结合相关的法律教育，首先让未成年犯罪嫌疑人、被告人了解自己的行为与案件事实、可能的法律后果之间的关系，其本人的意见有何不妥之处，如果按照其本人的意见进行辩护，可能会带来哪些不良后果，如果按照辩护人的意见进行辩护，又会有哪些益处。只有这样才能让未成年犯罪嫌疑人、被告人充分认识到行为、事实与可能的法律后果之间的因果关系，感受到辩护人是站在未成年犯罪嫌疑人、被告人的角度来努力为其谋取合法利益，而不是站在追诉人一方，对其予以指控。如此一来，辩护过程中的意见冲突就容易得到化解，从而最大程度上缓和强制辩护与拒绝辩护之间的矛盾冲突。

2. 委托辩护的灵活运用

未成年犯罪嫌疑人、被告人的强制辩护制度是在当事人没有辩护人的情况下，人民法院、人民检察院、公安机关通知法律援助机构指派律师为其提供辩护。为防止产生未成年当事人拒绝辩护与强制辩护制度的必然实施之间的矛盾，可以对委托辩护制度灵活运用，将委托辩护的运用穿插于整个诉讼过程中，缓解强制辩护制度的价值冲突问题，需要从以下几个方面予以改进：①在被告知可以委托辩护人时，未成年当事人的监护人应当及时为其委托辩护人。即监护人应当在未成年犯罪嫌疑人被侦查机关第一次讯问或者采取强制措施之日起，积极主动为其委托了解未成年人心理特征的辩护律师。②未成年当事人拒绝指定辩护律师时，监护人应当及时、主动、再次为其委托辩护人。③委托辩护时，未成年当事人与其监护人对聘请律师人选意见不一致时，应当参考未成年人的意见。④指定辩护时，未成年当事人与其监护人对指定辩护律师人选意见不一致时，应当尊重未成年人的意愿。首先，注重对未成年犯罪嫌疑人、被告人选择辩护律师时的选择权的尊重；其次，此种尊重必须建立在监护人与未成年人充分沟通交流，消除未成年人相关偏激思想之后，未成年人理性作出选择的基础之上；最后，无论是监护人还是法律援助中心，在选任辩护人时，都应当充分考虑到未成年人的身心特征，尤其是监护人，可以在与未成年人交流协商之后依照其意愿来委托辩护人。

当为未成年人委托辩护人，其监护人与未成年人意见不一致时存在这样一种观点：因未成年人心智尚未成熟，故而其意愿仅具有参考性，最终还是由能维护其相关利益的监护人来决定比较妥当。未成年人毕竟是案件当事人，其个人意愿不应被忽视。这与前文探讨的未成年人对辩护权的选择权与强制辩护之间的矛盾冲突本质上相同，都是出于更高的价值标准考量来约束现有权利的行使。总之，在权利的行使不会危及他人、集体和社会利益时，未成年人的选择权是不应该被拒绝的，应当尊重未成年人的意愿，尊重未成年人的有利选择。

通过监护人及时委托辩护人、尊重未成年人意愿选任辩护人等相关措施的运用，可以在很大程度上消除未成年人对强制辩护的抵触与误解，避免出现强制辩护的价值冲突，使司法资源运用率得以提高，选任符合未成年人心意的辩护人。这些措施虽然具有很大的优越性，但不可否认的是，立法上仍然缺乏相关规定和保障措施。故而，委托辩护的灵活运用，需要司法机关在执行上充分考虑未成年人合法利益最大化原则。

3. 强制辩护制度规范协调的理论解读

未成年人涉嫌犯罪强制辩护制度上的一些缺陷在一定程度上造成了未成年犯罪嫌疑人、被告人与其辩护律师之间的关系不够融洽，未成年犯罪嫌疑人、被告人对强制指定辩护制度的不信任，从而影响了辩护制度的实施。针对这些问题，我们不禁反思，如果能从源头上解决矛盾、缓和冲突，促进辩护人与其当事人之形成良好关系，增强未成年犯罪嫌疑人、被告人对于强制指定辩护制度的了解和信任，就能很好地化解司法实践中出现的拒绝辩护的难题，节省司法资源，提高司法效率，在维护权利的自由行使与保障未成年犯罪嫌疑人、被告人的诉讼权利和合法利益之间寻求到平衡点。我国对指定辩护资格准入作了初步规定，如被判处无期徒刑、死刑的案件，法律援助机构应当指派具有一定年限刑事辩护执业经历的律师担任辩护人；对于未成年人涉嫌犯罪案件，应当指派熟悉未成年人身心特点的律师担任辩护人。但作为刑事辩护准入制度重要组成部分的监督与惩戒机制以及律师执业培训和职业道德教育等相关的配套机制还有待立法完善与建构。刑事辩护准入制度的建立提高了刑事辩护的门槛，能为刑事辩护领域提供一批高素质的专业从事刑事辩护的律师群体，使被追诉人有适合的律师为其辩护，也在一定程度上有利于改善律师执业环境和指定辩护律师业务水平不高的现状。[1]

（1）组建专门从事未成年人诉讼案件辩护的律师队伍。最高人民法院、最高人民检察院、公安部、司法部《关于刑事诉讼法律援助工作的规定》第13条第2款规定：“对于未成年人案件，应当指派熟悉未成年人身心特点的律师担任辩护人。”熟悉未成年人身心特点以及未成年人犯罪特别程序的律师，仅凭法律援助机构指定的主观随意性较大，且相关辩护律师是否符合要求没有相关的评价标准。这就需要组建一支专门从事未成年人涉嫌犯罪案件指定辩护的律师队伍，并在此基础上加以规范与完善。由于未成年人涉嫌犯罪案件的特殊性及法律规定的强制指定辩护制度，该律师队伍的构建应由法律援助中心来进行，专职律师的选任应具备一套标准的流程及考核标准，应择职业素质高、专业水平过硬、熟悉诉讼程序和法律规定的律师录用。专职律师应同法律援助中心的律师一样，纳入编制，由法律援助中心统一管理、调配，政府支付薪水且不得接受除未成年人涉嫌犯罪之外的案件，无论是有偿还是无偿。只有组建一支熟悉未成年人身心特点的专职律师队伍，才能为未成年犯罪嫌疑人、被告人的法律援助工作提供一个良好的政策、制度保障，解决对律师的职业素质、专业水平的担忧和司法资源分布不均的现状。“援助律师

〔1〕 赖婷：“论我国指定辩护制度的完善”，厦门大学2014年硕士学位论文。

在庭审时对未成年被告人进行教育能达到良好的庭审效果。法官在法庭处于中立地位，不可能仔细了解未成年被告人的犯罪缘由和生活经历。公诉人的地位决定了未成年被告人父母不愿详告其实情，而援助律师可能调查到比法官、检察官更多更为翔实的被告人情况，这就有助于找到有利于未成年被告人的感化点，有针对性的精心准备教育内容，进行有成效的说教工作，达到事半功倍的效果。事实上，未成年被告人的法定代理人对其教育非常有效，但由于场所的因素和自身文化程度的影响无法正确表达自己观点，这时援助律师对未成年被告人的法庭教育就显得相当重要，起到抛砖引玉的作用，促使未成年人有所触动，真心悔悟。"[1]律师在为未成年犯罪嫌疑人、被告人提供法律援助的过程中要尊重未成年人的人格尊严，在辩护过程中获悉的未成年人隐私要予以保密。对于涉及未成年人权益的处分，要征求未成年人的意见，对于未成年人提出的建议和要求要耐心听取，诚恳解释，合理要求要尽可能满足。[2]这有利于缓和未成年犯罪嫌疑人、被告人与辩护律师之间的关系，增进沟通，促进未成年当事人理解并认同辩护律师为其出具的辩护意见。对于辩护律师与未成年当事人意见不一致的问题，不仅需要一个专职的律师，还应结合未成年人的身心特征有针对性地对辩护律师进行培训，让律师能够通过学习更全面、多层次地了解未成年当事人，结合当事人的性格及自身特点，制定相应的辩护策略，最大程度上维护其诉讼权益。当未成年当事人与其辩护律师意见不一致时，首先，辩护律师应当认真聆听未成年当事人对案件的陈述，耐心与其沟通交流，让未成年人能感受到辩护律师帮助自己的诚意，从而信任律师并对其敞开心扉；其次，辩护律师应在尊重未成年当事人的基础上，了解案情、搜集证据，总结出自己的辩护意见并告知其当事人，不可强制或威胁当事人改变主张、接受其辩护意见；再次，当事人不接受辩护意见的，辩护律师应以尽可能缓和的方式为当事人分析案情利弊、介绍法律的相关规定，以尽可能让其信服的姿态去说服当事人接受辩护意见；最后，律师尽最大努力后仍不能说服当事人的，法律上允许其独立行使辩护权，但这必须是建立在最大化维护未成年当事人诉讼权益基础之上的，切忌敷衍应

---

〔1〕 李晓帆："未成年人刑事指定辩护的实证研究——以C市未成年人刑事法律援助案件为例"，西南政法大学2010年硕士学位论文。

〔2〕 向玲莉："未成年人法律援助探析"，载武汉警察职业学院学术委员会编：《警官教育论坛》，湖北人民出版社2013年版，第156页。

付和模式化辩护。

（2）完善指定辩护相关的程序制裁机制。任何一项制度的制定都必须有相应的保障和评价标准，否则制度本身的执行力就会大打折扣，强制指定辩护制度也不例外。法律对于指定辩护的强制性规定缺乏保障的机制，法律只规定了公、检、法应当通知法律援助机构为未成年犯罪涉嫌人、被告人指派辩护律师，法律援助机构应当依照通知指派相应的辩护律师，但恰恰缺乏了如果公、检、法各机关不通知、法律援助机构不指派辩护人时对其的制裁方法。这种程序上的漏洞容易造成实质上的不公。首先应当出台相关的立法或司法解释来进一步完善辩护制度，如违反法定义务的法律后果，相关问责机制或上诉、复审程序，做到制裁手段与救济措施并重，全面保障未成年人的诉讼权利。“可借鉴国外的一些做法，在《刑事诉讼法》及其实施细则里规定，若公安机关和检察机关在侦查和起诉阶段未依法进行指定辩护的，则由此而取得的犯罪嫌疑人、被告人的供述不得作为定案依据；若法院在审判阶段未依法进行指定辩护的，可在二审中撤销一审判决，或作为启动再审的法定情形。同时，应赋予犯罪嫌疑人、被告人在被司法机关拒绝予以指定辩护时提请上级机关复议的权利，使其指定辩护的权利受到侵害时能获得相应的救济。”[1]

（3）强化公、检、法等各机关之间在未成年人诉讼中的协调与配合。关于法律援助工作中各部门的分工与配合问题，最高人民法院、最高人民检察院、公安部、司法部印发了《关于刑事诉讼法律援助工作的规定》的通知，该规定已于2013年3月1日施行。以联合下发规定的形式来统一标准、规范流程，指定辩护制度得到了充分发挥，同时提高了司法效率、节省法律援助资源。规定里对法律援助流程作了具体规定，细化了公、检、法机关与法律援助机构如何进行工作对接，在进行指定辩护时应各自提供哪些材料，应遵循哪些程序，法律援助机构对于公、检、法机关所指定辩护的案件的相关审查等。《刑事诉讼法》对未成年人犯罪的强制辩护制度的相关规定，需要新的程序予以保障运行，因而公安机关、人民检察院、人民法院和司法行政机关应当加强协调，建立健全工作机制，做好法律援助咨询、申请转交、组织实施等方面的衔接工作，促进刑事法律援助工作有效开展。司法机关在办理未成年人涉嫌犯罪案件中应严格适用新的法规，细化指定辩护的流程，加强各

〔1〕 高国梁：“论新《刑事诉讼法》下的指定辩护制度”，载《常州大学学报》2013年第2期。

部门之间的沟通与配合，为未成年人涉嫌犯罪案件中辩护制度，乃至整个案件的顺利进行打好基础。

(4) 设立未成年人法律援助的专项资金。法律援助案件经费主要来自于国家财政拨付，少部分由行业协会、社会机构捐助，随着法律援助案件数量逐年攀升，用于案件的经费数额可谓是捉襟见肘，未成年人涉嫌犯罪的法律援助案件同样存在此种状况。为突显国家、社会对于未成年人的特殊保障政策，成立一个未成年人法律援助的专项资金是十分必要的。首先，要为未成年人法律援助案件拓宽资金来源渠道，在政府扩大财政支持的同时，加大公益宣传，提高全社会对于法律援助的关注度，构建一个以国家财政拨付为主导，各行业协会、企业及个人等社会领域捐助为补充的全方位、多层次的资金来源渠道。其次，未成年人涉嫌犯罪案件法律援助的专项资金应由法律援助机构内部专设部门来统一管理、统一支配，法律援助案件所用每笔经费都要记录在案，账目明细要真实清晰，便于核对。最后，公民、媒体、政府部门加强对于专项资金流向的监督管理，务必做到专款专用，切实起到维护未成年人诉讼权利的作用。

(5) 建立有效的监督指导和奖惩机制。针对未成年犯罪嫌疑人、被告人适用的强制辩护制度，立法和司法上不应该仅停滞在指派辩护律师层面上，还应对于指定辩护之后，律师的辩护情况给予更多的关注，建立一个有效的监督指导和奖惩机制。对指定辩护律师是否履行辩护职责依法会见当事人、尽心搜集证据材料、认真出具辩护意见、积极参加庭审活动等工作事项的认定，可以由最初指派律师的机关和法律援助中心共同监督、评议、审查。当然，这首先需要的是一个统一的监督考核方案。“可以要求提供法律援助的律师在结案时，提交给法律援助中心一份详细的结案报告，报告的具体内容应包括：会见未成年人的时间与次数、调查取证和阅卷的情况、出庭的时间和次数，同时要求提交受援人和合适成年人对于该律师提供法律援助工作的评价。”[1] 除了要求辩护律师提交工作报告之外，司法机关、案件当事人也可以主动进行监督。例如，法律援助中心可以派员旁听辩护律师在庭审中的辩护情况、向当事人发放辩护律师相关辩护行为的调查问卷；当事人及法定代理人对辩护律师不满或者辩护律师损害其合法权益的，可以向法律援助中心反

〔1〕 叶青：“未成年人刑事法律援助的实践与新发展”，载《青少年犯罪问题》2013 年第 1 期。

馈情况、投诉辩护律师的违法行为。与此同时，应当制定配套的奖惩评价机制。针对辩护律师的辩护情况，结合法律援助中心的监督考察、问卷调查和当事人的反馈意见，奖励一些能认真、优秀完成辩护任务的律师；对于消极被动、工作懈怠的律师给予相应的批评教育，并与律师的年检、考核挂钩。“刑事法律援助案件的服务质量是刑事法律援助的生命，仅仅有法律援助服务并不意味着受援助人得到了真正的法律帮助。”[1]相信在监督和奖惩的双重评价机制下，能有效地提高辩护质量，让案件当事人得到真正的法律帮助。另外，可以适当考虑被告人的意见。指定辩护的质量是跟被告人切身利益密切相关的，被告人对援助律师的评价，可以在一定程度上反映辩护的质量好坏。被告人的评价作为法律援助服务质量的一项评价机制，也可以作为一项监督机制，对援助律师的辩护进行外在的制约。[2]

（6）完善侦查讯问阶段的律师在场制度。2012 年修订的《刑事诉讼法》将律师的介入时间提前到侦查阶段，但是法律规定律师在侦查期间只能为犯罪嫌疑人提供法律帮助；代理申诉、控告；申请变更强制措施；向侦查机关了解犯罪嫌疑人涉嫌的罪名和案件有关情况，提出意见。针对未成年人刑事案件的特殊性，相对于普通刑事案件来说，辩护律师在侦查阶段提供的法律援助还远远不够，未成年人心智尚未成熟，在讯问阶段更容易受到刑讯逼供等非法取证行为的侵害，或者可能因为受到威胁、欺诈而作出不符合案件实际情况、危害未成年犯罪嫌疑人自身合法利益的口供，这个时候就需要完善侦查讯问阶段的律师在场制度来弥补这一缺陷。未成年人刑事案件讯问时律师在场，讯问时的非法取证行为就可以得到有效避免，“第一次讯问时律师在场，这有助于让未成年刑事法律援助真正能从侦查阶段开始，对于稳定未成年人情绪，帮助正确理解讯问过程中的法律问题，维护其诉讼权利都具有重要的意义。”[3]增加讯问时律师在场制度，不仅能在侦查讯问阶段维护未成年犯罪嫌疑人的合法权益，还能增强未成年犯罪嫌疑人对辩护律师的信赖感，使其感受到辩护律师的辩护能有效地维护未成年人自身的合法权益，进而减少未成年犯罪嫌疑人、被告人拒绝辩护的可能性，保障审判程序的顺利进行。

---

〔1〕 张中：《弱势群体的法律援助》，中国人民公安大学出版社 2008 年版，第 141 页。

〔2〕 刘菁：“刑事法律援助的质量控制研究——以指定辩护为视角”，载《学理论》2013 年第 22 期。

〔3〕 张晓彤：“对未成年人刑事法律援助的解析”，载《法制博览》2014 年第 2 期。

（7）选择辩护人制度初步探索。《德国刑事诉讼法典》规定了一个特别的制度即“德国的选择辩护人制度”。这个制度的内容是，当法官决定为被告人指定辩护律师时，被告有权在规定的期限内提名自己意愿的律师作为辩护人。除非对方有重要的理由予以拒绝，否则审判长应当指定被提名的律师为被告人进行辩护。这种被告人的选择权通常要在法院管辖内的律师里提名，而且要得到法官的认同。如果审判长仅是依职权为被告人指定了辩护人，而没有给予被告人选择辩护人的机会，这种做法就是违反了应该遵守的法条，会导致裁判欠缺裁量基础。当这种状况发生时，被告人可以依照规定上诉至第三审要求撤销原判。[1]借鉴德国的“选择辩护人制度”，我国未成年犯罪嫌疑人、被告人强制辩护制度可做适当调整，赋予未成年犯罪嫌疑人、被告人选择辩护人的权利。通过法律赋予未成年犯罪嫌疑人、被告人选择辩护人的权利有利于缓解强制辩护中未成年犯罪嫌疑人、被告人和律师之间的矛盾，减少未成年犯罪嫌疑人、被告人拒绝指定辩护律师的情况出现，对提高刑事诉讼的诉讼效率，保障诉讼程序顺利进行有极大的促进作用，促进未成年当事人与辩护律师形成融洽的法定代理的关系，最大限度缓和强制辩护与拒绝辩护的矛盾。由未成年犯罪嫌疑人、被告人来选择司法机关为其指定的律师，既是对未成年犯罪嫌疑人、被告人自由行使辩护权的尊重，也体现了司法机关履行职责、保障未成年犯罪嫌疑人、被告人合法权益的目的。

4. 关注强制辩护制度范围外的解决措施

完善强制指定辩护范围之内的局部协调措施，充分发挥指定辩护的优越性并尽最大可能让未成年犯罪嫌疑人、被告人去信任和接受强制辩护制度是建立在未成年犯罪嫌疑人、被告人接受强制辩护的前提之下的。那么，当机制发挥了一切能动的改良方案之后，未成年犯罪嫌疑人、被告人在客观上还是拒绝辩护的话，就应该对强制辩护制度作出相应补充规定，即在尊重未成年犯罪嫌疑人、被告人的自身意愿的同时，在强制辩护之外寻求解决方法。当然，此种情况建立在相关机关履行了相应指定辩护义务，对当事人进行了充分的调解、劝说，当事人消除了对强制辩护的误解的基础之上，未成年犯罪嫌疑人、被告人仍然拒绝辩护的情况下实施的。

（1）选任合适监护人担任指定辩护人。我国《刑事诉讼法》对未成年犯

[1] 谢文晶：“论我国指定辩护制度的完善”，华中师范大学2012年硕士学位论文。

罪嫌疑人、被告人适用的辩护制度是：未成年人可以拒绝委托辩护人、指定辩护人，但是最终在审判过程中必须有辩护人为其辩护，即未成年犯罪嫌疑人、被告人不得拒绝强制辩护制度。这就需要我们在制度之外探索解决拒绝辩护的难题，在未成年犯罪嫌疑人、被告人没有委托辩护人、拒绝强制辩护人和强制辩护制度时，可以选任监护人或者合适监护人担任其指定辩护人，将监护人纳入未成年人涉嫌犯罪案件指定辩护对象范围中。

与委托辩护律师、指定辩护律师相比，监护人担任未成年犯罪嫌疑人、被告人的辩护人具有相对优势。无论是委托还是指定的律师，于未成年犯罪嫌疑人、被告人而言都比较陌生，未成年犯罪嫌疑人、被告人对于陌生的辩护律师不信任、说谎或者产生抵触心理，因而拒绝接受辩护的情形就显得极为正常。此时，法律可以对指定辩护人的资格放宽一些，即指定辩护人的范围不再局限于法律援助中心指派的律师，在特殊情况下（未成年犯罪嫌疑人、被告人拒绝指定的辩护律师时）可以确定监护人承担辩护责任的制度。一般而言，法定监护人基本上为未成年犯罪嫌疑人、被告人的父母，较一般律师来说，对未成年犯罪嫌疑人、被告人的内心想法、生活习惯、性格特征、处事方法都相对了解，更能从未成年犯罪嫌疑人、被告人的切身利益出发，相信并且维护其合法利益，更能给未成年犯罪嫌疑人、被告人以安全感，消除未成年犯罪嫌疑人、被告人的抵触心理，保障诉讼权利的顺利行使。

在实践中也存在未成年犯罪嫌疑人、被告人法定监护人或者其他亲属不能、不愿承担辩护责任的情况，出现这种状况的原因主要是因为未成年犯罪嫌疑人、被告人的监护人诉讼知识相对贫乏，不具有担任辩护人的能力；未成年犯罪嫌疑人、被告人与其监护人的关系不和睦；监护人死亡，没有监护人或者尚未确定监护人。在这种状况下，可以指定合适监护人来承担辩护责任。对于合适监护人的确定，可以借鉴《民法通则》第 16 条的规定："未成年人的父母是未成年人的监护人。未成年人的父母已经死亡或者没有监护能力的，由下列人员中有监护能力的人担任监护人：①祖父母、外祖父母；②兄、姐；③关系密切的其他亲属、朋友愿意承担监护责任，经未成年人的父、母的所在单位或者未成年人住所地的居民委员会、村民委员会同意的。对担任监护人有争议的，由未成年人的父、母的所在单位或者未成年人住所地的居民委员会、村民委员会在近亲属中指定。对指定不服提起诉讼的，由人民法院裁决。没有第 1 款、第 2 款规定的监护人的，由未成年人的父、母的所在单位或者未成年人住所地的居民委员会、村民委员会或者民政部门担任监护人。”确立合适监护人时，应当根据监护人的身体健康状况、个人素质、与被监护人在生活上的联系状况等因素，按照祖父母、外祖父母，成年兄、姐，关系密切的其他亲属、朋友，未成年人的父、母的所在单位或者未成年人住所地的居民委员会、村民委员会或者民政部门来确定指定辩护人的合适人选。

选任监护人或者合适监护人担任未成年犯罪嫌疑人、被告人的辩护人，是从现有的指定辩护的法律规定之外为解决拒绝辩护难题而探索的其他途径。监护人或者合适监护人可由法律援助中心指定，但这项制度最大的缺陷在于监护人担任辩护人，不如律师担任辩护人专业，也不熟悉诉讼程序及流程，不享有律师的某些特权等。专业素质的欠缺就会导致监护人不能很好地履行辩护人的某些义务和职责，从而不能有效地维护未成年犯罪嫌疑人、被告人的诉讼权利及合法权益。仅仅依靠短期培训起不到显著效果，且在实践中还会存在一定风险，基于此，担任辩护人的监护人可以向法律援助中心递交援助申请，法律援助中心可以根据申请或直接作出法律援助的决定，指派一名专业律师来担任监护人辩护制度的法律顾问，将辩护的相关程序、特征、注意事项等问题对监护人进行提醒、指导以尽量减少因监护人专业水平的缺失而对未成年犯罪嫌疑人、被告人造成的影响。监护人担任辩护人在专业水平上确实不如律师，但它却能解决律师担任指定辩护人时出现的拒绝辩护问题，其会在最大程度上维护未成年犯罪嫌疑人、被告人的诉讼权利和合法利益。

（2）在法律框架下充分尊重未成年犯罪嫌疑人、被告人的意愿。如果未成年犯罪嫌疑人、被告人既拒绝指定辩护人为其辩护，又拒绝监护人或者合适监护人为其辩护。简而言之，就是未成年犯罪嫌疑人、被告人放弃一切形式的辩护权时，法律也有必要尊重未成年人的意愿。“维护未成年人诉讼权利和合法权益”的正义性与未成年人辩护权的自由行使之间孰轻孰重、位阶如何，难以衡量且没有具体的依据可以参照，法律也就不宜轻易地将正义性凌驾于自由性之上，更不能舍弃其一以追求另一价值，最好的方法是努力寻找二者的平衡点，均衡兼顾。故而，可以在用尽了一切可能之条款，并与未成年犯罪嫌疑人、被告人充分沟通、理清利害关系、消除误解时，未成年犯罪嫌疑人、被告人仍然拒绝一切形式的辩护的，就应按照尊重未成年犯罪嫌疑人、被告人意愿的方式处理，不再指派辩护人为其辩护。在对未成年犯罪嫌疑人、被告人理清利害关系后，其仍然拒绝辩护，相应可能产生的后果也将由未成年犯罪嫌疑人、被告人自己来承担。

（3）根据未成年犯罪嫌疑人、被告人提出请求的不同理由，慎重处理。对未成年犯罪嫌疑人、被告人拒绝辩护人辩护，并非是一个简单应允的问题，忽视其背后可能出现的不利后果就是对被告人辩护权的一种冷漠和不负责任，使"被告人有权获得辩护"成为一句空话。实践中，未成年犯罪嫌疑人、被告人拒绝辩护人辩护往往基于各种原因，有合理的也有无理的，这就需要司法机关在作出决定前认真分析其拒绝辩护的真正原因。如果未成年犯罪嫌疑人、被告人是由于对辩护人进行辩护活动的作用和意义缺乏正确认识和理解，甚至存在误解而提出拒绝辩护人辩护的请求，那么人民法院和辩护人就有义务对未成年犯罪嫌疑人、被告人做说服、解释工作，并说明辩护律师还享有阅卷、调查等应有的诉讼权利，这对于帮助未成年犯罪嫌疑人、被告人更好地辩护有很大作用；如果未成年犯罪嫌疑人、被告人拒绝委托或指定辩护人是基于不信任，人民法院应查明未成年犯罪嫌疑人、被告人提出不信任的根据和理由，并由未成年犯罪嫌疑人、被告人重新委托自己信任的辩护人，或由法院重新为他指定辩护人；如果未成年犯罪嫌疑人、被告人坚持自己的请求，法院都应当根据一般原则作出允许的决定，并应尽可能给未成年犯罪嫌疑人、被告人自己行使辩护权提供条件和保障。〔1〕

未成年人刑事案件中指定辩护的责任是国家司法机关应尽的义务，而辩护权的行使与否则是未成年犯罪嫌疑人、被告人的权利。当义务与权利发生冲突时，坚持义务而舍弃权利的价值考量是有待商榷的。指定辩护出于保障未成年犯罪嫌疑人、被告人的诉讼权利和合法利益，其优点和价值本身是无可厚非的，但当出现未成年犯罪嫌疑人、被告人拒绝辩护的情形时，保障权利的制度却限制了当事人其他权利的行使。如果此时依然固守法律规定、强行指定辩护的话，就违背了指定辩护制度设定的最初目的，该项制度的价值和意义也就大打折扣。我们不能因为要保障未成年犯罪嫌疑人、被告人的诉讼权利而限制其辩护权的自由行使，我们更不能以未成年人心智不成熟为借口去否定未成年犯罪嫌疑人、被告人无权拥有拒绝辩护的权利。应站在一个全局的角度上看，未成年人刑事案件特别程序的设定是以未成年人合法利益最大化为首要目的的，特别程序里的强制辩护制度也不例外。当指定辩护与

〔1〕 李世亮："议被告人拒绝辩护"，载《法学杂志》1990年第4期。

拒绝辩护相冲突时，当司法机关将指定辩护的优点和价值、拒绝辩护的可能后果及危害都详尽地告知未成年犯罪嫌疑人、被告人时，未成年犯罪嫌疑人、被告人仍然拒绝辩护，那么从保障其合法利益最大化的角度出发，应当视为司法机关已经履行了指定辩护律师的职责与义务，尊重并保障未成年犯罪嫌疑人、被告人辩护权的自主行使，对于自愿坚持放弃辩护权利的未成年犯罪嫌疑人、被告人，不再强行指定辩护律师。这种做法也是最大限度的保障了未成年犯罪嫌疑人、被告人的合法利益，无论是从利益考量还是价值判断角度而言都有兼顾。从宪法层面上来说，不仅是维护了诉讼权益，也促进了辩护权利的自由行使，是保障权利和尊重人权的双重体现。

对此，拒绝辩护的问题也可从美国联邦最高法院建立的确定被告人放弃律师帮助权的有效性的标准中获得启示。“被告人可以放弃律师辩护，但这样做必须采取合适的方式，法院对被告人附有保护责任：①法院必须确信被告人理解不利于他的刑事指控的性质；②法院必须确信被告人认识到他可以得到的答辩和辩护，了解犯罪的构成及可能施加的惩罚的程度；③法院必须确信被告人认识到假如他愿意，他有权得到一名律师。法官或治安法官传唤被告人并详细询问他是否理解上述事项，除非被告人对每项要求有很透彻的理解，法官将不接受他的放弃。假如被告以后又声称他完全不知道所发生的一切，上诉法院将考虑各种因素，包括他的年龄、背景、受教育程度、当时的精神状态、个人经历和声称放弃律师辩护时的行为表现等，然后作出是否为其提供律师的决定。”[1]我国在尊重未成年犯罪嫌疑人、被告人辩护权的模式选择时，可以借鉴此种模式，对拒绝辩护设定严格的程序审查标准，由人民法院承担起审查责任，在一些热点案件中，检察机关在必要时应当予以监督。在尊重未成年人辩护权的同时，在最大范围内保护其诉讼权利及合法利益。

特别程序中的强制辩护制度有其独特的优越性，但也存在价值上的冲突，对于引进外国的制度，我们应当以一个客观的标准去评价，而不是一味地推崇优势忽略矛盾。对于该制度的规范、完善与发展，仍需要学者及司法工作者们在理论和实践中进行探究总结，并通过各项改革措施予以提升其价值，通过司法制度改革创新丰富其内容。

---

〔1〕 参见熊秋红：“论受刑事追诉者获得律师帮助的权利”，中美2003年9月“律师辩护职能与司法公正”研讨会上发言。

第三章

未成年人刑事案件特殊强制措施制度

未成年人犯罪是当今世界上一个令人注目的问题，对于我国来说同样是一个十分严重的社会问题。由于未成年人具有不同于成年人的身心特点，其犯罪行为也有特殊之处，致使在未成年人犯罪的刑事司法处置上存在一些不同，国际社会普遍要求对未成年犯罪嫌疑人、被告人采取特殊的司法政策。我国2012年修改的《刑事诉讼法》不仅明确了对未成年犯罪嫌疑人、被告人实行“教育、感化、挽救”方针和“教育为主、惩罚为辅”的原则，而且还对未成年犯罪嫌疑人、被告人的强制措施的适用作了特别规定，明确了对未成年犯罪嫌疑人、被告人实行限制逮捕的制度。最高人民法院《关于审理未成年人刑事案件的若干规定》、最高人民检察院《人民检察院办理未成年人刑事案件的规定》等相关解释、规定详细规定了涉罪未成年人的强制措施制度。然而在我国的司法实践中，办案机关对未成年犯罪嫌疑人、被告人在适用强制措施上仍然存在一些问题，在听取未成年犯罪嫌疑人、被告人的辩护律师意见等方面也存在一些不足。本章将从未成年人刑事案件特殊强制措施的理论概况和实践问题入手，主要针对未成年犯罪嫌疑人、被告人的特殊强制措施中的羁押进行分析，对未成年犯罪嫌疑人、被告人采取强制措施提出一些建议与观点，以促进未成年人刑事诉讼程序的发展与完善。

一、未成年人刑事案件特殊强制措施概说

刑事诉讼中的强制措施，是指公安机关、人民检察院和人民法院为了保

证刑事诉讼的顺利进行，依法对犯罪嫌疑人、被告人人身自由予以剥夺或者加以一定限制的方法。根据我国《刑事诉讼法》规定，我国刑事诉讼中的强制措施按照强制力度从轻到重的顺序排列为拘传、取保候审、监视居住、拘留和逮捕。

（一）未成年犯罪嫌疑人、被告人适用强制措施的原则

由于未成年犯罪嫌疑人、被告人作为刑事诉讼程序中的特殊主体，生理和心理上均具有特殊性，因此办案人员在刑事诉讼程序中对未成年犯罪嫌疑人、被告人适用强制措施时，应当考虑以下原则：

（1）对未成年人的特殊保护原则。由于未成年人生理上尚未发育成熟，心理上不稳定，同时由于其多系初犯、偶犯，因此往往具有较大的可塑性，因此在对未成年犯罪嫌疑人适用强制措施时，应当从保护未成年人的合法利益出发，注重非羁押性措施的适用，在取保候审或者监视居住不足以防止发生社会危害性时，才考虑适用逮捕这一最为严厉的强制措施。另外，在司法实践中，存在一些未成年犯罪嫌疑人、被告人情绪不稳定导致自杀的情形，因此办案人员在处理类似案件选择强制措施时，也应当将此种情况予以考虑。

（2）对未成年犯罪嫌疑人的教育原则。由于未成年人心理上很不成熟，极易受到他人的影响或者在思想不成熟时作出危害社会的行为，对于这些并不具有强烈的反社会性人格的未成年人来说，强制措施的适用不应当是从惩罚的角度出发，而应当本着教育的原则。逮捕这种最为严厉的羁押性强制措施一旦盲目地运用在未成年犯罪嫌疑人身上，不仅不会对其起到教育作用，相反会打击他的自尊心，从而激发更加强烈的反社会心理，这种做法是与我国《刑事诉讼法》第266条规定的原则背道而驰的。相反，如果对其适用相对缓和的监视居住、取保候审措施，让其回到家人朋友身边接受亲情、友情的感化，更有利于他们回归社会。

《未成年人保护法》第57条第2款规定："羁押、服刑的未成年人没有完成义务教育的，应当对其进行义务教育。"《监狱法》也规定了对未成年犯执行刑罚应当以教育为主。监狱应当配合国家、社会、学校等教育机构，为未成年犯接受义务教育提供必要的条件。从一定意义上说，服刑的未成年人相对于羁押中的未成年人而言，对其进行义务教育较为容易，而对于羁押中的未成年人如何进行义务教育则是实践中需要探索的问题。解决这一问题不仅仅是通过将未成年人与成年人分别关押来实现的，更为重要的是对未成年犯罪嫌疑人实行非羁押措施，这种做法符合未成年人利益最大化原则和优先保护原则。

（二）未成年犯罪嫌疑人、被告人的特殊强制措施

根据《刑事诉讼法》第266的规定，可以看出我国对犯罪的未成年人实行教育、感化、挽救的方针，坚持教育为主、惩罚为辅的原则。而且根据第269条的规定，我国对未成年犯罪嫌疑人、被告人严格限制适用逮捕措施。人民检察院审查批准逮捕和人民法院决定逮捕，应当讯问未成年犯罪嫌疑人、被告人，听取辩护意见。“教育、感化、挽救”既是未成年人刑事诉讼的目的，也是全社会的共同职责。[1]因此这一做法具有一定的背景和意义，需要就此问题展开阐述。

1. 未成年犯罪嫌疑人、被告人特殊强制措施的必要性

（1）未成年犯罪的特殊性决定了对未成年犯罪嫌疑人、被告人必须适用特殊的强制措施。与成年人相比，未成年人的生理变化比较明显，心理上进入了由幼稚转向成熟的过渡时期，具有半儿童、半成年人的特点。这些特点导致未成年人缺乏自我控制能力，特别容易受到外界的影响，从而做出违法犯罪行为。但是也应当看到，正是这些特点表明未成年人犯罪目的比较单一盲目，主观恶性很小，所以较之成年人更容易挽救。故对未成年人采取特殊的强制措施，限制逮捕的适用，更有利于体现未成年人刑事案件的特点，也能更好地挽救涉罪未成年人。

（2）强制措施本身会对未成年犯罪嫌疑人、被告人的身心造成影响，并且很有可能会因此中断未成年犯罪嫌疑人、被告人的学习生活，脱离监护人的管教，从而继续接触到对自己成长不利的一面，受到“交叉污染”。[2]因而严格限制对未成年犯罪嫌疑人、被告人适用强制措施，做出不同于成年犯罪嫌疑人、被告人的制度也体现了对未成年人的特殊保护。

（3）逮捕作为我国惩罚力度最大的一种强制措施，持续时间最长，限制逮捕的适用是我国对未成年犯罪嫌疑人、被告人特殊强制措施制度中最重要的一项内容。人民检察院在批准逮捕、人民法院决定逮捕未成年犯罪嫌疑人、

〔1〕宋英辉主编：《中华人民共和国刑事诉讼法精解》，中国政法大学出版社2012年版，第322页。

〔2〕陈卫东、李奋飞：《刑事诉讼法理解与适用》，人民出版社2012年版，第614页。

被告人时，应当严格按照法定程序，同时讯问未成年犯罪嫌疑人、被告人并听取辩护律师意见，对未成年人进行特殊保护。

2. 未成年犯罪嫌疑人、被告人特殊强制措施的重要性

（1）有利于感化、教育、挽救违法犯罪的未成年人。对于未成年犯罪嫌疑人、被告人的特殊强制措施，是针对未成年人特殊的心理和生理特征制定的，侧重于对未成年人的教育和特殊保护。如此一来，可以使得未成年犯罪嫌疑人、被告人更容易反省悔悟、回归社会，从而有利于教育、挽救违法犯罪的未成年人。

（2）有利于解决未成年人刑事案件增多带来的社会问题，防止诉讼资源浪费。由于未成年人更易受不良社会现象的影响，其犯罪数量日益增多，而对未成年犯罪嫌疑人、被告人适用特殊的强制措施，重视对其违法犯罪的一般防范与治疗，在挽救犯罪的未成年人同时，也重视了社会上潜在的未成年犯罪人，有利于解决社会问题，减少诉讼资源的浪费。

（3）有利于我国的刑事诉讼法的完善和发展。保护未成人犯罪嫌疑人、被告人的合法权益，严格限制对其适用逮捕措施，是我国刑事诉讼程序自身完善的一个方面，符合我国制定法律的宗旨和目标。

（4）有利于与国际关于保护未成年人权益的立法趋势保持同步。随着《儿童权利公约》、《联合国预防少年犯罪准则》等国际公约所确立的规则和精神在各国立法中的体现，我国通过对未成年犯罪嫌疑人、被告人实行限制逮捕、询问律师制度等特殊强制措施，符合国际法对未成年人合法权益的保护。

2012 年修改的《刑事诉讼法》规定了对未成年犯罪嫌疑人、被告人严格适用逮捕措施，并要求与成年犯罪嫌疑人、被告人分案处理，充分体现了法律对未成年人的特殊保护，有利于减少关押未成年犯罪嫌疑人、被告人带来的一些弊端，有利于未成年犯罪嫌疑人、被告人尽早顺利地回归社会。对被拘留、逮捕和执行刑罚的未成年人与成年人应当分别关押、分别管理、分别教育，这是分案处理原则的基本要求，它不仅是办案机关在采取拘留、逮捕时应当遵守的原则，而且要求办案机关在处理未成年人案件时应当将其贯穿刑事诉讼的始终，体现国家对未成年人的特别关爱。

二、未成年犯罪嫌疑人、被告人适用强制措施的理论解读

未成年人刑事案件在适用强制措施时，不仅要在法律上限制适用羁押措施，更为重要的是应当树立对未成年人特殊保护的观念，在具体办案过程中尽可能地不采用羁押措施，羁押确有必要时也应与成年犯罪嫌疑人、被告人分开羁押看管。对此问题的认识、理解应当从以下几个方面予以考虑：

（一）国际视野下对未成年犯罪嫌疑人、被告人强制措施适用的考察

在国际范围内，多数国家都制定颁布了专门处理未成年人犯罪的特别程序法，如1974年德国《青少年刑法》、1905年英国《儿童法》等。因此，制定统一的未成年人刑事诉讼程序法律规范是完善我国未成年人的司法保护制度的当务之急。[1]从国际条约及相关法律文件的制定和颁布上来看，无论是《儿童权利公约》、《公民权利和政治权利国际公约》抑或《北京规则》等国际性法律文件，都不赞成对未成年人适用羁押或监禁的强制措施。《公民权利和政治权利国际公约》第9条要求，等候审判的人受监禁不应作为一般规则，但可规定释放时应保证在司法程序的任何其他阶段出席审判，并在必要时报到听候执行判决。《北京规则》第13条规定，审前拘留应仅作为万不得已的手段使用，而且时间尽可能短。如有可能，应采取其他替代办法，诸如密切监视、加强看管或安置在一个家庭或一个教育机关或环境内。从《北京规则》中可以看出，对未成年犯罪嫌疑人、被告人羁押属于穷尽其他措施的最后措施或者不得已的手段，在强制措施适用上应尽可能采取非羁押的替代性措施，以保障未成年人应有利益。同时《北京规则》第18条也规定，应使主管当局可以采用各种各样的处理措施，使其具有灵活性，从而最大限度地避免监禁。《儿童权利公约》第37条规定，不得任意或者非法剥夺儿童的自由，对儿童的拘留、逮捕或监禁应符合法律规定并仅应作为最后的手段，期限应为最短的适当时间。

尽管我国规定了对未成年犯罪嫌疑人、被告人的监视居住和取保候审制度，但其使用条件基本与成年犯罪嫌疑人、被告人没有区别，未成年犯罪嫌疑人、被告人在侦查阶段的羁押化现象仍然是十分突出，因此在整个未成年

〔1〕叶青：《刑事诉讼法学专题研究》，北京大学出版社2007版，第172页。

人刑事诉讼程序中应当充分借鉴外国法律和国际法律文件，完善我国关于未成年人犯罪的立法，保护其合法权益不受侵害，同时需要确立未成年犯罪嫌疑人、被告人的审前保释制度，完善与健全专门的未成年人涉罪办案机构，由其承担对其的考察、监督职责，以保持与国际公约的要求相一致。

（二）我国未成年犯罪嫌疑人、被告人特殊强制措施的考察

我国紧跟国际形势，对未成年人犯罪投入了较多的关注，在立法上也加大了力度制定相关规定，尤其对未成年犯罪嫌疑人、被告人的强制措施上施以特别立法，旨在保护未成年人的应有合法权益。

1. 对《刑事诉讼法》有关强制措施规定的考察

（1）《刑事诉讼法》第64条规定："人民法院、人民检察院和公安机关根据案件情况，对犯罪嫌疑人、被告人可以拘传、取保候审或者监视居住。"结合第79条的规定，即对于有证据证明有犯罪事实，可能判处徒刑以上刑罚的犯罪嫌疑人、被告人，采取取保候审尚不足以防止社会危险性发生的，应当予以逮捕。以及从第80条关于拘留的规定可以看出，我国刑事诉讼对未成年人的强制措施仍是拘传、取保候审、监视居住、拘留以及逮捕五项，并没有与适用于成年犯罪嫌疑人、被告人的强制措施作出明确的区分，或者对此作出特殊措施的规定。基于此，在未成年人刑事案件适用强制措施时，应当转变观念，将我国对未成年人刑事案件的"慎押"和"少押"原则与刑事政策贯彻到实际的工作中，将其体现在对未成年犯罪嫌疑人、被告人的分押制度中，尽可能减少未成年犯罪嫌疑人、被告人在押人员的数量，确立羁押例外的基本理念，严格限制适用逮捕措施。

（2）尽管从我国强制措施体系上对于未成年犯罪嫌疑人、被告人仍然可以适用五种强制措施，但就我国对犯罪的未成年人实行教育、感化、挽救的方针，坚持教育为主、惩罚为辅的原则而言，仍要改变一些办案方面的观念，遵循保障未成年人合法权益的思维。《刑事诉讼法》第269条规定："对未成年犯罪嫌疑人、被告人应当严格限制适用逮捕措施。人民检察院审查批准逮捕和人民法院决定逮捕，应当讯问未成年犯罪嫌疑人、被告人，听取辩护律师的意见。"该条严格限制了对未成年被追诉人适用强制措施的原则。逮捕作为我国刑事诉讼强制措施中最为严厉的一种，持续时间较长，所以在对未成年犯罪嫌疑人、被告人适用时要格外的严谨。这就意味着对于未成年人刑事案件，不是可捕可不捕的不捕，而是能不捕的尽量不捕。[1] 无论是人民检察院审查批准逮捕，还是人民法院决定逮捕，都应当询问犯罪嫌疑人、被告人，并听取辩护律师的意见。辩护律师也有权对未成年犯罪嫌疑人、被告人是否应当逮捕，向检察机关或者人民法院提出意见和相关证据材料。

（3）《刑事诉讼法》第 269 条第 2 款规定了未成年犯罪嫌疑人、被告人与成年犯罪嫌疑人、被告人的分别关押制度，即“对被拘留、逮捕和执行刑罚的未成年人与成年人应当分别关押、分别管理、分别教育。”分管、分押制度是指对被关押的犯罪嫌疑人、被告人，根据不同的诉讼阶段、诉讼类型、年龄、性别、健康状况等因素，对在押人员分别进行关押的管理制度。我国除了《刑事诉讼法》第 269 条对此作出规定外，其他法律文件也有所涉及。[2] 尽管在《刑事诉讼法》实施过程中，很多地区对未成年犯罪嫌疑人、被告人与成年犯罪嫌疑人、被告人实行了分押制度，但在司法实践中仍存在一些问题，引发了制度与实践的紧张关系。据调查，未成年在押人员在押期间有以下行为表现：①存在拉帮结伙意识，解决问题的方式简单粗暴；②缺乏道德感和责任意识，与管教民警存在一定的对立情绪；③时常交流犯罪经验和不良生活习惯。看守所就是一个小社会。未成年在押人员也会彼此沟通交流。其中，交流较多的就是犯罪手段、犯罪经验以及在社会上的不良生活习惯。他们平时的聊天内容更多围绕网游、喝酒、打架以及如何赚钱等展开，且存在相互之间交流犯罪经验等现象。一般而言，未成年在押人员文化水平低、涉世浅、对纷繁复杂的社会无所适从，在缺乏鉴别力的情况下，或受他人教唆指使，或在稀里糊涂的情况下参与犯罪，其恶念又大多不深，并且犯罪后一般有悔恨心态。由于年龄小、犯罪经历不长，还没有形成稳定的犯罪心理，不良习性也未形成稳固的动力定型，加之其世界观未完全形成，若将未成年犯罪嫌疑人、被告人和成年犯罪嫌疑人、被告人一同关押，极易造成“交叉感染”的局面，不仅难以恢复未成年人的心理状态，甚至有可能在其与成年犯罪嫌疑人、被告人共同关押期间因受不良影响而造成世界观、人生观和价

---

〔1〕 陈卫东、李奋飞：《刑事诉讼法理解与适用》，人民出版社 2012 年版，第 613 页。

〔2〕 详见《看守所条例》第 14 条、《监狱法》第 39 条、《公安机关办理刑事案件程序规定》第 317 条、《公安机关办理未成年人违法犯罪的规定》第 21 条。

值观的扭曲，不利于确保其重返社会。

目前相关管理制度存在的问题集中表现为：①羁押场所即看守所针对未成年人的配套设施较少，在某些地区还存在与成年犯罪嫌疑人、被告人混管混押现象。这是因为监室数量有限，部分看守所仍无法全面满足对未成年犯罪嫌疑人、被告人专门羁押和分类羁押的要求，致使未成年在押人员的权益无法得到有效保障。②熟悉未成年人特征的专业性监管干警较少，若严格实行分管分押将出现大量安全隐患与漏洞。由于监管干警缺少教育学、心理学和社会学等方面的专业培训与相关观念的缺失，尽管实行未成年在押人员与成年在押人员分押、分管、分教，但效果也不理想。看守所就面临着大量的同案犯与未成年在押人员监室较少的矛盾，在不便改变强制措施的情况下，异地羁押方式给诉讼工作带来了更多的不便，将未成年在押人员关押于成年监室就成为看守所和办案机关的“合理”选择。然而，在监管设施不足和监管干警缺乏的环境下，将未成年在押人员关押在一起也会引起一些问题：一方面将少数未成年在押人员集中关押容易引发一些危险；另一方面容易导致未成年在押人员社交障碍。因此，如何解决法律制度要求与实践中需求之间的冲突就成为现实需要解决的主要问题。

从理论与制度上讲，如具备分押条件的，未成年在押人员更适合设立专门的场所集中关押和专门教育。据有关调研发现，司法实践中存有两种方式：一是集中关押。如福建省的一些大型看守所，湖南部分看守所及浙江杭州看守所，普遍的做法是设有专门的未成年监室，集中关押，分别管理。每名未成年在押人员的铺位、储物柜由民警事先安排，监室人员不得擅自调换。未成年人监室与成年人监室穿插安排。二是分散关押。部分基层中小型看守所对未成年在押人员实行“分散关押”（即分散关押到成年监室中），主要原因是看守所规模小、警力紧张、资金短缺、基础设施不完善等。如调研省份的部分看守所，月均关押总量只有200人左右，未成年在押人员的数量相对较少，不具备集中关押的条件。[1] 由于我国在立法层面抑或在操作层面上，未成年犯罪嫌疑人、被告人和成年犯罪嫌疑人、被告人在适用强制措施条件上

---

〔1〕 张学超：“我国看守所未成年在押人员矫正与管理研究——基于浙江省、福建省、湖南省部分市（县）的调研”，载《预防青少年犯罪研究》2014年第1期。

没有作出区别，未具体规定在哪种情况下可以对未成年犯罪嫌疑人、被告人采取哪种强制措施，哪些情况下绝对禁止对未成年犯罪嫌疑人、被告人采取强制措施，以至于实践中难以起到保护未成年人的作用。面对司法实践中存在的现实问题，在完善未成年在押人员的分管分押制度上需要从以下方面进行理论解读。

一是要转变羁押理念，将我国对未成年人刑事案件的“慎押”和“少押”原则贯彻到实际的工作中，确立羁押例外的观念，并将其体现在对未成年犯罪嫌疑人、被告人的分押制度中，尽可能减少未成年在押人员的数量。《公安机关办理刑事案件程序规定》第316条规定：“对未成年犯罪嫌疑人应当严格限制和尽量减少使用逮捕措施。”观念的转变与制度的科学化不仅能够促进对未成年人权益的保护，也能促使未成年犯罪嫌疑人、被告人羁押模式改革，更能促进实践对此进行不断尝试与创新。

二是可以尝试将少量成年在押人员与未成年在押人员关押在一起，可以协助处理紧急情况，并及时告知监管干警。使用在押人员控制其他在押人员是很多国家监所系统惯用的方式，美国亦采用此方式，受到信任的在押人员被广泛用来控制其他在押人员的活动，这样可以增加在押人员的牵制力量，有助于监所控制在押人员行为。[1]但是，在尝试中应该挑选犯罪情节轻微，能够积极悔改或有立功表现的成年在押人员，且最好是挑选过失类犯罪的人员，2～3名成年在押人员到一个未成年人监室较为合适。此类人员主观恶性小，能配合监管人员的工作，能对未成年在押人员进行制约。根据实际情况，可以考虑增加监管民警配备，保证监管工作科学依法开展并加强对监管民警的培训，使其掌握心理学、教育学、精神病和社会学等综合知识，有针对性地对未成年在押人员进行教育引导。除了在硬件设施上完善，设置专门型未成年看守所或者在大型看守所设置未成年在押人员关押专区，进行统一关押和管理之外，在刑事司法政策方面也应当有所改变，将重点落实在对其生活和学习上的照顾。

三是重构检察机关的监督方式。检察机关监督工作的贯彻落实对未成年在押人员分管分押制度的完善具有重要意义。检察机关派驻检察人员应当坚持尊重和保障人权基本要求，结合未成年在押人员的特点开展监督工作，制

〔1〕郭振久：“美国监所管理工作考察”，载《公安研究》2008年第2期。

定监管场所未成年人保护监督机制，加强未成年在押人员约见和帮教工作，及时受理和审查未成年在押人员的控告、申诉等工作，严查监管干警侵害未成年在押人员合法权益的行为，如果存在混管、混押现象的，有权向看守所提出意见并监督其整改。在一个地（市）内指定一所看守所为集中关押点，对辖区内的未成年在押人员进行集中羁押，从根本上解决未成年在押人员与成年在押人员混押的问题。未成年人看守所应由其所属的公安机关的同级检察院派驻检察，设立专区的看守所的检察派驻部门不需变动。驻所干警要结合未成年在押人员的特点开展监督工作，重点监督看守所落实分管分押情况，对看守所侵犯未成年在押人员权益的问题，要及时要求其纠正，并追究相关人员的责任。对未成年在押人员监室羁押情况开展动态监督，对于羁押过程中已经满 18 周岁、不适宜继续羁押在未成年在押人员监室的被羁押人，适时建议看守所进行分流。[1]

四是建立被羁押的未成年在押人员与其监护人之间的沟通交流机制。未成年人一旦被送往关押，心理上不可避免地会出现各种负面情绪，难以自我恢复，就算进行专门的心理辅导也不济。未成年在押人员由于生活在与父母相对隔离的监禁环境下，普遍会出现思念家人的情绪，在这种情形下，未成年在押人员监护人的出现会给予其极大的安慰，有助于其平复心情。监护人到场看望，进行适当的规劝教育，不仅进一步让其感受亲情的力量，还可以指导其配合侦查机关、监管机关的工作，配合做好调查取证、诉讼进行、教育改造等活动。当然，对于监护人接触亦存在一些要求，如与案件有关的监护人、亲友应做到与未成年在押人员隔离，保证其所作的供述、辩解不受污染和干扰；未成年在押人员对监护人看望持强烈反对意见的，在听取意见后还应当做些相关的开导工作。另外，当前在押的未成年人绝大多数是独生子女，是父母的掌上明珠。他们在家娇生惯养，尽管走上了犯罪道路，但他们的家庭并不会抛弃他们，总希望他们吸取教训，重新做人。驻所检察室和看守所要建立家庭联系制度，对刚入所未成年在押人员确定专人及时与其家长联系，了解他们平日对孩子的教育情况及其子女的成长史，有针对性地进行思想教育。同时应鼓励未成年在押人员多写信，在条件允许的情况下，甚至可在办案人员的陪同下与亲属会见进行交流和教育，帮助未成年在押人员尽

〔1〕 参见丁建玮："驻所检察室应注重保障未成年人权益"，载《检察日报》2013 年 5 月 19 日。

快地找回迷失的自我，为其回到社会就业打下基础。[1]

2. 其他法律文件以及相关司法规定、解释的分析

《预防未成年人犯罪法》第44条规定，对犯罪的未成年人追究刑事责任，实行教育、感化、挽救方针，坚持教育为主、惩罚为辅的原则。司法机关办理未成年人犯罪案件，应当保障未成年人行使其诉讼权利，保障未成年人得到法律帮助，并根据未成年人的生理、心理特点和犯罪的情况，有针对性地进行法制教育。对于被采取刑事强制措施的未成年学生，在人民法院的判决生效以前，不得取消其学籍。这一规定表明我国立法、司法以及各社会团体不遗余力地保护未成年人的合法权益，充分考虑未成年人的生理、心理特点，明确要求不得在判决生效前取消其学籍，最大限度地保护了未成年人的身心健康，也是我国法治建设的重要环节。

《公安机关办理未成年人违法犯罪案件的规定》第15条规定，办理未成年人违法犯罪案件，应当严格限制和尽量减少使用强制措施，严禁对违法犯罪的未成年人使用收容审查。第16条规定："对不符合拘留、逮捕条件，但其自身安全受到严重威胁的违法犯罪未成年人，经征得家长或者监护人同意，可以依法采取必要的人身保护措施。危险消除后，应当立即解除保护措施。"第22条规定："办理未成年人犯罪案件原则上不得使用戒具。对确有行凶、逃跑、自杀、自伤、自残等现实危险，必须使用戒具的，应当以避免和防止危害结果的发生为限度，现实危险消除后，应当立即停止使用。办理未成年人违法案件严禁使用戒具。"可以看出公安机关在处理未成年人刑事案件时，也是严格按照刑事诉讼法规定的原则，严格限制和尽最大可能减少强制措施的适用，保护了未成年人的合法权益，有利于未成年犯罪人的教育改造，重返社会。

《人民检察院办理未成年人刑事案件的规定》第14条规定："审查逮捕未成年犯罪嫌疑人，应当重点审查其是否已满14、16、18周岁。对犯罪嫌疑人实际年龄难以判断，影响对该犯罪嫌疑人是否应当负刑事责任认定的，应当不批准逮捕。需要补充侦查的，同时通知公安机关。"第17条规定："人民检察院办理未成年犯罪嫌疑人审查逮捕案件，应当讯问未成年犯罪嫌疑人，听取辩护律师的意见，并制作笔录附卷。"通过分析上述法条可以很清晰地看

---

〔1〕参见张斌："浅议在押未成年人羁押期间合法权益保障"，载正义网，http：//www.jcrb.com/procuratorate/procuratorforum/201306/t20130619_1138400.html，最后访问时间：2014年11月19日。

出人民检察院在办理未成年人刑事案件时所遵循的原则与刑事诉讼法中关于未成年人的规定是一脉相承的，在审查批准逮捕未成年犯罪嫌疑人时把年龄作为重要事实查清，而且都明确规定人民检察院审查案件时，必须讯问未成年犯罪嫌疑人，这就保障了未成犯罪人的合法权益，最大程度上实现了未成年人人身利益的保护和自由，也有利于防止冤假错案的发生。《人民检察院办理未成年人刑事案件的规定》第 18 条规定："讯问未成年犯罪嫌疑人一般不得使用械具。对于确有人身危险性，必须使用械具的，在现实危险消除后，应当立即停止使用。"这一规定充分保障了未成年人的身心利益，也符合我国立法机关针对未成年犯罪嫌疑人、被告人提出的"教育为主，惩罚为辅"的原则。这些规定有利于贯彻实施对于未成年人做出的少捕慎捕的规定，有利于保护未成年人的合法权益，有效地防止了危害未成年人利益情况的发生。

最高人民检察院《关于对涉嫌盗窃的不满十六周岁未成年人采取刑事拘留强制措施是否违法问题的批复》指出："根据刑法、刑事诉讼法、未成年人保护法等有关法律规定，对于实施犯罪时未满 16 周岁的未成年人，且未犯刑法第 17 条第 2 款规定之罪的，公安机关查明犯罪嫌疑人实施犯罪时年龄确系未满 16 周岁依法不负刑事责任后仍予以刑事拘留的，检察机关应当及时提出纠正意见。"通过这一批复，可以清晰地看到最高人民检察院对于犯罪时不满 16 周岁的未成年人的处理情况是严格按照我国"教育为主，惩罚为辅"的原则进行的，由于未成年人尤其是未满 16 周岁的未成年人身心上具有明显不同于成年人的特点，未成年人在犯罪以后通过教育引导在很大程度上能够帮助其重新走上正确的道路，如果将其予以刑事拘留不仅不利于其改过自新，甚至有可能在拘留所遭到"交叉感染"，从而进一步迷失自己。所以最高人民检察院这一批复是明智的，有利于保障未成年人的合法权益。

通过对上述法律文件的解读和分析，可以看出我国立法者严格将未成年人的合法权益放在首位，在对未成年犯罪人的强制措施的适用上更是慎之又慎，从其他相关意见[1]中也能看出这一点。这说明我国司法机关以及立法机

〔1〕 详见中央综治委预防青少年违法犯罪工作领导小组、最高人民法院、最高人民检察院、公安部、司法部、共青团中央《关于进一步建立和完善办理未成年人刑事案件配套工作体系的若干意见》。

关在制定关于未成年犯罪嫌疑人、被告人适用强制措施的规定时，充分考虑到了未成年人的容易受到他人影响、世界观以及价值观未完全形成这一异于成年人的特质，在对未成年人合法权益的保护方面发挥了积极作用。

三、未成年人刑事案件适用强制措施的实践考察

尽管我国《刑事诉讼法》以及其他相关法律都竭尽全力将未成年人适用强制措施的内容规定详细明确，确立了“教育为主、惩罚为辅”的原则，树立了对未成年犯罪嫌疑人、被告人慎押的观念，充分保护了未成年人的合法权益。但是，在司法实践中，仍然存在诸如未成年人刑事责任界定等方面的问题，为了使司法人员在办案实践中更好地适用法律、保护未成年人。有必要对此问题予以详细阐述。

（一）关于未成年人刑事责任年龄的界定问题

刑事责任年龄是指由刑法规定的行为人对自己所实施的犯罪行为承担刑事责任必须达到的年龄。我国现行法律对未成年人的刑事责任年龄的划分标准为：已满16周岁的人犯罪，应当负刑事责任，为完全负刑事责任年龄。已满14周岁不满16周岁的人，犯故意杀人、故意伤害致人重伤或者死亡、强奸、抢劫、贩卖毒品、放火、爆炸、投放危险物质罪的，应当负刑事责任，为相对负刑事责任年龄。14周岁到16周岁的人不犯上述罪名的，不应追究刑事责任。不满14周岁的人，不负刑事责任，为完全不负刑事责任年龄。已满14周岁不满18周岁的人犯罪，应当从轻或者减轻处罚。实施犯罪时的年龄，应当按照公历的年、月、日计算。过了周岁生日，从第二天起，为已满周岁。[1]尽管我国法律对未成年人的刑事责任年龄作出明确规定，但是在司法实践中仍然存在一些问题：

首先，未成年人实际年龄无法确定。由于一部分未成年犯罪人来自农村，然而在我国农村地区，仍然以农历作为孩子的出生日期，这就导致公历和农历日期不一样的情况。在司法实践中，当一些犯罪嫌疑人按农历计算已经达到刑事责任年龄时，而按公历年龄算还没有达到。这就造成了不能准确地计算出未成年人的真实年龄，损害了他们的利益。另外，在我国某些地区超生

〔1〕 葛雪：“未成年人刑事责任年龄认定之探究”，载《法制与社会》2014年第5期。

现象仍然很严重，当这些地区计划生育管理严格时，某些家庭为了躲避交纳罚款，或者避免丧失某些工作上的如评职称、升职等个人利益时，就会选择不给孩子上户口。当这些没有户口的孩子犯罪时，就不能通过户口查明他的真实年龄，最终可能会发生误判。

其次，在一般情况下，由户籍所在地的公安机关出具的户籍证明本来应当是能够证明犯罪嫌疑人真实年龄的有力凭证。但是在农村，为了子女早点结婚；在城市，为了让子女早点退休，有些家长会故意把孩子的年龄报大。当这些孩子犯罪后依据户籍证明确定达到刑事责任年龄时，犯罪嫌疑人的父母提出年龄存在异议。这种情况下由于很难取证，就导致无法查明犯罪嫌疑人的真实年龄。

最后，在处理未成年人犯罪的司法实践中亦存在未成年人跨刑事责任年龄犯罪的问题。所谓跨刑事责任年龄犯罪，一是未成年犯罪嫌疑人在已满14周岁未满16周岁以及在满16周岁后都有犯罪行为，二是未成年犯罪嫌疑人在未满18周岁和已满18周岁后都存在犯罪行为。对于这两种情况，是否应当将两种犯罪行为一并计算，仍然存在争议。

（二）未成年犯罪嫌疑人、被告人适用强制措施具体化问题

在未成年犯罪嫌疑人、被告人适用强制措施的问题上，无论是我国《刑事诉讼法》第266条规定的“教育为主、惩罚为辅”的原则，还是其他相关法律如《公安机关办理未成年人违法犯罪案件的规定》中第15条关于“办理未成年人违法犯罪案件，应当严格限制和尽量减少使用强制措施”的规定，都明确了对未成年犯罪嫌疑人、被告人要慎重采取强制措施的原则。在实践中，我国无论是从立法层面上还是司法层面上，对于未成年犯罪嫌疑人、被告人和成年犯罪嫌疑人、被告人在适用强制措施上的区别还不明显。由于我国法律并没有规定在何种情况下对未成年犯罪嫌疑人、被告人应当适用何种强制措施，以及在哪种情况下不得适用强制措施，致使未成年犯罪嫌疑人、被告人适用取保候审以及监视居住存在一些问题。

取保候审作为我国《刑事诉讼法》中的一项强制措施，是指在刑事诉讼中公安机关、人民检察院和人民法院等机关对未被逮捕或逮捕后需要变更强制措施的犯罪嫌疑人、被告人，为防止其逃避侦查、起诉和审判，责令其提出保证人或者交纳保证金，并出具保证书，保证随传随到，对其不予羁押或暂时解除其羁押的一种强制措施。取保候审由公安机关执行，并作为一种非羁押性替代措施，理应在未成年犯罪嫌疑人、被告人身上合理适用，但是由于一些立法和司法原因，在实践中仍然存在相当大的缺陷。

1. 立法上没有明确未成年犯罪嫌疑人、被告人与成年人适用强制措施的区别

《刑事诉讼法》第65条第1款规定："人民法院、人民检察院和公安机关对有下列情形之一的犯罪嫌疑人、被告人，可以取保候审：①可能判处管制、拘役或者独立适用附加刑的；②可能判处有期徒刑以上刑罚，采取取保候审不致发生社会危险性的；③患有严重疾病、生活不能自理，怀孕或者正在哺乳自己婴儿的妇女，采取取保候审不致发生社会危险性的；④羁押期限届满，案件尚未办结，需要采取取保候审的。"《法院刑诉法解释》第116条规定："被告人具有刑事诉讼法第65条第1款规定情形之一的，人民法院可以决定取保候审。对被告人决定取保候审的，应当责令其提出保证人或者交纳保证金，不得同时使用保证人保证与保证金保证。"根据上述规定可以看出，我国关于取保候审的规定并没有在成年犯罪嫌疑人、被告人与未成年犯罪嫌疑人、被告人的适用上做出明显区别，立法过于笼统。正是由于缺乏具体明确的法律规定，司法人员在办案过程中是否对未成年犯罪嫌疑人、被告人采取取保候审主要依据司法惯例，当出现一些新情况时，不敢轻易对未成年犯罪嫌疑人、被告人采取取保候审，导致取保候审的适用极为有限。如有些未成年犯罪嫌疑人、被告人，犯罪情节较轻，主观恶性不深，并且是在校生，但因其法定代理人不具备监管条件而被羁押。这种现象的存在是严重损害未成年犯罪人的利益的。

2. 办案工作存在观念上的偏差

在司法实践中，侦查机关内部评判个案犯罪控制目标实现的标准主要有两个，一是案件已经侦破，主要证据已掌握；二是犯罪嫌疑人已被批准逮捕。侦查人员为了办案的方便，尽量限制取保候审的适用。据统计，在2009年，某县检察院受理了未满18周岁的未成年人犯罪案件共127宗175人，占全年呈捕人数的7.1%，其中批捕117宗161人，不捕10宗14人。2010年1至5月共受理了未成年人案件44宗63人，占同期呈捕人数的5.7%，其中批捕42宗61人，不捕2宗2人。[1]而2013年广东省清远市检察机关公诉科共受理未

---

〔1〕宋英辉："取保候审适用中面临的问题与对策——基于未成年人实证研究的分析"，载《中国刑事法杂志》2007年第6期。

成年人案件124件212人。其中，侵犯财产类案件64件117人，占未成年人犯罪总人数的59.40%。涉及未成年被告人212人，其中有16人被取保候审，7人被监视居住，逮捕率为89.15%。广东省佛山市顺德区未成年人犯罪总数不断上升，且犯罪具有低龄化、团伙化、暴力化倾向。2013年，全区有387宗未成年人犯罪案件，700多名未成年人被关押。但传统的刑事司法处理未成年人案件的方式，使审前羁押率、起诉率居高不下，使关押场所负担加重，交叉感染问题突出，许多未成年犯罪嫌疑人因被羁押、定罪而中断学习、工作，致使其心理及多方面等受到严重影响。[1]也就是说，2012年修改的《刑事诉讼法》的实施并未带来未成年人刑事案件的逮捕率的大幅度降低，在未成年犯罪嫌疑人、被告人适用取保候审问题上仍举步维艰。

3. 保证方式的适用上存在不合理性

根据《人民检察院刑事诉讼规则（试行）》第87条的规定，人民检察院决定对犯罪嫌疑人取保候审，应当责令犯罪嫌疑人提出保证人或者交纳保证金。对同一犯罪嫌疑人决定取保候审，不得同时使用保证人保证和保证金保证方式。第90条规定，采取保证金担保方式的，人民检察院可以根据犯罪嫌疑人的社会危险性，案件的性质、情节、危害后果，可能判处刑罚的轻重，犯罪嫌疑人的经济状况等，责令犯罪嫌疑人交纳1000元以上的保证金，对于未成年犯罪嫌疑人可以责令交纳500元以上的保证金。

我国取保候审的保证方式有两种：一是保证人担保，二是交纳保证金。由于在犯罪的未成年人中，有些是外来人口或者来自破碎家庭，在此种背景下他们就很难提供一个合适的保证人，以至于在未成年犯罪嫌疑人、被告人的取保候审上更多地适用交纳保证金的方式。然而未成年犯罪嫌疑人、被告人多数未有经济来源，不具备经济支付能力，其交纳保证金存在困难，这就导致交纳保证金的责任自然而然的转移到了未成年犯罪嫌疑人、被告人的监护人身上。这种责任的转移是存在很大弊端的，主要存在以下两点：

一是为司法机关滥用权力提供了条件，损害了未成年犯罪人的权益。在司法实践中，一些司法机关为了本部门的利益，对只有一般违法行为的未成年人适用取保候审时收取高额的保证金，这就造成了未成年人监护人的经济

---

〔1〕 谢意：“关爱基地帮扶迷途少年——区检察院创新未成年犯罪嫌疑人帮扶举措”，载《珠江商报》2014年1月24日。

负担，使得本不属于其的交纳保证金的责任更加繁重。而且一旦处于取保候审的未成年犯罪人逃跑、隐匿时，其监护人所交纳的保证金就会被没收。在此种情况下，监护人的财产损失成为取保候审制度的适用上一个不可忽视的问题。

二是高额的保证金在不同经济条件的家庭的适用上存在两种不同的结果。经济条件好的家庭，未成年犯罪嫌疑人、被告人由于其监护人交纳保证金而得以取保候审，这种情况就很有可能在其心理上造成一种误解，即只要有足够的钱就可以在触犯法律的同时也获得自由，从而降低法律在其心中的威严和震慑力，不能够很好地预防未成年犯罪人再犯罪。同时，一些经济条件较差的未成年犯罪嫌疑人、被告人因为不能够交纳保证金，即使犯罪行为较轻也不能获得取保候审，这在很大程度上会激化其对社会的仇视心理，从而在“交叉感染”后犯下更加严重的罪行。这些都与我国当前推行对未成年人保护措施以及全面推进法治建设的精神相悖。

（三）律师介入未成年犯罪嫌疑人、被告人批捕程序问题

根据《刑事诉讼法》第269条的规定，人民检察院审查批准逮捕和人民法院决定逮捕，应当讯问未成年犯罪嫌疑人、被告人，听取辩护律师的意见，由此可以看出我国明确规定了律师介入未成年犯罪嫌疑人、被告人审查批捕的机制，但是在实践中仍然存在相当大的问题。

首先，尽管《刑事诉讼法》第269条明确规定人民检察院审查批准逮捕时应当听取辩护律师的意见，但是并未规定检察机关如果不听取律师意见的法律后果，也就是说人民检察院是否听取律师的意见对于其决定是否批准逮捕未成年犯罪嫌疑人、被告人没有实质影响。而且我国目前立法中针对律师介入审查批准逮捕这一机制并没有针对成年犯罪嫌疑人、被告人和未成年犯罪嫌疑人、被告人做出具体明确的区别，也没有对律师参与审查批捕的具体程序进行规定，这就在很大程度上造成了空有原则性规定而没有具体实施措施的尴尬局面，这种情况的出现不利于保证未成年犯罪人的合法权益。

其次，目前我国还没有建立一个合理的法律援助体系，法律援助资金也比较匮乏。因此，法律援助机构很难吸引到一流的法律人才从事专职的法律援助工作，主要的法律援助义务由律师兼职进行。正是由于这样的情况导致缺乏一个合理的激励机制，致使大多律师将法律援助义务当作一种负担，办案的积极性不高，这也在一定程度上影响了未成年人法律援助的效果。[1]可见，律师通过法律援助介入未成年人犯罪批捕阶段在现行法律援助体制下存在一定的问题。据调查发现，参与未成年人案件审查批捕程序的律师在心理学、教育学以及与未成年人沟通技巧等方面的培训比较缺乏，同时也暴露出部分律师不熟悉逮捕业务的问题。通过调查律师意见发现，有的律师仅仅对犯罪嫌疑人的犯罪行为是否构成犯罪表态，也有律师提出变更强制措施或者取保候审的意见，也有提出对犯罪嫌疑人从轻、减轻处罚的建议。在有的建议中，律师建议逮捕，而检察机关却不予批准逮捕，即便是提出不应当逮捕犯罪嫌疑人的意见，很多律师也仅仅是从犯罪嫌疑人是未成年人、初犯的角度提出不捕的意见，而没有针对逮捕的条件阐述不捕的理由。在个别案件中，律师的意见甚至寥寥数语。[2]这就使得律师介入程序形同虚设，不利于切实保障未成年犯罪人的合法权益。

不仅如此，律师介入难亦为束缚实践的困境，如在未成年人犯罪案件审查逮捕程序中，由于律师介入，承办检察官要负责与法律援助律师进行联系，商定讯问时间、阅卷时间，又要保证讯问时律师在场，每个案件检察官时间和精力的投入都有所增加，原有的人员配备出现紧缺。[3]在一定程度上增加办案机关的办案压力，同时增加检察机关的工作量，致使律师介入诉讼相对困难，影响未成年人合法权利的有效保护。

（四）审查批准逮捕程序问题

我国《刑事诉讼法》第86条规定："人民检察院审查批准逮捕，可以讯问犯罪嫌疑人；有下列情形之一的，应当讯问犯罪嫌疑人：①对是否符合逮捕条件有疑问的；②犯罪嫌疑人要求向检察人员当面陈述的；③侦查活动可能有重大违法行为的。"同时考虑到未成年人犯罪的特殊性，本着未成年人特殊的心理和生理特点，《刑事诉讼法》第266条规定："对犯罪的未成年人实行教育、感化、挽救的方针，坚持教育为主、惩罚为辅的原则。人民法院、人民检察院和公安机关办理未成年人刑事案件，应当保障未成年人行使其诉

〔1〕 应泓游、梅群："律师介入未成年人犯罪案件审查逮捕程序探析"，载《法制与社会》2013年11期。

〔2〕 宋英辉主编：《未成年人刑事司法改革研究》，北京大学出版社2013年版，第181页。

〔3〕 夏阳、陈祖英："律师介入未成年人犯罪案件审查逮捕程序探索"，载《人民检察》2010年第4期。

讼权利，保障未成年人得到法律帮助，并由熟悉未成年人身心特点的审判人员、检察人员、侦查人员承办。”这些规定的适用都在一定程度上使对未成年犯罪嫌疑人、被告人的审查批捕程序有法可依，但是在司法实践中实际上难以收获实效。

在司法实践中，对未成年犯罪嫌疑人、被告人的批准逮捕程序并没有做出特别的规定，尽管我国《刑事诉讼法》对处理未成年人犯罪时做出了“教育为主、惩罚为辅”的原则性规定，但是并没有做出具体实施的规定。这就导致司法人员在处理未成年人犯罪案件时生搬成年人的标准，使得旨在保护未成年犯罪人的合法权益而制定的原则规定形同虚设，并没有充分发挥自己的作用。虽然最高人民检察院针对未成年人审查批准逮捕程序做出了一些特别规定，但是在用词上比较模糊，致使司法人员在办理案件时过分行使其自由权，因此造成了在司法实践中对于未成年犯罪嫌疑人、被告人的批准逮捕程序过分成年化，不利于保护未成年人的合法权益，也不利于预防未成年犯罪人再次犯罪。

逮捕作为最为严厉的一种强制措施，限制了人身自由，因此在适用时我国当前立法对其进行了严格限制。为了限制对权力的滥用，我国《刑事诉讼法》虽然规定了由人民检察院批准逮捕，公安机关执行，表明了我国审查批准逮捕程序由行政化向诉讼化的转变趋势。但是通过对法条的分析可以看出相关规定依然比较模糊，只是对讯问、询问和听取意见做出了规定，突出了保证刑法正确实施的工具主义价值，然而并没有明显地表现出通过程序限制权力的程序正义价值。因此，从立法层面来讲，这一制度存在一些问题，而这些问题中最突出的就是如何将审查批准逮捕中的行政化向诉讼化转变，[1] 尤其需要理论予以解读。

四、未成年人刑事案件适用强制措施的理论探索

对未成年犯罪嫌疑人、被告人来说，羁押会使得未成年犯罪嫌疑人、被告人与监护人、亲朋隔离，在其社会化尚未完成之际，导致未成年人正常社

〔1〕 杨春雷：“论审查批捕公开听证程序——去行政化趋诉讼化的转变”，载《黑龙江省政法管理干部学院学报》2013 年第 1 期。

会化的中断，容易给未成年犯罪嫌疑人、被告人身心健康带来伤害，影响其日后的成长与发展。同时羁押也容易导致未成年犯罪人向惯犯、累犯转变。如前所述，我国《刑事诉讼法》尽管十分重视对于未成年犯罪人的合法权益的保护，但在关于未成年犯罪嫌疑人、被告人适用强制措施上问题仍然频出。对未成年人案件应当以“少捕慎诉少监禁”为导向，严格落实羁押必要性审查制度，减少和降低羁押率。对此还需要从以下几个方面予以探索：

（一）严格未成年人刑事责任年龄的认定

在我国部分农村地区由于风俗、个人喜好等原因，存在用农历生日进行出生登记的习惯，这对于确认未成年犯罪嫌疑人的年龄存在很大障碍。所以，户籍管理部门在进行户口登记时，要告知公民一定采用公历出生日期，并进行检查核对；如果公民申报的是农历日期，则必须换算成对应的公历进行登记，以确保户籍登记信息的准确性和严肃性。同时，加强对新生儿户籍管理的规定，尤其是要加强农村地区和偏远山区新生儿的出生登记管理，即使条件欠缺、无法到正规医院生育，也要准确记录新生儿的出生时间，及时进行户籍登记。而且在户籍出现变动时要及时登记，充分发挥基层工作人员的作用，充分完善户籍管理制度。

公安机关在认定未成年犯罪嫌疑人年龄的时候，首先应当获取户籍证明，没有户籍证明的，应当获取居民身份证、户口迁移证明等法定身份证件并随案移送，同时也应当注意核实法定身份证件的真伪。对于犯罪嫌疑人、被告人自报年龄涉及刑事责任年龄临界点的，还应当委托具有鉴定资质的单位对其进行骨龄鉴定，若骨龄鉴定与其自报年龄、证人证言等基本吻合，可以作为认定刑事责任年龄的证据使用，若骨龄鉴定不能准确确定实施犯罪行为时的年龄，则应当根据有利原则，作出有利于被鉴定人的认定。

在处理未成年犯罪人的跨刑事责任年龄的问题上，存在以下两种处理情况：

一是跨 16 周岁的犯罪，如果行为人在已满 14 周岁不满 16 周岁期间实施了《刑法》第 17 条规定的 8 种罪行，满 16 周岁又实施这 8 种或者其他罪行的，应当将前罪和后罪一并计算；若行为人在已满 14 周岁不满 16 周岁期间实施了《刑法》第 17 条规定的 8 种罪行以外的罪行，在其满 16 周岁又实施这 8 种或者其他罪行的，应当不计算前罪，而只追究后罪。

二是跨 18 周岁的犯罪，将未满 18 周岁的犯罪行为和已满 18 周岁的犯罪行为做比较，若未满 18 周岁时的犯罪行为是主要犯罪行为，则可以从宽处理，实施减轻刑事责任的处罚；若满 18 周岁以后的犯罪行为是主要犯罪行为，则不能适用减轻刑事责任制度。

（二）注重取保候审的适用

为了保证办案人员在处理未成年人犯罪的案件中有法可依，尤其是针对未成年犯罪嫌疑人、被告人适用取保候审的问题时，建议如下：

（1）建立完善的相关配套制度，做出区别于成年犯罪嫌疑人、被告人的规定。从未成年人的特殊保护的视角出发，制定专门针对未成年犯罪嫌疑人、被告人的取保候审的法律及相关法规，并且对未成年犯罪嫌疑人、被告人适用取保候审条件予以细化，使之明确、具体、更有操作性。首先，需要明确规定未成年犯罪嫌疑人、被告人在哪些情况下必须适用取保候审制度，如对于已满 14 周岁未满 16 周岁的犯罪嫌疑人、被告人应当优先考虑采取取保候审，而对未成年的犯罪嫌疑人、被告人适用逮捕将使其中断学习或工作或丧失学习、工作机会的，应当优先考虑采取取保候审；其次，对于未成年的犯罪嫌疑人、被告人批准或者决定逮捕，应当充分考虑逮捕对其学习、工作或者获得学习、工作机会的影响，以及中断学习、工作或者丧失学习、工作机会对其以后成长的影响，尽可能减少因逮捕给未成年犯罪嫌疑人或被告人带来生活和学习上的困扰和不利影响；最后，对于未成年的犯罪嫌疑人、被告人不管是由公安机关提请逮捕，还是人民检察院审查批准或者决定逮捕，或是人民法院决定逮捕，都应通过家庭、学校、单位、居（村）民委员会等了解其成长经历、家庭环境、性格特征、心理状况、学习或者工作情况、人际关系、行为特征并充分听取其父母或者其他法定代理人、辩护人、被害人及其法定代理人的意见，明确是否具有有效监护条件或者社会帮教措施。

（2）改革不合理的考评机制，取消实践中要对无法预见的风险和后果负责的不科学的考核指标，改变单纯追求逮捕率、定罪率的考核考评指标体系，注重办案的社会效果，并以办案人员当时做出决定时的依据是否正确、发现问题后是否采取了必要措施和是否取得良好法律、社会效果为考核考评指标，减少办案人员因为担心承担责任而不敢采取取保候审措施的顾虑。通过这样具体立法规定，将未成年犯罪嫌疑人、被告人与成年犯罪嫌疑人、被告人适用取保候审明确区别开来，进一步保护未成年犯罪嫌疑人、被告人的合法权益。随着中央政法委取消刑事拘留数、批捕率、起诉率等不合理的考核项目，[1]对未成年人的羁押问题将会缓解。

(3) 在保证方式上，需要注意以下问题：①对于情节较轻的未成年犯罪嫌疑人、被告人，可以让其提供保证书，责令其定期到执行机关汇报活动情况，这种做法不仅能够增强未成年犯罪嫌疑人、被告人的社会责任感，使其自觉遵守取保候审的规定，同时也可以扩大取保候审的适用范围，使一些不能提供保证人或交不起保证金的未成年犯罪嫌疑人、被告人也能适用取保候审制度。同时还彰显了司法机关对未成年犯罪嫌疑人、被告人的信任和关怀，有利于发挥未成年犯罪嫌疑人、被告人在刑事诉讼中的自觉性。而对一些情节较重、社会危险性较大的未成年犯罪嫌疑人、被告人，可以采用在提供保证书的同时附加保证人的保证方式，从而增强保证的力度，由其保证人严格监督管教。为了增强保证人的责任心，必要时可以要求其交纳保证金，作为对其保证行为的担保，如果其未尽到保证责任，可以罚没保证金以示惩罚。不仅如此，还应扩大保证人的范围，让社区、学校、有关单位在一定条件下都可以作为不能提供保证人也无法交纳保证金的未成年犯罪嫌疑人、被告人的保证人，使得任何未成年犯罪嫌疑人、被告人都可以平等地适用取保候审。②规范保证金的适用，尽可能采取人保的方式。由于大多数犯罪的未成年人并没有实现经济上的独立，不存在经济来源，一旦未成年犯罪嫌疑人、被告人在取保候审中逃脱，其监护人提供的保证金就会被没收，本应由未成年犯罪嫌疑人、被告人所承担的财产责任转移到了其监护人的身上，这与我国的法治精神是相悖的。所以应当改革当前的保证方式，大范围的适用保证人保证，减少保证金的适用，对保证金的上限做出具体规定，杜绝司法机关因为种种借口侵吞保证金。同时在司法实践中，未成年犯罪嫌疑人、被告人的保证人一般为其监护人，但是在部分案件中，由于未成年人与其监护人存在矛盾或者其他个别原因，未成年犯罪人不愿意由其监护人来作为其保证人。因此司法机关在对未成年犯罪嫌疑人、被告人适用人保时，应当充分考虑到此种情况，在查明事实的情况下可以在其近亲属中来选定合适的保证人。

（三）完善律师介入批准逮捕程序的制度

律师作为熟悉实体法和程序法的专业人士，充分完善其介入批准逮捕程

[1] 关庆丰等："中央政法委：司法考核取消有罪判决率结案率等指标"，载《新京报》2015年1月22日。

序，有利于更加充分地保障未成年人的合法权益，因此提出如下建议：

（1）根据《刑事诉讼法》第 267、269 条的规定，如果侦查机关在未成年犯罪人律师没有在场的情况下对其进行讯问，那么审判机关可以将讯问结果作为非法证据予以排除。同时还要作出明确规定以便与成年犯罪嫌疑人、被告人的律师介入批捕程序相区别，在未成年犯罪人的律师介入批准逮捕程序的制度上做出更加细化的规定。这种细化性的规定应当充分保障律师在侦查阶段的诉讼权利，构筑律师在审查批准逮捕程序的权限体系。[1]在侦查阶段，办案人员应当严格依法办案，充分落实律师在侦查阶段的会见权，保障审查起诉阶段律师的阅卷的权利，尊重辩护律师有限的自行调查取证的权利：一是律师会见权的保障。律师会见犯罪嫌疑人不应受到人为的限制或干扰，侦查机关不得以任何变相的形式监听，保障律师与犯罪嫌疑人之间交流的秘密性。二是律师调查取证权的保障，如果律师向人民法院或人民检察院申请收集、调查证据，法院或者检察院应该充分保障律师权利的行使，并且对于律师提出调查取证的申请，“人民检察院应当在 7 日以内作出是否许可的决定。人民检察院没有许可的，应当书面说明理由。”[2]律师自身也应当积极争取权利，在案件提请审查批准逮捕之前，律师应利用自身拥有的有限的调查取证权，收集未成年犯罪嫌疑人罪与非罪、重罪与轻罪、此罪与彼罪以及有无逮捕必要性等方面的证据，调查未成年犯罪嫌疑人的家庭状况、成长环境、财产状况、人品情况等。如果是财产犯罪，还可调查犯罪嫌疑人是否积极退赃、赔偿损失，是否取得了被害人谅解等情况。

（2）在法律援助制度的完善上，需要关注以下问题：①政府应当设立专门为未成年犯罪嫌疑人、被告人提供法律援助的机构。通过设立专门的法律援助机构，培养一些具有专业性的未成年人犯罪方面的律师，尤其是具有心理学、社会学、教育学等方面知识的律师。对于那些律师资源匮乏的偏远地区，可以考虑适当放宽条件，由退休的法官、检察官、法律专业的在读研究生、乡镇司法所的司法工作人员、法律工作者等担任。同时对于这些通过法律援助的形式介入审查批捕程序的律师进行考核并设置一定的淘汰机制，建

---

〔1〕 夏阳、陈祖英：“律师介入未成年人犯罪案件审查逮捕程序探索”，载《人民检察》2010 年第 4 期。

〔2〕 参见 2014 年 12 月 23 日最高人民检察院《关于依法保障律师执业权利的规定》第 7 条第 4 款。

立由具有一定职业经验和良好职业素养的刑事辩护律师组成的稳定的未成年人案件法律援助律师队伍。[1] ②政府加大对法律援助的资金支持，提高财政预算。资金在任何一项工作中都发挥着重要作用，只有政府对法律援助事业加大资金投入，使其发展有一个良好的生存环境，才能吸引更加优秀的律师进入到法律援助的队伍中来，才能保障法律援助制度的顺利进行，才能充分保护未成年犯罪人的合法权益。

(3) 检察机关应当转变观念，积极配合律师开展工作。例如，侦查监督部门在审查批准逮捕阶段时，可以指定专人来负责关于律师介入未成年人涉嫌犯罪案件的工作，包括安排律师会见未成年犯罪嫌疑人、回复律师意见等工作，有针对性地积极配合律师介入审查逮捕程序。另外考虑到未成年人犯罪的特点，可以通过对检察官进行心理学、社会学等方面的培训，提升检察人员的综合水平。

(四) 完善未成年人案件批准逮捕程序

在未成年人犯罪的案件中，检察机关扮演着很重要的角色，尤其是体现在逮捕程序的批准上，结合司法实践中存在的一些问题，提出建议如下：

(1) 转变“构罪即捕”的错误观念，加强逮捕的必要性审查。基于保护未成年犯罪嫌疑人、被告人的合法利益的考虑，办案人员应当将观念由“构罪即捕”向“必要即捕”转变，尽最大努力减少对未成年犯罪嫌疑人、被告人的批捕，建立以采取取保候审、监视居住等强制措施为原则、以适用逮捕为例外的程序，在最大程度上帮助未成年犯罪人改过自新，预防其再犯新罪。

在涉及未成年人犯罪的案件的处理时，应该充分考虑未成年犯罪嫌疑人的身心特点以及犯罪的特殊性，从而更加严格审查批准逮捕工作，对于逮捕决定的审查必须始终坚持以教育为主的原则从严把关。2014 年 4 月 29 日，全国人大常委会对《刑事诉讼法》第 79 条作出了修正，并规定对于被取保候审、监视居住的可能判处徒刑以下刑罚的犯罪嫌疑人、被告人，违反取保候审、监视居住规定，严重影响诉讼活动正常进行的，可以予以逮捕。但在实践中在处理未成年人案件上，对于此条的适用更要谨慎。在审查未成年犯罪嫌疑人、被告人的逮捕条件时，应当作出比成年犯罪嫌疑人、被告人更严格的要求。针对逮捕方面的证明标准，我国《刑事诉讼法》中明确规定应该是

[1] 宋英辉主编：《未成年人刑事司法改革研究》，北京大学出版社 2013 年版，第 181 页。

做到“有证据证明其实施了犯罪这一事实”，然而针对我国未成年犯罪嫌疑人、被告人的逮捕证明以及标准方面可以看出，应该明确“证据确实以及充分”这两个方面才更加合适。我国《刑事诉讼法》中有相关规定明确了我国逮捕实施的基本条件是“判处徒刑或者是以上刑罚”，但是针对我国未成年犯罪嫌疑人、被告人逮捕实施的刑罚要件则可以明确为是“判处 3 年以上有期徒刑”。[1]依法适当放宽对涉罪未成年人的审查逮捕、审查起诉的条件，正确贯彻宽严相济刑事司法政策，对未成年人犯罪的刑事政策应侧重于宽缓的一面，可捕可不捕的坚决不捕。

（2）实行审查批准逮捕的公开听证程序。由于在我国的司法实践中，针对未成年犯罪嫌疑人、被告人的审查批准逮捕程序依然存在浓厚的行政化色彩，因此想改变这一现象就应当推广公开听证程序的适用。所谓“公开听证程序”，是指人民检察院在办理公安机关提请批准逮捕案件过程中，根据办案工作需要，对部分案件采取公开听证形式，充分听取侦查机关、犯罪嫌疑人及相关利害关系人等各方意见，并进行综合评判，依法作出批准逮捕或不（予）批准逮捕决定的活动。[2]具体来说，在公开听证程序的主体上，听证程序的组织者应当是检察机关，由其召集并选定主持人，公开听证活动的参加人员为侦查机关指派人员（一般为案件承办人），犯罪嫌疑人及其法定代理人、辩护律师，被害人及其法定代理人、近亲属等。出现必要情况时，也可以通知证人、鉴定人参加。同时也可以邀请相关专家以及犯罪嫌疑人所在的学校或组织的工作人员参加听证程序；在听证程序的适用范围上，一般社会影响较大或者一些敏感案件，在定案依据、适用法律上存在巨大争议时，人民检察院可以启动听证程序。而对于那些有证据证明存在刑讯逼供或者暴力取证的案件，人民检察院应当启动听证程序。当然，对于一些涉及国家机密、个人隐私的案件，可以不启动公开听证程序。

另外，还需要严格听取意见制度。在审查批准逮捕工作中，检察机关听取各方意见，尤其要重视律师意见以保证对未成年犯罪嫌疑人逮捕的必要性。一是听取犯罪嫌疑人的意见。在讯问犯罪嫌疑人时应当认真听取犯罪嫌疑人

---

〔1〕 郑旭：《刑事诉讼法学》，中国人民大学出版社 2012 年版，第 152～167 页。

〔2〕 杨春雷：“论审查批捕公开听证程序——去行政化趋诉讼化的转变”，载《黑龙江省政法管理干部学院学报》2013 年第 1 期。

的意见。二是听取被害人的意见。案件中的被害人的权利直接受到非法侵害，其对案件的处理最为关注，因此对有被害人的案件，应当听取被害人的意见。三是听取辩护律师的意见。2012 年修改后的《刑事诉讼法》规定了审查批准逮捕阶段辩护律师提出要求的，应当听取辩护律师的意见。对辩护律师提出“无社会危险性”等书面意见的，办案人员应当认真审查，并在审查批准逮捕意见书中说明是否采纳的情况和理由。四是听取有关单位的意见。犯罪嫌疑人是否具有社会危险性以及社会危险性的大小，可通过其成长经历、平时表现、家庭环境等情况作出判断，这些情况其家庭、单位和基层组织最为清楚。对犯罪嫌疑人特别是未成年犯罪嫌疑人是否予以逮捕，我们要充分听取其家庭、学校或者所在社区以及居民委员会（村民委员会）等有关单位的意见和建议。[1]

(3) 通过人民监督员程序对未成年人案件的羁押进行监督。随着人民监督员选任制度的改革，有关部门可以定期组织人民监督员，对逮捕必要性审查工作开展专项集中检查，听取人民监督员的意见和建议，实现专项监督。对于未成年人案件逮捕的必要性进行更为严格的审查，应当充分考虑未成年人身心特点，秉持能不捕尽量不捕，尽量采用取保候审或监视居住制度，使未成年犯罪人感受到法律对其的重视和保护，使其在亲情的感化下改正错误，重归社会。在未成年人案件适用强制措施上从“教育为主、惩罚为辅”的原则出发，在适用强制措施方面严格谨慎，少用、慎用逮捕措施。

---

〔1〕 王长生、平华：“新刑事诉讼法实施中对逮捕必要性审查工作的思考”，载《中国检察官》2013 年第 7 期。

第四章

未成年人刑事案件的分案处理制度

未成年人刑事案件分案处理制度是指对于未成年人和成年人共同犯罪案件，在不妨碍案件诉讼的情况下，对涉案未成年人和成年人进行分案侦查、起诉、审判和执行的制度。我国对涉案未成年人秉承教育、感化、挽救的政策方针，未成年人刑事案件分案处理制度是我国关注未成年人犯罪，实现挽救目的的一项重要刑事司法制度。少年司法程序是分案处理制度运行的背景，作为少年司法的重要发源地，美国的少年法院及其相关制度被西方法学界称为“司法制度发展史上最重大的发明”，为许多国家所借鉴和效仿。在美国，少年司法制度被认为与成人司法存在“本质性差异”，故创立出一套自有的概念体系，试图“从名称、形式到内容将未成年人从成年人司法制度中分离开来。”[1]旨在强化这种“本质性差异”，实现少年司法制度的独立价值。我国未成年人刑事案件分案处理制度是在少年司法程序，司法模式的大背景下发展完善的，处理好一般程序与未成年人刑事案件诉讼程序普遍性与特殊性的关系，实现刑事司法程序的一般价值、原则要求以及灵活运用未成年人刑事案件特殊程序是完善未成年人刑事案件分案处理制度的前提要求。

一、未成年人刑事案件分案处理制度的考察

《未成年人保护法》第 57 条第 1 款规定：“对羁押、服刑的未成年人，应

〔1〕 参见王敏远主编：《刑事诉讼法学》（下），知识产权出版社 2013 年版，第 878 页。

当与成年人分别关押。”《刑事诉讼法》第269条第2款规定：“对被拘留、逮捕和执行刑罚的未成年人与成年人应当分别关押、分别管理、分别教育。”《法院刑诉法解释》第464条第1款规定：“分案起诉至同一人民法院的未成年人与成年人共同犯罪案件，可以由同一个审判组织审理；不宜由同一个审判组织审理的，可以分别由少年法庭、刑事审判庭审理。”司法解释将合案审理作为原则，分案审理作为例外表明司法实践中人民法院更多的是将未成年人犯罪案件与成年人犯罪案件合并审理，遵从“共同犯罪一案化”的处理原则。虽然在其他关于未成年人保护的法律中也有关于未成年人刑事案件分案处理制度的规定，但此方面我国在立法层面上的规定并不完全，尚未形成一套统一的规范供办案机关参照执行。

《公民权利和政治权利国际公约》第10条第2款第（乙）项规定：“被控告的少年应与成年人分隔开，并应尽速予以判决。”联合国《儿童权利公约》第37条第（d）项规定：“……所有被剥夺自由的儿童应同成人隔开，除非认为反之最有利于儿童……”可见将未成年人与成年人共同犯罪案件分开处理已成为国际上要求的通行做法。具体来说，在程序上设置专门机构处理未成年人案件，或者要求熟悉未成年人心理的专业人员参与办案，如《儿童权利公约》第40条第3款规定：“缔约国应致力于促进规定或建立专门适用于被指称、指控或确认为触犯刑法的儿童的法律、程序、当局和机构，……”可以有效保障未成年人的合法权益和心理健康。另外，在机构设置、强制措施和执行关押等方面应根据不同地域的经济状况，有条件地设置专门未成年人刑事案件办案机构，未成年人犯罪心理培训，各种授课咨询等。[1]审判之后的执行阶段则应采取隔离的方式进行，如《联合国囚犯待遇最低限度标准规则》第8条第（d）项规定：“青少年囚犯应同成年囚犯隔离。”作为国际少年刑事司法的纲领性规范，各缔约国在国际条约中达成的对未成年人特殊保护的合意具有一定的约束作用，有利于在国际范围内确立未成年人刑事案件分案处理的基本原则以及在司法实践中贯彻落实保护未成年人的理念。建立与完善未成年人刑事案件分案处理制度是我国履行保护未成年人的国际义务，树

〔1〕《北京规则》第12条规定：“为了圆满地履行其职责，经常或专门同少年打交道的警官或主要从事防止少年犯罪的警官应接受专门指导和训练。在大城市里，应为此目的设立特种警察小组。”该规则第22条第1款规定：“应利用专业教育、在职培训、进修课程以及其他各种适宜的授课方式，使所有处理少年案件的人员具备并保持必要的专业能力。”

立“条约必须遵守”的良好国际形象的重要表现。

在我国古代法律制度中，未成年人均在不同程度上受到了法律的特殊优恤，客观上获得了一定的人身自由和安全保障。然而这种保护与西方未成年人的保护理念大为不同，主要体现在其立法本意并非出于保护未成年人的生理、心理健康的考虑，亦不是以治疗和预防为手段，也并非是为了保护未成年人的自尊心和减少未成年人的痛苦，而是以维护封建亲属伦理为原则，以巩固封建政权为目的。受儒家思想的影响，历代统治者大都采纳保护未成年人的理念，使其成为日后法律制度发展的一项重要的立法原则。儒家的治国理念是围绕“仁政爱民”展开的，它不仅是一种思想，更是人人都应该具有的一项精神品质。“老吾老，以及人之老；幼吾幼，以及人之幼”这就是说，无论是统治者还是被统治者都应当推己及人，扩充其爱。[1]在儒家“仁政爱民”的治国论调下制定的抚恤未成年人的法律规定，是以宽容的心态看待行为人的错误的，是最为朴素的人道主义关怀。在刑罚制度方面，主要体现在对未成年犯罪人实施宽宥的“恤刑”政策，侧重于从犯罪年龄、犯罪责任承担、刑讯的程序等方面进行有限度的保护。虽然对未成年人的“恤刑”政策是建立在为了维护封建统治的长治久安的目的上，但是对未成年人刑事司法制度的发展确立了根本基调，引导之后整个法律制度的发展方向，成为司法文明的主要标志。

根据对我国司法实践的考察，未成年人刑事案件分案处理主要存在两种做法。一种是分案处理的传统做法，也是大部分地区所采用的方法，即对于未成年人和成年人共同犯罪案件在审查起诉阶段就将未成年人和成年人案件完全分开，视为两个独立的案件分别予以审查，审查处理后认为符合起诉条件的，由负责部门分别向人民法院的少年法庭和刑事审判庭提起诉讼。这种绝对分案起诉的做法，必然导致人民法院绝对的分案审理，甚至造成分院审理。分案审理或分院审理使未成年人案件和成年人案件在诉讼程序上不发生任何牵连，一般是由少年法庭和刑事审判庭两个不同的审判组织进行审判，分别作出判决。与传统的分案处理截然不同的另一种做法是，对于未成年人和成年人共同犯罪案件，由负责未成年人案件的承办人员统一进行审查起诉，

〔1〕李勤：“浅析儒家思想对古代未成年人刑事司法制度的影响”，载《北京青年政治学院学报》2011年第4期。

统一制作一份审查报告，但在向人民法院移送起诉时，必须分开进行，分别制作起诉书，人民法院在接到起诉书后，由同一审判组织对未成年人案件和成年人案件进行分庭审理，最后统一作出判决。[1] 实践中方式各异的两种分案处理做法在未成年人刑事案件中发挥怎样的作用，对未成年人合法权益的保护能否收获良效，笔者希望从对未成年人分案处理制度理论解读中找寻答案。

二、未成年人刑事案件分案处理制度理论解读

未成年人刑事案件分案处理制度是对未成年人和成年人共同犯罪案件，在不妨碍案件诉讼的情况下，对未成年人和成年人进行分案侦查、起诉、审判和执行的制度。未成年人刑事案件分案处理是我国未成年人刑事司法重要制度之一，尽管分案处理会带来办案机关工作量的增加和诉讼成本额外付出，但是分案起诉对于贯彻未成年犯罪人教育、感化、挽救的方针政策，更好地达到挽救失足未成年人的立法目的具有特别重要的价值。对未成年人刑事案件分案处理制度需要从以下几个方面进行解读。

（一）未成年人刑事案件分案处理制度的构成

按刑事诉讼程序的划分，未成年人和成年人共同犯罪案件的分案处理规则广义上应由四个部分组成，即在侦查阶段分开羁押与看管、在起诉阶段分开审查与起诉、在审判阶段分开审理与判决、在执行阶段分开服刑与管教。我国现行《刑事诉讼法》第269条仅针对“被拘留、逮捕和执行刑罚的未成年人”规定应当与成年人分别关押、分别管理、分别教育，即仅在立法上明确分管分押的必要性，对起诉阶段与审判阶段的分案处理规则未予明确。然而，分案起诉、分案审判在未成年人刑事案件分案处理制度中对未成年人权益的保护同样产生深远的影响，完善整个刑事诉讼链条中的各环节对未成年人刑事案件分案处理的制度构建具有现实意义。

在侦查阶段，将被拘留、逮捕的未成年人与成年人分开羁押与看管的相关处理规则在讨论未成年人特殊强制措施制度中已做详细解析，此处不再赘

---

〔1〕 武运江、张静敏：“浅论未成年人刑事案件分案处理制度”，载方圆法治网，http：www.fgfzw.cn/hebei/jclt/39756.html，最后访问时间：2015年1月23日。

述。接下来将逐一论述分案起诉、分案审判与分案执行。

1. 分案起诉

分案起诉是指在成年人和未成年人共同犯罪案件中，侦查机关将“案件事实清楚，证据确实、充分，依法应当追究刑事责任”的未成年人案件与成年人案件分别移送检察机关审查起诉，由检察机关的不同部门分别审查。在审查起诉阶段设定未成年人案件与成年人案件的区分处理规则是基于对未成年人合法权益的保护以及检察机关在不妨碍案件侦查和案件事实查清的基础上实行的诉讼程序上的分离。这一制度在实施过程中同样秉承对未成年犯罪人的“教育、感化、挽救”的原则，在维护未成年人正当权益方面具有特殊司法保护的功能，在预防未成年人犯罪方面产生了积极的法律效果和社会效果。

从世界各国立法实践来看，在审查起诉程序中将未成年人案件与成年人案件分别处理的做法大致可以分为两种：一是绝对的分案起诉，即不根据案件的具体情况，只要是未成年人与成年人的共同犯罪案件一概区别对待，分别起诉。例如，《意大利刑事诉讼法典》第 14 条规定：“针对在行为发生时尚未成年的被告人的诉讼与针对成年被告人的诉讼不发生牵连关系。针对被告人在未成年时所犯之罪的诉讼与针对被告人在成年后所犯之罪的诉讼也不发生牵连关系。”绝对分案起诉将未成年人与成年人共同犯罪案件不加区别的一律分开，在充分保护未成年人方面具有一定价值，但能否平衡多元利益，应对司法实践的多元化值得思考。二是相对的分案起诉，即原则上应分别处理未成年人与成年人共同犯罪案件，只有当分案处理有阻碍时才能对整个案件进行一并审理。我国台湾地区“少年事件处理法”第 72 条规定：“少年犯罪案件与成年人犯罪时间相牵连时，于不妨碍审理之限度内，应分别审理。但与一般刑事案件分别审理明显有困难或确有对质之必要时，不在此限”。日本《少年法》第 49 条第 1、2 款规定：“一定要把少年犯罪嫌疑人或者被告人，与其他犯罪嫌疑人或者被告人分离开来，务必避免接触。少年被告案件即使与其他被告案件有牵连的时候，只要不妨碍审理，必须将他们在程序上分离开来。”[1] 相对的分案起诉具有灵活性特点，在对未成年人合法权益进行特别保护的前提下，又能适应司法实践中的复杂问题，可以保证诉讼在分案处理有阻碍的特殊情形下亦能顺利进行。

---

〔1〕 沈重摘译：“日本《少年法》”，载《国外法学》1979 年第 6 期。

在我国，关于未成年人刑事案件分案起诉的规定主要是《人民检察院办理未成年人刑事案件的规定》和最高人民检察院《关于在检察工作中贯彻落实宽严相济刑事司法政策的若干意见》。《人民检察院办理未成年人刑事案件的规定》第51条第1款规定："人民检察院审查未成年人与成年人共同犯罪案件，一般应当将未成年人与成年人分案起诉。但是具有下列情形之一的，可以不分案起诉：①未成年人系犯罪集团的组织者或者其他共同犯罪中的主犯的；②案件重大、疑难、复杂，分案起诉可能妨碍案件审理的；③涉及刑事附带民事诉讼，分案起诉妨碍附带民事诉讼部分审理的；④具有其他不宜分案起诉情形的。"最高人民检察院《关于在检察工作中贯彻落实宽严相济刑事司法政策的若干意见》第19条规定，未成年人与成年人共同犯罪案件原则上分案起诉。最高人民法院《关于审理未成年人刑事案件的若干规定》第10条规定的少年法庭受理案件的类型之一就是被告人在实施被指控的犯罪时不满18周岁，并被指控为首要分子或主犯的共同犯罪案件。为了保持法律规定的案件范围一致，有必要对《人民检察院办理未成年人刑事案件的规定》中的第一种情形进行修改，以保持法律规定的统一。另外，法律对第二种情形中的"重大、疑难、复杂"未作出明确解释，对"可能妨碍案件审理"的具体情形也未规定，在司法实践中难以准确把握。第四种情形是兜底性条款，没有任何限制条件，规定过于宽泛。[1]

分案起诉承接侦查与审判，侦查机关的分案移送是检察机关分案起诉的前提，审查后由各负责单位起诉至人民法院予以分案审判，事实清楚、证据充分，需要追究刑事责任的，其刑罚的执行亦需要分别进行，完成对未成年人案件的特殊处理。由此可以看出，完善分案起诉可以推动分案审判、分案管理的建立与实施，三者缺一不可，是共同实现少年刑事司法制度深化改革的重要桥梁。同时，在未成年人刑事案件分案起诉制度以司法解释的形式确立之后，各地检察院纷纷将此列为工作亮点，并结合本地实际情况加以贯彻落实。自上海市虹口区检察院开展分案起诉以来，北京、重庆、广州等地相继进行了试点工作。实践证明，分案起诉制度在维护未成年人正当权益、防治未成年人犯罪方面具有显著成效。

此外，未成年人刑事案件特殊的起诉程序决定了未成年人刑事案件分案

〔1〕 刘淑妹："完善未成年人案件分案起诉制度"，载《检察日报》2013年7月8日。

起诉制度成为必然趋势。学界关于未成年人刑事案件起诉程序持三种意见：一是暂缓起诉制度，是指检察机关对于触犯刑法的犯罪嫌疑人，根据其犯罪性质、年龄、处境、犯罪危害程度及犯罪情节、犯罪后的表现等情况，认为没有必要立即追究其刑事责任而依法作出的暂时不予提起公诉的制度。[1]是否引入暂缓起诉制度，褒贬不一。二是不起诉制度，有论者从对失足未成年人保护和教育、改造原则出发，认为检察机关应当积极行使法律赋予的不起诉决定权，发挥不起诉在保护、教育失足未成年人上的积极作用。[2]然而，上级检察机关的限制适用，将不起诉率作为一项工作考核指标，以及不起诉程序复杂且耗时耗力让检察机关在实践中较少作出不起诉的决定。三是附条件不起诉制度，《刑事诉讼法》第 271～273 条在适用要件及异议，所附的条件及如何监督，附条件不起诉的撤销及不起诉方面作出了明确具体的规定。对未成年人案件适用不同于成年人案件的起诉制度，在合案处理的情形下难以做到严格区分，极易造成混淆，同时也不易充分贯彻落实保护未成年人合法权益的宗旨，实现教育、挽救、感化的目标。

2. 分案审判

分案审判是指审判机关对于未成年人与成年人共同犯罪案件在刑事审判阶段进行分别处理的制度。最高人民法院《关于审理未成年人刑事案件的若干规定》确定了少年法庭的受案范围，为分案审理制度的确立在立法层面上做了铺垫。经过近二十年的施行，审判机关将未成年人与成年人共同犯罪案件分别处理的做法已经逐步取得了各方肯定，在对未成年人特殊保护问题方面具有相对显著的优越性。

《北京规则》第 1 条第 4 款确定了作为未成年人司法首要原则的“双保护原则”，即未成年人司法应该努力把保护未成年人和保护社会利益紧密结合起来，做到两者的有机统一。刑事司法制度根植于社会利益保护这一出发点，其价值在于通过惩治犯罪实现犯罪的一般预防和特殊预防，从而维护社会的整体利益。[3]相对于未成年被告人来说，成年被告人在法庭上是犯罪技巧、犯罪思想的“污染源”，如不将未成年被告人与成年被告人分案审理，“法庭

---

〔1〕 杨诚、单民：《中外刑事公诉制度》，法律出版社 2000 年版，第 223 页。

〔2〕 参见王敏远主编：《刑事诉讼法学》（下），知识产权出版社 2013 年版，第 901 页。

〔3〕 杨跃进、赵寒青：“未成年人刑事公诉案件分案审理制度若干问题研究”，载《预防青少年犯罪研究》2012 年第 12 期。

污染”会诱发未成年被告人犯罪思想的滋生，产生诱导模仿的负面效果，甚至有可能出现犯罪崇拜的扭曲心理。鉴于此，分案审理可以有效避免此类负面影响的产生与蔓延。

未成年人分案审理制度正是基于“双保护原则”从程序设置上排除可能影响案件事实查明和定罪量刑的负面因素，实现司法公正。未成年人智力发育尚不完全，加之缺少必要的社会经验，往往不能较好地行使诉讼权利维护自身的合法权益。在合案处理、共同审理的场合中，未成年被告人极易受到同案成年被告人的影响，特别是当成年被告人出现避重就轻、当庭翻供、无理狡辩、拒不认罪、藐视法庭等行为时，容易使未成年被告人成为其推诿责任、规避处罚的受害者。适用未成年人与成年人分案审理的制度，对未成年被告人与成年被告人实行区别对待的政策具体来说表现在以下几个方面：在审判组织构建上，根据各地的不同情况设立少年法庭审理未成年人案件，由熟悉未成年人心理的法官、陪审员与专案人员承办；在审判方式上，采取未成年被告人更容易接受的方式进行，如实行圆桌法庭审理模式，营造出一种更为轻松的庭审氛围，可以有效缓解传统“三角审判模式”给未成年被告人心理造成的紧张压力；在权利保障上，少年法庭为法定代理人和辩护人参加诉讼提供了更多便利，只有在未成年人合法权益和诉讼权利得以充分保障的前提下，司法裁判才能在正当程序的襁褓中孕育司法权威与公信力。

分案处理制度除了需要考虑理论上的合理性和法律上的合法性之外，还需要考虑到未成年人与成年人共同犯罪案件的特殊性，针对未成年人犯罪特点的现实需要，分案审理的建立与推行具有迫切性。一方面，法律规定未成年人犯罪案件不公开审理，一般情况下若不涉及国家秘密、个人隐私，人民法院对成年人案件的审理应当公开进行，分案审判可以有效解决合案处理中公开审理与不公开审理的矛盾；另一方面，从犯罪类型上看，未成年人犯罪案件多为抢劫、盗窃、聚众斗殴、强奸等犯罪，其中多数为成年人组织领导，未成年人参加犯罪。分案审理制度的内部功能及在司法实践中的实际效果，特别是在未成年人保护方面显示出的优越性，为解决未成年人犯罪案件处理的特殊需要提供合理的程序设计方案。

3. 分案执行

分案执行是指在执行阶段将未成年人与成年人分开服刑与管教。包含在广义的分管分押制度中，即对被关押的犯罪嫌疑人、被告人，根据不同的诉讼阶段、诉讼类型、年龄、性别、健康状况等因素，针对在押人员的不同特点分别进行关押的管理制度。此处，我们主要探讨对已被判处刑罚的未成年犯罪人该如何接受刑罚处罚的问题。

我国《刑事诉讼法》第 269 条关于未成年人与成年人分管、分押制度的规定是坚持分案处理原则的必然，“被拘留、逮捕和执行刑罚的未成年人与成年人应当分别关押、分别管理、分别教育。”可以从三方面予以理解：一是对未成年人采取强制措施要与成年人分别关押，实行与成年人相隔离的制度；二是分押分管由专门机构或者熟悉未成年人身心特点的人员承办；三是生效判决的执行分离，未成年犯由未成年犯管教所执行刑罚，按照未成年犯的刑期、犯罪类型实行分别关押、管理，并根据未成年犯改造的表现，在活动范围、通信、会见、收受物品、离所探亲、考核奖励等方面给予不同的待遇。《监狱法》第 39 条特别规定：“监狱对成年男犯、女犯和未成年犯实行分开关押和管理，对未成年犯和女犯的改造，应当照顾其生理、心理特点。监狱根据罪犯的犯罪类型、刑罚种类、刑期、改造表现等情况，对罪犯实行分别关押，采取不同方式管理。”

在执行阶段主要涉及的是对未成年犯的教育改造以及重归社会的帮扶工作，具体包括在服刑期间应当处于何种监管环境，应当被实施何种改造措施，应当为其确定何种回归社会的途径等。就监管环境来说，首先，对未成年犯罪人实行分管分押有利于实现未成年犯罪人重新犯罪的预防和减少，分管分押若没有得到很好的落实，就容易造成未成年犯罪人“二进宫”的情形多发。将被判处刑罚并接受刑罚处罚的未成年犯放置在一个相对安全、单纯的环境下接受教育改造，较“一锅端”式的共同关押管理模式更具现实意义。未成年犯因缺乏社会经验和判断是非的能力极易被成年犯感染，一旦未成年罪犯在监管期间产生心理阴影或者被成年犯恐吓教唆，就会出现愈发消极的心理状态，在成年罪犯的不断影响下很难说不会踏上重新犯罪的道路。这样来看，未成年犯罪人分管分押工作的顺利进行以及未成年人管教所的合理适当的教育、矫治，可以有针对性、有效地降低未成年人重新犯罪的概率。

其次，需要良好的监管环境、硬件设施和优秀干警配备。这是保证改造方法顺利进行的前提基础。在适当完善相关设施的同时，应根据实际情况，增加监管民警配备，保证监管工作科学依法开展，并加强监管民警的培训，使其掌握心理学、教育学、精神病和社会学等综合知识，有针对性地对未成年人进行教育引导。对未成年在押人员的教育改造不同对成年在押人员，在刑事司法政策方面也要有所改变，应重点落实于生活和学习上的照顾，特别需要针对仍处于“九年义务教育”阶段的未成年在押人员。《未成年人保护法》第57条第2款规定：“羁押、服刑的未成年人没有完成义务教育的，应当对其进行义务教育。”《监狱法》也规定了对未成年犯执行刑罚应当以教育改造为主，监管机构应当配合国家、社会、学校等教育机构，为未成年犯接受义务教育提供必要的条件。但未成年在押人员在服刑阶段所处的教育环境和社会一般中小学教育毕竟有所差别，未成年犯管教所内设立教学楼、实验室、图书室、运动场馆等教学设施在一些物质基础匮乏地区缺少可能，在资源紧张的地区应尽量满足基本义务教育所必需的基础设施与师资力量，在能力允许的范围内为未成年人完成九年义务教育提供最大限度的保障。最后，若要实现未成年人利益最大化和优先保护的原则，真正落实“教育、感化、挽救”的方针政策，应给予未成年在押人员更多关爱，将其放置于充满爱的环境之中，让其感受爱的力量，认识到为善、爱人的乐趣。

良好的监管环境需要以加强检察机关的监督力度为保障，监所检察有力的监督对未成年人分管分押制度的完善具有重要意义。监所检察模式主要分为两种，即派驻检察和巡回检察。派驻检察是目前监所检察的主要方式，巡回检察主要是针对监外执行或者一些羁押规模较小的监管场所的检察监督。执行阶段，检察机关主要依靠派驻检察进行监督，通过在监所的派驻机构可以全面、及时地获取监所信息，并且可以随时掌控执行机关的活动，进行有力监督，确保执行机关严格执行监管制度、依法变更执行方式、确保被执行人的合法权益不受侵犯等。具体到实务操作上，一方面应当深化检务公开，告知未成年在押人员的权利和义务，促使他们增强自我保护意识，在权利遭到侵犯时知道该找谁、怎么找，为及时、主动地向检察官反映情况提供畅通的对话渠道，便于及时调查处理；另一方面应当严格落实约见检察官、与未成年在押人员谈话、检察官信箱等工作制度，及时受理和依法处理未成年在押人员及其亲属反映的问题。[1] 只有当未成年在押人员处于一个“权力受制

〔1〕 参见张斌：“浅议在押未成年人羁押期间合法权益保障”，载正义网，http：//www.jcrb.com/procuratorate/procuratorforum/201306/t20130619_1138400.html，最后访问时间：2013年6月19日。

约，权利受保护”的监管环境中才能为后续改造工作的顺利进行做准备。

据有关社会调查表示，导致未成年犯重新犯罪的原因有：重返社会后无法立足，得不到社会的关爱和帮助，或者迫于生计的无奈，或者再次经不住诱惑，或者由于其他原因而再次犯罪。对未成年服刑人员在管教方面有针对性地进行矫治和改造，根据不同人员的不同情况因材施教，使其具备重新回归社会的生活生产技能和较快适应社会的心理协调能力。同时，做好狱后的持续关注工作，适时同其监护人或保护机构联系沟通，保证未成年人在重归社会的过渡阶段有人管，避免保护断层情形的出现，从实质意义上帮助未成年犯改过自新并充分发挥未成年人刑事案件分案处理制度的优越性。

从上述理论研究的成果与实践运行的状态可以看出，未成年人分案处理制度的建立与完善是十分必要的，然而理论上的理想状态与司法实践并非完美契合，相关规则的设计欠缺实操性，难以找到稳定的落脚点予以贯彻。分案处理在制度层面上仅有未成年人保护的宗旨灵魂是远远不够的，符合中国刑事司法实际运行状况的程序设置和制约机制是真正实现对未成年人“教育、感化、挽救”方针的坚实保障。因此，对未成年人刑事案件分案处理制度的研究与探讨应当成为刑事司法改革和诉讼制度完善的重要课题之一。

（二）未成年人刑事案件分案处理制度的必要性

未成年人刑事案件分案处理制度在刑事诉讼程序中十分必要。具体来说，未成年人刑事案件分案处理制度有以下几方面优点：

（1）有利于查明案件事实，提高诉讼效率。分案处理制度是针对未成年人的一项重要的刑事司法制度，采用符合未成年人身心特点的讯问和审查方式，以专案组审查的模式进行可以消除其紧张的心理和抵触情绪，引导其在相对轻松的环境下全面详尽地叙述案件，有利于对案件事实真相的查明。不仅如此，有效针对未成年人的诉讼程序可以做到在法律规定的办案期限内尽可能地缩短期限，简化相对复杂的办案手续，减少对未成年人不必要的羁押，提高诉讼效率。

（2）有利于缓和庭审氛围，创造有利环境。未成年犯罪嫌疑人、被告人面对办案人员会表现出紧张不安的情绪多于抵触。相反，成年顽固犯对司法的蔑视、抵赖和狡辩在共同处理情况下容易给未成年同案犯造成诸多负面情绪，影响司法程序进行。此外，对未成年犯的处理应当尽可能的体现关怀、感化，而非强制改造，这就需要营造出相对轻松缓和的氛围来软化司法，此种情形下才有利于真正实现对未成年人教育、感化、挽救的方针。

（3）有利于保护未成年犯的身心健康，防止与成年犯“交叉感染”。未成年人心智尚不成熟，难以判别是非，再加上不正确的人生观、价值观的驱使使其踏上犯罪的道路，本该及时矫正，若为避免工作量和诉讼成本的增加，简单地将未成年犯和成年犯集体管理、集体关押，极易产生更多负面影响。看守所与监狱是犯罪分子集中的地方，就像一个“染缸”。一方面，未成年犯由于身心和智力发育不成熟，在看守所和监狱中难免会受到成年犯的欺负和压迫，容易使未成年犯形成仇视他人和对抗社会的心理；另一方面，未成年犯与成年犯混居一起，天长日久，耳闻目染，难免会产生各种各样的犯罪思想，而且也容易被腐蚀、教唆，不利于未成年犯重归社会的人格重造。

（4）便于区别对待，更好保护未成年犯的合法权益。依据我国有关法律法规的规定，不论是审前羁押期间，还是在判决后服刑期间，未成年犯在学习时间、劳动时间、日常生活待遇等方面与成年犯都是不同的。另外，监管场所可以根据未成年犯的身心特点，对他们采取区别于成年犯的教育改造方式，进行有针对性的教育，使他们尽早转变思想，矫正恶习，成为遵纪守法的人。如果将未成年犯与成年犯关押在一起，这些保护性规定在实施上就会有较大困难。对未成年犯适用特别程序并与成年犯区别诉讼是实现区别对待、保护未成年犯健康成长目的的有效方法。

三、未成年人刑事案件分案处理制度的探索

2000年4月，联合国第九届预防犯罪和刑事司法委员会会议所通过的《少年司法改革——联合国秘书长的报告》指出：“《北京规则》立足于把未成年人司法同成年人案件分开的原则，立足于建立一个具有专门业务、工作人员与服务等的完全独立的系统机构。”法治发达国家对未成年人案件往往都规定了专门的诉讼程序，如法国具备独立的未成年刑事司法体系，由专门的少年法庭、少年法官、少年检察官和少年监禁机构等组成。1945年2月制定的《未成年人犯罪法令》，是法国未成年人刑事司法的基本法，法令中对未成年人的司法制度作了全面的规定，被称为未成年犯罪人的宪章。[1]相比之下，

〔1〕参见王敏远主编：《刑事诉讼法学》（下），知识产权出版社2013年版，第882页。

我国分案处理制度的法律依据尚不健全，公检法机关之间的规定存在相互矛盾造成司法实践的混乱，概括到法律价值层面上来说，分案处理需要处理好与司法公正和司法效率间的关系。

（1）分案处理与司法公正之间关系的调整。在司法实践中，对未成年人和成年人共同犯罪案件在分案处理上采取一刀切的方式，即未成年人案件与成年人案件完全分开的绝对分案处理与刑事诉讼程序中的司法公正原则是相抵触的，容易造成对案件事实认定的不一致。有论者认为，“共同犯罪一案化”的刑法理论和基本原则应该得到尊重，以一案化为常态、分案处理为例外；应将“共同犯罪一案化”原则提高到人权保障的高度认识，在法律解释中加入有关共同犯罪案件分案处理的规定，减少随意性，彰显司法公正。[1]在分案处理的场合，法官对案件事实的认定、证人证言的采纳以及自由裁量权的使用都有可能因缺乏沟通而导致偏颇。绝对地追求分案将会以牺牲审判的公正为代价，不当分案意味着浪费司法资源，天平偏倚易失公正。

（2）分案审理与司法效率之间关系的协调。分案审理与司法效益之间的矛盾主要体现在：首先，分案处理造成司法资源的浪费。分案处理，这意味着侦查机关在移送审查起诉之前，就必须将未成年人与成年人共同犯罪拆分为两部分，将共同犯罪的卷宗和证据材料复制两份，分别移送，这极大地增加了诉讼成本。其次，同一个案件，拆分成两个独立的案件，使司法机关必须投入更多的人力和物力，本来由一班人马付出一份精力就可以完成的事情，现在要由两班人马付出两份精力才能完成。这不仅是对司法资源的极大浪费，同时也影响了诉讼效率。而未成年人刑事案件分案处理，并不意味着投入的司法资源越多，收效越好。相反，将未成年人和成年人共同犯罪拆分为两部分，不仅不利于查清案件事实，而且会造成许多理论困境。

随着未成年人刑事司法理念的不断发展，对未成年人的特殊保护愈来愈受到关注与重视。但这并不意味着法律的天平已有所偏颇，失去了原本的公正。一味地追求、强调对未成年人的特殊保护，忽视诉讼公正和司法效率的未成年人刑事司法制度不是完整的司法制度，片面强调对未成年人的特殊保护，不惜以违背法定程序为代价的刑事司法制度是脆弱的。坚持对未成年人合法权益的保护仍要做到各种利益间的平衡，只有在正当程序的基础上兼顾

---

〔1〕 李璐、刘湘廉：“论共同犯罪案件的分案”，载《内蒙古农业大学学报》2013年第3期。

诉讼效率才能真正实现司法公正。对此，针对提出的制度构建与司法实践中的矛盾与困境，希冀找出较为合理的解决路径以实现利益间的平衡与司法的公正。

（一）如何分案处理不明确

对于未成年刑事案件如何分案处理的不明确具体表现在：侦查阶段案卷移送是分案移送还是全案移送，若要分案该如何移送；审查起诉阶段分案起诉的证据材料如何使用；是否必须由同一合议庭审理；分案后发现应该合并审理的情况如何恢复等问题都无法可依。[1]以分案起诉为例，法律规定的缺失造成各地在无统一规范的情况下无章法可循，适用随意性大且做法不一。一般情况下，出于提高办案效率、节省司法成本的考虑，检察院通常以各种理由回避分案起诉的适用，一并合案处理未成年人案件与成年人案件，有悖于分案处理制度的精神。究其原因，缘于我国刑事司法的“政策性”因素，“纪要”、“解答”、“答复”等政策性的“准规范”盛行，讲求导向性而精确性稍逊[2]。我国对共同犯罪一直强调全案审理的原则，却缺少完善的配套规范，没有确定具体的判断标准、操作程序，案件分、并案处理的基础与规则等未能在实质上确立起来，司法实践中分并案的是自发而非自觉的结果。[3]更何况，各部门工作细则重点从便利本部门工作的角度出发，部门间缺少沟通协调，造成实践工作的难以协调，为了便利起见，回避适用分案起诉成为检察院处理未成年人和成年人共同犯罪案件的通常做法。

《人民检察院办理未成年人刑事案件的规定》第 51 条对未成年人与成年人共同犯罪案件有坚持分案起诉原则和例外规定。然而，其对例外的具体情形规定的相对宽泛，其中列举的四种不适用分案起诉的例外情形范围模糊。除第 4 项“具有其他不宜分案起诉情形”作为兜底性条款外，第 2 项因案件“重大、疑难、复杂”分案起诉妨碍案件审理的，仍存在界定不明的问题。加之需要法院分案审理与之配合，出于提高办案效率、节省办案时间等方面的考虑，在实践中有些检察院往往以各种理由并案审理，致使分案起诉制度贯彻得不彻底。有学者对国内 30 个省基层检察院的 175 份有效问卷分析，“从全国 30 个省份

〔1〕 刘淑姝：“完善未成年人案件分案起诉制度”，载《检察日报》2013 年 7 月 8 日。

〔2〕 邓志伟、陈盎然：“刑事案件不当并案审理问题研究”，载《法律适用》2013 年第 9 期。

〔3〕 胡丽英：“我国共同犯罪分案诉讼研究”，西南政法大学 2011 年硕士学位论文。

检察官问卷调查表来看，接受调查的175名检察官其所在检察院实行分案起诉的只有42家，占调查总数的24%，不实行分案起诉的有64家，所占比例高达36.57%，另有40家对未成年人刑事案件不一定适用分案起诉，所占比例为22.86%，不清楚和缺失部分约占15.6%。"[1]据以上数据显示，各地检察院是否适用分案起诉、何时使用、为何不用的标准不一。最高人民检察院对可以不分案起诉概括性的规定在实践中往往存在理解上的偏差，会造成案件承办人判断上倾向不分案起诉，为了防止检察官滥用自由裁量权使分案起诉形同虚设，应进一步明确未成人与成年人共同犯罪案件分案起诉之例外的具体情形。有论者认为应具体规定分案处理的标准，即当未成年被告人被指控的共同犯罪罪名在刑法上属于与成年被告人必要的共同犯罪的案件时，未成年人与成年人共同犯罪案件分案处理往往会产生事实认定、法律适用和证据采信方面的阻碍，不适宜分案起诉。必要的共同犯罪案件是指："刑法分则明文规定必须由2人以上共同故意实施的犯罪。"这种共同犯罪的主体必须为2人以上，而且具有共同的犯罪行为，一个人不可能单独构成犯罪。在我国刑法中，必要共同犯罪有聚众性共同犯罪和集团性犯罪两种形式。[2]该做法将必要的共同犯罪案件区分开来，把其他可以由一人单独完成而由未成年人和成年人共同实施的犯罪案件分案处理，既能实现程序上的合理分流，又能避免因分案处理造成事实与法律上的阻碍，保证诉讼程序的顺利进行。而在一些特殊情形下，如未成年被告人与成年被告人具有父母子女、兄弟姐妹等亲属关系，合并起诉不会影响对未成年被告人的司法保护和帮教，同时亲属的悔罪、认罪也会间接地对未成年人悔改产生积极影响时可以合并起诉。

《人民检察院办理未成年人刑事案件的规定》第51条第4项规定的为兜底性条款，赋予检察官一定的自由裁量权，以确保个案公正价值的实现。但检察官自由裁量权的行使应在合法、合理的限度内，以公正为倚，在一定期限内告知未成年被告人及其法定代理人、辩护人"其他不宜分案起诉"的理由与救济方式，同时检察监督部门亦要做好相应的监督工作。刑事诉讼在实践中的情形百态，程序设计者无法穷尽想象力预料到所有的可能性，给予检

---

[1] 赵国玲、徐凯："未成年人分案起诉适用中存在的问题与改进建议——基于175份检察官调查问卷的实证分析"，载《中国检察官》2010年第1期。

[2] 苏慧芳："浅析我国检察机关未成年人分案起诉制度"，载《辽宁警专学报》2011年第4期。

察官自由裁量权确为必要，但也难以掌控。应当要求检察官在“不宜分案起诉”的理由部分写明事实法律依据以及形成判断的心理历程，只有在倚靠充分说理和确保救济的条件下才能保障未成年人的合法权益不被起诉权所侵害。

（二）分案处理后管辖权归属难界定

共同犯罪案件中未成年人和成年人所犯罪行不同可能会牵涉到管辖权的问题，如在审判程序中，成年人所犯罪行可能判处无期徒刑以上刑罚，依法应当由中级人民法院一审审理，而未成年人所犯罪行只能在有期徒刑以下判处刑罚，依法应当由基层人民法院一审审理的案件。对此，是中级人民法院和基层人民法院各自立案审理还是均由中级人民法院立案审理？若均由中级人民法院立案审理，该由刑庭审理还是一并由少年法庭审理？两级法院分别审理可能影响案件的事实认定和量刑的均衡化，将几个案件提至中级人民法院由不同审判庭审理又必然会导致诉讼效率的低下，分案处理后由谁来管成为司法实践中亟须解决的问题。

对此建议制定分案审理相关细则，以刑事责任最重的被告人确定管辖，明确将此类案件由相应的检察院分案后向对应的人民法院起诉，由同一法院依法审理即同院不同庭。以“主犯”确定管辖后，将未成年被告人和成年被告人分别交由少年法庭和刑庭处理，此种做法有拖沓诉讼之嫌，事实认定与法律适用难以协调，诉讼效率的低下意味着对被羁押的未成年被告人人身自由的过分侵害，从更高层面上来说便是正义审判的迟到。

“少年法庭”的设置是法治发达国家的传统做法，不适宜分案起诉、分案审理的案件由少年法庭统一审理成为我国未成年人刑事司法体系构建与完善的重要课题。诚然，目前在司法实践中，对不适宜分案起诉的案件通常以刑庭审理为原则，以少年法庭审理为例外，一般情况下难以体现对未成年人的特殊审理要求，有悖于程序正义及平等原则。考虑到未成年人刑事案件分案处理制度的宗旨目标，将存有审理障碍不宜分案审判的案件统一交由少年法庭审理的做法可以有效防止刑庭给未成年人带来的不利后果。况且，实践中不适宜分案的案件只占少数，并不会造成少年法庭工作量的激增，相反可以有效实现对未成年人的特殊保护，达成少年法庭设置的司法目的。在具体操作上可以借鉴日本《少年审判规则》第 31 条的规定：“如认为公正审判需要，可以采取制止发言或者使少年以外的人员退席等恰当的措施。在审判过程中如认为发生了损害青少年德操的情况，可以使少年退席。”如此看来，改变

“如不能分案审理便由刑庭统一受理”的传统观念，转为由少年法庭审理，或许可以成为解决司法实践中出现的未成年人与成年人刑事案件合案处理的矛盾。

（三）分案处理后事实认定及证据采信难处理

未成年人与成年人共同犯罪案件分案处理后司法工作人员面临的又一实践难题是事实认定及证据采信该如何处理的问题。首先，在审查起诉阶段进行分案之后，人民检察院对案件分开审查，这就极易造成对同一案件，不同承办人员对事实部分和证据材料作出迥异的认定。而在庭审阶段，分案处理后的案件由不同的审判组织进行审判，由于法官无法审查核实全部证据材料，无法当庭对其他同案犯进行讯问，就可能会出现因法官们认识上的偏差而对案件作出不同甚至相互矛盾的认定，从而影响判决的公正性。其次，分案审理无法解决证人数次出庭作证，证言发生改变的问题。分案审理，对于未成年人和成年人共同犯罪的案件，必然要进行至少两次的庭审，对于同一案件事实，如果需要证人出庭作证的，则可能会出现证人前后证言不一致的情形。再次，分案审理无法解决另案被告人到庭进行供述，当庭质证的问题。分案审理后的未成年人案件与成年人案件分别由不同的审判组织进行审判，由于审判进度的不同，加上法官之间缺乏交流，同一案件不可能在同一天进行审理，这就片面剥夺了被告人的当庭质证权。最后，不同法庭或合议庭对未成年人案件及成年人案件审理得出裁判结论的顺序有先后，实践中多为缓解未成年人羁押之苦，在保证公正审判、提高诉讼效率的前提下通常在较短时间内完成对未成年人案件的审理，那么对先行判决的未成年被告人该如何处理？该法庭认定的事实证据能否成为后案法官审理成年人案件的裁判依据？

我们认为，分案审理的法庭在事实认定上可以有不同的侧重，但就核心问题彼此应当通过协调达成一致，不能相互矛盾，特别是犯罪是否成立，为何罪等重要事实。司法实践中，有不少检察机关分别负责未成年人和成年人案件部分的审查起诉和出庭公诉，分案处理后容易出现因缺乏沟通而产生此罪或彼罪，既遂或未遂，是否构成加重、减轻情节上的分歧。因此，加强公检法三机关之间的沟通、协作是解决问题的关键。有论者建议公安机关对于未成年人与成年人共同犯罪案件侦查完毕后决定移送审查的，应并案移送，人民检察院公诉部门也应对整个案件进行全面审查、系统分析。认为需要分案起诉的，应在审结报告中说明理由，并经部门负责人同意，报检察长审核批准。检察人员对分案起诉的案件应分别建立案号和制作起诉书、公诉词及出庭预案，但审结报告只需制作一份。随后检察机关对于分案起诉的未成年人与成年人共同犯罪的案件同时分案起诉到人民法院，应分别指派同一公诉人出庭支持公诉，并且需要及时与法院进行协调沟通，使相互分开的两个案件由同一个少年法庭或由少年庭的法官组成的合议庭来审理，并尽可能在同一天进行审理，避免重复劳动和案件事实认定的冲突问题。〔1〕另有论者给出类似解决方案，即发挥检察机关在未成年人刑事诉讼程序中的积极作用，加强与公安机关沟通配合，通过会签文件等方式明确分案起诉标准，对符合分案起诉标准的案件实现无缝对接，做到分案报捕、分案起诉。公诉部门在做出审查起诉决定后，分别起诉至法院，由公诉部门指定的专门办理未成年人刑事案件的同一承办人办理。分案起诉后，公诉部门要主动与法院沟通，将分案后的未成年人与成年人案件在同一时间起诉至法院，并及时告知法院以便分案起诉的案件由专门负责未成年人案件的合议庭受理。〔2〕依上述解决路径，分案处理的未成年人与成年人共同犯罪案件虽分别起诉、分别审理，但需要专门办理未成年人案件的承办人在整个诉讼进程中发挥作用，且尽可能在同一时间内进行案件事实的全面查清，节约诉讼成本。当发现事实不清或者证据不足无法达成一致意见时，均应延期审理，建议人民检察院补充侦查后继续审理，尽量避免分案造成时间上的过分延迟与前后差异。

分案处理案件的证言采信应坚持关联性原则和证言质询原则。首先，要将与未成年人犯罪行为定罪量刑无关的证人证言剥离出来，不作为未成年人案件审理的证据进行质证；其次，为了防止同一证人在分案后进行的数次庭审中所出具的证言不一致的情况，法官在庭审中就相关证人证言进行比对排查，就不一致的内容重新审查或安排重新质证，当庭向证人询问并就其与前案所做证言的不同之处予以审查，至于出现未成年人案件与成年人案件先后审结，前案认定的事实与证据能否作为后案审理依据的问题已不言而喻。分案处理是为了保护未成年人的合法权益而在诉讼程序设计上设置的案件分流程序，未成年人案件从本质上来说仍与成年人案件是共同犯罪案件，基于犯

〔1〕 苏慧芳："浅析我国检察机关未成年人分案起诉制度"，载《辽宁警专学报》2011 年第 4 期。

〔2〕 曹岩："分案起诉制度存在的问题和对策"，载《哈尔滨师范大学社会科学学报》2013 年第 1 期。

罪事实的同一性，分案审理的法庭或合议庭所认定的事实证据不置可否具有同一特质，可以作为证据为后案采信，但不可机械。

（四）分案审理后法官自由裁量难均衡

适当保留司法机关自由裁量权是应对司法实践中不可估计、无法预料事件的必要举措，然而这一举措给分案审理带来的另一问题是量刑的不均衡。分案处理后，若统一由专门审理未成年人案件的少年法庭审理则无须担忧量刑不均的问题，倘若由不同法庭或合议庭进行审理，量刑便带有法定量刑幅度内“自由裁量权”的性质，不同法官拿捏量刑幅度的内心标准不一且法官相互之间缺乏沟通交流，就会出现量刑不均衡的情形。如对同一案件具有相似情节的未成年人和成年人做出不均衡的量刑，甚至出现共同犯罪作用区分不明显但未成年被告人的量刑比成年被告人的量刑还要高的情形；相对于成年被告人，未成年被告人减轻、从轻量刑幅度不明显或者出现过大的量刑悬差，对成年被告人的量刑远远重于犯罪作用相同或相似的未成年被告人等。

有论者认为，检察机关在审查后分案起诉至法院的同时，应当根据案件事实、性质和情节对未成年被告人适用的刑种、刑期向法院提出从轻或者减轻处罚的建议，起诉案件中未成年被告人具有帮教条件的，检察官还应提出缓刑的量刑建议。[1]公诉人员向法庭提出量刑建议符合未成年被告人适用轻缓刑事政策的原则，不仅如此法庭基于检察机关给出的量刑建议，加之通过审理对整个案件事实与犯罪情节的把握，易于在内心形成确认，给出不偏不倚的公正裁量。量刑的不均衡还可以通过法官之间的沟通予以避免，根据未成年被告人和成年被告人在共同犯罪中的不同作用、地位等承担刑事责任，分别审理的法庭和合议庭在事实认定统一的基础上综合分析，并充分考虑量刑的均衡，以避免出现较大差异，丧失司法权威。

（五）分案处理与其他制度之间的关系难纾解

1. 分案处理与附带民事诉讼制度之间的冲突

我国《刑事诉讼法》第99条规定：“被害人由于被告人的犯罪行为而遭受物质损失的，在刑事诉讼过程中，有权提起附带民事诉讼……”第102条规定：“附带民事诉讼应当同刑事案件一并审判，只有为了防止刑事案件审判

---

〔1〕 苏慧芳：“浅析我国检察机关未成年人分案起诉制度”，载《辽宁警专学报》2011年第4期。

的过分延迟，才可以在刑事案件审判后，由同一审判组织继续审理附带民事诉讼。”刑事诉讼法上附带民事诉讼的规定与分案处理的实施形成了内在的冲突。一方面，实施分案审理，附带民事诉讼的原告，必须分两次出庭参加附带民事诉讼的审理。另一方面，《刑事诉讼法》规定，人民法院审理附带民事诉讼案件，可以进行调解。而实施分案审理，必然会使调解难以进行，进而难以确定被告人应当承担的赔偿份额。为了解决附带民事诉讼与分案审理之间的冲突，《最高人民检察院办理未成年人刑事案件的规定》规定，对于涉及刑事附带民事诉讼，分案起诉妨碍附带民事诉讼部分审理的，可以不适用分案起诉。对此，刑事附带民事诉讼与分案处理之间的冲突，完全可以通过分庭审理来解决。

2. 分案处理与二审全面审查原则之间的冲突

我国《刑事诉讼法》规定，被告人不服地方各级人民法院第一审的判决、裁定，有权向上一级人民法院提出上诉。地方各级人民检察院认为本级人民法院的一审判决、裁定确有错误的，应当向上一级人民法院提出抗诉。而《刑事诉讼法》第222条规定：“第二审人民法院应当就第一审判决认定的事实和适用法律进行全面审查，不受上诉或者抗诉范围的限制。共同犯罪的案件只有部分被告人上诉的，应当对全案进行审查，一并处理。”二审的全面审查原则，意味着未成年人与成年人共同犯罪案件分案审理之后，若其中部分被告人提起上诉或者检察院提起抗诉，那么必须重新并案，由二审法院对其全面审查，这样就不得不面对以下几个困境：一是前一案件提起抗诉或上诉，而另一案件尚在审理中怎么办？二是前一案件提出上诉，而另一案件的判决已经生效又应当如何处理？这些都是我们在完善分案处理的制度设计上不得不重新考虑的问题。

有论者认为，检察机关对一审法院做出的分案起诉判决提出抗诉或被告人对此提出上诉的，上级法院应按照共同犯罪案件合并审理，即上级法院应当对共同犯罪案件予以全面审查，同时做出暂停执行一审判决的裁定。〔1〕因为根据分案起诉制度的相关规定，分案起诉只是对未成年人与成年人共同犯罪案件在诉讼程序上的一种主观上的分离，其实质上仍是一个共同犯罪案件，

〔1〕 苏慧芳：“浅析我国检察机关未成年人分案起诉制度”，载《辽宁警专学报》2011年第4期。

并未真的成为“两个独立的案件”。因此确定上级法院全面受理和未成年人与成年人案件判决全部暂停执行的规定，并不违背法律规定。确实，当有上诉或者抗诉情形出现时，就有可能重新认定犯罪事实，变更原来的裁判，若单纯出于保护未成年被告人合法权益的考虑，将部分上诉或抗诉案件交付二审实为不妥，甚至有可能导致错判，由上级法院全面受理并裁定一审判决暂停执行更为适当。当然，这并非意味着置未成年人合法权益于不顾，进行庭审仍然需要少年法庭的法官单独或参与进行，必要时专门负责未成年人案件的检察机关承办人员应当参与其中。二审期间，在符合法律规定可以变更强制措施的条件下，尽量避免对未成年被告人采取羁押措施，以取保候审、监视居住取代羁押更易于对未成年人的保护。在秉持公正的前提下尽量缩短办案期限，尽早地对案件的定性、处理提出意见，以尽快结束案件的不确定状态，时刻注意充分保护未成年人各项合法权益，并且在保护未成年人权益与保护其他方面权益发生冲突时，以优先保护未成年人的权益为首选原则。[1]

另外，基于案件出现的新情况，对已分案处理的案件亦可并案处理，在审判阶段，检察机关可以通过追加起诉或者变更起诉，必要时，人民法院也可建议检察机关并案起诉，以免分案处理产生不良后果。

未成年人刑事案件分案处理制度需要从立法、制度构建、机构设置、人员配置等方面分别予以完善，并结合中国国情与各地具体情况完善富有中国特色的未成年人司法体系，使之符合时代特征。“法律的生命力在于实施”，法律体系在动态运作上分为立法、司法、执法三方面，具有系统性的体系，在司法实践中贯彻落实未成年人合法权益保护的司法理念及“教育、感化、挽救”的原则，实现社会利益与未成年人利益的双重保护，使分案处理更能发挥保障未成年人合法权益的程序价值。

〔1〕 曹岩：“分案起诉制度存在的问题和对策”，载《哈尔滨师范大学社会科学学报》2013年第1期。

第五章

合适成年人在场制度

合适成年人参与制度是刑事司法中保护涉罪未成年人合法权益的重要制度，它是指司法机关在讯问和审判未成年犯罪嫌疑人、被告人时，必须要有合适的成年人（法定监护人或者专设的合适成年人）在场的制度。[1] 2006 年修改的《未成年人保护法》第 56 条规定，讯问未成年犯罪嫌疑人时，公安机关或人民检察院应当通知未成年人的监护人到场，把以往立法中的“可以”上升为“应当”。2012 年修改的《刑事诉讼法》第 270 条规定：“对于未成年人刑事案件，在讯问和审判的时候，应当通知未成年犯罪嫌疑人、被告人的法定代理人到场。无法通知、法定代理人不能到场或者法定代理人是共犯的，也可以通知未成年犯罪嫌疑人、被告人的其他成年亲属，所在学校、单位、居住地基层组织或者未成年人保护组织的代表到场，并将有关情况记录在案。到场的法定代理人可以代为行使未成年犯罪嫌疑人、被告人的诉讼权利。到场的法定代理人或者其他人员认为办案人员在讯问、审判中侵犯未成年人合法权益的，可以提出意见。讯问笔录、法庭笔录应当交给到场的法定代理人或者其他人员阅读或者向他宣读。讯问女性未成年犯罪嫌疑人，应当有女工作人员在场。审判未成年人刑事案件，未成年被告人最后陈述后，其法定代理人可以进行补充陈述。询问未成年被害人、证人，适用第 1 款、第 2 款、第 3 款的规定。”这项制度针对未成年人特殊的心理和生理特点，保证未成年犯罪嫌疑人或未成年被告人在刑事诉讼程序中免受司法工作人员的不当压迫，

---

〔1〕 参见卞建林主编：《中华人民共和国刑事诉讼法最新解读》，中国人民公安大学出版社 2004 年版，第 334 页。

使未成年人紧张、恐惧的心灵得到抚慰，维护未成年人的合法权益，同时还能促进未成年犯罪嫌疑人或未成年被告人与司法工作人员的沟通，使未成年人的真实意思得到表达和理解，进而提高司法效率和司法公信力，在对未成年人的教育感化方面也有重要作用。

一、合适成年人在场制度情况考察

合适成年人在场制度在我国刑事司法中还属于法律规定之外的一种移植性探索，而在2012年修改的《刑事诉讼法》实施之后则成为一项必须严格执行的司法制度，对其有必要从实践的层面进行考察，从中发现问题和获得启示。

（一）合适成年人在场制度的立法情况

2012年修改的《刑事诉讼法》第270条专门规定了合适成年人在场制度。该条对未满18周岁的未成年人犯罪的案件，在讯问和审判时，仅仅规定了“应当”通知其法定代理人到场。在特定情形下，到场的合适成年人范围由法定代理人扩大到“未成年犯罪嫌疑人、被告人的其他成年近亲属，所在学校、单位、居住地基层组织或者未成年人保护组织的代表”，此处的特定情形是指“无法通知、法定代理人不能到场或者法定代理人是共犯的情况”。通知法定代理人之外的合适成年人不是法定要求，而是酌定要求，即“可以”通知而非“应当”通知。

（二）合适成年人在场制度的实践情况

在2012年《刑事诉讼法》修改以前，我国就在多个地区对合适成年人在场制度进行了探索和实践，形成了盘龙模式、上海模式、同安模式。这些早期的模式对推进合适成年人在场制度仍具有参考价值，以下对此予以简单介绍。

1. 盘龙模式

昆明市盘龙区政府与英国救助儿童会合作于2002年在盘龙区开展未成年人司法试点项目，“合适成年人”介入是整个项目的切入点。盘龙模式有以下特色：盘龙区在区公安局分局内建立专门办理未成年人刑事案件的警察队伍。从案件处理的第一个阶段就实施“合适成年人”介入，制作了内容详尽的《“合适成年人”工作指导手册》。合适成年人的参与权适用于侦查人员初步调查取证后，认为未成年人可能会进入刑事诉讼程序的案件中。合适成年人年龄必须20周岁以上，事先要经过培训和考核，一般来源是社会工作者或志愿者。合适成年人可以获得必要的报酬。合适成年人的职责不仅包括见证讯问过程，还包括为未成年犯罪嫌疑人、被告人争取保护处分，协助开展未成年犯罪嫌疑人、被告人的社区监管与矫正工作。合适成年人参与的程序是其收到通知后到达讯问地点，先与办案人员交流了解情况，然后向未成年犯罪嫌疑人、被告人表明自己身份和来到的目的，并和未成年犯罪嫌疑人、被告人交流。据了解，当地招募培训了32名兼职“合适成年人”，又聘用了10名全职“合适成年人”。这些“合适成年人”全程跟进诉讼过程，并且要调查未成年犯罪嫌疑人、被告人的社会背景等情况，还有教育、矫正、跟踪帮教等工作。[1]

2. 上海模式

从2004年起，上海市检察机关开始在长宁等区引入合适成年人参与制度。此制度主要针对残障未成年犯罪嫌疑人、被告人，外来未成年犯罪嫌疑人、被告人，相对负刑事责任年龄阶段的未成年犯罪嫌疑人、被告人以及可能判处10年有期徒刑以上刑罚的未成年犯罪嫌疑人、被告人。在合适成年人的人选上，未成年犯罪嫌疑人、被告人的父母和监护人优先，另外设有合适成年人后备军，主要包括社工、律师、青少年保护中心干部以及教师。不过由上海市的公检法司四部门制定的《关于合适成年人参与刑事诉讼的规定》明确合适成年人不能兼任未成年犯罪嫌疑人、被告人的辩护人。上海模式中，合适成年人拥有知情权、会谈权、阅读笔录并签字认可权、法律解释权、提出异议权，同时承担准时到场义务、不非法干涉司法机关正常办案义务和保密义务；细则明确规定有合适成年人参与的讯问笔录更具证据效力；在合适成年人在场制度适用的诉讼环节上，上海模式包括了侦查阶段、检察阶段以及审判阶段在内的刑事诉讼的几乎所有环节。

3. 同安模式

2006年福建省同安区人民检察院开始实践合适成年人在场制度，同安模式对于合适成年人的资历要求更细。要求父母、监护人、近亲属以外的合适成年人必须有政治权利能力、沟通能力、社会经验等，并且坚持父母、监护

[1] 参见赵国玲：《未成年人司法制度改革研究》，北京大学出版社2011年版，第171页。

人、近亲属优先。合适成年人有异议权、获得补助权等权利，承担保护隐私、不干扰办案、签字确认笔录等义务。同安模式规定了对不适当履行职责的合适成年人的责任追究方式，在讯问人员和合适成年人之间建立了相互监督的关系，其最大特色是合适成年人在场制度延伸到了对未成年证人和未成年被害人的询问环节。同安模式中合适成年人在场的效力比上面两种模式都要高，没有合适成年人参与的讯问以及合适成年人指出的不当讯问都是非法讯问，法院都得排除。另外，合适成年人参与与否也是对未成年人刑事案件办案人的重要考核标准之一。

比较三地的试点工作，可以看出它们在制度设计和实施上存在以下异同：

（1）合适成年人的范围。盘龙模式是选任了专职和兼职的合适成年人队伍；上海模式主要是招募、培训并正式聘用志愿者来兼职合适成年人；同安模式只是大致规定了一些合适成年人的范围，其构成较为松散，主要是邀请一些老师、团干部或退休干部来担任合适成年人。

（2）合适成年人参与制度适用的对象。三种模式都规定了合适成年人参与制度适用于未成年犯罪嫌疑人、被告人受到讯问时。但是盘龙模式只限于未成年人犯罪嫌疑人，上海模式则把制度延伸到了未成年被害人，而同安模式则规定只要是未成年人参与刑事诉讼程序，无论是作为犯罪嫌疑人、被告人、被害人还是证人都要适用合适成年人参与制度，适用的对象非常广。

（3）改革的主导者和经费来源。上海模式和同安模式都是由检察机关主导，由于这两种模式都是利用现有的社会资源，因此也没有额外的费用产生；盘龙模式是由中外合作的未成年人司法分流项目办公室主导，经费也是由该项目承担。

（4）合适成年人和法定代理人的关系。盘龙模式严格区分合适成年人和法定代理人，认为法定代理人不属于合适成年人，把合适成年人看做独立的诉讼参与人；上海模式把合适成年人看做是法定代理人缺位时的救济手段，法定代理人优先，当法定代理人缺位时，由合适成年人弥补；同安模式认为合适成年人包括法定代理人，两者没有太大区分，但是规定了法定代理人到场有优先性。

（5）合适成年人介入的诉讼阶段和案件类型。盘龙模式中合适成年人介入程序的特点是不广泛但是比较深入，合适成年人参与制度主要适用于侦查机关讯问阶段和司法分流中的社区矫正；上海模式把合适成年人参与制度适用于侦查、审查起诉、审判和刑罚执行阶段，几乎涵盖了整个刑事诉讼的全过程；同安模式则只适用于讯问阶段。盘龙模式中，合适成年人参与制度不仅介入未成年刑事犯罪案件，还介入治安违法案件。上海模式和同安模式只介入未成年人刑事犯罪案件。

（6）合适成年人担任的职责。盘龙模式中合适成年人要承担讯问时在场的职责，还要承担社会调查、考察帮教等职责，上海模式在这一点上和盘龙模式有异曲同工之处。同安模式中合适成年人只承担讯问时在场的职责。

（7）制度效力。盘龙区公安局内部强化合适成年人参与制度的约束力，对没有合适成年人参与的讯问责令纠正。上海模式确立合适成年人参与所获得的口供为优势证据。同安模式的规定最为严格，没有合适成年人参与的讯问为非法讯问，所以口供不得提交法院，检察院内部会对办案人员进行年终考核，以此推行制度。

（三）合适成年人在场制度在实践中的问题

我国的合适成年人在场制度仅仅得到了原则上的确立，它在立法和司法实践中都还存在着许多需要解决的问题，主要有以下几个方面：

1. 法律规定与实践之间的不协调

《刑事诉讼法》在司法机关对未成年人进行讯问和审判时对法定代理人规定为“应当”通知到场。但在无法通知、法定代理人不能到场或者法定代理人是共犯的情况下，“也可以”通知其他合适成年人到场。这就使得《刑事诉讼法》在合适成年人在场制度上的进步在实践中大打折扣，因为它为司法机关实行这个制度提供了三种可能：①如果法定代理人不是共犯且可以通知到时，司法机关应当通知法定代理人到场；②如果法定代理人是共犯或者无法通知或者可以通知到但是法定代理人无法到场时，司法机关通知其他合适成年人到场；③在处于第二种情况下，司法机关可以选择不再通知其他合适成年人，直接在无其他成年人在场的情况下对未成年人进行讯问和审判。在司法实践中，往往会出现上面后两种情况。在一些经济发达因而外来务工人员较多的城市，外来打工、生活的未成年人在未成年犯罪人中占有相当大的比例，例如在经济非常发达的国际都市上海，每年都会涌入大量外来务工的未成年人。据上海长宁检察院调研数据显示，外来未成年人犯罪占据未成年人犯罪的50%。涉罪的未成年外来务工者不仅可能与家乡的父母、亲人相隔很远，甚至他们的父母、亲人也在外地务工，这些都大大增加了司法机关通知其法定代理人，以及其法定代理人到场的难度。然而，即使未成年犯罪嫌疑人、被告人是当地人，也可能会因为种种情况通知不到其法定代理人。据武汉市江汉区人民检察院在合适成年人到场制度方面的探索和实践来看，该院2009年至2013年5年来办理的未成年人刑事案件，年均办案数为50件96人，占该院办理的刑事案件总数的5%左右。在所办理的未成年人刑事案件中，未成年犯罪嫌疑人的法定代理人在讯问时无法到场或不宜到场的案件占总数的20%～30%。无法到场的主要原因集中在：法定代理人外出打工，无固定居所或联系方式；法定代理人离异或与子女感情不和或系聋哑人，因而拒绝到场；路途遥远，交通不便无法及时到场等。[1]"可以"的规定加上现实中的一些难题，便成为部分司法机关拒绝通知其他合适成年人到场的理由，这项制度也会随之流于形式。

根据《刑事诉讼法》的规定可以发现，立法精神倾向于把通知法定代理人作为首选，但事实上，法定代理人在场的效果并没有理想中的那么好。首先，也许对于部分涉案未成年人来说，被羁押后最想见到的、最能安抚自己的是父母。但是部分犯罪的未成年人成长于不健康的家庭——家庭破碎、父母的教育或粗暴或放任、父母与子女关系紧张对立、父母与子女相互没有感情和思想的交流等等。在这些情况下，法定代理人的到场不仅不能使未成年犯罪嫌疑人、被告人缓解紧张对立的情绪，促进司法工作人员与未成年人的沟通，反而会适得其反。甚至由于未成年犯罪人长期在所在学校、社区中名声不佳，法律所规定的合适成年人中的"所在学校、单位、居住地基层组织"的代表的到来也会产生相同的结果。其次，考虑到未成年人特殊的心理和生理特点，他们处于青春期叛逆期，可能会产生逆反心理，法定代理人的到来也有可能加剧未成年人心理上的对立。因此，法律应当给予未成年人一定的选择的权利，甚至拒绝合适成年人在场的权利。最后，未成年人的法定代理人的文化程度参差不齐，除少数从事法律职业的以外，大多缺乏法律知识。这可能导致两种情形，一种是由于法定代理人爱子（女）心切，对未成年人过度保护，其言语和身体动作可能会干扰了司法工作人员的正常办案；另一种是法定代理人由于缺乏法律知识，不知道如何辨别"威胁、引诱、欺骗"等非法取证行为，即使讯问人员运用上述手段获取口供，法定代理人也无法

[1] 刘国媛、汪宝："合适成年人到场制度研究"，载《人民检察》2013年第6期。

辨别，从而无法真正维护未成年犯罪嫌疑人的合法权益。

《刑事诉讼法》对合适成年人在讯问、审判时的权利的规定只有“到场的法定代理人或者其他人员认为办案人员在讯问、审判中侵犯未成年人合法权益的，可以提出意见。讯问笔录、法庭笔录应当交给到场的法定代理人或者其他人员阅读或者向他宣读”。由于法律规定过于简单，没有具体明确合适成年人享有的权利与承担的义务，模糊笼统的权利义务设定导致可操作性不强，造成合适成年人在实践中常常会无所适从的境遇，参与程序的质量不高且易受司法机关的干预，这使得该制度运行的效果不尽理想。另外，就合适成年人的在场对口供效力的影响而言，法律规定笔录应当交给在场的合适成年人阅读或者向他宣读，但也就仅此而已了。如果合适成年人没有在场呢？合适成年人没有在笔录上签字又如何证明合适成年人阅读或者被宣读了询问笔录？如果合适成年人拒绝在笔录上签字，那这份笔录的效力又如何？法律仅仅规定了合适成年人的权利，却没有相应的监督和保障措施，那么这项权利可能会只是空话。调查发现，各地在司法实践中很少对合适成年人未到场或未签名的未成年人口供采取严格的排除态度，合适成年人讯问时是否在场乃至是否在笔录上签字都影响不大，这就是法律规定的不明确造成的。[1]没有程序上的不利后果保障合适成年人在场的效力，这项制度可能会被架空。此外，法律中也没有对合适成年人进行监督的规定。实践中，合适成年人可能会因为一些偏颇的想法干扰司法工作人员的正常工作，比如一些法定代理人爱子（女）心切，在讯问人员的讯问涉及一些对定罪量刑有较大影响的情节时，法定代理人会干扰讯问人员的正常讯问；一些合适成年人可能空有一腔保护未成年人的热情，但是缺乏法律知识和理性的判断力，误解了司法工作人员的一些言语和行为，因而和司法工作人员发生一定的对抗。对此，需要相应的惩罚措施予以保障，但应从严格意义上限制惩罚措施的适用，并制定申诉程序，防止司法工作人员的滥用。

不仅如此，一些相关规定似乎更关心的不是保护未成年人的合法权益，而是更好地协助司法人员开展工作，以更好地对未成年人进行教育甚至是所谓的“挽救”。比如《公安机关办理未成年人违法犯罪案件的规定》第 11 条将

---

〔1〕 何挺：“合适成年人讯问时在场的形式化倾向及其纠正”，载《中国刑事法杂志》2012 年第 11 期。

讯问未成年人时“应当通知其家长或者监护人或者教师到场”的前提条件定为“根据调查案件的需要”，最高人民法院《关于办理少年刑事案件的若干规定（试行）》第9条第4款则将这种工作的需要表述的极为明确：“少年被告人的成年近亲属和教师等人到庭有利于审判工作和教育、感化少年被告人……”有的地方规范性文件也将协助配合司法人员的工作作为合适成年人的职责。这种倾向是对立法精神的违背，是对合适成年在场制度目的的本末倒置。

2. 合适成年人在场制度的实践效果不理想

在司法实践中，未成年人犯罪案件中外来的没有本地户籍的未成年人占有很大比例，通知他们的法定代理人存在困难。通知到法定代理人后，路途的遥远和费用的高昂也可能阻碍法定代理人及时赶到。何况对于办案人员而言，刚刚羁押犯罪嫌疑人后的一定时间是讯问的最佳时机，也是案情得以侦破的关键时间，而等待法定代理人就位会让这一时机丧失。如果通知法律规定的“所在学校、单位、居住地基层组织或者未成年人保护组织的代表”，未成年人所在的学校、单位也可能在外地，未成年人保护组织又不健全，我国目前并没有官方正式的未成年人保护组织。由此可以看出，合适成年人在场制度的真正运行需要一只稳定、专业、独立的合适成年人队伍，但是我国绝大多数地区是没有这么一支队伍的。参考合适成年人在场制度的发源地同时也是该制度最为完善的国家——英国，英国就专门设有青少年犯罪工作小组这个机构来专门协调和跟进相关事务。

实践中合适成年人队伍的管理、考核、培训都存在着各种问题。如合适成年人队伍要由什么机关来设立，它的资金来源又是哪里；若由司法机关选拔人员，由司法机关出资并设立机构，那就可能会影响合适成年人的中立性和独立性。事实上，在各地实践中，合适成年人参与讯问都是在检察院、法院的直接指导下进行。还有对合适成年人队伍的定期考核以及相关培训都需要更加细致有效的设置。

有的地方虽然建立了合适成年人队伍，并有合适成年人名册，但是会出现以下问题：如果固定的合适成年人对应着固定的区域，这些固定的合适成年人长期与当地司法机关接触，可能会导致办案人员与合适成年人相互熟识，这样并不利于合适成年人职责的履行。合适成年人与办案工作人员熟识，难免在工作中会倾向于办案人员一方，甚至协助办案人员获取口供，忽略了他们存在的真正目的——作为中立的一方保护未成年人的合法权益。如果对名册中合适成年人的选择是由办案人员作出，那弊端就更加明显。办案人员肯定会选择那些自己熟悉的、有“工作默契”的合适成年人，合适成年人可能会变成办案人员讯问的协助者，未成年人的权益依然难保。实践证明，在某些地方，合适成年人名册中被选择的人总是集中在几个人身上，剩下的人则很少被选。[1]所以谁来选择合适成年人，合适成年人的定期流动更换都是亟须解决的问题。

由于司法机关以及合适成年人自己对立法精神的理解有偏差，教育未成年人和协助办案人员获得口供成了最被重视的目的，保护未成年人的合法权益反而被忽略了。另外，合适成年人出于尽责的心态重视自己的社会调查、风险评估之类的任务，但是却忽略了自己最基本的任务，即对办案人员的监督、对未成年犯罪嫌疑人、被告人的安慰和教育。总之，合适成年人存在的根本目的是保护未成年犯罪嫌疑人、被告人的合法权益，其最基本的任务是监督、抚慰、沟通和教育未成年犯罪嫌疑人、被告人，现实中应避免合适成年人功能的本末倒置。

合适成年人的角色与诉讼中其他角色发生混淆。这里主要指实践中出现的未成年犯罪嫌疑人、被告人的辩护律师与合适成年人为同一人的情况，这种情况不仅应该禁止还应采取相关措施避免。我国尚未规定讯问中律师的在场权，辩护律师与合适成年人为一人与法律的规定相违背，而且如果合适成年人兼顾两种不同的职能，就很难保持中立。实践中，合适成年人在场制度程序设计的细节缺失影响了合适成年人与未成年犯罪嫌疑人、被告人信任关系的建立，导致合适成年人往往不能在一个未成年人案件的程序中做到同一，也不能做到每一次讯问和开庭都能参与。一次程序中更换数次合适成年人会让未成年人与合适成年人刚刚建立的关系破碎，一个未成年人在数次的讯问和审判中面对不同的合适成年人，也很难建立对其的依赖和信任，这使合适成年人制度的抚慰、沟通、教育功能的效果大打折扣。如果合适成年人不能完整地参与所有的讯问和审判程序，那连合适成年人最基本的监督职责都不能很好地实现。另一个程序上的瑕疵为合适成年人和未成年犯罪嫌疑人、被告人缺乏事前交流，这也对制度功能的发挥有着很大的影响。合适成年人在实践中还存在消极参与的现象，常常在讯问中做一个协助者、旁听者，不发

---

〔1〕 何挺：“参与未成年人刑事诉讼程序实证研究”，载《中国法学》2012 年第 6 期。

一言，消极地行使自己的权利，消极地履行自己的义务，导致合适成年人在场制度形同虚设、效果不佳。

二、合适成年人在场制度的理论解读

合适成年人在场作为一项制度是对多年来未成年人司法制度理论研究成果以及司法实践探索的肯定性确认，是我国未成年人刑事司法制度的重大进步。认识与把握该制度应当在全面准确地理解《刑事诉讼法》的基础上，借助于理论的力量积极探索其实现的实践机制和推进路径，担当起未成年人的司法保护职责，以未成年人利益最大化为原则，结合司法实践构建合适成年人到场的有效运行机制。

（一）合适成年人在场制度的缘起

合适成年人在场制度已经在世界上不少国家得到确立，比如英国、美国、日本、澳大利亚、奥地利等国家，我国香港地区也有关于这项制度的规定。合适成年人在场制度最早起源于英国，其概念源于英国的《警察与刑事证据法》，这项制度得到建立的起因是著名的肯菲特（Kenfeit）冤案。[1] 1972年，英国发生了一起严重的纵火谋杀案，经过警察的侦查，三位少年（其中一位有精神障碍）被指为犯罪嫌疑人，其中一位名叫肯菲特。经过法院的审理，三位少年皆被定罪，他们的上诉也没有得到上诉法院的受理。其中一位少年的父亲怀着对自己孩子的信任四处奔波，为孩子寻找翻案的机会。正巧一位名叫卡罗尔（Carol）的议员也一直关注此案。终于，在各方努力之下，此案被递交到英国议会。议会调查决定把案件退回到上诉法院。上诉法院受理之后发现办案警察在讯问三名少年时并没有通知其他成年人，也就是在没有其他成年人在场的情况下就完成了对少年的讯问。上诉法院认定这样的讯问违背了程序公正，因此正式宣布原判无效。结果一出，就引起了舆论的热烈讨论，当然也引起了司法界和法学学术界对于未成年人刑事诉讼程序的关注和讨论。英国专门任命一名法官对肯菲特案的法律程序进行了调查，调查之后，该法官得出结论：警方权力和未成年犯罪嫌疑人权利差别过于悬殊，且现行立法对警方权力的监督缺位，为了形成警方权力和嫌疑人权利之间的有效制

〔1〕 梅文娟："英国合适成年人在场制度及其借鉴"，载《青少年犯罪问题》2014年第1期。

约，在两者之间应建立起一个组织。由此作出的《菲利普报告》指出“未成年人也许未必能理解讯问的意义或他们所说内容的法律意义，并且可能更易受到他人建议的影响，他们可能需要某些友好的成年人在场的支持，以建议和协助他们作出自己的决定。”[1] 1984 年英国的《警察与刑事证据法》(PACE) 正式确立了合适成年人参与制度。虽然合适成年人参与制度已经确立，但在实践操作中没有收到相应的成效。1996 年，英国内政部签发了确立合适成年人地位和作用的建议性法案。1998 年《犯罪和骚乱法》将合适成年人参与上升为一种强制性的法定要求，硬性规定任何有关未成年人刑事案件办案部门都必须提供合适成年人服务，并由青少年犯罪工作小组（Youth Offending Team，简称 YOT）来进行跟进和协调。[2]

肯菲特案件可以看做是合适成年人在场制度确立的导火线，但这项制度在欧美国家的建立有其深层次的动因，即少年司法福利与宪法下正当程序保障之冲突。[3]为了应对传统乡村、农业社会向现代的都市、工业社会转变过程中少年犯罪的迅速增加问题，1899 年，美国依据“国家亲权说”和“新儿童观”建立了世界上第一个少年法庭。但是少年司法的运作效果并不乐观，因为少年法庭被当做福利机构的同时，又拥有比普通刑事法庭更广泛更大的强制权力。少年法庭的裁定具有强制力，可以根据法庭的诊断，基于“儿童最佳利益”裁定将儿童放置于“特殊机构”。而且整个程序是非对抗性的、非正式的和不公开的，普通刑事司法中为平衡控辩双方而赋予辩护方的权利保障并不存在。这些所导致的后果就是，少年法庭并不总能以“儿童最佳利益”为首要原则对待少年，对少年进行的一些名义上为福利的保护措施，实则是一些剥夺少年自由的惩罚。此时，为了保障人权，少年应当被给予“正当程序”保护。20 世纪 60 ~ 70 年代，美国少年司法领域发生了数个有关涉罪少年权利的里程碑式案件，由此联邦最高法院逐步开展了对美国少年法的一系列的“宪法归化”活动，从而使得少年法庭制度在一定程度上回归至宪法的“正当程序”控制之下。而英国的少年司法所遇困境，与美国的少年司法如出

〔1〕 参见徐美君：《侦查讯问程序正当性研究》，中国人民公安大学出版社 2003 年版，第 255 页。

〔2〕 参见姚建龙：《权利的细微关怀："合适成年人"参与未成年人刑事诉讼制度的移植与本土化》，北京大学出版社 2010 年版，第 3 页。

〔3〕 梅文娟："英国合适成年人在场制度及其借鉴"，载《青少年犯罪问题》2014 年第 1 期。

一辙，甚至英国的少年司法的福利模式与正当程序之间的关系更为紧张。在这种背景下，适逢肯菲特案，合适成年人在场制度得以建立。因此，合适成年人在场制度的确立看似偶然，实则必然。公民在被剥夺自由时，理所当然也应享有正当程序的保障，这是宪法的规定，也是深入民众骨髓的观念，涉罪成年人是如此，更何况未成年人。

（二）合适成年人在场制度的国外考察

合适成年人在场制度起源于英国，英国有关此制度相对完备，基于此，介绍英国的合适成年人在场制度，可以说更具有启发性。英国是英美法系国家，历来更加重视程序的正义，合适成年人在场制度就是其中一项司法程序规则。

1. 适用对象及合适成年人的人选

英国的合适成年人在场制度适用于两类对象， 是 17 岁以下的未成年人，二是年满 17 岁但有精神障碍的成年人，对于前者的制度要求较后者更为严格。如 1998 年《犯罪和骚乱法》要求地方当局主动为未成年人提供司法服务，包括“在警察拘留或者讯问的情况下，提供合适成年人以维护儿童和年轻人的利益”。这里只讨论的是针对未成年人的合适成年人在场制度。

《1984 年警察与刑事证据法实施细则 C》规定，在少年刑事案件中，合适成年人是指：（i）父母、监护人，如果少年由地方当局或志愿组织照管，则代表该当局或组织的代表人为合适成年人；（ii）地方当局的社会工作者；（iii）若（i）、（ii）所规定的人选都不能担任合适成年人，则其他 18 周岁及其以上的责任人担任合适成年人，但警察或为警局所雇佣的人除外。下列人员不应当成为合适成年人：①涉嫌参与犯罪的人；②犯罪的被害人；③证人；④参与犯罪调查的人；⑤之前已经接受了少年认罪的人（因为案件的犯罪人、被害人、证人或获得少年认罪的人、对案件已经有了一定认知的人，可能因为利害关系或先前认知而存在某种倾向，从而会影响其公正地担任合适成年人）。此外，如果不是在充当合适成年人的时间里，少年向社会工作者承认犯罪或在社会工作者在场时承认犯罪，那么该社会工作者也不能担任合适成年人，基于公正的需要应当另外指定人选担任合适成年人。先前以律师或独立的拘留参观者（先前是一名外行的参观者）身份来过警察局的，也不能成为合适成年人。

上述合适成年人的范围包含一种顺序：父母、监护人（如果少年由地方当局或志愿组织照管，那就是该当局或组织的代表，但是警方通常也会同时通知未成年人的父母或监护人）是合适成年人的第一人选。当第一人选无法、不愿或不宜到场时，那应当由地方当局的社会工作者作为合适成年人。如果少年的父母与少年的关系疏远，少年具体而明确地反对其父母到场，那么少年的父母不应当被要求担任合适成年人。这时，可以考虑联系地方当局的社会工作者到场担任合适成年人，如果法律规定的前两种顺序的人选都不能担任合适成年人，则其他年满 18 周以上的、智力发育和精神状态正常并有责任能力的人担任合适成年人。[1]

2. 合适成年人在场的效力

英国现行法律明确规定，在没有合适成年人支持的情况下，不能对未成年人进行逮捕、讯问、拘留和控告。警察讯问时，如果没有合适成年人到场，其后果是未成年犯罪嫌疑人的供述不得被作为定案的根据（《警察与刑事证据法》守则）。因此，在警察讯问结束后，必须允许合适成年人阅读所有讯问笔录，并在笔录上签名。如果没有合适成年人的签名，或者没有合适成年人拒绝签名的证据，讯问笔录则被视为具有程序违法性。该口供将被法院援引《警察与刑事证据法》第 76 条规定，予以排除。[2]

3. 合适成年人的职责与目的

依据 1998 年《犯罪与骚乱法》第 38 条第 5 款的规定：合适成年人在场制度旨在保护被警察拘留或讯问的儿童和少年的利益，这说明了这项制度最根本的目的是为了保护未成年人的合法权益。《1984 年警察与刑事证据法实施细则 C》规定：如果合适成年人在场参与审查，那么他们应当被告知：他们不是被期望仅扮演旁观者；合适成年人在场之宗旨在于向被审查者提供建议；观察审查是否合适和公正；促进和被审查者的沟通。[3] 从该条可以看出英国的合适成年人主要有以下职责：

（1）向未成年人提出建议。未成年人身心不成熟，也缺乏法律知识，面对公权力，难免会紧张、恐惧，对警方的问题也不能很好地理解，所以无法做出理智的回答。合适成年人可以对问题进行分析，协助未成年人做出明智

---

〔1〕 梅文娟："英国合适成年人在场制度及其借鉴"，载《青少年犯罪问题》2014 年第 1 期。

〔2〕 姚建龙："英国适当成年人介入制度及其在中国的引入"，载《中国刑事法杂志》2004 年第 4 期。

〔3〕 梅文娟："英国合适成年人在场制度及其借鉴"，载《青少年犯罪问题》2014 年第 1 期。

的回答。

（2）促进警方与未成年人的沟通。这表现在对两种障碍的清除。第一种是未成年人的情感障碍。未成年人独自面对警方，会产生紧张、恐惧的心理，与警方的交流受阻，合适成年人可以安抚未成年人，促进未成年人与警方的沟通。第二种是语言障碍。未成年人缺乏法律知识，身心不成熟，不能很好地理解警方的问题，合适成年人可以客观地向未成年人解释问题，保持未成年人与警方的沟通顺畅。

（3）监督司法程序是否公正。与普通刑事司法程序相比，少年司法程序比较封闭，其过程的公正与否缺乏监督，合适成年人在场可以弥补这一缺陷。

4. 合适成年人介入的程序

在英国，当需要对违法的未成年人进行讯问时，警察局应当通知合适成年人到场，未成年人会被安置在一个房间内等候。合适成年人到场后，会检查记载着未成年人被羁押的时间和自逮捕后发生了什么的羁押记录；确定未成年人是否被告知被拘留的原因；合适成年人会解释自己的职责；让未成年人知道在警察局的权利和程序；让未成年人理解警告及其含义；让未成年人确信，只要愿意就可以让某人知道自己所在的地方。而警察也应当在合适成年人在场的情况下告知未成年人享有通知他人其已经被捕的权利、私下咨询律师的权利等基本权利。合适成年人或律师在场时，警察便可以讯问未成年人。讯问后，羁押警官将决定是否起诉嫌疑人或者是否释放嫌疑人，或者保释后释放。这时可能需要对嫌疑人进行拍照、提取指纹或 DNA 样本。如果必要，合适成年人将继续留在警察局，并向嫌疑人解释这些程序。如果嫌疑人被释放，合适成年人将确保嫌疑人安全地回家。〔1〕

（1）从合适成年人在场制度的适用对象上看，英国把 17 岁以下的未成年人和已满 17 岁但是有精神障碍的成年人作为该制度的适用对象，而我国只把未成年人作为合适成年人在场制度的适用对象。

（2）从合适成年人在场制度适用的阶段上看，英国的合适成年人在场制度主要适用于侦查讯问阶段，而我国的合适成年人在场制度覆盖了整个刑事诉讼过程。

〔1〕 参见姚建龙："英国适当成年人介入制度及其在中国的引入"，载《中国刑事法杂志》2004 年第 4 期。

（3）从合适成年人的人选上看，英国对于合适成年人的适当性要求严格，明确了合适成年人与律师的区别，规定警察人员、任何有参与案件的嫌疑（包括父母或监护人）的人等不能充当合适成年人。相比之下，我国对合适成年人的要求较低，立法上尚未出台相关规定。英国司法实践中专业的合适成年人队伍，我国也尚未建立起来，而且英国还给予了未成年人拒绝的权利，如果少年的父母与少年的关系疏远，少年具体而明确地反对其父母到场，那么少年的父母不应当被要求担任合适成年人，这在我国也没有规定。

（4）从合适成年人的职责上看，英国的合适成年人在场制度主要强调对未成年人合法权益的保护，合适成年人要监督司法程序是否公正，为未成年人提供建议，安抚未成年人，促进警方和未成年人之间的沟通，我国也强调对未成年人合法权益的保护，但比英国增加了教育职责。

（5）从合适成年人在场的效力上看，英国的合适成年人在场的效力更高，英国规定在没有合适成年人支持的情况下不能对未成年人进行逮捕、讯问、拘留和控告。警察讯问时，如果没有合适成年人到场，后果是未成年犯罪嫌疑人的供述不得被作为定案的根据。但我国并没有相关规定，只是规定了应当通知合适成年人，却没有规定相应的后果作为程序保障。甚至对于合适成年人是否到场还留有一定的可选择余地。

（6）从立法的完备程度上看，英国立法对合适成年人的工作流程、具体内容、权利义务均有较详细的规定，而国内立法仅作倡导性、原则性的规定，缺乏具体的可操作性规定。

（三）我国合适成年人在场制度的解读

2012 年修改的《刑事诉讼法》第 270 条第 1 款规定，“对于未成年人刑事案件，在讯问和审判的时候，应当通知未成年犯罪嫌疑人、被告人的法定代理人到场。无法通知、法定代理人不能到场或者法定代理人是共犯的，也可以通知未成年犯罪嫌疑人、被告人的其他成年亲属，所在学校、单位、居住地基层组织或者未成年人保护组织的代表到场，并将有关情况记录在案”。这一规定不仅增强了法律的刚性和可操作性，规范了讯问和审判时通知合适成年人到场的随意性、不规范性，而且还有利于维护未成年犯罪嫌疑人、被告人的合法权益。对于合适成年人在场制度可进行以下解读：合适成年人在场制度，是指司法机关在讯问和审判未成年犯罪嫌疑人、被告人时，必须要有合适的成年人在场的制度。有些更为广泛的解读把该制度的适用对象表达为涉案的未成年人，还有的解读认为合适成年人不包括未成年人的法定代理人，认为该制度是未成年人在其监护人不到场或者出庭的情况下享有合适成年人到场或者出庭的制度。具体特征包括：一是适用对象为涉案的未成年人，包括未成年犯罪嫌疑人、被告人、罪犯以及证人、被害人；二是适用阶段包括侦查、起诉、审判等刑事诉讼阶段；三是合适成年人的范围不包括涉案未成年人的律师、心理咨询师、社会调查员等；四是合适成年人的作用，认为办案人员在讯问、审判中侵犯未成年人合法权益的，可以提出意见；查阅讯问笔录、庭审笔录；在法庭主导下，参与法庭教育。〔1〕

《刑事诉讼法》对该制度的规定，还需要对以下问题进行解释：

（1）《刑事诉讼法》规定合适成年人参与的时机为“在讯问和审判的时候”，但何为讯问和审判的时候，《刑事诉讼法》包括相关解释、规则与规定没有明确规定。一起未成年人犯罪案件，侦查机关、检察机关通常需要多次讯问、法院一般需要两次庭审才能审结，合适成年人是否需要在多次讯问和审判的过程中都参与，如每次都需要合适成年人参与，是否会存在司法资源的浪费或者能否支持如此巨大的司法成本，且在司法实践中，讯问通常指确定犯罪嫌疑人后，侦查机关、检察机关对犯罪嫌疑人的问话。而在司法实践中未成年人第一次交代犯罪事实，可能是在未被确定为犯罪嫌疑人之前的侦查机关的讯问过程中，该种情况下形成的讯问笔录有时候是定案的证据，在犯罪嫌疑人翻供的情况下，第一份讯问笔录更是关键证据。而在新《刑事诉讼法》中，未规定该种讯问进行时，合适成年人是否应该到场。

（2）《刑事诉讼法》明确参与主体。《刑事诉讼法》明确规定合适成年人的范围为未成年犯罪嫌疑人的法定代理人，未成年犯罪嫌疑人、被告人的其他成年亲属，所在学校、单位、居住地基层组织或者未成年人保护组织的代表。虽然学界对未成年人父母担任合适成年人有些争议，特别在司法实践中，未成年人犯罪嫌疑人的父母大多文化程度不高，并且很难做到客观中立去维护未成年人的合法权益，但我国立法考虑到实施专业合适成年人制度还缺乏相应配套设施，故立法还是把未成年人的父母包括在合适成年人的范围。

（3）《刑事诉讼法》明确参与功能。《刑事诉讼法》规定，“到场的法定

---

〔1〕 杨飞雪、袁琴：“合适成年人参与的制度比较研究”，载《预防青少年犯罪研究》2014 年第 2 期。

代理人可以代为行使未成年犯罪嫌疑人、被告人的诉讼权利。到场的法定代理人或者其他人员认为办案人员在讯问、审判中侵犯未成年人合法权益的，可以提出意见。讯问笔录、法庭笔录应当交给到场的法定代理人或者其他人员阅读或者向他宣读”。以上规定可以看出，我国《刑事诉讼法》把合适成年人参与的功能主要定位在监督司法机关的违法侵权行为上，而且仅仅只是规定了合适成年人可以提出意见，并未具体列出合适成年人的权利与义务，这与该制度比较完善的国家对合适成年人的具体作用的定位还相差甚远。[1]

(4)《刑事诉讼法》规定法定代理人优先。《刑事诉讼法》在法定代理人的问题上采纳了同安的包容模式，即法定代理人优先原则。

合适成年人在场制度尽管在我国立法上已初步确立，但因法律规定含糊，对于通知其他人员只是一种选择，未强制要求必须通知其他人员，仍存在一些需要完善的问题。比如基于该条规定，启动的程序是以办案机关为主角，并未有充分尊重未成年犯罪嫌疑人的选择权的条文，再者如果存在合适成年人不能到场的情况，办案机关的讯问和审判是否无效，并未对该法律后果予以明确等等。

三、合适成年人在场制度的理论探索

我国《刑事诉讼法》除规定未成年犯罪嫌疑人的法定代理人之外，其他成年亲属，所在学校、单位、居住地基层组织或者未成年人保护组织的代表也可以作为合适成年人到场，这是立法的一大进步。但我们也应看到，许多问题还需法律进一步细化和完善。例如，侦查机关在首次讯问未成年犯罪嫌疑人时才知晓其为未成年人，遇此情况是否应立即停止讯问并通知成年人到场？该讯问是否有效？侦查阶段因犯罪嫌疑人不配合，一时不能确定年龄，通过体貌特征也很难确定其是否为未成年人且又联系不到其监护人或其他亲属，此时讯问是否应当推迟或通知合适成年人到场？没有合适成年人在场的讯问是否合法以及所取得的口供效力如何认定？讯问人员明知所讯问的为未

〔1〕 参见周龙、尹驰：“论未成年人刑事司法合适成年人制度之构建——兼论新刑事诉讼法第270条之适用”，载中国法院网，http://www.china court.org/article/detail/2013/08/id/1048879.shtml，最后访问时间：2014年11月23日。

成年人而不通知合适成年人到场等违反此制度的行为应采取何种制裁和补救措施？基于合适成年人在场制度规定的不足以及司法实践中暴露的弊端与摸索，完善合适成年人在场制度对更好地保护未成年人合法权益、维护程序公正、提高司法效率，对于推动我国法制建设有重要意义。

（一）辩护律师在场制度的确立

刑事诉讼中的未成年人权利保护是个需要发展的事业，不能因为《刑事诉讼法》修改结束而对此问题的重视程度有所降低，有必要借助于司法改革完善未成年人讯问时律师在场的制度。基于讯问时律师在场对权利保护所具有的积极作用，为了加强对未成年人的权利保护，可以考虑在实践中展开试点，积极推进审讯未成年人时试行律师在场制度。[1]在未成年人犯罪诉讼特别程序可规定讯问和审判未成年人时的律师到场制度，有论者对此给出理由：因为律师到场不违反“合适成年人”的立法意图。从制度的沿革背景来看，合适成年人到场是对律师到场制度的补充和优化。通过查阅国际条约和其他国家的立法例可以得知，讯问时要求律师到场是犯罪嫌疑人不可被剥夺的法定权利，律师到场制度同样能够实现合适成年人在场制度的功能。合适成年人到场有避免未成年人孤立，维护未成年人权利，保全证据，以及协助沟通的功能。相比而言，律师到场不但同样能够实现这些功能，而且还被证明是更好的职责履行者。律师在场可以弥补对合适成年人规定的缺陷，确定律师在场权有助于推进刑事诉讼制度的文明和进步。从国际刑事司法准则和其他国家的立法例来看，律师的讯问在场权是被追诉人不可剥夺的基本权利，这一权利适用于所有的犯罪嫌疑人。虽然律师在场可以满足合适成年人在场的绝大多数制度预期，但这两种制度毕竟互有侧重，不可完全互相替代。因此，不能为了保障律师在场权而否定合适成年人在场的权利，至少应当规定：未成年人犯罪案件，在讯问和审判时，应当通知犯罪嫌疑人、被告人的法定代理人和律师到场。法定代理人无法通知、不能到场，未成年人不同意其到场，或到场会损害未成年人利益，而律师符合“合适成年人”要求的，可以仅通知律师到场。[2]

---

〔1〕 参见朱磊：“刑诉法与未成年人保护相关立法应良性互动”，载《法制日报》2012年5月31日。

〔2〕 参见汪建成：“论未成年人犯罪诉讼程序的建立和完善”，载《法学家》2012年第1期。

（二）合适成年人的选择程序问题

我国《刑事诉讼法》为了全面地保护未成年人诉讼权利，对法定代理人不能到场进行了弥补，但在“其他合适成年人”的选择上未作出较为明确的规定，针对“谁来选”、“选什么人”以及是否存在“先后顺序”问题仍需要明确。

1. 关于选择权问题

选择权目前在实践中通常是由办案机关享有。办案机关自然会倾向于选择愿意配合工作、容易通知的成年人到场，久而久之与合适成年人熟识，并建立起良好的“合作”关系。这种合适成年人容易导致角色异化，忽视监督保护职责，使“到场”走过场。有论者认为，为了实现制度设置的初衷，办案单位在选择合适成年人的时候，应把握以下三点：①应当充分尊重未成年人的意愿。引导未成年人提供值得信任、能给予他关心和帮助的人。选择这样的成年人到场，更能消除未成年人恐惧、紧张心理。②应当充分尊重法定代理人的意见。特别是在法定代理人有权到场但因某种原因而不能或不宜到场的情况下，代替法定代理人到场的其他合适成年人应当是法定代理人信得过的人。③保障未成年犯罪嫌疑人对合适成年人调换的权利。合适成年人到场制度设置的根本目的是在讯问时保护未成年人的诉讼权利，教育、感化未成年人。一旦未成年人对为其选择的合适成年人失去信任，就不可能达到这样的目的。因此，尊重未成年人的选择，包括尊重其更换合适成年人的选择。如果未成年人开始同意某个合适成年人到场，但在讯问的过程中，或者在下次讯问时，不再信任到场的合适成年人而要求更换时，办案单位应当尊重未成年人的意愿。[1]

若要发挥合适成年人制度的积极作用需要在保护未成年人权益、尊重未成年人以及法定代理人的意愿之间寻找一个平衡点。给予未成年人一定选择和拒绝的权利，但也要考虑其法定代理人的意愿，具体在程序上的表现将在后文中关于完善合适成年人在场程序部分详述。就同一案件中同一未成年人的合适成年人要尽量保持同一。现实中，经常会出现未成年人在一个诉讼程序中面对数位成年人的情况，这样不利于双方信任的建立，也会影响未成年人的情绪的稳定，甚至影响整个合适成年人制度的效果。也就是说，同一合适成年人最好能够自始至终参与到未成年人刑事司法程序的每一个环节，这

---

〔1〕 鲍俊红：“合适成年人到场制度的具体适用”，载《检察日报》2013年5月22日。

样才能最大限度地保护未成年人的合法权益。

2. 关于选何者的问题

合适成年人担负着特殊的使命，他们需要有一定的资历，对其人选来源要有一定的要求。办案机关应当选择有能力保护未成年人合法权益，并被未成年人所信任的人员，即合适成年人的人选必须是经过严格筛选的具备责任心、爱心的人士，了解未成年犯罪嫌疑人的身心特征，掌握与未成年人沟通的技能，具有一定的法律知识，熟知应履行的监督职责和应尽的帮扶义务，能够切实保护未成年犯罪嫌疑人的诉讼权利依法不受侵害。因而合适成年人的基本条件是要年满23周岁，具有完全行为能力，具有责任感，但以下人员不能成为合适成年人：①司法人员或受雇于司法机关的人员；②本案当事人、证人和鉴定人；③本案辩护律师；④同案犯；⑤与案件有利害关系的其他人；⑥正在被执行刑罚的人；⑦依法被剥夺、限制人身自由的人；⑧已担任同案犯的合适成年人的人。

现实中合适成年人的来源一般有社工（对于有成熟的社工体系的地区而言）、志愿者、在校大学生和研究生、律师、学校老师、共青团干部、妇联工作人员、关心下一代工作委员会人员以及退休老干部等等，这些来源都是比较优质的。社工需要当地有成熟的社工体系和有力的资金保障，优势在于社工有从事相应社会工作的专业性。在校大学生、研究生，特别是教育学、法学、社会学专业的学生是不错的选择，他们拥有知识和热情，虽然年轻，但也更能与年龄相差并不悬殊的未成年犯罪嫌疑人、被告人接近。缺点在于社会经验缺乏，知识没有经过实践检验，容易冲动，所以可能与司法工作人员相对抗，并且不能委婉地解决讯问中出现的不适当的行为。总之，以上来源各有利弊，确定合适的人选在于未成年人的选择，在于未成年人对于哪类来源接受度、信任度最高，那么这类人的在场起到的效果就会比较好。

对于律师能否担任合适成年人，现实中有不少争议。我们认为律师可以作为合适成年人的首要人选，只不过律师不能再担任同一案件中未成年犯罪嫌疑人、被告人的辩护人了。律师拥有专业的法律知识，可以辨别不法行为，保护未成年犯罪嫌疑人、被告人；也能让未成年犯罪嫌疑人、被告人更好地理解法律概念，促进司法工作人员和未成年犯罪嫌疑人、被告人的相互沟通；对他人心理也体察较深，可以胜任抚慰未成年犯罪嫌疑人、被告人的任务，因此可以最大程度上地保护未成年犯罪嫌疑人、被告人。作为专业人士的律师肯定可以很好地理解合适成年人的定位，甚至比其他人选理解得更透彻，在他没有担任辩护人的情况下，保持一种中立地位、转变一下自己一贯的角色并非什么难事。所以对律师职业习惯的顾虑是多余的，但是让律师同时担任未成年犯罪嫌疑人、被告人的合适成年人以及辩护人是不能接受的。辩护人与合适成年人在职责、功能上是矛盾的，根本不可能统一在一人身上。虽然两种角色在场都有保护被讯问人员、见证讯问合法性的功能，也可以为未成年犯罪嫌疑人、被告人提供心理支持。但是，合适成年人具有辩护律师所不具备或者不宜具备的以下特别功能：一是教育功能。由于律师是犯罪嫌疑人委托的或者指定的辩护人，基于职业伦理的要求，律师不宜具有教育的功能，尤其不宜具有教育犯罪嫌疑人认罪服法的功能。二是减少司法伤害的功能。辩护律师到场虽然也可以发挥抚慰犯罪嫌疑人心理的作用，但是辩护律师到场可能不但不会减少诉讼过程对未成年犯罪嫌疑人的心理伤害，相反因为增强了讯问程序的紧张和对抗性，还可能强化对未成年人身心健康的司法伤害，而合适成年人到场则具有缓和讯问程序的紧张和对抗性（也不具有增强对抗性的专长），减少司法伤害的功能。三是合适成年人到场具有协助沟通、促进讯问顺利进行的功能。律师属于犯罪嫌疑人的辩护人，协助沟通并非辩护律师的主要功能[1]。合适成年人的立场是中立的，也可以稍稍偏向于未成年犯罪嫌疑人、被告人，但是辩护律师的立场是完全偏向于未成年犯罪嫌疑人、被告人。所以辩护律师是不可能既保持合适成年人的心态、履行合适成年人的职责，同时又保持辩护人的心态、履行辩护人的职责。而且合适成年人与辩护律师为同一人对于司法机关尤其是控方是一个打击，这会让合适成年人制度的推行在一定程度上变得更加困难。

对于合适成年人队伍是由兼职合适成年人还是专职合适成年人组成，应该利用统计学研究方法在对当地未成年人案件进行一定调查的基础上，合理配置兼职和专职合适成年人的数量和比例，这样既可以及时为未成年人案件提供服务，也可以避免政府“闲人”多和资金的浪费。当然，无论兼职合适成年人还是专职合适成年人，都要经过专业培训，持证上岗。维持一定数量的专职合适成年人是必要的，他们可以为未成年人案件提供有力保障，当然所需经费会更多。兼职合适成年人一般都有自己的工作，他们在专职合适成

---

〔1〕 姚建龙：“论合适成年人在场权”，载《政治与法律》2010 年第 7 期。

年人不足时及时补上空缺，是外围的保障。建立合适成年人队伍的最好办法是设立专门、独立的合适成年人机构，这样才能真正保障合适成年人在场制度的运行，提供最专业、最及时、最充足的服务。合适成年人机构应由司法行政机关设立，由政府提供资金。合适成年人名单要及时更新，合格的合适成年人除非主动提出退出申请，否则合适成年人管理机构应留用。基层司法行政部门授予合适成年人资格，报上级部门备案，省级司法行政部门制定辖区内的合适成年人名册，方便定期开展全省不同范围的合适成年人经验交流。〔1〕

3. 合适成年人的选择顺序

由于法定代理人对未成年人负有保护职责，最有资格出现在讯问现场以监督讯问活动，所以《刑事诉讼法》规定应当首先选择未成年人的法定代理人到场。但是，在某些特殊情况下，法定代理人并不是最合适人选。也就是说，在法定代理人“无法通知”、“法定代理人不能到场”或者“法定代理人是共犯”这几种情况下，才可以选择其他合适成年人到场。

一般来说，办案人员在讯问未成年犯罪嫌疑人时，有必要先了解其与父母的关系是否融洽，是否愿意让父母旁听自己的讯问或者不愿意接受父母到场的理由等。当办案人员发现未成年人犯罪嫌疑人的法定代理人存在上述情况而不适宜到场的，首先要征询未成年犯罪嫌疑人的意见。如果其本人不同意讯问时法定代理人在场，办案人员应当与其法定代理人商议，说明其子女的意愿，帮助分析其到场或者不到场的利弊。如果法定代理人同意由其他合适成年人代替自己在讯问时到场，办案人员才可以通知其他合适成年人到场；如果法定代理人坚持到场，办案人员则必须尊重其意愿，保证讯问时法定代理人到场。〔2〕

（三）完善合适成年人在场程序

合适成年人在场制度的程序还需具体化，这样才能保证程序的严谨和公正。就合适成年人参与讯问的整个程序而言，具体应分为以下几步：

（1）前置程序。在侦查阶段，首先要确定犯罪嫌疑人是否为未成年人。要通过询问、调查户籍资料等方式判断其是否为未成年人。实践中，对于18

〔1〕 李明蓉、李晓郛：“合适成年人参与诉讼制度探析”，载《中国刑事法杂志》2014年第4期。

〔2〕 鲍俊红：“合适成年人到场制度的具体适用”，载《检察日报》2013年5月22日。

周岁上下的嫌疑人确定确切年龄有时比较困难。这是由很多原因造成的，有的嫌疑人不讲真实姓名、年龄、住址；有的不知道自己的确切年龄；有的不但嫌疑人不知道自己的确切年龄，就连其父母也不确定；有的户籍信息登记错误等。对一时不能确定年龄的，有些需要作进一步的调查核实，有些需要通过骨龄鉴定确定，但都需要一定的时间。对那些一时不能确定年龄，并且通过体貌特征也很难确定是否是未成年人，或者通过骨龄鉴定表明犯罪嫌疑人年龄在18周岁上下的，在确定年龄或者通过骨龄鉴定表明犯罪嫌疑人年龄在18周岁上下的，从有利于被讯问人的角度讲，应当规定讯问时要通知合适成年人到场。对于当侦查机关在第一次讯问时，才知道犯罪嫌疑人是未成年人的，侦查机关是否应立即停止讯问，并马上通知合适成年人到场。从修改后的《刑事诉讼法》对讯问未成年人“应当通知”合适成年人到场的立法精神来看，在第一次讯问才发现是未成年人的，讯问当然应立即停止，并毫不迟延地通知合适成年人到场，之后才可以继续进行讯问。[1]

（2）告知与选择程序。对未成年犯罪嫌疑人、被告人进行逮捕后，司法机关工作人员应通知未成年犯罪嫌疑人、被告人的法定代理人到场，并第一时间告知未成年犯罪嫌疑人、被告人其要求合适成年人在场的权利，这时，会出现以下几种情况：①当出现法定的“无法通知”、“法定代理人不能到场”、“法定代理人是共犯”等情况时，司法机关工作人员应建议未成年犯罪嫌疑人、被告人选择其他合适成年人，如果未成年犯罪嫌疑人、被告人拒绝，应对其进行说服教育，如果未成年犯罪嫌疑人、被告人仍然拒绝，应尊重未成年犯罪嫌疑人、被告人的选择，并将情况记录在案。②情况同上，但是未成年犯罪嫌疑人、被告人同意选择其他合适成年人，司法机关工作人员应当将当地合适成年人队伍名册交予未成年犯罪嫌疑人、被告人查阅。根据未成年犯罪嫌疑人、被告人的选择，司法机关工作人员要及时和当地合适成年人管理机构联系协调，综合合适成年人的空闲情况以及就近原则，确定合适成年人。③当无“无法通知”、“法定代理人不能到场”、“法定代理人是共犯”等情况，未成年犯罪嫌疑人、被告人对法定代理人在场也没有任何异议时，法定代理人到场，讯问开始。④情况同上，但是办案人员了解到未成年犯罪嫌疑人、被告人与其父母的关系并不融洽，未成年犯罪嫌疑人、被告人不愿

---

〔1〕 梁建军：“合适成年人到场制度：三个问题有待明确”，载《检察日报》2012年6月26日。

意让法定代理人到场，司法机关工作人员应和其法定代理人商议，说明其子女意愿，帮助分析利弊。如果法定代理人同意其他合适成年人代替自己，司法机关工作人员可以通知其他合适成年人，如果法定代理人坚持要在场，办案人员应尊重其意思，保证讯问时法定代理人在场，在目前《刑事诉讼法》的规定下更为细致的程序当如此。不过我们更倾向于不实行法定代理人优先，而是一开始就让未成年犯罪嫌疑人、被告人在法定代理人和其他合适成年人之间做出选择。对于没有任何合适成年人在场的情况，我们建议用前文所述的律师在场权去补救。

（3）通知程序。确定了合适成年人之后，如果合适成年人是未成年犯罪嫌疑人、被告人法定代理人或其近亲属，司法机关工作人员要及时书面通知，如果不方便书面通知的，可以联系到法定代理人之后，待他到来时再书面备案。要在讯问前提前一定时间通知法定代理人，为其留出合理的时间。如果合适成年人是当地合适成年人队伍中的一员，那么就通过合适成年人管理机构协调通知。管理机构通知时要告知合适成年人案件概况和未成年犯罪嫌疑人的基本情况。

（4）准备程序。合适成年人到达讯问地点后，先向办案人员进一步了解案件情况和未成年犯罪嫌疑人的情况，然后向未成年犯罪嫌疑人表明身份，并在讯问前与未成年犯罪嫌疑人做事前交流。这时，合适成年人和未成年犯罪嫌疑人有权要求讯问人员回避。合适成年人和未成年犯罪嫌疑人的事前交流应主要集中在案外事实，比如未成年犯罪嫌疑人遭到的待遇、未成年犯罪嫌疑人的心理状态等，事前交流有助于双方相互了解，建立信任关系。

（5）回避程序。合适成年人无论在合适成年人管理机构通知他时还是到达讯问地点时发现未成年犯罪嫌疑人或讯问人员和自己有利害关系的，应主动要求回避，合适成年人管理机构也应及时更换人选。

（6）旁听。讯问开始后，合适成年人旁听整个讯问过程，监督讯问人员的行为，为未成年犯罪嫌疑人解释法律术语，提供帮助，保持立场的中立，可以稍偏向于未成年犯罪嫌疑人。要注意合适成年人在场的目的就是要缓和气氛，消除未成年犯罪嫌疑人的紧张对立的心理，所以合适成年人履行职责要注意方式。

（7）查看笔录与签字。讯问结束后，讯问人员应将讯问笔录交给合适成年人阅读，合适成年人在确定讯问过程合法以及讯问笔录真实后应在笔录上签字予以确认。

（四）明确合适成年人的权利义务

有论者认为，合适成年人享有以下权利：①安全保障权。②知情权。合适成年人有权从办案机关了解未成年犯罪嫌疑人涉嫌的罪名、生理和心理特点、兴趣爱好、成长轨迹、生活背景、社会交往、教育条件等基本情况。③到场监督权。监督办案人员是否有侵犯未成年犯罪嫌疑人权益的行为，包括阅读笔录并签字。④参与法庭教育。⑤异议权。即对侵犯未成年犯罪嫌疑人权益的行为提出意见。如果其意见成立但未被办案机关采纳，则有权向同级未成年人保护组织或者上一级司法机关提出意见，也有权选择退出。合适成年人需履行以下义务：①不得阻碍、干扰办案；②保守案件秘密，不得泄露案情，不得帮助犯罪嫌疑人串供等；③不得泄露未成年犯罪嫌疑人的隐私；④对于不当的行为应及时提出纠正意见；⑤帮助未成年犯罪嫌疑人克服焦虑、紧张、恐惧等生理、心理障碍。[1]我们认为，除法定代理人之外的合适成年人的权利主要包括：

（1）知情权。合适成年人有权对案件概况，未成年犯罪嫌疑人身心特点、健康状况、家庭情况等基本信息进行了解，方便合适成年人与未成年犯罪嫌疑人之间的沟通、交流。

（2）参与权。合适成年人有进入羁押场所参与讯问的权利，并且有权在旁听时与未成年犯罪嫌疑人交流、沟通。

（3）异议权。对讯问和审理过程中发生的违法、不当行为，合适成年人可以采用恰当的方式予以劝阻和纠正。对于侵犯未成年犯罪嫌疑人人身权利的行为，应当立即制止；对于讯问言辞不当的，可以采取缓和适当的方式提醒纠正。

（4）帮助教育权。合适成年人有权协助司法工作人员对未成年犯罪嫌疑人进行思想教育，但是行使该权利要注意方式。要通过谈心式的方式穿插在整个程序中，要遵循教育学和心理学原理，因人制宜，因事制宜，切勿简单说教。[2]

---

〔1〕 杨飞雪、袁琴：“合适成年人参与的制度比较研究”，载《预防青少年犯罪研究》2014年第2期。

〔2〕 郝银钟、盛长富：“谈合适成年人参与制度——兼谈新刑事诉讼法第二百七十条的完善”，载《人民司法》2013年第1期。

（5）查阅笔录签字权。当然这也包括合适成年人不签名的权利。当讯问过程中出现违法行为或者不当行为经劝阻仍未停止的；笔录与讯问过程不符的；未通知合适成年人到场却要求其签名的；合适成年人仅参加一次讯问却要求在多次讯问笔录上签名的等情况时，合适成年人有权不在讯问笔录上签字。

（6）受培训权。合适成年人有接受法律、教育、心理等方面专业培训的权利。

（7）经济补偿权。对专职合适成年人，只要发给他正常工资就可以。但是兼职合适成年人和志愿者有权获得相关花销的补偿，合适成年人管理机构要根据现实情况给予他们一定报酬或经济补偿，这样才能调动他们的积极性。

（8）控告权。对于办案人员在讯问和审理过程中的违法或不当行为，经劝阻和纠正仍难以制止的，合适成年人有权进行记录，并向承办人员主管部门或上一级主管机关提出控告。

合适成年人的义务主要包括：

（1）到场义务。合适成年人一经确定，应及时赶到讯问地点，积极合适地履行义务，无特殊情况不得中途退出。在讯问过程中，合适成年人也不能消极应对，要履行抚慰保护未成年犯罪嫌疑人的职责。

（2）不得干扰正常讯问的义务。合适成年人在讯问中是作为中立的一方，无正当理由不得要求司法工作人员中止正在进行的诉讼程序，不得干扰和阻碍正常的司法过程。

（3）保密义务。合适成年人应当对其所了解的案件信息以及当事人情况予以保密。

（4）沟通义务。合适成年人有义务缓解司法工作人员和未成年犯罪嫌疑人之间的对立气氛，向未成年犯罪嫌疑人解释相关法律术语，让其更好地地表达自己的真实意思，促进司法工作人员和未成年犯罪嫌疑人之间的交流。

（5）回避义务。合适成年人发现本人不宜参加或者有其他情形需要回避时，应及时申请回避。

（五）增强合适成年人在场制度的法律效果

《刑事诉讼法》应将“对于未成年人刑事案件，在讯问和审判的时候，应当通知未成年犯罪嫌疑人、被告人的法定代理人到场。无法通知、法定代理人不能到场或者法定代理人是共犯的，也可以通知未成年犯罪嫌疑人、被告人的其他成年亲属，所在学校、单位、居住地基层组织或者未成年人保护组织的代表到场，并将有关情况记录在案”中的“也可以”修改为“应当”，来增强条文的强制性，封死司法机关做其他选择的可能。这样才能强制司法机关真正落实合适成年人在场制度，而不是用各种“无法通知”、“无法到达”、“妨碍侦查”等借口去推脱。只有在法律上做出了没有余地的强制性的规定，才能为合适成年人在场制度的实施和进一步健全奠定基础。

同时，法律要对司法机关违反合适成年人在场制度的程序后果做出规定，这里主要指的是合适成年人在场制度对讯问口供效力的影响。法律应当规定讯问笔录和法庭笔录除了要给合适成年人阅读或宣读，还要让合适成年人签字。签字既可以证明合适成年人在场，还能证明合适成年人对程序以及司法机关工作人员工作方式合法的认可。对于合适成年人是否签字对讯问口供效力的影响，有人认为没有合适成年人签字的讯问口供是完全没有证据效力的，法庭应当将其作为非法证据完全排除；有人认为没有合适成年人签字的讯问口供仍然有效，只不过其效力打了折扣。我们认为是否把没有合适成年人签字的讯问口供作为非法证据排除应该看合适成年人不签字的理由。应当请合适成年人当庭做出说明。如果没有签字是因为讯问时根本没有合适成年人在场或者讯问过程中出现了诱供、刑讯等违法行为，那么这份口供应当予以排除；如果没有签字的原因并非因为程序违法，而是其他一些原因，这份口供应当被采纳。法律还应规定如果合适成年人没有到场，审判就不能进行。

至于在合适成年人没有在场的情况下可不可以对未成年犯罪嫌疑人、被告人进行拘留逮捕，我们认为还是可以的。因为对犯罪嫌疑人的逮捕要把握时机，必须要求合适成年人在场会影响侦破案件的效率，耽误机会。这时的不法侵害可以通过事后未成年犯罪嫌疑人、被告人与合适成年人的交流得到解决，而且合适成年人在场制度主要弥补的是少年司法程序的相对不公开以及未成年人自身的不成熟，这些都主要体现在对讯问和审判阶段，至于侦查的其他环节并不需要合适成年人在场，包括证据的收集、逮捕等环节。

法律应对法定代理人优先的原则作出一些修改，具体原因如前文所述。修改的关键在于给予未成年犯罪嫌疑人、被告人选择权。合适成年人在场是未成年犯罪嫌疑人、被告人在刑事司法程序中的权利，那他也理应拥有对合适成年人选择的权利。未成年犯罪嫌疑人、被告人应当享有选择法定代理人或其他成年亲属，所在学校、单位、居住地基层组织或者未成年人保护组织的代表抑或是政府组建的专业合适成年人队伍中的某位成年人作为自己的合适成年人的权利。这样才能找到对不同未成年犯罪嫌疑人、被告人影响最大、最能让未成年犯罪嫌疑人、被告人信任的人选，让合适成年人在场制度的效果更佳。当然，也应赋予未成年犯罪嫌疑人、被告人拒绝合适成年人在场的权利，这也是合适成年人在场作为未成年犯罪嫌疑人、被告人权利的必然结果，不过考虑到未成年犯罪嫌疑人、被告人自身的不成熟，他作出的决定并非对自己有利。办案人员要向未成年犯罪嫌疑人、被告人作出关于这项制度益处的说明，如果未成年犯罪嫌疑人、被告人仍然拒绝，办案人员应当再次对其进行教育和劝说，若仍然无效，就应该尊重未成年犯罪嫌疑人、被告人的意思，不为其提供合适成年人。因为无视未成年犯罪嫌疑人、被告人的意思与权利，会加剧未成年犯罪嫌疑人、被告人心理上的对立，但是如果在刑事程序进行过程中，未成年犯罪嫌疑人、被告人改变心意，仍应立即为其提供合适成年人。最后，法定代理人和其他合适成年人并非相互排斥，反而有时是相互补充的，法定代理人可以为未成年犯罪嫌疑人、被告人提供感情上的支持，专业的合适成年人可以提供知识与沟通上的建议与支持。如果未成年犯罪嫌疑人、被告人愿意，两者都在场是可以的，其效果比法定代理人或者其他合适成年人单独在场好得多。

（六）司法机关履行义务的监督

合适成年人司法程序中与司法机关之间的监督是双向的。不仅合适成年人要在刑事司法程序中监督办案人员，司法机关也要监督到场的合适成年人是否谨慎、善良地履行义务，并督促合适成年人行使权力。首先，公安、检察、法院的办案人员应当核实身份证明材料确认合适成年人的身份；其次，在工作中应当督促合适成年人履行义务；再次，如果合适成年人有擅自不当发言、恶意传递消息、采用暗示或者引诱等方法妨碍未成年人如实作答等影响讯问正常进行的行为，办案人员应及时制止，劝阻无效的，应当将其带离现场，并将情况记录在案，并通知合适成年人管理机构；最后，如果合适成年人有泄露案件信息或者串供、毁匿证据等妨害诉讼行为的，应当取消其参与诉讼的资格，并视情节轻重追究相应的法律责任。

检察机关作为诉讼程序的监督者，除了要承担上述对合适成年人的监督职责，还要对公安与法院进行监督。检察机关在审查逮捕、审查起诉及提起公诉时应当对公安、法院是否履行通知义务进行监督。对未通知法定代理人或合适成年人到场而制作的讯问、询问笔录，检察机关应当及时书面通知公安机关完善证据形式、纠正违法行为。对于法院庭审时未通知法定代理人到场的，出庭支持公诉的检察人员应当提出反对意见并建议延期审理。[1]

〔1〕 吴燕："新刑诉法成年人到场制度实务研究"，载《青少年犯罪问题》2013年第6期。

第六章

附条件不起诉制度

2012年修改的《刑事诉讼法》在特别程序编中增设了附条件不起诉制度，形成了我国的“法定不起诉”或“绝对不起诉”、“酌定不起诉”或“相对不起诉”、“存疑不起诉”并列的具有中间环节的第四种不起诉制度。附条件不起诉制度的确立不仅改变了我国传统不起诉制度限于微罪不举的观念，实现司法处遇非犯罪化，而且创新了我国起诉制度。由于我国《刑事诉讼法》对该制度规定的较为简单且存在一些程序安排上的瑕疵，导致2012年确立的制度在实施一年后，于2014年被全国人民代表大会常务委员会以立法解释的形式予以修订。尽管这种修订矫正了《刑事诉讼法》附条件不起诉在程序安排上的偏差，但仍存在适用上需要解释的问题。基于此，我们从制度应然性本质出发，结合立法的规定与实践的做法，对附条件不起诉制度进行系统解读，旨在为司法实践提供具有参考意义或者指导价值的理论依据与运行机制。

一、附条件不起诉制度基本概况

（一）附条件不起诉的名称之争

我国“附条件不起诉制度”源于对国外类似制度的借鉴以及基层检察机关试点的经验。自19世纪后半叶以来，“起诉裁量主义”日益盛行，法、德、意、日等国家因受此影响而纷纷结合本国的国情建立了“暂时不起诉”、“暂缓起诉”、“免予起诉”、“起诉保留”、“起诉犹豫”等名称不尽相同的不起诉制度。我国学者最初在对相关制度进行翻译和介绍时未严格地进行甄别和细致比较，相继提出并尝试了“暂缓起诉”、[1]“暂缓不起诉”、“免予起诉”、[2]“起诉犹豫”以及“附条件不起诉”等制度，例如，上海长宁区检察院对未成年犯罪嫌疑人采取了“免予起诉”的决定，也有的检察机关称之为“暂缓起诉”（缓予起诉）或者“暂缓不起诉”等。

从比较法的角度来分析，德国的不起诉制度相对比较接近我国现有的附条件不起诉，以至于在《刑事诉讼法》修改之前多数学者提出采用“暂缓起诉”名称。也有论者认为，无论叫暂缓起诉或者起诉犹豫，或者参照美国称之为审判分流，都不够准确，把暂缓起诉改成“附条件不起诉”更为合适。暂缓起诉与附条件不起诉的根本区别在于落脚点不同：暂缓起诉落脚在“诉”，给人一种最终是要诉的、只是暂时缓一缓的感觉；附条件不起诉落脚在“不起诉”，只要满足一定的条件，经过一定的考验期，就不会被起诉。[3]从有利于未成年人的角度，落脚点应在不起诉上，2012年修改的《刑事诉讼法》采纳这一术语更符合该制度的本质特点。附条件不起诉制度的确立不仅是对检察机关创新经验的认可，也是我国不起诉制度走向成熟的标志。

（二）附条件不起诉制度的基本内容

附条件不起诉（conditional non－prosecution decision），是指人民检察院在审查起诉过程中对于符合提起公诉条件而罪行较轻的、有悔罪表现的未成年犯罪嫌疑人，决定暂不起诉，对其进行监督考察，根据其表现，再决定是否起诉的制度。[4]附条件不起诉制度与其他不起诉制度相比存在一定的特殊性。

---

〔1〕 2004年5月，北京市海淀区人民检察院对未成年人实施暂缓起诉制度，并认为使用“暂缓起诉”更为贴切。其主要理由有：①从法律精神上看，暂缓起诉制度设计注重帮教。与一般不起诉制度最大的区别在于设立一段考验期。在考验期中既有趋利避害的引导，又对已犯罪人形成一定的心理压力。犹如死缓制度，尽管实际上基本不再执行死刑，但“死缓”的称谓优于“附条件不执行死刑”。②从法律效力来看，暂缓起诉是刑事诉讼程序中的阶段性处理，作出时并非具有终局性。考验期限届满后，有可能不再起诉，也有可能起诉。而一般不起诉在程序上终止刑事诉讼。③从法律体系上看，暂缓起诉和缓刑，又被从广义上统称为刑事缓刑制度。暂缓起诉制度的确立，有利于完善我国刑事诉讼法律中的犹豫制度。④从汉语词义上看，暂缓起诉用词简明扼要。附条件不起诉概念范围更宽，从某种意义上说相对不起诉也是一种附条件不起诉。

〔2〕 在1992年初，长宁区人民检察院对涉嫌盗窃的一名16岁犯罪嫌疑人延期起诉，考察期为3个月。在考察期内，该犯罪嫌疑人表现良好，检察机关决定对其从宽处理，按照当时规定，实行“免予起诉”，检察机关后来将这一行为称为“诉前考察”。

〔3〕 陈光中、张建伟：“附条件不起诉：检察裁量权的新发展”，载《人民检察》2006年第7期。

〔4〕 王敏远主编：《中国刑事诉讼法教程》，中国政法大学出版社2013年版，第431页。

其特殊性主要表现为：

（1）适用对象的特殊性。附条件不起诉制度适用对象仅限于未成年刑事案件的犯罪嫌疑人，其他不起诉制度适用对象为一般犯罪嫌疑人。《人民检察院刑事诉讼规则（试行）》第508条规定，未成年人刑事案件，是指犯罪嫌疑人实施涉嫌犯罪行为时已满14周岁、未满18周岁的刑事案件。《人民检察院办理未成年人刑事案件的规定》第29条规定："对于犯罪时已满14周岁不满18周岁的未成年人，……人民检察院可以作出附条件不起诉决定：……"

（2）适用条件的特殊性。对于涉嫌犯罪的未成年人适用附条件不起诉应当符合以下条件：①涉嫌犯罪的未成年人所犯罪名为刑法分则第四章"侵犯公民人身权利、民主权利罪"、第五章"侵犯财产罪"以及第六章"妨碍社会管理秩序罪"，未成年人犯此范围之外的罪名不能够适用附条件不起诉。②涉嫌犯罪的未成年人可能被判处1年以下有期徒刑以下的刑罚。这里所指称的"可能判处1年以下有期徒刑"实际上应当解释为1年以下宣告刑，而不是法定刑。如果限定为1年以下法定刑，那么纵观刑法分则第四、五、六章的法条规定，符合条件的只有《刑法》第252条侵犯通信自由罪和第322条偷越国（边）境罪这两个罪名，显然是不符合立法本意和法条内部逻辑的。③未成年人所涉嫌犯罪必须犯罪事实已经查清，证据确实充分，符合起诉条件。④具有悔罪表现。所谓悔罪表现主要包括认罪态度好、向被害人赔礼道歉、积极赔偿、取得被害人谅解等等。行为人的行为客观上具有刑事违法性是所有适用不起诉案件的共同特征。

（3）适用程序上的特殊性。①前置听取意见程序，相关人的意见对附条件不起诉是否作出具有一定的影响。附条件不起诉决定由人民检察院作出，人民检察院在作出附条件不起诉决定前不仅需要听取公安机关、被害人的意见，[1]而且需要听取未成年犯罪嫌疑人的法定代理人、辩护人的意见，[2]如果被害人是未成年人的，还应当听取被害人的法定代理人、诉讼代理人的意见，[3]并制作笔录附卷。实践中，被害人的意见很大程度上影响了检察机关是否作出附条件不起诉决定；而未成年犯罪嫌疑人及其法定代理人也可以对

〔1〕参见《刑事诉讼法》第271条。

〔2〕参见《人民检察院刑事诉讼规则（试行）》第492条第2款。

〔3〕参见《人民检察院办理未成年人刑事案件的规定》第30条。

人民检察院的附条件不起诉提出异议。

（4）制约机制的特殊性。检察机关既行使审查起诉的职权，同时也是法律监督机关，行使法律监督权。检察机关实行检察一体化，上级检察机关对下级检察机关具有领导职责，因此对附条件不起诉采取了上下级的内部监督机制。对附条件不起诉的决定，公安机关可以要求作出决定的人民检察院复议、提请上级人民检察院复核，被害人也可以向作出决定的人民检察院或其上级人民检察院申诉，其救济程序与成年人的不起诉制度的被害人可以向人民法院起诉存在重大区别。

（三）附条件不起诉制度与其他不起诉制度之比较

1. 附条件不起诉与法定不起诉

法定不起诉，也被称为绝对不起诉，是指检察机关在审查起诉过程中发现犯罪嫌疑人没有犯罪事实或者其具有法律规定的情形之一的，应当对犯罪嫌疑人作出不起诉的决定。[1]法定不起诉情形下检察机关绝对不享有作出起诉决定的自由裁量权，其只能做出不起诉决定。

2012年修改的《刑事诉讼法》第173条在原第142条基础上补充规定了“犯罪嫌疑人没有犯罪事实”时应当作出不起诉决定。这里的没有犯罪事实，包括犯罪行为并非犯罪嫌疑人所为，该案所涉行为依法不构成犯罪，以及根本不存在犯罪行为，即犯罪行为纯属虚构的情形。[2]该规定的作用在于禁止办案机关采取“程序倒流”方式撤销案件。根据《人民检察院刑事诉讼规则（试行）》第401条规定：“人民检察院对于公安机关移送审查起诉的案件，发现犯罪嫌疑人没有犯罪事实，或者符合刑事诉讼法第15条规定的情形之一的，经检察长或者检察委员会决定，应当作出不起诉决定。对于犯罪事实并非犯罪嫌疑人所为，需要重新侦查的，应当在作出不起诉决定后书面说明理由，将案卷材料退回公安机关并建议公安机关重新侦查。”

除犯罪嫌疑人没有犯罪事实外，出现法律规定的不追究情形也是作出法定不起诉决定的依据。根据《刑事诉讼法》第15条的规定，法定不追究的情

〔1〕 宋英辉、甄贞主编：《刑事诉讼法学》，中国人民大学出版社2013年版，第292页。

〔2〕 孙谦主编：《〈人民检察院刑事诉讼规则（试行）〉理解与适用》，中国检察出版社2012年版，第296页。

况包括：①实施的行为情节显著轻微、危害不大，不认为是犯罪的；②犯罪已过追诉时效期限的；③经特赦令免除刑罚的；④依照刑法规定，属于告诉才处理的犯罪，没有告诉，或者虽已告诉又撤回告诉的；⑤犯罪嫌疑人、被告人死亡的；⑥其他法律、法令规定免予刑事处罚的。

法定不起诉与附条件不起诉的不同之处主要表现在：法定不起诉是不附加任何条件地绝对不起诉，一旦出现法定不起诉的情形时检察机关就被推定丧失起诉权。由于无法行使起诉权，因此检察机关作出法定不起诉决定显然不是进行起诉裁量的结果，如果起诉则属于错误。法定不起诉是不应当追究刑事责任或无法追究刑事责任的情形，而附条件不起诉是检察机关针对应当追究刑事责任的未成年犯罪嫌疑人作出的，是在可诉可不诉之间进行价值比较与裁量后作出的不起诉决定。法定不起诉意味着未成年犯罪嫌疑人是无罪的，当未成年犯罪嫌疑人具有法定不起诉的情形时，检察机关应当及时做出不起诉决定。

2. 附条件不起诉与证据不足的存疑不起诉

证据不足不起诉，也称“存疑不起诉”，是指检察机关对于补充侦查的案件，认为证据不足、不符合起诉条件，而对犯罪嫌疑人作出的不起诉决定。适用证据不起诉应当具备两个条件：一是案件经过补充侦查，这是程序条件。《刑事诉讼法》第171条第2、4款规定：“人民检察院审查案件，对于需要补充侦查的，可以退回公安机关补充侦查，也可以自行侦查。对于二次补充侦查的案件，人民检察院仍然认为证据不足，不符合起诉条件的，应当作出不起诉的决定。”此外，《人民检察院刑事诉讼规则（试行）》第403款第2款规定：“人民检察院对于经过一次退回补充侦查的案件，认为证据不足，不符合起诉条件，且没有退回补充侦查必要的，可以作出不起诉决定。”二是定罪证据不足，这是实质条件，即①犯罪构成要件事实缺乏必要的证据予以证明的；②据以定罪的证据存在疑问，无法查证属实的；③据以定罪的证据之间、证据与案件事实之间的矛盾不能合理排除的；④根据证据得出的结论具有其他可能性，不能排除合理怀疑的；⑤根据证据认定案件事实不符合逻辑和经验法则，得出的结论明显不符合常理的。

有观点认为，证据不足不起诉也应当看做是检察院行使起诉裁量权的一种结果，“证据不足不起诉与酌定不起诉一样，都是人民检察院可以作出不起诉的结果，是人民检察院裁量的结果。"[1]我们认为，在作出证据不足不起诉决定的情形下，检察官对实际上案件证据是否达到案件起诉的证明标准进行考量，而一旦检察官得出案件证据无法达到起诉的证明标准，起诉犯罪嫌疑人对检察官来说应视为起诉权的丧失或行使不能而不是价值选择上的否定。虽然司法实践中也偶尔会有检察官认为案件证据不足但仍迫于压力"强行起诉"并获得有罪判决的极端情形出现，但这显然不是刑事司法运行的正常样态，而是对起诉权的滥用。因此，证据不足不起诉不能被认为是检察官行使自由裁量权的表现，它更像是一种"被迫"（公诉人因认识到即便起诉也无法获得有罪判决而放弃追诉）的不起诉决定，因此《刑事诉讼法》第171条将原有的"可以作出不起诉的决定"修改为"应当作出不起诉的决定"。由于作出证据不足不起诉决定不存在起诉裁量的空间，因此它与附条件不起诉之间的差异是根本性的。

此外，在证据不足不起诉的情形下犯罪嫌疑人是否应当被追究刑事责任仍然有待探讨。由于案件证据无法达到足以认定犯罪嫌疑人有罪的程度，因此犯罪嫌疑人是否有罪本身难以确定。多数情形下承办案件的检察官可能仍坚信对犯罪嫌疑人应当追究刑事责任，因此在我国即便作出了证据不足不起诉决定，一旦有新的足以证明案件事实的有罪证据出现，检察官仍然可以提起公诉。而作出附条件不起诉决定的前提之一就是检察官认定依法应当追究未成年犯罪嫌疑人的刑事责任。在这种前提下检察官通过能动地裁量和选择，作出了附条件地不行使起诉权力的决定。

3. 附条件不起诉与酌定不起诉

酌定不起诉，也称相对不起诉或者酌情不起诉。从公诉权的角度看，酌定不起诉是检察机关在拥有诉权的情况下对案件进行权衡后认为舍弃诉权更为适宜时作出的不起诉决定。

酌定不起诉制度可以看做是对起诉便宜主义原则的贯彻，也是"微罪不举"意义上的起诉裁量制度，属于检察机关自由裁量权行使的常见形态之一。根据我国《刑事诉讼法》的规定，适用酌定不起诉应考量以下因素（见下表）：

[1] 姜伟、钱舫、徐鹤喃等：《公诉制度教程》，中国检察出版社2007年版，第251页。

<table>
<tr><td colspan="3">酌定不起诉的适用条件</td></tr>
<tr><td colspan="3">（1）犯罪嫌疑人的行为触犯了刑法的规定，已经构成刑事犯罪</td></tr>
<tr><td rowspan="2">（2）该犯罪行为情节轻微，依照刑法规定不需要判处州罚或免除刑罚的案件</td><td>犯罪情节轻微，依照刑法不需要判处刑罚应考虑的因素</td><td>①犯罪事实方面的情况。包括犯罪的手段、对象、危害后果、动机、目的等。
②犯罪嫌疑人的个人情况。包括性格、年龄和境遇，个人的恶性、改造的难易、身体对刑罚的承受能力，提起公诉对犯罪嫌疑人的职业、工作单位和家庭可能带来的影响等。
③犯罪后的情况。包括作案后是否有逃跑、隐匿或者毁灭证据的行为，有无悔改表现，是否积极赔偿损失等。
④被害人处分权的行使状况。即被害人是否愿意接受人身、财产损害赔偿调解协议，是否同意不追究刑事责任。
⑤是否直接损害社会公共利益，包括社会影响是否恶劣，人民群众反应是否强烈。</td></tr>
<tr><td>犯罪情节轻微，依照刑法可以或应当免除刑罚的情形</td><td>①犯罪嫌疑人在中华人民共和国领域外犯罪，依照我国刑法规定应当负刑事责任，但在外国已经受过刑事处罚的，可以免除或者减轻处罚。
②犯罪嫌疑人又聋又哑，或者是盲人的，可以从轻、减轻或者免除处罚。
③正当防卫明显超过必要限度造成重大损害的，应当减轻或者免除处罚。
④紧急避险超过必要限度造成不应有的损害的，应当减轻或者免除处罚。
⑤对于预备犯，可以比照既遂犯从轻、减轻处罚或者免除处罚。
⑥对于中止犯，没有造成损害的，应当免除处罚。
⑦对于从犯，应当从轻、减轻处罚或者免除处罚。
⑧对于被胁迫参加犯罪的，应当按照他的犯罪情节减轻处罚或者免除处罚。
⑨对于自首的犯罪分子，犯罪较轻的，可以免除处罚。
⑩有重大立功表现的，可以减轻或者免除处罚。</td></tr>
</table>

学界曾对应当怎样厘清附条件不起诉与酌定不起诉的关系存在三种观点：（1）包含说。这种观点主张应当将附条件不起诉纳入酌定不起诉的范畴

内进行研究，对酌定不起诉进行逻辑上的重整。重整后酌定不起诉应当被视为是附条件不起诉和原有酌定不起诉的上位概念。在新的酌定不起诉基础上划分无条件的酌定不起诉和附条件的酌定不起诉，由检察官裁量决定起诉方式，为附条件的酌定不起诉设定一定的条件，作为检察官裁量作附条件还是无条件不起诉决定的参考标准。[1]这种观点实际上是借鉴德国的不起诉制度，将酌定不起诉等同于不附条件的不起诉。

（2）替代说。即用附条件不起诉代替酌定不起诉。这种观点与包含说大同小异，实际上都是试图将原有的酌定不起诉解释为检察官裁量后作出的一种不附加条件的不起诉。

（3）递进说。此种观点认为附条件不起诉与酌定不起诉之间具有独立性，同时两种制度之间存在递进关系。[2]这种观点认为附条件不起诉的适用对象应当是情节比酌定不起诉情节稍重些但还属于轻罪范围内的犯罪。

根据《刑事诉讼法》对附条件不起诉制度的规定，包含说与代替说的观点不具有可行性，递进说成为通行的观点。酌定不起诉与附条件不起诉的制度区别是更深层次的，具体表现在二者在制度运行、程序价值上的迥然不同。

首先，检察自由裁量权运行样态上存在差异。在裁量是否作出酌定不起诉决定时，检察官所考虑的无论是“犯罪事实方面的情况”、“犯罪嫌疑人个人的情况”还是“犯罪后的情形”，其本质都是对犯罪事实或是犯罪嫌疑人之行为的客观衡量。但在附条件不起诉决定作出时，检察官可以“能动”地创设一定的考察条件。更为重要的是，考察中未成年犯罪嫌疑人的表现（考察中的表现与犯罪事实之间不存在直接关系）最终也将作为是否作出不起诉决定的衡量标准之一。可见，在附条件不起诉中检察院的自由裁量权更加具有“主动性”，而酌定不起诉中，检察院的自由裁量则表现为一种“被动”裁量。

其次，体现的制度价值不同。酌定不起诉主要是体现宽严相济的刑事政策以及诉讼经济上的考虑。而附条件不起诉制度虽然也存在以上价值考虑，但其最核心的价值在于“帮助和保护”未成年人。因此对于轻微刑事犯罪，

---

〔1〕 葛琳：“附条件不起诉之三种立法路径评析——兼评刑诉法修正案草案中附条件不起诉之立法模式”，载《国家检察官学院学报》2011年第6期。

〔2〕 柳小惠：“论我国附条件不起诉制度的立法完善”，载《人大研究》2013年第7期。

酌定不起诉主要是从起诉（追责）者的角度进行思考，采取了一种“可诉、可不诉但不诉更加经济、更加实惠”的思维模式。而附条件不起诉的基本立场是“不起诉”，所追求的是在法律允许的范围内尽最大可能地“不起诉未成年犯罪嫌疑人”。

此外，酌定不起诉更加关注犯罪行为，而附条件不起诉更加关注未成年犯罪嫌疑人。因此附条件不起诉中普遍要与未成年犯罪嫌疑人约定考察义务（而非责任），借此实现矫治和帮助未成年犯罪嫌疑人的目的。但在司法实践中有些本身就属于轻微且无追诉必要的未成年人犯罪，如果仍将由检察官决定是否附加条件、附加多少条件，可能引发滥用考察的程序异化。因此，对未成年犯罪嫌疑人保留不附加任何条件的酌定不起诉制度仍然存在其现实意义。由于附条件不起诉对未成年人的影响更大，因此递进说也普遍认为附条件不起诉适用的犯罪行为应当较酌定不起诉严重。同时，针对检察官可能滥用附条件不起诉、无端增加考察的额外负担等情形，有论者建议应将两种起诉裁量分开。对于适用可能出现重叠的部分案件，办案机关应针对犯罪事实作出是否酌定不起诉的裁量，对没有作出酌定不起诉的案件进行必要的说明，再由不同办案人对未成年犯罪嫌疑人是否附条件不起诉进行裁量。

4. 附条件不起诉与免予起诉

免予起诉制度在1996年《刑事诉讼法》修订中被取消，被“不起诉”制度吸收。所谓“免予起诉”是指对于被告人的行为已经构成犯罪，但是依照刑法规定不需要判处刑罚或者可以免除处罚的，在审查起诉阶段，就由人民检察院作出认定其有罪而又免除刑罚的决定。并且，人民检察院所作免予起诉决定与人民法院开庭审判后依法作出的认定被告人有罪而依法免除其刑罚的判决具有同等的法律效力。[1]免予起诉制度之所以被废除主要是鉴于其存在与现代刑事诉讼精神发生硬性碰撞的一面，它违反了现代刑事诉讼程序分立和控、辩、审相分离的基本模式，使检察机关对同一案件既行使了检控的职权，又代行了裁判的权力；更有甚者，对于检察机关自侦的案件，如果允许自行免予起诉，将会出现由检察机关一家包揽整个刑事诉讼过程的极端现象，因此1996年修改《刑事诉讼法》时取消了“免予起诉”制度。在取消免予起诉制度的同时，考虑到赋予检察机关适当自由裁量权的必要性，将后来

〔1〕 王敏远主编：《中国刑事诉讼法教程》，中国政法大学出版社2012年版，第270页。

免予起诉的某些案件，纳入“不起诉”制度。

将附条件不起诉制度与已经废止的免予起诉制度进行对比仍有其现实意义，这是由于附条件不起诉制度在试点工作时也曾引起过检察权会干涉司法权的非议和猜测。实践中有法官提出，《宪法》和《刑事诉讼法》对刑事司法的权力分工非常明确，公诉权是检察机关必须行使的，既是职权又是义务，有罪必诉，有罪必究，有罪不诉可能陷入选择性司法的境地，使司法没有均衡，附条件不起诉表明还是已经先入为主地定了罪。[1]我们认为，这种认识是片面的。附条件不起诉制度绝不是一种“有罪推定”。适用附条件不起诉的对象被表述为未成年人“涉嫌”刑法分则第四、五、六章犯罪并符合起诉条件的案件，这就表明附条件不起诉权仍然坚持定罪权只能由人民法院行使，附条件不起诉恰恰是人民检察院积极行使不定罪权的表现。附条件不起诉以最终作出不起诉决定终结，不起诉并不同于免予刑事处罚。不起诉仅表明公诉机关认为对未成年犯罪嫌疑人不存在起诉的必要，而不起诉决定本身对未成年犯罪嫌疑人的行为并未作出评价，这与无罪推定的理念是不相抵牾的。

二、附条件不起诉相关制度的考察与分析

（一）附条件不起诉制度渊源之考察

附条件不起诉制度无疑是一项具有改革、探索意义的新制度。如果放在国际刑事诉讼理念与立法沿革的大背景下进行研究，附条件不起诉制度可视为19世纪后半叶以来一系列刑事法律思潮影响下的产物之一。这一时期，以法、德为代表的大陆法系国家一改过去坚持严格起诉法定主义的立场，开始探索适用起诉法定主义为主与起诉便宜主义为辅的二元并存的起诉模式。这种立场的转变反映在立法上表现为起诉保留、暂缓起诉等制度的蓬兴。另外，英美法系国家一贯坚持起诉裁量主义的立场，辩诉交易制度在刑事案件中得到广泛的应用；日本基于历史传统一直贯彻起诉便宜主义原则，也建立了极具特色的起诉犹豫制度。附条件不起诉制度与这些制度之间存在着理念上的吸收与借鉴。

---

〔1〕“蓬莱市检察院‘附条件不起诉制度’引激烈争议”，载正义网，http://www.law-lib.com/fzdt/newshtml/szpl/20071206082727.htm，最后访问时间：2015年1月20日。

1. 附条件不起诉理论渊源的考察

19 世纪后半叶，西方国家进入垄断资本主义时期，生产方式的急剧转变导致贫富差距拉大，阶级矛盾日益尖锐，贫困和分配不公、机会不均等、时代变革诱发的恐慌直接或间接地引起大量犯罪活动的滋生。社会环境迫使一个正直的人实施犯罪的现象不断涌现，使立法者逐渐意识到传统的以行为人具有绝对自由意志为根基的报应刑思想并不能反映客观实际。与之相对应，作为报应刑观念在刑事诉讼中的映射，绝对的起诉法定主义也不断地受到社会现实的挑战。

起诉法定主义（The Principle of Legality），“也称起诉厉行主义，是指只要具有犯罪的客观嫌疑，具备起诉条件，公诉机关就必须提起公诉的追诉原则。外国诉讼法理论认为，采取起诉法定主义，强调合法性，故起诉法定主义又可以称为起诉合法主义。”〔1〕区别于国家公诉主义强调检察机关公诉权的“权力”属性，严格的起诉法定主义更加注重将追诉犯罪看做检察机关不可推卸的“职责”。通过采取“有罪必诉，有罪必罚”的做法不仅从根本上排除了检察机关滥用公诉权的可能性，也使得检察机关的起诉更不容易受到来自上级及外部的干涉。然而，绝对起诉法定主义仅关注无差别的犯罪行为，却忽略了犯罪人之间的个体差异，而机械的执行刑罚显然无法满足抑制犯罪的现实需要。不仅如此，面对数量激增的刑事案件，如果还坚持绝对起诉法定主义的方式将原本有限的司法资源平均分配，必然会导致追究犯罪能力上的减弱和司法资源的浪费。同时，绝对起诉法定主义下大量适用的短期自由刑也因对被执行人生活产生极大的不利影响并可能引发交叉感染、诱发新的犯罪而饱受诟病。在这种情形下，目的刑观念得以创设并获得普遍的认可。目的刑观念主张刑罚不是对已经犯了罪的人的善后处理，而是面向未来，防患于未然，刑罚的设置应当以防止犯罪的发生为目的。在目的刑刑罚观的指导下，刑罚的作用不再局限于对犯罪行为进行处罚而更加侧重于教育改造犯罪人。受这种观念的影响，定罪量刑时除明确犯罪的行为要素外，还要“考虑犯罪时的环境因素，罪犯的个人品格，悔罪表现等综合因素，以实行刑罚个别化，并倡导以非刑事化方法处理犯罪。”〔2〕为满足刑罚个别化的需要，内在

〔1〕 宋英辉、吴宏耀：《刑事审判前程序研究》，中国政法大学出版社 2002 年版，第 47 页。
〔2〕 汪建成：“论起诉法定主义与起诉便宜主义的调和”，载《中国人民大学学报》2000 年第 2 期。

的要求适当放松对检察院公诉权的束缚，赋予检察官决定起诉与否的裁量空间，于是起诉便宜主义应运而生。

起诉便宜主义（The Principle of Opportunity），又称起诉合理主义、起诉裁量主义，是指检察官依据侦查所取得的证据，足以认定行为人有犯罪嫌疑，且没有法定不起诉的理由时，允许检察官斟酌情形行使起诉与否的裁量权。大陆法系国家承认有限的起诉便宜（裁量）主义实现了两个目标。一方面，节约并集中了司法资源，实现了诉讼经济。原本被无谓地均摊到轻微案件上的司法力量得以集中投入到理应慎重处理的重大案件之上。另一方面，真正贯彻了刑罚个别化，立法者和司法者得以借助刑事政策这一工具有效地抑制犯罪。在这种二元模式指引下，对初犯、偶犯、未成年人等特殊人群实行非刑罚化的处遇措施，引导他们尽快重归社会逐渐成为一种共识。各国也开始摸索建立独立于普通程序之外的未成年人刑事程序。

2. 附条件不起诉制度的实践渊源

附条件不起诉制度是在起诉法定主义、起诉裁量主义二元模式影响下建立起来的众多制度之一，但我国附条件不起诉制度的程序设置、条文规定主要还是来源于基层检察机关的试点探索。我国附条件不起诉制度的改革走了一条“从地方到中央、从个案探索到试点规定再到立法规定”的改革道路。具体来说，我国实践中关于附条件不起诉制度的改革探索可以分为两个阶段：[1]

(1) 初步探索阶段。即在将附条件不起诉作为正式改革项目之前检察机关进行改革探索的阶段。这一阶段从1992年到2008年，主要是对未成年犯罪嫌疑人进行暂缓不起诉处理，并设立一定的考验期。如1992年上海市长宁区人民检察院对一名涉嫌盗窃的16岁的未成年犯罪嫌疑人进行暂缓起诉处理；2000年湖北省武汉市江岸区人民检察院对一名未成年犯罪嫌疑人进行暂缓起诉处理；2001年河北省石家庄市长安区人民检察院对未成年人的轻微犯罪设定一定的考察期，期满不予起诉；2002年3月，苏州市沧浪区人民检察院对一名涉嫌盗窃的在校未成年学生，决定暂缓起诉，考察期为半年；2003年1月，南京市浦口区人民检察院对一名涉嫌盗窃的大学生决定暂缓不起诉，

---

〔1〕 参见邓思清：“建立我国的附条件不起诉制度”，载《国家检察官学院学报》2012年第1期。

确定“帮教实施方案”和为期5个月的考察期；2004年5月21日，北京市海淀区检察院、区公安局、区妇联、区团委联合签署实行暂缓起诉制度协定书，标志着犯罪未成年人的暂缓起诉制度首次在北京实施；2005年5月30日，山西省榆社县检察院对两名16岁少年涉嫌抢劫的案件作出暂缓不起诉决定，确定了1年的考验期限，由公安局、检察院、学校、家长共同签订帮教考察协议书，该案后被媒体称之为“中国‘暂缓起诉首例命案’”；2007年8月，辽宁省盘锦市双台子区检察院对一名涉嫌敲诈勒索的高二学生作出暂缓起诉决定，考验期为1年，在考验期间内，该学生在高考中以优异的成绩被沈阳某大学录取，2008年10月16日，双台子区检察院邀请区政法委、区人大代表、人民监督员、学校教师等各界代表，召开案件终结听证会，同年11月11日，双台子区检察院最终作出对其不起诉的决定。

（2）发展推广阶段。即在中央将附条件不起诉作为正式改革项目后各地检察机关进行改革探索的阶段。这一阶段从2009年至今，案件适用范围也从未成年人涉嫌犯罪扩大到未成年人、老年人、在校大学生等特殊人群涉嫌的轻微犯罪案件，检察机关对犯罪嫌疑人不再作暂缓不起诉决定，而是作附条件不起诉决定，并设立一定的考验期限。该阶段的特点是在上一阶段个别地方检察院探索的基础上，各地检察机关纷纷制定相应的规定，并进行大规模的探索试点工作。如山东省、河南省、四川省、江苏省、浙江省、湖南省、吉林省、辽宁省、上海市、重庆市等省市，都正在进行附条件不起诉改革探索。据不完全统计，全国有1/3以上的省市正在进行附条件不起诉改革试点工作。如2010年7月1日，河南省人民检察院出台《关于适用附条件不起诉的规定（试行）》要求全省各级检察院从2010年8月1日起按照此规定进行试点。

从各地的改革试点情况来看，附条件不起诉在化解社会矛盾、节约司法资源等方面都取得了较好的效果，得到了社会各界的广泛认可和支持，因而成为我国司法改革和法律修改的一项重要内容。但是，关于在立法中如何规定附条件不起诉制度，理论界和实务界尚未达成共识。检察机关在改革探索过程中，对涉及附条件不起诉的有关问题进行了有益的探索。例如，湖南省长沙市检察院在附条件不起诉决定作出前，探索了公开听证程序；河南省信阳市检察院对附条件不起诉的范围和所附条件进行了探索；山东省平阴县检察院在附条件不起诉决定作出后，引入了人民监督员制度对其进行监督；四川省广安市检察院在附条件不起诉决定作出后，对被附条件不起诉人建立了帮教基地；江苏省南京市浦口区为了对被附条件不起诉人进行有效的考察监督，成立了名为“大学生预防犯罪中心”的帮教组织等。这些改革探索所提出或设计的多个改革方案，对合理构建我国的附条件不起诉制度具有重要的参考价值。

为了适应国内犯罪情况的新变化以及国际社会对轻微犯罪处理的非犯罪化、非刑罚化、非监禁化的发展趋势，我国确立了宽严相济的司法政策，并在该司法政策的指导下正在进行司法体制和机制改革，其目的在于完善有关的诉讼制度，以解决司法实践中存在的司法不公、人权保障不充分等突出问题。在司法改革中，根据中央司法改革意见，各地检察机关正在探索附条件不起诉制度，取得了很好的效果。2011 年 8 月，在全国人大常委会委员长会议提出的《刑事诉讼法修正案（草案）》中，拟定了我国附条件不起诉制度的方案，并广泛征求社会各界的意见。2012 年修改的《刑事诉讼法》将附条件不起诉制度写入法律。全国人民代表大会常务委员会于 2014 年 4 月 24 发布了《关于〈中华人民共和国刑事诉讼法〉第二百七十一条第二款的解释》对其制度借助立法解释进行修改。

3. 附条件不起诉的基本价值的诠释

在我国，未成年人犯罪是指已满 14 周岁不满 18 周岁的人所实施的危害社会、应受刑罚处罚的行为。未成年人犯罪是一个复杂的社会现象，它具有很多不同于成年人犯罪的特征。

未成年人刑事司法与普通刑事司法在理念上的根本分歧要求产生相对独立存在的未成年人刑事诉讼体系。1899 年，美国建立世界上第一个未成年人法院，从此在世界范围内掀起了一场影响深远的少年刑事司法改革运动，英国在 1908 年建立了独立的未成年人法院，同年德国在法兰克福刑事法院设立了专门管辖未成年人犯罪的部门。经过了一个多世纪的演变，西方各国关于未成年人刑事诉讼的典型模式可以归结为两种即福利模式与司法模式。福利模式认为，未成年人的行为受环境的影响，未成年人犯罪是一些社会弊端的反映，其犯罪源于复杂的因素，犯罪的未成年人需要治疗而不是惩罚。在该模式下，未成年人刑事案件由专门的法官审理，未成年人并不会受到严厉的刑罚处罚，法官只有裁断采取保护性措施的权力。福利模式以美国、英国、加拿大等国为代表。而司法模式则强调未成年人应当对自己所实施的行为负责，强调对未成年犯罪人进行威慑和敦促未成年犯罪人对被害人、社会进行补偿。但司法模式中也为被告人设置了一系列诉讼权利保障。司法模式以德国为代表。目前，两种模式存在互相融合的趋势。我国的附条件不起诉制度对上述两种少年司法模式都有吸收和借鉴。

（1）特殊预防价值。特殊预防又称“再犯预防”，是指以特定的涉罪人员为对象，以防止重新犯罪为内容的犯罪预防工作。[1]特殊预防是在目的刑思想影响下产生的，与一般预防一起试图通过对不同的犯罪嫌疑人实施差别化的对待最大限度地防止犯罪的发生。有效的特殊预防工作能够最大限度地降低涉罪人员重新犯罪的概率是刑事犯罪学与社会学达成的一个基本共识。美国犯罪学家马汶·沃尔夫冈（Marvin Wolfgang）曾经提出著名的“6%定律”，即从未成年人变成累犯的6%的罪犯实施了当地50%的罪案。[2]而德国刑法学者李斯特（Franz von Liszt）通过实证分析得出结论：如果对未成年人采取社会化、非刑罚化、人道化的措施将大幅度的降低未成年人成为累犯的概率。附条件不起诉制度通过放宽对未成年犯罪嫌疑人采取非刑罚化措施的条件，实际上也是在贯彻特殊预防的理念。

刑事诉讼活动作为一项现实的活动，其过程必然要消耗大量社会资源。诉讼经济原则要求，以最小的司法资源的投入取得惩治犯罪和保护人权的最大收益。[3]现代社会犯罪浪潮的严峻形势，对当今各国的刑事司法系统都提出了新的挑战。繁冗拖沓的诉讼程序是不足以应对日益增长的犯罪案件的。诉讼经济问题成了一个人们无法回避的现实问题，而不再仅仅是一个价值选择的问题，宽严相济的刑事政策要求对情节并不恶劣的未成年人犯罪采取非刑罚化的措施，以节约诉讼成本。附条件不起诉制度，一方面得以避免起诉法定主义的刻板化、制式化；另一方面，就诉讼资源之节省及避免给予犯罪嫌疑人有犯罪之烙印，使其重新回归社会，符合特别预防之目的。[4]

（2）恢复性司法理念。进入19世纪，刑事犯罪学关注的焦点开始从高度

---

〔1〕 樊荣庆主编：《未成年刑事检察实务教程》，上海交通大学出版社2012年版，第211页。

〔2〕 皮艺军：“中国少年司法理念与实践的对接”，载《青少年犯罪问题》2010年第6期。

〔3〕 孙力主编：《暂缓起诉制度研究》，中国检察出版社2009年版，第61页。

〔4〕 黄瀚义：“论缓起诉制度在我国刑事诉讼法上之检讨”，载《月旦法学杂志》2005年第12期。

抽象的犯罪行为转向具有鲜明个性的犯罪人。第二次世界大战以后被害人也正式进入刑事法学研究的视野。基于对纳粹主义切肤之痛的反思，犯罪学开始关注刑事司法程序中被害人境遇。以罪犯为本位和核心的传统司法，遭到人们的批评。西方民权运动的兴起，女权运动的高涨这些都为犯罪被害人学的产生提供了宏观的社会政治背景。1941 年德国犯罪学家汉斯·冯·亨梯（Hans von Hentig）率先发表了《论犯罪人与被害人的相互作用》（Remarks on the Interaction of Perpetrator and Victim）提出了“被害人在犯罪和预防犯罪的过程中，不只是一个被动的客体，而是一个积极的主体。不能只强调罪犯的人权，且要充分地肯定和坚决保护被害人的人权”，将犯罪看做罪犯与被害人之间的一种互动过程。[1] 随着被害人学的研究深入以及犯罪率居高不下引发的对传统司法怀疑与批判日益高涨，20 世纪 70 年代一种崭新的司法模式应运而生，这就是恢复性司法（restorative justice）。恢复性司法是对传统报复性司法（retributive justice）的反叛。恢复性司法倡导者提出了一些宏大的主张，以说明恢复性方案在实现犯罪控制、满足被害人需求等方面要优于惩罚（以及治疗）方案。[2] 传统司法都是以道德和个人罪过为基础，倡导法律面前人人平等和适用的一致性以及惩罚的免除和富有意义的功能。而恢复性司法则把冲突归复给予那些受到影响的人，包括受害人、犯罪人以及相关的社区，并把他们的利益放在首位，倡导被害人和犯罪人进行协商，国家不再垄断裁决，主要的裁决者是当事人。它的基础是依赖于犯罪人、受害者和社区的关联，而不是排除这种关联。恢复性司法是寻求加害人、被害人及社区的共同参与修复及治疗，借着发现问题、回复损害、治疗创伤而进行的恢复损害的关系式正义。

4. 附条件不起诉的权力配置

2014 年 10 月 23 日，党的十八届四中全会通过的《中共中央关于全面推进依法治国若干重大问题的决定》要求，“优化司法职权配置。健全公安机关、检察机关、审判机关、司法行政机关各司其职，侦查权、检察权、审判权、执行权相互配合、相互制约的体制机制。”从我国刑事诉讼权力配置来

---

〔1〕 李立景：《犯罪私人追诉的法理逻辑》，中国法制出版社 2011 年版，第 191 页。

〔2〕［英］格里·约翰斯通：《恢复性司法：理念、价值与争议》，王平等编译，中国人民公安大学出版社 2011 年版，第 26～27 页。

看，侦查权负责犯罪事实及证据的查明，审判权负责入罪的判断，公诉权负责出罪的判断。在一定意义上，选择由具备出罪权能的人民检察院对未成年犯罪嫌疑人附条件不起诉即实现司法处遇非犯罪化的路径较为适宜。有论者对此进行了深刻的分析与论证，并认为：

（1）侦查权不具备出罪的权能。侦查权是侦查机关在刑事诉讼过程中进行专门调查工作、采取有关强制措施的权力，判断侦查权是否有出罪权能可从两方面着手，即侦查机关是否有权对有犯罪事实的案件不予侦查及是否有权对已符合起诉条件的案件不予移送。根据《刑事诉讼法》第 107 条的规定，对刑事犯罪进行侦查是侦查机关的法定义务，故侦查权在立案阶段不具备出罪权能。根据《刑事诉讼法》第 160 条规定，侦查机关对已符合起诉条件的刑事案件必须移送审查起诉，故侦查权在侦查阶段至侦查终结亦不具备出罪权能。鉴于侦查机关，特别是公安机关在我国刑事诉讼中的准司法机关性质，其首要的任务是查清犯罪事实，侦查机关无权将按照刑法应予处罚的犯罪行为擅自出罪。

（2）审判权不仅不独占出罪的权能，其更不具备该权能。《刑事诉讼法》第 12 条规定，未经人民法院依法判决，对任何人都不得确定有罪。我国在 1996 年修改《刑事诉讼法》时取消了检察机关对犯罪嫌疑人定罪免刑的免予起诉制度，进一步明确了对任何人的定罪权只属于人民法院。可以看出，审判权的核心在于通过审判活动进行有罪宣告。能不能据此反推出不对犯罪嫌疑人定罪也是审判权独占的权能呢？2006 年讨论是否建立附条件不起诉制度时，即有观点认为可能被判处 3 年以下有期徒刑的案件本来应该是定罪的，检察机关对此不起诉侵犯了审判权。需要注意的是，审判权虽也包括无罪宣告的权力，但我国实行无罪推定的原则，即无罪是公民本来具有的身份，不需要任何机关予以确认，即使不经审判权的宣告，任何行为人都享有无罪的身份。因此，审判权并未独占出罪的权能，只要不对行为人判罪便不会侵害到审判机关的审判权，故检察机关对可能被判处 3 年以下有期徒刑的案件进行出罪，即便没有法律授权，其至多属公诉权的不作为，并不侵犯到审判权。

（3）审判权在我国并不具备出罪的权能。考察审判权是否具备出罪权能应从审判机关受理案件时是否有权对应判罪的被告不予受理、审判过程中是否有权力撤销案件及宣判时是否有权对有罪被告人不判罪来判断。根据《刑事诉讼法》第 181 条的规定，审判机关对有明确犯罪事实的案件必须受理，审判权在受理阶段不具备出罪权能。在审判过程中，审判机关无权以被告人不宜被判罪而撤销或终止案件。同时，《刑事诉讼法》第195条规定，审判机关对有罪的被告，只要事实及证据都符合法律要求，就必须作出有罪判决。因此审判权在判决阶段也不具备出罪权能，其对罪行轻微的被告最多只能免除处罚。

（4）公诉权具备出罪权能。根据《人民检察院组织法》第5条规定，检察机关对于公安机关侦查的案件，进行审查，决定是否逮捕、起诉或者免予起诉。虽然定罪免刑的制度被1996年《刑事诉讼法》废除，但这也只说明公诉权不应具有定罪的入罪权能，而对于其决定是否起诉的权能一直沿用至今，当检察机关决定对依刑法规定构成犯罪并应当予以刑事处罚的犯罪行为不起诉时，其公诉权的出罪权能便得以实现。未成年人司法处遇非犯罪化本质上是对构成犯罪并应受刑罚处罚的行为予以出罪的处理，而在我国唯有公诉权具备出罪的权能，未成年人司法处遇非犯罪化的任务自然应由公诉权承担。〔1〕

三、附条件不起诉程序之理论解读

对附条件不起诉适用程序进行调整的法律规范主要包括《刑事诉讼法》第271～275条、《人民检察院刑事诉讼规则（试行）》第492～507条及2013年12月修订的《人民检察院办理未成年人刑事案件的规定》第三章第四节的22个法律条文。整个附条件不起诉程序在常态下应当包含三个必不可少的部分：人民检察院作出附条件不起诉决定、人民检察院对被附条件不起诉人进行监察考察、人民检察院根据考察结果作出起诉或者不起诉的决定。此外，为应对附条件不起诉不当适用的情形，还设置了相应的当事人救济程序。上述程序的有机结合保证人民检察院作出的附条件不起诉能够真正贯彻办理未成年人刑事案件教育为主、惩罚为辅和特殊保护的原则，实现以最符合未成年人身心特点的方式充分保障未成年人合法权益的目的。

（一）附条件不起诉的立法体例

根据国际通行的立法例，对未成年人刑事司法活动较多采用特别程序或单行法的模式加以调整。这种立法模式源于未成年人较为独特的身心特点和

〔1〕 参见肖中华、李耀杰："未成年人附条件不起诉制度的根基"，载《法治研究》2014年第5期。

立法者对未成年人这一特殊群体的特殊保护理念。

德国立法较早采用了单行法的模式。受19世纪末20世纪初少年司法改革运动影响，德国开始探索建立独立的未成年人司法程序。第一次世界大战期间及战后，德国少年犯罪情况越来越严重，这种局面促使政府于1919年向议会递交了关于少年罪犯特别处遇的法律草案；此后，为了与《少年福利法（草案）》相协调，该草案经过修改后于1922年被提交议会并于1923年通过，德国《少年法院法》及少年司法制度即告诞生。[1]德国《少年法院法》是综合规定少年违法行为及后果、教育处分、刑罚处罚、司法程序的单行法。根据《少年法院法》第1条规定，本法的适用对象为“少年和未成年青年的违法行为”。“少年是指行为时已满14周岁不满18周岁者，未成年青年是指行为时已满18周岁不满21周岁者。”同时该法相对于刑法、刑事诉讼法来说又属于特别法。《少年法院法》第2条规定：“本法未作其他规定的，始可适用普通刑法。”该法第45条中规定，在青少年被告人对其违法行为供认不讳而检察官认为有给予处分的必要但无提起诉讼的必要时，检察官可以建议少年法官对涉案未成年人给予指示或规定义务，未成年人如接受指示或规定之义务，始可免于追诉。[2]

日本同样采用了单行法的体例。区别于德国《少年法院法》，日本《少年法》对涉罪未成年人处理的特殊性主要体现在程序层面。在日本，少年案件（或称“事件”）适用区别于普通刑事诉讼程序的特别程序规定，少年司法程序主要在《少年法》[3]中加以规定。昭和23年（1948年）制定的《少年法》确立了现行的少年司法程序，该法规定所有少年（未满20岁者）涉嫌的案件均应移送家庭法院（或称家庭裁判所）[4]。其中相当于罚金刑以下程度的嫌疑案件，由司法警察员直接移送到家庭法院，相当于禁锢刑以上程度的犯罪

---

〔1〕刘灿华：“德国、日本少年司法制度的变迁及其启示”，载《时代法学》2011年第6期。

〔2〕参见《德国刑法典》，徐久生、庄敬华译，中国方正出版社2004年版，第193页。

〔3〕日本第一部《少年法》最早公布于大正天皇11年（1922年），第二次世界大战后，于昭和23年（1948年）进行了重新制订，现行《少年法》是在1948年版本的基础上演变而成。

〔4〕家庭裁判所是日本下级法院之一。主要受理《家事审判法》规定的家庭案件的审判和调解以及《少年法》规定的少年保护案件的审判。此外，还负责对离婚案件进行调解，调解不成的送地方裁判所民事庭处理。成年人虐待儿童的犯罪案件，也由家庭裁判所受理。家庭裁判所实行不公开审理原则，一般由1名法官独任审判。参见李伟民编著：《法学辞源》，黑龙江出版社2002年版，第2803页。

嫌疑案件经由检察官移送家庭法院。家庭法院在审查的基础上判断少年案件是否应进行刑事处分或保护处分[1]。只有家庭法院认定应当给予刑事处分的未成年人案件并将其再次移送给检察官（又称“逆送”），检察官才可以对这部分少年案件提起公诉。[2]当然，检察官根据移送后的情况认为不应当追诉。也可以将案件退回家庭法院。采取家庭法院前置审查的方式，使能够被施以保护处分的涉罪未成年人在程序上更早地脱离刑事司法程序。

我国《刑事诉讼法》采取了设置特别程序编的方式规定未成年人刑事司法程序，附条件不起诉规定在特别程序编中能够保证未成年人刑事司法程序与普通刑事司法程序相对独立又不完全脱离《刑事诉讼法》。

（二）附条件不起诉的决定程序

检察机关对符合附条件不起诉的未成年犯罪嫌疑人作出附条件不起诉的决定是整个附条件不起诉程序中最为核心的部分。检察机关在作出附条件不起诉决定时应当满足对象适格、主体适格、程序适格三个方面的要求。

1. 附条件不起诉适用对象

尽管检察机关对未成年人刑事案件采取了特殊保护的原则，但不等同于对所有未成年犯罪嫌疑人均可以实行附条件不起诉。从《人民检察院刑事诉讼规则（试行）》和《人民检察院办理未成年人刑事案件的规定》的规定来看，适用附条件不起诉应当满足以下条件：

（1）未成年犯罪嫌疑人必须是涉嫌刑法分则第四、五、六章规定的犯罪。从刑法分则的设置上来看，第四章规定了侵犯公民人身权利、民主权利罪，第五章规定了侵犯财产罪，第六章规定了妨害社会管理秩序罪。这里应当注意的是，我国刑法分则没有借鉴法、德等大陆法系国家的刑法分则分章模式，

---

〔1〕保护处分，也称保护观察，是指在未成年人的非行行为（犯罪、触法以及虞犯倾向）并未产生严重发展趋势的情形下，但已经在日常的生活态度、与同学的关系中存在各种各样的问题，需要对其进行处置，使其能够在家庭和学校里继续生活，从而委托保护观察所予以监督指导的过程。根据现行《少年法》第24条第1项的规定，经家庭裁判所审判之后，需要送交保护观察所、儿童自立支援设施（旧称教护院）、儿童养护设施、少年院等机构，对非行少年进行保护处分。少年一旦被交付保护观察，便由专门的社会福利机构调查员作为保护观察官予以指导。少年每月还须数次到当地的民间合作者的“保护司”去报到，保护司也要走访少年的家庭和学校，而且，少年要向保护司汇报自己的生活情况，保护司就少年存在的问题予以具体帮助和指导。

〔2〕参见吴海航：《日本少年事件相关制度研究兼与中国的制度比较》，中国政法大学出版社2011年版，第65～70页。

以刑罚轻重为标准将犯罪区分为重罪、轻罪、违警罪等，仍采前苏联式的以同类客体为标准的分章模式。因此，刑法分则第四、五、六章中既包含可判处死刑的犯罪（如故意杀人罪、绑架罪），也包含可单处拘役的犯罪（如侵犯通信自由罪）。《刑事诉讼法》及相关法规将附条件不起诉的适用范围限定为刑法分则第四、五、六章的做法并非是对试点工作做法的继承，这种限定是否科学合理目前仍然存在争议。支持者认为，限定为刑法分则第四、五、六章犯罪基本可以覆盖常见的青少年犯罪类型；同时将危害国家安全罪、危害公共安全罪等犯罪排除在外，也能够保持刑法对这些严重犯罪的威慑力。但也有的观点认为，虽然刑法分则第四、五、六章中包含了盗窃、抢劫、故意伤害（轻伤、重伤）、聚众斗殴、寻衅滋事等高发未成年人犯罪类型，但也将“交通肇事罪、危险驾驶罪、信用卡诈骗罪等青少年常见多发轻微犯罪排除在了附条件不起诉之外，不利于对未成年人的教育、挽救，限制了附条件不起诉制度功能的充分发挥”。[1]

（2）未成年犯罪嫌疑人的犯罪行为必须是“根据具体犯罪事实、情节，可能被判处1年有期徒刑以下刑罚”的犯罪，才可以适用附条件不起诉。《刑事诉讼法》第271条仅仅采纳了“可能判处1年有期徒刑的表述”，因此也引发了1年有期徒刑是指法定刑还是宣告刑的争议。

刑罚根据其功能、作用、表现形式上的不同，可以分为法定刑、宣告刑、执行刑。法定刑，是指刑法分则及其他刑法规范中针对具体犯罪的罪状而规定的刑种和刑度（刑罚的幅度）。而宣告刑则是司法机关根据犯罪的事实、犯罪的性质、情节和对于社会的危害程度，依法对犯罪分子判处的具体刑罚。因此，刑法分则规定的法定刑是司法机关决定宣告刑最基本的法律依据，宣告刑是司法机关根据案件的具体情况依法对犯罪分子适用法定刑的结果。[2]一般说来确定宣告刑的过程中所要考虑的量刑情节和因素远比立法者确定法定刑档次、区间时所考虑的更多、更复杂，而每个司法人员基于不同的认识在衡量量刑情节大小时又不可避免的存在差异性。这种差异性也是导致司法实践中“同案不同判”现象出现的原因之一。在刑事诉讼程序中，虽然宣告刑通常仅限于人民法院针对刑事被告人判处的具体刑罚。但事实上，在侦查、

〔1〕彭智刚、王珊珊：“附条件不起诉制度的缺陷与分析”，载《人民司法》2013年第9期。

〔2〕参见陈忠林主编：《刑法（分论）》，中国人民大学出版社2003年版，第10～14页。

审查起诉阶段，侦查人员和检察官在衡量羁押必要性、作出是否提起公诉等决定时，同样需要在内心确定一个“宣告刑”。相比较之下，法定刑虽然也存在绝对确定的法定刑与相对确定的法定刑之分，但显然法定刑所确定的刑罚幅度与界限要比宣告刑清晰很多。德国刑事诉讼法正是基于这种考虑在确定暂缓起诉适用对象时采用了法定刑的标准。《德国刑事诉讼法》第 153 条 a 规定：“①经负责开始法庭审理程序的法院和被指控人同意，检察院可以对轻罪暂不予提起公诉……”[1]这里所称的“轻罪”就是一种法定刑罚幅度。根据《德国刑法典》第 12 条的规定，轻罪指最高刑为 1 年以下自由刑或科处罚金刑的违法行为。[2]

我国刑法分则在确定个罪的法定刑区间时往往采取“以上”、“以下”加时间点表述方式，与《刑事诉讼法》第 271 条的表述方式相类似。这里所表述的“可能被判处 1 年有期徒刑以下刑罚”解释为法定刑存在明显不合理之处。首先，如果将附条件不起诉对象限定在法定刑为 1 年以下有期徒刑的犯罪，由于刑法分则第四、五、六章中较多采用有期徒刑 3 年作为法定刑档次的节点，因此满足条件的罪名只有第 252 条侵犯通信自由罪和第 322 条偷越国（边）境罪这两个罪名。其次，限定在法定刑有期徒刑 1 年以下将导致附条件不起诉同相对不起诉在适用对象上的交叉。

因此“可能判处 1 年有期徒刑以下刑罚”应当理解为宣告刑。而《未成年人刑事案件规定》在第 29 条表述为“根据具体犯罪事实、情节，可能判处 1 年有期徒刑以下刑罚”也可以看做是对《刑事诉讼法》规定进行了更详细的文义解释。然而，采取宣告刑标准本身存在界限模糊的难题，实践中仍然倾向于借助法定刑标准进行区分。

首先，应当理解为是根据未成年人犯罪案件的具体犯罪事实、情节可能判处的刑罚；其次，由于我国刑法分则规定的刑罚幅度是以成年人犯罪为基准而设立的，因此，根据刑法总则第 17 条对未成年人犯罪“从轻或者减轻处罚”的规定，对于“可能判处 1 年有期徒刑以下刑罚”，可以具体把握其法定量刑档次原则上为“3 年有期徒刑以下刑罚”，特殊情况下“3 年以上 5 年以

〔1〕 陈光中、[德] 汉斯－约格阿尔布莱希特主编：《中德不起诉制度比较研究》，中国检察出版社 2002 年版，第 66 页。

〔2〕《德国刑法典》，徐久生、庄敬华译，中国方正出版社 2004 年版，第 8 页。

下刑罚”也可以考虑适用。[1]我们认为，将“1年有期徒刑以下刑罚”认定为是可能判处的刑罚这是基本立场是正确的，将适用范围解释为“3年以下有期徒刑，特殊情形下3至5年有期徒刑也可”的做法需要在司法实践中综合考虑，结合其他情节考虑。

我国采用宣告刑标准也有其科学之处和深层考虑。首先，以宣告刑为标准内在的要求司法人员对未成年人刑事案件进行通盘的、细致的考虑，尽量不遗漏任何有利于未成年犯罪嫌疑人的量刑情节。这符合尽最大努力“帮助和保护”未成年人的基本理念。其次，采用宣告刑标准能够防止公诉权被滥用。从实证的角度来说，每一个案件的宣告刑都是由审理该案件的审判人员作出的，且应当是唯一的。采用宣告刑标准实际上是敦促检察官在决定是否作出附条件不起诉决定时，站在审判者的角度，对宣告刑可能作出的幅度进行“猜测”。通过使检察官认识到滥用公诉权将受到审判权的纠正，可以保证公诉权不被滥用。最后，使用宣告刑标准也符合我国侦查、审查起诉阶段证明标准的内在要求。我国《刑事诉讼法》规定，侦查终结、提起公诉的证明标准均为“事实清楚，证据确实充分”，这一证明标准同样是审判的证明标准。可见我国刑事诉讼对侦查、审查起诉中的调查活动提出了很高的证明要求。目前，对这种证明标准设置模式是否合理还存在争议，但不可否认这种模式为公安、检察机关在查清事实的基础上及时行使不定罪权提供了充分的理由。[2]此外，人大法工委的相关负责人在解释没有借鉴试点工作中“3年以下有期徒刑”的法定刑标准时也提出，由于法定刑常以法定最高刑以下的方式表述，而法定最高刑的刑期往往较高，此标准以内涵盖了刑法分则第四、五、六章的大部分罪名，因此很容易引起争议。而由于宣告刑往往低于法定最高刑，采取宣告刑的标准由司法人员反推法定刑可以有效避免社会争议和压力。[3]

虽然通过采取宣告刑标准，立法者将确定案件可否适用附条件不起诉的

---

〔1〕张寒玉、吕卫华：“附条件不起诉制度若干问题研究”，载《人民检察》2013年第9期。

〔2〕根据《刑事诉讼法》的规定，定罪量刑的权力只属于人民法院，但能够行使不定罪权的主体却不是唯一的，公安、检察机关都有不定罪权，一旦认定犯罪嫌疑人不应承担刑事责任，就应当尽快终止刑事追诉程序，避免对其权益造成更大的侵害。

〔3〕参见张寒玉、吕卫华：“附条件不起诉制度若干问题研究”，载《人民检察》2013年第9期。

决定权交给了司法机关，但宣告刑幅度相对模糊的缺点仍然没有消除。事实上，决定权一旦移交司法机关，不同地方检察院对类似案件采取不同做法的现象就不可避免地出现了。通过对比不难发现，检察官在内心形成“宣告刑”的过程同审判人员在审判中作出宣告刑的过程并无明显不同，因此解决附条件不起诉“同案不同处理”现象完全可以借鉴纠正审判中“同案不同判”现象相同的做法——量刑规范化与数字化。

为了实现量刑规范化，2011年9月13日，最高人民法院下发了《人民法院量刑指导意见（试行）》。其第二部分明确了“确定量刑起点→根据犯罪情节确定基准刑→以量刑情节加减基准刑→得出宣告刑”的量刑步骤。更为重要的是，《人民法院量刑指导意见（试行）》对常见量刑情节在多大幅度内影响量刑确定了一个具体调节比例。具体如下（见下表）：

量刑情节	判断标准	影响量刑的幅度
未成年人犯罪	应当综合考虑未成年人对犯罪的认识能力、实施犯罪行为的动机和目的、犯罪时的年龄、是否初犯、悔罪表现、个人成长经历和一贯表现等情况。	予以从宽处罚：①已满14周岁不满16周岁的未成年人犯罪，可以减少基准刑的30%～60%；②已满16周岁不满18周岁的未成年人犯罪，可以减少基准刑的10%～50%。
未遂犯	综合考虑犯罪行为的实行程度、造成损害的大小、犯罪未得逞的原因等情况。	可以比照既遂犯减少基准刑的50%以下。
从　犯	应当综合考虑其在共同犯罪中的地位、作用，以及是否实施犯罪实行行为等情况。	予以从宽处罚，可以减少基准刑的20%～50%；犯罪较轻的，可以减少基准刑的50%以上或者依法免除处罚。
自　首	综合考虑投案的动机、时间、方式、罪行轻重、如实供述罪行的程度以及悔罪表现等情况。	可以减少基准刑的40%以下；犯罪较轻的，可以减少基准刑的40%以上或者依法免除处罚。
立　功	综合考虑立功的大小、次数、内容、来源、效果以及罪行轻重等情况。	一般立功的，可以减少基准刑的20%以下；重大立功的，可以减少基准刑的20%～50%；犯罪较轻的，可以减少基准刑的50%以上或者依法免除处罚。

续表

量刑情节	判断标准	影响量刑的幅度
当庭自愿认罪	根据犯罪的性质、罪行的轻重、认罪程度以及悔罪表现等情况。	可以减少基准刑的10%以下，依法认定自首、坦白的除外。
退赃、退赔	综合考虑犯罪性质，退赃、退赔行为对损害结果所能弥补的程度。	退赃、退赔的数额及主动程度等情况，可以减少基准刑的30%以下。
积极赔偿被害人经济损失	综合考虑犯罪性质、赔偿数额、赔偿能力等情况。	可以减少基准刑的30%以下。
取得被害人或其家属谅解	综合考虑犯罪的性质、罪行轻重、谅解的原因以及认罪悔罪的程度等情况。	可以减少基准刑的20%以下。
累　犯	应当综合考虑前后罪的性质、刑罚执行完毕或赦免以后至再犯罪时间的长短以及前后罪罪行轻重等情况。	可以增加基准刑的10%～40%。
前科劣迹	综合考虑前科劣迹的性质、时间间隔长短、次数、处罚轻重等情况。	可以增加基准刑的10%以下。
犯罪对象为未成年人、老人、残疾人、孕妇等弱势人员	综合考虑犯罪的性质、犯罪的严重程度等情况。	可以增加基准刑的20%以下。
重大自然灾害，预防、控制突发传染病疫情等灾害期间犯罪	根据案件的具体情况。	可以增加基准刑的20%以下。

在最高人民法院《人民法院量刑指导意见（试行）》的指导下，地方法院相继制定了更加细致的《〈法院量刑指导意见〉实施细则》，但最高人民法

院颁布的《人民法院量刑指导意见（试行）》在法律位阶上仅仅是人民法院的司法解释，主要作用是为了指导人民法院审判人员的定罪量刑工作。而附条件不起诉决定乃是人民检察院在审查起诉阶段的过程中就必须要作出的，如果在决定适用时还要参照《人民法院量刑指导意见（试行）》不免会引起不必要的争议和混乱。此外，针对未成年犯罪嫌疑人适用附条件不起诉所应当考虑的情节和未成年犯罪嫌疑人的自身情况显然超出了人民法院在审理普通刑事案件时所要考虑的量刑情节。最高人民检察院也有必要制定《人民检察院关于适用附条件不起诉程序若干问题的规定》的司法解释，集中规定未成年犯罪嫌疑人犯罪行为通常会具有的情节和未成年犯罪嫌疑人在家庭、成长环境等方面的共通情况，同时统一不同地区基层人民检察院对适用附条件不起诉的认识。

对于未成年人犯罪，应当综合考虑罪行的轻重、未成年人对犯罪的认识能力、实施犯罪行为的动机和目的、犯罪的年龄、个人成长经历和一贯表现等情况，予以从宽处罚。

首先，应当考虑未成年犯罪嫌疑人的年龄，前面提到年龄一定程度上决定了未成年人的大脑发育成熟度，也与未成年人的社会化程度相对应，因此应当考虑针对不同的年龄设置不同的减刑幅度，例如，①已满14周岁不满15周岁的未成年人犯罪，可以减少基准刑的40%～60%；②已满15周岁不满16周岁的未成年人犯罪，可以减少基准刑的30%～60%；③已满16周岁不满17周岁的未成年人犯罪，可以减少基准刑的20%～50%；④已满17周岁不满18周岁的未成年人犯罪，可以减少基准刑的10%～40%。

其次，应当考虑未成年犯罪嫌疑人在共同犯罪中是否处于从属地位，是否具有受成年人教唆、引诱、胁迫犯罪的情节，可以酌情减少基准刑的15%～35%。

再次，根据学校、监护人在未成年人成长过程中是否存在未充分履行监护责任、对未成年人犯罪负有间接责任的情形，可以酌情减少基准刑的10%以下。

最后，如果未成年人社会调查结果良好，积极悔过的，也可以酌情减少基准刑的20%以下。当然，不同量刑情节的调节比例仍然需要借助司法实践进行磨合，以防止有违公平的现象出现。

（3）未成年犯罪嫌疑人的行为必须“犯罪事实清楚，证据确实、充分，符合起诉条件”。《人民检察院办理未成年人刑事案件的规定》增加了“犯罪事实清楚，证据确实、充分”这一条件，它是我国《刑事诉讼法》为审查起诉阶段设置的证明标准。公诉案件承办人只有得出案件“犯罪事实清楚，证据确实充分”的结论时，才可以提起公诉。

（4）具有悔罪表现。悔罪表现是对未成年犯罪嫌疑人主观恶性和人身危险性进行重新衡量的必要条件。同时，未成年犯罪嫌疑人诚心悔罪，也从侧面反映了未成年犯罪嫌疑人愿意接受人民检察院的教育和矫治。

3. 附条件不起诉决定主体

根据《刑事诉讼法》第271条的规定，“人民检察院”可以作出附条件不起诉的决定。但该条文更像是一种授权性规定，在办理未成年人刑事案件时，仍然有必要明确附条件不起诉决定权的主体。《人民检察院办理未成年人刑事案件的规定》第32条规定：“适用附条件不起诉的审查意见，应当由办案人员在审查起诉期限届满15日前提出，并根据案件的具体情况拟定考验期限和考察方案，连同案件审查报告、社会调查报告等，经部门负责人审核，报检察长或者检察委员会决定。”由此可见，检察长或者检察委员会是附条件不起诉决定权的真正主体。

然而，附条件不起诉决定并不是一个终局意义上的决定。在检察长或检察委员会作出对未成年犯罪嫌疑人适用附条件不起诉的决定后，人民检察院还需要进行一系列的监督考察才能决定是否对未成年犯罪嫌疑人作出终局性的不起诉决定。在考验期满后是否有必要再提交检察委员会讨论的问题上存在不同观点。有论者主张，即便未成年犯罪嫌疑人在考验期内遵守规定、履行义务，考验期届满也应当报经检委会决定不起诉。因为此时的不起诉决定是属于终局的实质性处理，因此从应然角度看，应当提请检委会讨论通过，只是此次检委会讨论的内容是针对被附条件不起诉之人在考察期间的表现情况接受检委会委员的问询，而不再就案件性质、犯罪行为、犯罪情节是否适合不起诉进行讨论决定。[1]也有观点认为，《刑事诉讼法》和《人民检察院办理未成年人刑事案件的规定》已经明确规定被附条件不起诉的未成年犯罪嫌疑人应当撤销附条件不起诉的情形，考验期满的，人民检察院应当作出不起

〔1〕程晓璐：“适用附条件不起诉需要明确和细化的五个问题”，载《预防青少年犯罪研究》2012年第6期。

诉的决定。因此，作出不起诉决定是考验期满的必然结果，没有必要再开检委会对考验期内的监督考察情况进行再次评估，可以直接报请检察长作出不起诉决定。

无论是《刑事诉讼法》抑或《人民检察院办理未成年人刑事案件的规定》均规定了“人民检察院在作出附条件不起诉的决定以前，应当听取公安机关、被害人、未成年犯罪嫌疑人的法定代理人、辩护人的意见，并制作笔录附卷。被害人是未成年人的，还应当听取被害人的法定代理人、诉讼代理人的意见。”这里应当明确，听取意见并不等同于征求其同意，人民检察院不能因为公安机关、被害人等提出异议就改变附条件不起诉决定。因此，公安机关，被害人，未成年犯罪嫌疑人的法定代理人、辩护人，未成年被害人的法定代理人、诉讼代理人并不是附条件不起诉决定权的主体。

4. 附条件不起诉决定程序

（1）不公开听证程序。《人民检察院办理未成年人刑事案件的规定》第30条、第31条第1款规定：“人民检察院在作出附条件不起诉的决定以前，应当听取公安机关、被害人、未成年犯罪嫌疑人的法定代理人、辩护人的意见，并制作笔录附卷。被害人是未成年人的，还应当听取被害人的法定代理人、诉讼代理人的意见。”“公安机关或者被害人对附条件不起诉有异议或争议较大的案件，人民检察院可以召集侦查人员、被害人及其法定代理人、诉讼代理人、未成年犯罪嫌疑人及其法定代理人、辩护人举行不公开听证会，充分听取各方的意见和理由。”“不公开听证”程序是附条件不起诉规定的特别程序，它并不是附条件不起诉决定作出的必经程序，主要适用于公安机关、被害人对附条件不起诉争议较大的案件。

近年来，对不起诉决定进行公开审查的呼声一直很高，2000年全国检察机关公诉改革工作会议中也将对不起诉案件的公开审查列为七大公诉改革之首，可以说探讨不起诉案件的听证程序不仅是理论上的需要也是实践中的需要。《刑事诉讼法》只规定不起诉的实质要件，即哪些情形适用不起诉，而对作出不起诉决定的具体程序没有规定，实践中作出不起诉决定的理由、证据几乎不公开，其过程处于一种《暗箱操作》状态，导致实践中出现了一些“人情不起诉”、“以罚代诉”的做法，这不仅违背了不起诉制度设立的初衷而且严重地削弱了检察机关的公信力和权威，有司法腐败及司法不公之嫌。法律上规定犯罪嫌疑人、被害人、侦查机关对不起诉决定不服只能在不起诉决定作出后寻求救济，这种救济具有一定的滞后性，不利于及时发现不起诉决定的错误并及时纠正，而且这种事后救济在某种程度上会造成司法资源的浪费、增加司法成本，如侦查机关不服向检察院申请复议、复核的，检察机关必须得再次启动审查程序，造成司法资源的浪费；另外，由于与不起诉过程的不公开导致的不信任感将促使犯罪嫌疑人、被害人事后通过申诉、起诉的途径来寻求救济，而且法律上对这些救济方式并未规定时效，这样一来将大大增加检察机关及法院的工作量（如被害人将不起诉的案件直接向法院起诉），增加司法成本。使原本符合诉讼经济的不起诉制度变得不经济。因此，为了更好地完善不起诉制度，更好地发挥不起诉制度的应有价值，有必要健全不起诉的具体实施程序，而不起诉的公开听证程序正是健全不起诉具体实施程序的一种尝试。

在附条件不起诉制度中率先规定不公开听证程序一方面是借助听证程序“陈述——答辩”的方式，让各方均能够充分表达对附条件不起诉决定的观点及理由，以便消除分歧。听证具备了司法的核心要素，即两造对抗、裁判中立，在听证的过程中，对立双方都享有平等机会提出自己的证据和意见，反驳对方的证据和意见等，但听证的运作却较纯粹的司法程序更为简捷，可以在冗繁的诉讼程序中迅速地为当事人提供公正的权利救济。[1]另外，采取不公开听证要注重保护未成年犯罪嫌疑人的隐私，避免案件情况的泄漏损害未成年犯罪嫌疑人的利益。

对附条件不起诉程序开展不公开听证应当注意以下几个环节：合理设定启动听证程序的主体、完善听证程序参与人的权利义务、为听证的公开性与对未成年人的隐私的保护设置一个平衡点。根据《人民检察院办理未成年人刑事案件的规定》的规定，不公开听证程序召集主体只能是人民检察院，公安机关、被害人以及其他诉讼参与人无权启动不公开听证程序。不公开听证程序并不必然适用于每个未成年人刑事案件，而是仅限于公安机关或者被害人对附条件不起诉有异议或争议较大、人民检察院认为有必要启动不公开听证程序的案件。

不公开听证程序的参与人应当包含人民检察院办案人员、侦查人员、被

〔1〕 陈卫东、程永峰：“新一轮检察改革中的重点问题”，载《国家检察官学院学报》2014年第1期。

害人及其法定代理人、诉讼代理人、未成年犯罪嫌疑人及其法定代理人、辩护人。应当由检委会或分管检察长主持，进行如下不公开听证程序：首先由人民检察院办理案件的工作人员对做出附条件不起诉决定的理由、依据进行陈述。其次，由对附条件不起诉决定有异议的侦查人员或被害人陈述反对意见或对人民检察院做出附条件不起诉决定的理由、依据进行反驳或质疑。最后，由分管检委会或分管检察长对是否做出附条件不起诉决定进行说明，并对侦查人员、被害人的质询进行答复和解释。

有关不公开听证程序仍然有待进一步的研究，公开是听证程序的灵魂和精髓，如果限定参加听证程序的范围，听证程序的公正性将面临挑战。同时，附条件不起诉决定原本是由检委会讨论做出，如果不公开听证程序仍然由检委会或分管检察长主持，能否保持听证程序的中立性也存在难题。

（2）附条件不起诉决定宣告程序。《人民检察院办理未成年人刑事案件的规定》第 33 条规定："人民检察院作出附条件不起诉的决定后，应当制作附条件不起诉决定书，并在 3 日以内送达公安机关、被害人或者其近亲属及其诉讼代理人、未成年犯罪嫌疑人及其法定代理人、辩护人。送达时，应当告知被害人或者其近亲属及其诉讼代理人，如果对附条件不起诉决定不服，可以自收到附条件不起诉决定书后 7 日以内向上一级人民检察院申诉。人民检察院应当当面向未成年犯罪嫌疑人及其法定代理人宣布附条件不起诉决定，告知考验期限、在考验期内应当遵守的规定和违反规定应负的法律责任，以及可以对附条件不起诉决定提出异议，并制作笔录附卷。"《刑事诉讼法》第 174 条规定："不起诉的决定，应当公开宣布，并且将不起诉决定书送达被不起诉人和他的所在单位。如果被不起诉人在押，应当立即释放。"可见，附条件不起诉决定在宣布程序上适用了特殊的规则。

不公开宣布的规定应从两个层面上理解：一是不公开宣布是保护未成年犯罪嫌疑人的隐私的需要。由于附条件不起诉决定的前提是未成年犯罪嫌疑人的行为"犯罪事实清楚，证据确实、充分，符合起诉条件"，因此公开宣布附条件不起诉决定即意味着将未成年犯罪嫌疑人"有罪"的事实予以宣布，不利于保护未成年犯罪嫌疑人的隐私。公开宣布同样不利于对未成年犯罪嫌疑人进行监督考察和教育矫治。二是附条件不起诉决定仍然有必要向相关人宣布并送达，尤其是应当及时向未成年犯罪嫌疑人及其法定代理人宣布，以便其充分了解考察义务、考验期限，保障其提出异议的权利。

此外，针对被附条件不起诉人可能被拘留或逮捕的情形，《人民检察院办理未成年人刑事案件的规定》第34条明确规定："未成年犯罪嫌疑人在押的，作出附条件不起诉决定后，人民检察院应当作出释放或者变更强制措施的决定。"

（三）附条件不起诉考察程序的解读

1. 附条件不起诉的考验期

《人民检察院办理未成年人刑事案件的规定》第40条、第45条第3款规定："人民检察院决定附条件不起诉的，应当确定考验期。考验期为6个月以上1年以下，从人民检察院作出附条件不起诉的决定之日起计算。考验期不计入案件审查起诉期限。考验期的长短应当与未成年犯罪嫌疑人所犯罪行的轻重、主观恶性的大小和人身危险性的大小、一贯表现及帮教条件等相适应，根据未成年犯罪嫌疑人在考验期的表现，可以在法定期限范围内适当缩短或者延长。""作出附条件不起诉决定的案件，审查起诉期限自人民检察院作出附条件不起诉决定之日起中止计算，自考验期限届满之日起或者人民检察院作出撤销附条件不起诉决定之日起恢复计算。"针对附条件不起诉考验期限的设置，在试点工作中存在不同的设置。有论者建议附条件不起诉考验期设置应当"参考缓刑考验期限，将考验期定为'1年以上，3年以下'"。[1]海淀区人民检察院采取的"暂缓起诉"模式同样规定了考验期，其考验期为"1个月以上，6个月以下"（包括1个月和6个月）。而我国立法采纳了海淀模式。理由是：首先，专家建议将附条件不起诉的适用对象扩展至全部轻罪，而不是仅仅针对未成年人刑事犯罪。因此其考察期设置是同3年以下有期徒刑的轻重罪区分标准是一致的，但对我国的附条件不起诉制度不具有借鉴意义。其次，附条件不起诉适用对象均为可能判处1年以下有期徒刑的轻罪，如果考察期设置明显比刑期要长，就可能加重未成年犯罪嫌疑人的负担，削弱教育矫治的意义并有可能导致实践中的异化。

附条件不起诉的考验期是以衡量教育矫治效果为目标的相对期限，因此应当允许考察机关对期限进行相对灵活的掌握。一方面，应当根据每个未成年犯罪嫌疑人自身的特殊情况设置考察期，要与未成年犯罪嫌疑人所犯罪行的轻重、主观恶性的大小和人身危险性的大小、一贯表现及帮教条件等相适

---

〔1〕参见郭斐飞："附条件不起诉制度的完善"，载《中国刑事法杂志》2012年第2期。

应。另一方面，应当允许考察机关结合未成年犯罪嫌疑人在考验期内的表现，在法定期限范围内适当缩短或者延长考察期限。对在考察期内表现一贯良好、不再具有教育矫治必要的未成年犯罪嫌疑人，考察机关应当本着对未成年犯罪嫌疑人特殊保护的原则提前终结考察期；对于未成年犯罪嫌疑人在考察期内出现轻微违反考察义务或相关规定的情形，也应当允许考察机关适当延长考察期。这种设置的目的仍然是对未成年犯罪嫌疑人进行特别保护，避免附条件不起诉决定被轻易撤销，同时也能够保证教育矫治效果。

2. 附条件不起诉的考察主体

我国《刑事诉讼法》第272条第1款规定："在附条件不起诉的考验期内，由人民检察院对被附条件不起诉的未成年犯罪嫌疑人进行监督考察。未成年犯罪嫌疑人的监护人，应当对未成年犯罪嫌疑人加强管教，配合人民检察院做好监督考察工作。"从条文表述上可以看出，对被附条件不起诉的未成年犯罪嫌疑人进行监督考察的主体是人民检察院。但有论者提出，人民检察院并不是适格的监督考察主体。众所周知，在办理刑事案件的过程中，公检法应分工负责、相互配合、相互制约。从工作分工上看，对被附条件不起诉的未成年犯罪嫌疑人的监督考察应是司法行政部门的工作职责，由人民检察院作为监督考察的主体会有检察权入侵司法行政权之嫌。况且，人民检察院自身的检察资源是有限的，无力承担繁重的监督考察工作，即便勉为其难，也会严重影响附条件不起诉的司法适用效果。[1]

《人民检察院办理未成年人刑事案件的规定》第43条第2款规定："人民检察院可以会同未成年犯罪嫌疑人的监护人、所在学校、单位、居住地的村民委员会、居民委员会、未成年人保护组织等的有关人员定期对未成年犯罪嫌疑人进行考察、教育，实施跟踪帮教。"因此，未成年犯罪嫌疑人的监护人、所在学校、单位、居住地的村民委员会、居民委员会、未成年人保护组织等的有关人员同样可以根据人民检察院的要求参与到考察中来，承担相应的考察任务。

3. 附条件不起诉的考察义务

被附条件不起诉人根据法律规定，应当承担相应的考察义务，以此证明其

[1] 彭玉伟："未成年人刑事案件附条件不起诉制度探析"，载《预防青少年犯罪研究》2012年第5期。

不再具有应受刑罚处罚性。被附条件不起诉人应当承担的义务包括：①遵守法律法规，服从监督；②按照考察机关的规定报告自己的活动情况；③离开所居住的市、县或者迁居，应当报经考察机关批准；④按照考察机关的要求接受矫治和教育。其中，按照考察机关的要求接受矫治和教育是考察义务最为核心的部分。人民检察院可以要求被附条件不起诉的未成年犯罪嫌疑人接受下列矫治和教育：①完成戒瘾治疗、心理辅导或者其他适当的处遇措施；②向社区或者公益团体提供公益劳动；③不得进入特定场所，与特定的人员会见或者通信，从事特定的活动；④向被害人赔偿损失、赔礼道歉等；⑤接受相关教育；⑥遵守其他保护被害人安全以及预防再犯的禁止性规定。

4. 附条件不起诉的程序性后果

附条件不起诉的程序性后果分为两种：一是撤销附条件不起诉决定，提起公诉；二是考验期满，人民检察院应当作出不起诉决定。被附条件不起诉的未成年犯罪嫌疑人，在考验期内有下列情形之一的，人民检察院应当撤销附条件不起诉的决定，提起公诉：①实施新的犯罪的；②发现决定附条件不起诉以前还有其他犯罪需要追诉的；③违反治安管理规定，造成严重后果，或者多次违反治安管理规定的；④违反考察机关有关附条件不起诉的监督管理规定，造成严重后果，或者多次违反考察机关有关附条件不起诉的监督管理规定的。

对于未成年犯罪嫌疑人在考验期内实施新的犯罪或者在决定附条件不起诉以前还有其他犯罪需要追诉的，人民检察院应当移送侦查机关立案侦查。被附条件不起诉的未成年犯罪嫌疑人，在考验期内没有应当撤销附条件不起诉之情形，考验期满的，人民检察院应当作出不起诉的决定。

对于人民检察院作出不起诉决定时是否需要再次提交检委会讨论，存在不同观点。有一种观点认为，根据《刑事诉讼法》的规定，凡作出不起诉决定均应当提交检委会讨论。附条件不起诉决定和不起诉决定仍然应视为两个相对独立的决定，需要分别提交检委会进行讨论。也有观点认为，在做出附条件不起诉决定时检委会已经就考察义务和考察后的处理方式进行了讨论，并形成了决议，因此没有必要对同一事项再次提交检委会进行讨论。我们认为，检委会在讨论是否做出附条件不起诉决定时，已经包含了对未成年犯罪嫌疑人做出不起诉决定的意思，因此当考验期届满并且没有应当撤销附条件不起诉决定的事由出现时，人民检察院应当直接做出不起诉决定。不起诉决定是附条件不起诉决定的当然后果。换言之，人民检察院只有在出现必须撤销附条件不起诉决定的情形时，才应当交由检委会重新讨论。

（四）附条件不起诉监督救济程序的解读

考虑到附条件不起诉决定可能出现错误的情形，附条件不起诉程序还设置了相应的监督程序和救济程序。

1. 附条件不起诉的监督程序

附条件不起诉的监督程序主要是指人民检察院自身对错误适用附条件不起诉的监督纠正程序。根据《人民检察院办理未成年人刑事案件的规定》第39条的规定，人民检察院在作出附条件不起诉决定后，应当在10日内将附条件不起诉决定书报上级人民检察院主管部门备案。上级人民检察院认为下级人民检察院作出的附条件不起诉决定不适当的，应当及时撤销下级人民检察院作出的附条件不起诉决定，下级人民检察院应当执行。

2. 附条件不起诉的救济程序

附条件不起诉的救济程序主要是指公安机关、被害人对附条件不起诉存在异议时可能采取的程序。根据《人民检察院办理未成年人刑事案件的规定》的设置，当公安机关认为附条件不起诉决定有错误，要求复议的，人民检察院未成年人刑事检察机构应当另行指定检察人员进行审查并提出审查意见，经部门负责人审核，报请检察长或者检察委员会决定。人民检察院应当在收到要求复议意见书后的30日以内作出复议决定，通知公安机关。上一级人民检察院收到公安机关对附条件不起诉决定提请复核的意见书后，应当交由未成年人刑事检察机构办理。未成年人刑事检察机构应当指定检察人员进行审查并提出审查意见，经部门负责人审核，报请检察长或者检察委员会决定。上一级人民检察院应当在收到提请复核意见书后的30日以内作出决定，制作复核决定书送交提请复核的公安机关和下级人民检察院。经复核改变下级人民检察院附条件不起诉决定的，应当撤销下级人民检察院作出的附条件不起诉决定，交由下级人民检察院执行。

当被害人不服附条件不起诉决定时，被害人应当在收到附条件不起诉决定书后7日以内申诉的，由作出附条件不起诉决定的人民检察院的上一级人民检察院未成年人刑事检察机构立案复查。被害人向作出附条件不起诉决定的人民检察院提出申诉的，作出决定的人民检察院应当将申诉材料连同案卷一并报送上一级人民检察院受理。被害人不服附条件不起诉决定，在收到附条件不起诉决定书7日后提出申诉的，由作出附条件不起诉决定的人民检察院未成年人刑事检察机构另行指定检察人员审查后决定是否立案复查。未成年人刑事检察机构复查后应当提出复查意见，报请检察长决定。复查决定书应当送达被害人、被附条件不起诉的未成年犯罪嫌疑人及其法定代理人和作出附条件不起诉决定的人民检察院。上级人民检察院经复查作出起诉决定的，应当撤销下级人民检察院的附条件不起诉决定，由下级人民检察院提起公诉，并将复查决定抄送移送审查起诉的公安机关。未成年犯罪嫌疑人及其法定代理人对人民检察院决定附条件不起诉有异议的，人民检察院应当作出起诉的决定。

《人民检察院办理未成年人刑事案件的规定》在公安机关或者被害人对附条件不起诉决定有异议或争议较大的时候，采取了“慎重适用”的态度。这一做法本质上是与“特殊保护”未成年犯罪嫌疑人的精神和原则相违背的，人民检察院采取这一做法主要源于在附条件不起诉情形下公诉权仍然要面临来自自诉权的竞争。如果人民检察院不顾被害人反对作出附条件不起诉决定，被害人仍然可以根据《刑事诉讼法》第204条的规定，行使公诉转自诉的权利，将案件自诉至法院，从而在效力上否定附条件不起诉。为此，全国人民代表大会常务委员会《关于〈中华人民共和国刑事诉讼法〉第二百七十一条第二款的解释》进行了重新考虑并作出不同于《刑事诉讼法》的规定。其原因为：

（1）如果允许被害人自诉会使检察院的附条件不起诉决定随时面临失效以至被推翻的命运，附条件不起诉决定将毫无权威性可言。我国《刑事诉讼法》第12条规定：“未经人民法院依法判决，对任何人都不得确定有罪。”换言之，拥有定罪权的主体只能是人民法院。然而，拥有不定罪权或称免罪权的主体却不限于人民法院一家，人民检察院乃至公安机关都应当并且实际上能够独立行使这一权力。刑事诉讼中对公平正义和诉讼经济的价值追求要求司法机关在确定对行为人不具有追究刑事责任的必要性后应当及时终止刑事追诉程序。人民检察院适用附条件不起诉决定主要是针对实施了宣告刑在1年以下有期徒刑的未成年犯罪嫌疑人，虽然这些案件具备了起诉条件，但由于未成年犯罪嫌疑人有悔罪表现，因此本着对未成年人实行教育、感化、挽救的方针，在处理此类案件时应当将帮助和保护未成年犯罪嫌疑人作为根本出发点。

此外，在我国“曾受刑事处罚”是一种极为严重的否定性社会评价，曾被定罪处罚的前科记录会伴随未成年人一生，对其入学、就业、参军乃至日常生活带来诸多不利影响。适用附条件不起诉决定就是希望尽量避免对未成年犯罪嫌疑人进行定罪处罚，但如果任由被害人不受限制的对此类案件提起自诉，那么人民检察院即使作出附条件不起诉决定也无法终止刑事诉讼程序，案件仍然会被提交给法院进行审判。如果人民法院基于自诉对未成年被告人进行审判并作出了定罪处罚的判决，那么人民检察院的附条件不起诉决定事实上就失去了效力，这一决定本身的权威性也将受到质疑。

（2）如果允许被害人自诉，有可能加重未成年犯罪嫌疑人所遭受的“不利益”。未成年犯罪嫌疑人接受了人民检察院的附条件不起诉决定“意味着犯罪嫌疑人放弃了通过审判证明其无辜的机会，其负担虽然从理论上说与审判后的处罚不同，但事实上该负担确实对犯罪嫌疑人极为不利，有处罚的效果，可以称得上是‘半处罚’。”〔1〕特别是考虑到在我国附条件不起诉制度刚刚确立，人民检察院在作出附条件不起诉决定时往往十分谨慎，所设定的考察条件也往往较高，导致适用附条件不起诉的未成年犯罪嫌疑人所遭受的“半处罚”也较重。

另外，这种态度的谨慎反应在监督考察上表现为监督考察主体众多和监督考察次数的频繁。根据《人民检察院刑事诉讼规则（试行）》第496条的规定，人民检察院不仅可以独立对作出附条件不起诉的未成年犯罪嫌疑人进行监督考核，还可以会同未成年犯罪嫌疑人的监护人、所在学校、单位、居住地的村民委员会、居民委员会、未成年人保护组织等的有关人员，定期对未成年犯罪嫌疑人进行考察、教育，实施跟踪帮教。而未成年犯罪嫌疑人原则上有义务按照以上所有考察机关的要求接受矫治和教育。考虑到可以适用附条件不起诉的案件本身就是宣告刑在1年以下的轻罪案件，即便通过考察最终得以不被起诉，未成年犯罪嫌疑人事实上也已经受到了一定程度的“半处罚”。如果在这种情形下仍然允许被害人不受限制的向人民法院提起自诉，由于适用附条件不起诉决定的案件本身就符合起诉条件，人民法院综合案件的有关情况必然会作出有罪但免予刑事处罚或者适用缓刑的判决。这样的结果就使得未成年犯罪嫌疑人不仅仅在事实上受到很多影响自身权益而且本不必

〔1〕叶肖华：“比较法视域下的附条件不起诉制度”，载《金陵法律评论》2007年第2期。

接受的“半处罚”，还被法院处以了有罪的判决，并将受到有罪判决所带来了各种不利后果。进行比较不难得出结论：在此种情况下，对未成年犯罪嫌疑人适用附条件不起诉不仅不会对其起到帮助和保护的作用，反而会加重对未成年犯罪嫌疑人的处罚。这不仅有违公平正义的基本理念，而且与我国办理未成年人案件的基本原则背道而驰。

（3）如果被害人可以自诉，极容易导致人民检察院将被害人同意作为适用附条件不起诉的前提，附条件不起诉可能异化成为被害人意志裹胁公诉权的新工具。我国《刑事诉讼法》规定了人民检察院在作出附条件不起诉前应当听取被害人意见，对法条进行文意解释可以看出听取意见并不等同于征求被害人的同意。此外，从《刑事诉讼法》设置了被害人对人民检察院附条件不起诉决定不服的申诉程序这一做法上也可以推出相同的结论。然而在司法实践中，很多人民检察院都把被害人同意作为是否作出附条件不起诉决定的重要考量因素，这种做法与被害人可以不受任何限制地提起自诉不无关系。人民检察院在征求被害人意见时可能遇到三种情形：①被害人同意适用附条件不起诉。被害人同意适用附条件不起诉的动机有很多：可能是基于与犯罪嫌疑人的特殊情感关系，也可能是基于已经获得充分赔偿而谅解，也可能基于宽恕未成年人的想法等等。在这种情形下被害人所追求的价值目标同公诉方是一致的或者至少是不冲突的。②被害人不同意适用附条件不起诉。这种情形下如果人民检察院坚持作出附条件不起诉决定，由于未成年犯罪嫌疑人的行为已经具备起诉条件，可能判处 1 年以下有期徒刑的刑罚，被害人仍然可以基于公诉转自诉的规定向人民法院起诉。事实上，人民检察院作出的附条件不起诉决定恰恰佐证了对未成年犯罪嫌疑人的行为应当追究刑事责任，被害人在提出自诉时甚至都已经没有收集证据的必要，人民法院必然会受理并作出有罪判决。一旦人民法院作出有罪判决，人民检察院的不起诉决定就处在了十分尴尬的地位，在现有的考核量化体系下还可能对作出决定的人民检察院造成不利影响。不仅如此，人民法院有罪判决对附条件不起诉的否定还有可能引发被害人乃至社会公众对人民检察院工作的质疑。这些原因都在有形无形中强迫人民检察院将被害人同意作为适用附条件不起诉的前提。③在征求被害人意见时被害人同意适用附条件不起诉，但事后反悔并向人民法院起诉的。在目前的司法实践中这种情形屡见不鲜，出现这种因素的原因也有很多，例如情感因素随时间推移的转变、后续赔偿问题中出现问题、日常生活中发生新的摩擦等等。这些因素绝大多数与当初适用附条件不起诉的条件并无直接关系，但却直接影响到了被附条件不起诉未成年人的地位和权利的安定性，使其处于长期不确定的状态。更有甚者，被害人的自诉权可能成为被害人要挟被附条件不起诉未成年人的工具。同时，由于被害人随时可以提起自诉，使得人民检察院的附条件不起诉决定随时面临失效的风险，也会导致人民检察院在作出附条件不起诉决定时畏首畏尾、犹疑不决。

基于上述理由，《关于〈中华人民共和国刑事诉讼法〉第二百七十一条第二款的解释》规定："人民检察院办理未成年人刑事案件，在作出附条件不起诉的决定以及考验期满作出不起诉的决定以前，应当听取被害人的意见。被害人对人民检察院对未成年犯罪嫌疑人作出的附条件不起诉的决定和不起诉的决定，可以向上一级人民检察院申诉，不适用刑事诉讼法第 176 条关于被害人可以向人民法院起诉的规定。"这一解释限制了附条件不起诉决定情形下的被害人的自诉权，一定程度上维护了检察机关的不起诉决定的权威和统一性，也有效保护了将附条件不起诉未成年人作为无罪处理的价值取向。

四、未成年人附条件不起诉制度的探索

未成年人附条件不起诉制度作为一项新制度，尽管曾在实践中尝试多年，也在我国立法中明文规定，但就其制度本身而言，还存在一些需要继续探讨的问题。这些问题主要是：

（一）被害人对未成年人酌情不起诉决定提起自诉如何处理

《人民检察院办理未成年人刑事案件的规定》第 27 条规定："对于未成年人实施的轻伤害案件、初次犯罪、过失犯罪、犯罪未遂的案件以及被诱骗或者被教唆实施的犯罪案件等，情节轻微，犯罪嫌疑人确有悔罪表现，当事人双方自愿就民事赔偿达成协议并切实履行或者经被害人同意并提供有效担保，符合刑法第 37 条规定的，人民检察院可以依照刑事诉讼法第 173 条第 2 款的规定作出不起诉决定，并可以根据案件的不同情况，予以训诫或者责令具结悔过、赔礼道歉、赔偿损失，或者由主管部门予以行政处罚。"由于《刑法》第 37 条规定了对犯罪情节轻微不需要判处刑罚的犯罪行为人可以采取的非刑罚化处遇措施，而《刑事诉讼法》第 173 条主要规定酌定不起诉，因此《人民检察院办理未成年人刑事案件的规定》第 27 条应当理解为对未成年犯罪嫌

疑人作出酌情不起诉的规定。

对未成年犯罪犯罪嫌疑人作出酌情不起诉应当满足以下条件：

（1）未成年犯罪嫌疑人涉嫌实施的必须是情节轻微的刑事犯罪案件。为此规定特别列举了轻伤害案件、初次犯罪、过失犯罪等情形加以说明。在司法实践中，相对不起诉以过失犯罪、轻微侵犯财产案件、轻微伤害案件三类案件为主，通常而言可能判处1年以下有期徒刑是可以适用相对不起诉的。这也就存在着一个法律适用不平等的问题。在非未成年犯的普通刑事案件鉴于情节轻微，依刑法可不判处刑罚或免除刑罚的，可以适用相对不起诉，不起诉即意味着诉讼程序终结，不必再承担责任，不需要再行考察；而未成年犯的可能判处1年以下有期徒刑的案件却需要附条件才能不起诉，具有考察期，具有附属义务；两相比较这两类案件，显然前者社会危害性较之于后者要大，但法律责任后者明显重于前者，这与罪责刑相适应原则违背，不符合刑法平等保护的精神。而且附条件不起诉目的在于保护未成年人，出于教育挽救而给予未成年犯重新返回社会的机会，是一种特殊保护，否则可能不仅没有给予其特殊保护而相反还加重了负担，而且违背立法对未成年人特殊保护的初衷。为有效衔接其他诉讼程序，尤其是为顺利衔接不起诉程序，真正落实保护社会与保护未成年人有机结合的原则，未成年人附条件不起诉制度有必要重新设定适用范围。有论者认为，要明确附条件不起诉制度的适用上限与原则，包括：犯罪集团的首要分子、累犯以及在缓刑、假释期间、附条件不起诉考察期间又犯罪的不应当适用附条件不起诉；附条件不起诉必须有利于犯罪预防和有助于化解矛盾促进和谐；附条件不起诉要与刑事政策和检察官的司法裁量相统一。在此基础上可适当扩大其适用范围，即对于可能判处3年以上有期徒刑的轻罪案件，包括过失犯罪，也应可以适用附条件不起诉。[1]

（2）对未成年人无需判处刑罚。“符合刑法第37条规定”的前提，决定了酌情不起诉的适用对象应当比附条件不起诉决定的适用对象在罪行、情节上更加轻微，达到了无需判处刑罚的程度。附条件不起诉制度是针对未成年人教育保护的一项制度，如果案件没有达到起诉条件，或者证据未达到确实、

〔1〕 金晓慧、马青春：“论附条件不起诉程序的完善——以程序公正的四个层面为视角”，载《天津法学》2013年第2期。

充分的标准，不应适用附条件不起诉，而应直接作出绝对不起诉或者存疑不起诉决定。附条件不起诉程序不能成为证据瑕疵案件的出口，不能成为绝对不起诉和存疑不起诉的替代品。[1]

(3) 犯罪嫌疑人确有悔罪表现，当事人双方自愿就民事赔偿达成协议并切实履行或者经被害人同意并提供有效担保。检察机关附条件不起诉自由裁量权主要体现在如何认定悔罪表现。悔罪表现是考察犯罪嫌疑人人身危险性的重要因素，也是决定能否启动附条件不起诉制度的关键因素。目前在制度层面对于悔罪表现没有全面和可操作性的规定，需要司法实践对此予以明确，以免裁量权失衡，导致认定存在较大差距，影响司法公正。有论者认为，在附条件不起诉中，认定犯罪嫌疑人有无"悔罪表现"，应该通过三方面的表现来判断：一是犯罪嫌疑人实施犯罪前的一贯表现；二是犯罪嫌疑人实施犯罪过程中的表现，包括犯罪事实、情节、后果等；三是犯罪嫌疑人在考验期中的表现。其中，应该以犯罪嫌疑人实施犯罪前的一贯表现为主要标准，在考验期中的表现只能作为一种补充证明。[2]因为这时的"悔罪表现"是发自内心的、自觉自愿的、积极主动的"悔罪"抑或是附条件的、有利益驱动的、被动的"悔罪"难以判断。

考虑到《刑事诉讼法》在规定酌定不起诉时，并未设置当事人双方达成赔偿协议并履行或取得履行保障的前提，因此酌情不起诉的适用条件更加严苛。与附条件不起诉一样，《人民检察院办理未成年人刑事案件的规定》没有对被害人能否对酌情不起诉提起自诉加以特别规定，从而为与全国人大常委会的立法解释相衔接提供空间，也为适用此立法解释铺平了道路。

(二) 附条件不起诉公开与5年以下的犯罪记录封存的对接

根据我国刑事诉讼法的规定，不起诉决定是指人民检察院对公安机关侦查终结移送审查起诉的案件或自行侦查终结的案件进行审查后，认为犯罪嫌疑人的行为不符合起诉条件或没有必要起诉的，依法不将犯罪嫌疑人提交人民法院进行审判、追究刑事责任的一种处理决定。由于不起诉决定具有不将案件交付人民法院审判，从而在审查起诉阶段终止刑事诉讼的法律效力。《刑

[1] 金晓慧、马青春："论附条件不起诉程序的完善——以程序公正的四个层面为视角"，载《天津法学》2013年第2期。

[2] 杨启耀："建立附条件不起诉制度须考虑四个问题"，载《检察日报》2011年6月20日。

事诉讼法》第174条规定："不起诉的决定，应当公开宣布，并且将不起诉决定书送达被不起诉人和他的所在单位……"不起诉决定的公开宣告，能够起到公开宣示的作用。在程序上证明犯罪嫌疑人正式脱离刑事追诉程序，其人身、自由、隐私等不再受到国家司法权的威胁；在实体上也宣告了犯罪嫌疑人无罪或不具有应受刑罚处罚性。因此，公开宣示对犯罪嫌疑人具有明显的积极意义。

然而，考虑到未成年人独特的身心特点以及其所处的特殊人生阶段，在决定是否公开附条件不起诉决定时仍然要将最大限度保护未成年人的隐私放在首要位置。此外，由于附条件不起诉的对象本身就是"应当判处有期徒刑1年以下"的犯罪嫌疑人，附条件不起诉的公开宣告即意味着对未成年人的行为性质进行了认定，虽然从刑事司法的角度对当事人没有产生实质影响，却会给未成年人的生活带来不必要的麻烦。根据《人民检察院办理未成年人刑事案件的规定》第66条规定，"人民检察院对未成年犯罪嫌疑人作出不起诉决定后，应当对相关记录予以封存。具体程序参照本规定第62条至第65条规定办理。"结合对未成年人犯罪记录封存的有关规定，对于附条件不起诉决定人民检察院除向相关人宣布并送达外，不应当进行公开的宣示，同时相关办案人员和知情人也应当履行相应的保密义务。

（三）附条件不起诉与管制刑之界限

我国《刑事诉讼法》第272条规定了未成年人附条件不起诉的条件，即"①遵守法律法规，服从监督；②按照考察机关的规定报告自己的活动情况；③离开所居住的市、县或者迁居，应当报经考察机关批准；④按照考察机关的要求接受矫治和教育。"《刑法》第39条规定，被判处管制的犯罪分子，在执行期间，应当遵守下列规定：①遵守法律、行政法规，服从监督；②未经执行机关批准，不得行使言论、出版、集会、结社、游行、示威自由的权利；③按照执行机关规定报告自己的活动情况；④遵守执行机关关于会客的规定；⑤离开所居住的市、县或者迁居，应当报经执行机关批准。然而《刑事诉讼法》第272条第4项要求附条件不起诉的未成年人按照考察机关的要求接受矫治和教育与《刑法》第39条规定的作为刑罚的管制所附的条件内容基本一致。而德国未成年人犯罪的附条件转向处分中，当不法未成年人违背所附条件时，司法机关不得因此而采取惩戒措施。这是否意味着附条件不起诉的条件具有刑罚属性或者制裁属性，是否检察机关拥有了法院的定罪处罚权呢？

有论者认为，从我国未成年人附条件不起诉的教育主义导向出发，附条件不起诉之条件不应具有制裁的属性。因为不法未成年人的教育和改造措施都是有针对性设定的，即为其教育改造而设定，要达到良好的教育效果当然会把不法未成年人需要完成的条件配备在其能完成的限度以内，该措施蕴涵人性的关怀，因此也不具备制裁的严厉性特点，可视做不法未成年人应履行的义务。义务的本质是主观自愿性。义务是自由意志的结果，即主体自由、自觉、自愿地尊重他人权利并履行自己的义务。将所附条件视为义务的一种，主要基于“条件”是由双方合意产生的协议决定的。具体言之，在协议制定过程中，该协议上面的条件宜被视做格式条款，不法未成年人及其法定代理人没有修改的权利，只有接受与否的选择，格式条款对协议的不法未成年人一方有所不利，而我国以立法的方式确定该格式条款的内容足见立法的谨慎；此条件宜被视做自由条款，该条款在保护不法未成年人应有权利的前提下更好地实现对其教育改造的目的，因此允许协议双方对其进行协商并有针对性地确定条款内容。而不法未成年人若不能在考察期内完成所确定的条件，便需要承担相应的违约责任，即被检察机关撤销附条件不起诉决定从而提起公诉的法律后果。在协议内容上，协议的双方各享有对应的权利及义务，检察机关有监督考察不法未成年人的权力，承担考察期满未成年人完成所确定条件而作出不起诉决定的义务；不法未成年人有考察期完成条件后获得不起诉利益的权利，承担考察期内接受监督、遵守规定、配合教育改造的义务。因此，未成年人附条件不起诉的“条件”正是在不法未成年人及其法定代理人自由意志的决定下，经过双方合意而产生的不法未成年应履行的义务。[1] 但是，视为履行的义务并不代表不存在惩罚性，因为其在一定意义上属于法律拟制，是将性质不同的措施作为相同措施来看待，因此，在司法实践中，不得以罪犯的管制刑来对待附条件不起诉的未成年犯罪嫌疑人。

（四）附条件不起诉与强制措施之解除

附条件不起诉需要设置一定的考察期限，那么，附条件不起诉决定作出后，犯罪嫌疑人之前被采取的强制措施是否需要随之解除？学界与司法实践存在不同认识。有论者认为，附条件不起诉是终止诉讼的一种方式，尽管是附条件的、不完全的，但其类似于不起诉程序。《刑事诉讼法》第 173、174

---

〔1〕 肖中华、李耀杰：“未成年人附条件不起诉制度的根基”，载《法治研究》2014 年第 5 期。

条规定，人民检察院决定不起诉的案件，应当同时对侦查中查封、扣押、冻结的财物解除查封、扣押、冻结。如果被不起诉人在押，应当立即释放。不起诉决定作出后，侦查阶段采取的强制措施和强制性侦查措施应当解除。附条件不起诉也应当参照这一规定，决定作出后，犯罪嫌疑人之前被采取的强制措施应当然解除。考验期的设置实质上是司法机关对未成年犯附加的法定义务，具有一定的司法裁决性质，其显然不同于侦查阶段为保障诉讼进行而采取的强制措施。考验期内已对未成年犯规定了相关限制，如果考验期内仍然沿用强制措施是对未成年犯权利的双重剥夺，既不合理也无必要。因此在作出附条件不起诉决定时，要及时解除未成年犯的强制措施。在考察期限结束后，检察机关应及时作出处理决定，不能拖延办案期间，防止办案期限人为扩大，以充分保障未成年人的合法权益。[1]例如，2013年6月21日，广西壮族自治区宜州市检察院对涉嫌盗窃罪的未成年犯罪嫌疑人黄某作附条件不起诉决定，并于当日对其采取取保候审强制措施。[2]我们认为，对于附条件不起诉的犯罪嫌疑人不能采取羁押措施，因与其考验期的规定难以吻合，如果原来采取羁押应当变更强制措施，并不必然地采取取保候审，可以不采取强制措施。

（五）附条件不起诉与刑事和解程序协调

根据《刑事诉讼法》第277条的规定，因民间纠纷引起的，涉嫌刑法分则第四、五章规定的犯罪案件，可能判处3年有期徒刑以下刑罚的……公诉案件，犯罪嫌疑人、被告人真诚悔罪，通过向被害人赔偿损失、赔礼道歉等方式获得被害人谅解，被害人自愿和解的，双方当事人可以和解。由此可见，附条件不起诉制度与刑事和解不起诉制度存在着适用范围上的重合，如要求未成年犯罪嫌疑人都有悔罪表现，都涉嫌轻微的犯罪。因而，实务中也就存在着附条件不起诉与刑事和解不起诉不正当地选择适用的可能性。

---

〔1〕 金晓慧、马青春：“论附条件不起诉程序的完善——以程序公正的四个层面为视角”，载《天津法学》2013年第2期。

〔2〕 2013年1月10日上午，17岁的黄某趁其叔公黄某辉家无人之际，从黄某辉家厨房墙角处翻墙进入房内，将黄某辉放置于卧室内一桌子里的14500元现金盗走，后逃到宜州市城区将赃款用于开房、吃喝、充值上网，至1月18日被公安机关抓获，赃款已被挥霍掉10000余元。宜州市检察院经审查认为，犯罪嫌疑人黄某实施了《刑法》第264条规定的行为，可能判处1年有期徒刑以下刑罚，符合起诉条件，但鉴于其悔罪表现，遂依据《刑事诉讼法》第271条第1款的规定，决定对其作附条件不起诉决定。附条件不起诉考验期为6个月。

在司法实践中，人民检察院更倾向于通过刑事和解不起诉来处理未成年人犯罪案件。主要是由于：第一，刑事和解的途径，很大程度上照顾到了受害人，使其获得通过附带民事诉讼而无法得到的大额经济赔偿，因而够有效降低被害人申诉和上访的几率，有利于实现司法和谐，满足业绩要求。加害人和受害人握手言和，也符合当前司法机关追求和谐司法的潮流。第二，节约司法资源，结案效率高。附条件不起诉要求检察院在考验期内，对未成年犯罪嫌疑人进行考察监督。而6个月至1年的考验期的考察监督需要一定的人力物力，且一旦发现撤销附条件起诉的情形，检察院要重拾案件进行处理。而刑事和解把主要工作交给了双方当事人，只要加害人与被害人达成和解协议，检察院仅需对案件做一定程度的调查，对和解协议进行形式审查，即可结案。因而刑事和解不起诉程序更受人民检察院的欢迎。

为避免未成年人附条件不起诉制度被架空，进一步完善附条件不起诉的制度构建，在缓解司法资源不足的同时，更显现出对于未成年人特别保护的制度优势，彰显制度价值，有必要合理区分两种制度的适用范围。

有论者认为，由于附条件不起诉毕竟会给犯罪嫌疑人设置考验期，施加更多的义务，因此应当将其适用于确有考察帮教必要的未成年犯罪嫌疑人，对于那些初犯、偶犯，犯罪情节轻微的，没有长期帮教必要的，可依法直接作出相对不起诉决定。[1]对此问题仍有必要在司法实践予以探讨。

（六）附条件不起诉与社区矫正之界分

一般认为，社区矫正（Community correction）是一种不使罪犯与社会隔离并利用社区资源教育改造罪犯的方法，是所有在社区环境中管理教育罪犯方式的总称。2012年3月1日实施的《社区矫正实施办法》专门对未成年人实施社区矫正做出了特别规定，《社区矫正实施办法》第33条规定了对未成年人实施社区矫正，“应当遵循教育、感化、挽救的方针”进行。

在具体规定上，对未成年被矫正人也体现出特殊性。具体表现在：①对未成年人的社区矫正应当与成年人分开进行；②对未成年社区矫正人员给予身份保护，其矫正宣告不公开进行，其矫正档案应当保密；③未成年社区矫正人员的矫正小组应当有熟悉青少年成长特点的人员参加；④针对未成年人的年龄、

〔1〕 程晓璐：“专家：适用附条件不起诉需要解决四个问题”，载《检察日报》2012年7月18日。

心理特点和身心发育需要等特殊情况，采取有益于其身心健康发展的监督管理措施；⑤采用易为未成年人接受的方式，开展思想、法制、道德教育和心理辅导；⑥协调有关部门为未成年社区矫正人员就学、就业等提供帮助；⑦督促未成年社区矫正人员的监护人履行监护职责，承担抚养、管教等义务；⑧采取其他有利于未成年社区矫正人员改过自新、融入正常社会生活的必要措施。

由于附条件不起诉程序中的考察程序同对未成年人的社区矫正在指导原则、应当遵守的规定等方面存在近似之处，因此有必要对二者进行比较细致的界分。

首先，二者适用的对象不同。附条件不起诉主要适用于实施了构成刑法分则第四、五、六章罪名的犯罪，可能判处 1 年以下有期徒刑且有悔罪表现的未成年犯罪嫌疑人，根据《刑事诉讼法》第 258 条之规定："对被判处管制、宣告缓刑、假释或者暂予监外执行的罪犯，依法实行社区矫正，……"因此社区矫正的适用对象为已经被判处刑罚的罪犯，适用对象上的不同决定了两种制度的根本分歧。

其次，二者的执行机关不同。附条件不起诉的考察机关应当仅限于人民检察院，人民检察院做出附条件不起诉决定的权力属于司法权，司法权的专属性决定了人民检察院是附条件不起诉考察程序唯一的主体，但学校、单位和基层组织可以协助人民检察院行使考察权力。而对未成年人实施的社区矫正则主要由县级司法行政机关社区矫正机构对社区矫正人员进行监督管理和教育帮助，另外由司法所承担社区矫正日常工作。

最后，二者的程序任务与结果不同。附条件不起诉担负着为最终是否做出不起诉决定提供量化标准的任务，未成年犯罪嫌疑人只要充分履行考察义务并遵守考察机关设置的各项规定就可以免于刑事追诉。而社区矫正只是一种非刑罚化的教育改造措施，本身具有代替刑罚执行的功能，但并没有其他程序后果。

目前，国内有论者认为，我国《刑事诉讼法》对被附条件不起诉的未成年犯罪嫌疑人矫正和教育的内容及实施方式欠缺明确规定，各地的实践做法也不一致，应当将非刑事化、非监禁化和轻刑化的社区矫正制度嵌入到附条件不起诉制度并进行相关制度的完善。[1]我们认为，这种观点忽略了附条件

〔1〕 胡必坚、范卫国："社区矫正与附条件不起诉"，载《湖北社会科学》2013 年第 9 期。

不起诉和社区矫正在适用对象上的根本分歧，是极为错误的。然而，严格区分附条件不起诉同对未成年人的社区矫正意义并不限于此。社区矫正适用对象的范围决定了对未成年人适用社区矫正在规模上具有局限性。首先，对于可能判处管制、宣告缓刑的未成年犯罪嫌疑人，检察机关本着特殊保护未成年人的原则基本均可以做出附条件不起诉决定，而不是起诉由法院审理。其次，对于被判处实刑的未成年犯罪人，其刑期均在 3 年以上甚至更长的，根据刑期过半才能假释的规定，绝大部分被假释的未成年罪犯在获得假释机会时均已经成年，与未成年人社区矫正无缘。因此，与其讨论如何完善未成年人社区矫正制度的特殊规定，不如在扩大附条件不起诉适用对象上下功夫，使更多的未成年人摆脱有罪判决的否定性评价，适用出罪的附条件不起诉更有利于未成年人的保护。

第七章

未成年人刑事案件调查制度

未成年人刑事案件调查制度是未成年人刑事案件诉讼程序中一项重要的制度。我国《刑事诉讼法》第268条规定："公安机关、人民检察院、人民法院办理未成年人刑事案件，根据情况可以对未成年犯罪嫌疑人、被告人的成长经历、犯罪原因、监护教育等情况进行调查。"这一规定不仅确定了未成年人刑事案件调查制度的法律地位，而且也是保障未成年人合法权益的重要举措，其体现的是司法实质公正。它不仅要求司法机关关注未成年犯罪嫌疑人刑事案件的内容，更要注重调查该未成年人的个体性因素，包括未成年人的成长经历、家庭环境、社会环境、学校表现等等。分析他们走向犯罪的原因，综合评定其人身危险性、社会危害性、再犯可能性以及矫治的可能性等。由于我国法律对未成年人刑事案件的调查制度的规定较原则性，可操作性不强，致使这一制度在实施过程中存在不同做法，即使是最高人民法院、最高人民检察院以及公安部有关此制度的名称也存在不同界定，以至于影响了该制度实施的有效性和权威性。因此，有必要对未成年人刑事案件调查制度在实践中凸显的一些问题予以分析，尤其是如何保障未成年人刑事案件调查制度在全国范围内普遍施行，以及如何将这一原则性的规定变为具有可操作性的规则，以避免其在实践中流于形式，成为亟待予以解读的重要问题之一。

一、未成年人刑事案件调查制度基本概况

未成年人刑事案件调查制度，是指公安机关、人民检察院、人民法院在

办理未成年人刑事案件时，可以根据情况对未成年犯罪嫌疑人、被告人的成长经历、犯罪原因、监护教育等进行调查，并且制作出书面的社会调查报告。该制度旨在借助于对未成年人的素质和所处环境进行科学的分析，为办案机关作出正确的处断提供实证材料和相关信息，使每个犯罪的未成年人获得实体的公正，起到良好的社会效果。

（一）未成年人刑事案件调查制度的基本内涵

根据《刑事诉讼法》的规定，我国公安司法机关对此制度又作了相关规定。这些规定主要包括中央综治委预防青少年违法犯罪工作领导小组等部门出台的《关于进一步建立和完善办理未成年人刑事案件配套工作体系的若干意见》、《人民检察院刑事诉讼规则（试行）》第486条、《法院刑诉法解释》第476条和《公安机关办理刑事案件程序规定》第311条等。这些规定共同构成了我国未成年人刑事案件调查制度的基本规则框架。从上述规定可以发现，未成年人刑事案件调查制度具有以下几个特征：

（1）未成年人刑事案件调查是围绕未成年犯罪嫌疑人、被告人展开的。未成年人刑事案件调查是以保护未成年人的利益为出发点，是对未成年人的性格特点、成长经历、家庭情况、犯罪原因等进行调查。这些调查内容比较广泛，紧紧围绕着未成年人展开的，目的是通过社会调查的内容了解未成年犯罪人人格形成的原因，以此判定未成年人的人身危险性，并且根据调查内容对其适用有针对性的处遇，使其认识错误，改正错误，及早回归社会。

（2）未成年人刑事案件调查具有很强的社会性和科学性。未成年人刑事案件调查是对未成年人所处的社会环境进行全面的了解，因为未成年人犯罪除了自身的因素外，还与其所处的社会环境息息相关。通过对未成年人所处环境进行深入细致的调查，可以有效地对未成年人进行帮扶。当然，社会调查不是简单的资料堆积，而是要通过科学的分析，从资料中找出未成年人犯罪的成因，并且对其人身危险性进行评估，从而作出有利于未成年人的处置措施。

（3）未成年人刑事案件调查的结果适用于未成年人刑事案件诉讼程序的全过程。考察以往未成年人调查制度的实践运用情况，一般只适用于刑事诉讼程序的量刑阶段。而现行的未成年人刑事案件调查制度将公安机关、人民检察院、人民法院均规定为调查程序的启动主体。换言之，无论是在侦查阶段、审查起诉阶段抑或审理阶段都可以对引起未成年人犯罪的家庭因素、学校因素、社会因素等进行调查。这对于是否对未成年人刑事案件采取强制措施，是否决定起诉、附条件不起诉以及如何量刑及判刑均发生积极的作用。

（二）未成年人刑事案件调查制度的基本理念

2012 年修改的《刑事诉讼法》对未成年人刑事案件调查制度的规定，体现了国家监护和儿童特别保护的特殊理念，同时在认识、理解未成年人刑事案件调查制度中还需要结合以下理念进行全面解读，旨在对该制度有一个较为深刻的认识。

1. 恢复性司法理念

恢复性司法注重的是犯罪人积极的品质和能力，而并非只是他的罪行，它倡导的是修复破裂的社会关系，使受到犯罪影响的各方，包括被告人、被害人和社区都能感受到被尊重的理念。未成年人通过恢复性司法制度，可以主动弥补自己罪行所造成的后果，而并非只是被动接受惩罚，在悔过、道歉、补偿的过程中，反省自己的行为，不仅可以修复破损的社会关系，也有利于自身再塑健康人格。社会调查报告正好能全方位地、客观公正地反映未成年犯罪嫌疑人、被告人犯罪的各种诱因，透彻细致的分析导致未成年人犯罪的主客观原因，以此预测未成年人的人身危险性，为教育、感化和挽救未成年人奠定基础。由于调查的内容是未成年人在生活中的一贯表现及其体现的性格倾向，因此可以预测到未成年犯罪嫌疑人、被告人适用恢复性司法程序再次进入社会可能会有的表现。不仅如此，被害人也可以根据调查报告验证未成年犯罪嫌疑人、被告人悔罪的真实性和真诚性，进而决定是否接受未成年犯罪嫌疑人、被告人的道歉并宽恕他的行为。如果未成年犯罪嫌疑人、被告人与被害人达成了赔偿协议，负责后期矫正的司法行政机关可以根据社会调查报告中对未成年犯罪嫌疑人、被告人的个人情况、家庭情况、教育情况及其社会交往等调查内容，为未成年犯罪嫌疑人、被告人制定符合其自身特点的帮教计划，有针对性地对其进行改造。

2. 刑罚个别化原则

刑罚个别化是指根据犯罪人的个人情况，有针对性地规定和适用相应的刑罚，以期有效地教育改造罪犯，预防犯罪的再次发生。刑罚个别化强调的就是对不同的犯罪人有不同的处罚方法，不仅要考虑行为人所犯罪行的严重性，也要考虑其人格特征及其他相关因素，社会调查报告就是刑罚个别化的依据。适用刑罚个别化原则的核心就是行为人的人身危险性，犯罪人的本质特征就是人身危险性，对犯罪人的认识是先从人身危险性开始的，对犯罪人的个别化分类也是以人身危险性为依据的。与成年人不同，未成年人身心发育未成熟，缺乏对社会责任的明确认识，但是其主观上并没有明显的反社会性，因此，对未成年犯的判罚更为重要的是要考虑其人身危险性、犯罪形成原因等因素。未成年人犯罪前在家庭、学校、社区的一贯表现，对于办案机关认定未成年人如何形成犯罪人格提供依据，并以此判定未成年犯罪嫌疑人、被告人今后再犯的几率。在犯罪过程中运用的手段和工具可以判别未成年人犯罪的主观恶性及其人身危险性。由于未成年人的生理和心理特征不同于成年人，不清楚自己的社会责任，犯罪往往是因为受到外界条件的作用而形成临时的犯罪人格，所以未成年人在犯罪后往往会有所悔悟，易于教育，人身危险性较小。而鉴别未成年人人身危险性的途径就是未成年人社会调查报告，因此，根据未成年人社会调查报告，对未成年人进行相当的处罚，有针对性地进行教育，是刑罚个别化的必然要求。

3. 再社会化理论

未成年人犯罪是一种特殊的社会现象，它有别于成年人犯罪。虽然未成年人是在其主观意志驱动下实施的犯罪行为，但是由于未成年人社会阅历浅，并不能真正认识到自己行为的性质和后果，而且社会上各种消极因素、不良影响、制度缺陷、恶劣环境对未成年人犯罪有着深远的影响，所以未成年人既是加害人，又是受害人。[1]社会有责任对已经犯罪的未成年人进行教育，促进其早日复归社会。再社会化理论就是修复已经破损的社会关系，使未成年犯罪嫌疑人、被告人认识到自己的价值观和行为模式的错误性，重新构建符合社会期望的价值观和行为模式。我国未成年人社区矫正制度，即重新建立未成年犯罪人与社区之间的联系，使其重归社会生活，恢复家庭关系、邻里关系，获得职业的教育等。[2]适用社区矫正的前提也是未成年犯罪嫌疑人、被告人的人身危险小，主管机关应当对未成年人的社会背景、违法经历、家庭情况、智力发育和思想成熟状况等进行深入细致的调查，以便“因人施教”，为未成年犯罪嫌疑人、被告人制定适合的矫正措施，实现法律效果和社

---

〔1〕 参见胡春莉：《未成年人刑罚制度研究》，武汉大学出版社 2012 年版，第 25 页。

〔2〕 宋英辉、甄贞主编：《未成年人犯罪诉讼程序研究》，北京师范大学出版社 2011 年版，第 26 页。

会效果的统一。

4. 未成年犯罪人的特殊性

未成年人区别于成年人犯罪主要是因为未成年人的犯罪动机具有单纯性、盲目性的特点，犯罪动机的形成往往缺少深思熟虑，犯罪目的往往简单而荒诞，犯罪故意具有偶发性、突发性的特点。未成年人心理上的不稳定及生理上的不成熟，表现了未成年人异于成年人的特殊性，我们必须站在未成年人的角度去思考问题，考虑未成年人的所需所想，给予未成年人特殊、周全的保护。未成年人社会调查制度正是建立在未成年犯罪人这一身心特点的基础上，通过社会调查，了解未成年人犯罪的主客观原因，对于未成年犯罪人进行更好地挽救。

二、我国未成年人刑事案件调查制度的理论解读

随着少年司法改革的潮流，我国各地区进行了极为广泛的未成年人社会调查制度试点工作，各地司法机关都根据自身的需要，建立了颇具特色的未成年人刑事案件调查制度模式。2012 年修改的《刑事诉讼法》在 2013 年实施后，从研究与实践的情况来看，仍存在一些问题需要理论解读。

（一）未成年人刑事案件调查制度的名称或者术语的解读

我国未成年人刑事案件调查制度的名称不尽相同，主要有少年刑事司法社会调查制度、少年刑事司法品格调查制度、少年刑事司法量刑调查报告制度、少年刑事司法审前（判决前）调查制度、少年刑事司法人格调查制度等。所谓少年刑事司法人格调查制度，是指在少年刑事诉讼活动中，通过调查少年犯罪嫌疑人、被告人的个性品格、身心状况和成长经历的重大转折事件等情况，综合分析判断少年犯罪嫌疑人、被告人的人身危险性，实现对其人格情况的掌握，以此作为实施刑罚或非刑罚的处置参考。国内对此的阐释主要源于日本犯罪学家菊田幸一教授对此的定义。“人格调查”是指为了在刑事程序上对每一个犯罪人都能选择恰当的处遇方法，使法院能在判决前的审理中，对被告人的素质和社会环境做出科学的分析而制定的制度。[1]也有观点认为，从调查制度的内涵来看，应该称之为“审前调查制度”，与量刑前调查的称呼

〔1〕［日］菊田幸一：《犯罪学》，海沫等译，群众出版社 1989 年版，第 178 页。

相比，调查制度事实上并不仅仅服务于量刑，对于整个审判工作都有影响，服务于少年法庭的法官正确处理案件，因此需要向前延伸，并且由于还涉及定罪等其他处置结果，调查制度的范围也较量刑更为宽泛。[1]

从我国少年刑事司法调查程序的制度发展历史来看，社会调查的用语应该源于《北京规则》。北京规则对于调查名称的英文原文表述是“social inquiry report”，按照字面通常翻译即为“社会调查报告”。其后，有关法律规定和规范性文件如《关于进一步建立和完善办理未成年人刑事案件配套工作体系的若干意见》也都采用“社会调查机关”的表述，以至于“社会调查”作为法律术语被不断地使用。于是，我国学术界与司法实务部门的众多观点也都采用了“社会调查制度”的用语。然而，有论者认为，将调查制度称之为“社会调查”并不恰当，理由如下：从文字的字面含义来看，社会调查顾名思义就是调查社会问题，而我们这里所指的社会调查是指在少年刑事司法活动中，对涉案的少年的社会情况进行调查，社会调查的指称不够明确，没有突出这一名称与调查对象特殊性的直接关联。同样，社会调查名称反映出制度目的缺乏指向性。与调查对象的名称相似，从调查制度的目的来看，是为了合理处理涉案的少年问题，不是普通的社会问题，所以“社会调查制度”这一名称缺乏明确的指向性。[2]还有论者进一步质疑并指出，以社会调查为名称容易使调查工作偏离方向。[3]也有论者提出，“不能将少年刑事案件的社会调查等同于一般意义上的社会调查”[4]这一调查制度存在于特定的少年刑事司法活动中，专指社会调查员在涉及少年刑事诉讼活动中，通过走访调查等方法，对少年犯罪嫌疑人、被告人的性格特点、个人成长过程中遭遇重大变迁事件、家庭学校社会环境等内容进行调查。

《刑事诉讼法》第268条规定：“公安机关、人民检察院、人民法院办理未成年人刑事案件，根据情况可以对未成年犯罪嫌疑人、被告人的成长经历、

---

〔1〕 参见吴宗宪：“论少年犯罪案件审前调查制度的建立——以《刑法修正案（八）》社区矫正制度的确立为视角”，载《山东警察学院学报》2011年第5期。

〔2〕 吴宗宪：“论少年犯罪案件审前调查制度的建立——以《刑法修正案（八）》社区矫正制度的确立为视角”，载《山东警察学院学报》2011年第5期。

〔3〕 邹川宁：《少年刑事审判若干程序问题研究》，法律出版社2007年版，第114页。

〔4〕 温小洁：《我国未成年刑事案件诉讼程序研究》，中国人民公安大学出版社2003年版，第80页。

犯罪原因、监护教育等情况进行调查。”从公检法对此的规定来看，最高人民法院、公安部的规定仍沿袭了《刑事诉讼法》的“调查”或者“制作调查报告”用语，而《人民检察院刑事诉讼规则（试行）》第486条规定了“人民检察院根据情况可以对未成年犯罪嫌疑人的成长经历、犯罪原因、监护教育等情况进行调查，并制作社会调查报告，作为办案和教育的参考”。《人民检察院办理未成年人刑事案件的规定》第9条规定：“人民检察院根据情况可以对未成年犯罪嫌疑人的成长经历、犯罪原因、监护教育等情况进行调查，并制作社会调查报告，作为办案和教育的参考。人民检察院开展社会调查，可以委托有关组织和机构进行。开展社会调查应当尊重和保护未成年人名誉，避免向不知情人员泄露未成年犯罪嫌疑人的涉罪信息。人民检察院应当对公安机关移送的社会调查报告进行审查，必要时可以进行补充调查。提起公诉的案件，社会调查报告应当随案移送人民法院。”由于以上用语并不一致，因而导致了“社会调查”这一用语合适与否的分歧。

公检法机关尽管在不同阶段调查的内容不同，但其规定或者解释应当统一名称，以便在诉讼文书中统一规范。我们认为，采用“未成年人刑事案件调查报告”这一用语，是比较合适的。第一，在目前现有的法律规定与解释中，最高人民检察院在《人民检察院刑事诉讼规则（试行）》、《人民检察院办理未成年人刑事案件的规定》中，使用了“社会调查”的用语，而最高人民法院发布的司法解释以及公安机关的相关规定，并未采用这一用语。尤其是基于《刑事诉讼法》没有明确规定为“社会调查”，因此采用“社会调查”的用语并不十分准确。第二，通过对调查的实施主体、性质等的进一步分析可以看出，该调查行为所调查的内容是未成年人成长过程中的社会情况，但调查的性质及主体并不是完全社会性的（分析见本书以下关于调查实施主体及性质的解读部分），用“社会调查”来限定公检法机关实施调查行为的性质并不完全适合。因而采用“未成年人刑事案件调查报告”或“调查报告”的用语更加适宜。

（二）未成年人刑事案件调查实施主体的解读

明确调查制度主体，对于确立职责分工、保证未成年人刑事案件调查制度的有效运行来说是非常重要的。2012年修改的《刑事诉讼法》将原有的未成年人刑事案件司法解释、刑事政策相关内容进行法定化，作为了我国未成年人刑事案件调查的法律依据。《刑事诉讼法》第268条规定：“公安机关、人民检察院、人民法院办理未成年人刑事案件，根据情况可以对未成年犯罪嫌疑人、被告人的成长经历、犯罪原因、监护教育等情况进行调查。”《人民检察院办理未成年人刑事案件的规定》第9条规定：“人民检察院根据情况可以对未成年犯罪嫌疑人的成长经历、犯罪原因、监护教育等情况进行调查，并制作社会调查报告，作为办案和教育的参考。人民检察院开展社会调查，可以委托有关组织和机构进行。开展社会调查应当尊重和保护未成年人名誉，避免向不知情人员泄露未成年犯罪嫌疑人的涉罪信息。人民检察院应当对公安机关移送的社会调查报告进行审查，必要时可以进行补充调查。提起公诉的案件，社会调查报告应当随案移送人民法院。”《法院刑诉法解释》第476条规定：“对人民检察院移送的关于未成年被告人性格特点、家庭情况、社会交往、成长经历、犯罪原因、犯罪前后的表现、监护教育等情况的调查报告，以及辩护人提交的反映未成年被告人上述情况的书面材料，法庭应当接受。必要时，人民法院可以委托未成年被告人居住地的县级司法行政机关、共青团组织以及其他社会团体组织对未成年被告人的上述情况进行调查，或者自行调查。”

根据我国的立法及司法解释、相关规定等规定，可以看出目前调查主体种类可以说多种多样。从实践方面来看，目前调查主体体现出以下特征：一是实现了职权主体和执行主体的分离；二是在职权主体方面，不断强化刑事司法机关的责任，并形成公、检、法三机构共享格局；三是在执行主体方面，坚持社会调查执行主体多样化的同时，组织化、专业化色彩渐趋明显。

结合各地区的实践情况进一步分析可以看出，目前未成年人刑事案件调查主要是采用以职权为主导、依托社会力量来进行的。对于实施主体来说，有观点认为公安机关作为代表国家对犯罪行为进行侦查的机关，其除了调查以犯罪行为为代表的案件情况以外，还应全面负责涉及少年犯罪案件的立案、逮捕和移送处理等工作，职权的广泛性和全面性要求公安机关还需对案件所涉及的少年的自身情况进行调查，以求全面了解涉案情况。[1]有观点认为，除了作为公安机关应担职责这样的正当性论证以外，公安机关承担未成年人刑事案件调查工作具有十分明显的优势。比如，对于当前普遍反映的调查时

〔1〕 刘东根：“试论我国未成年人犯罪案件社会调查的主体”，载《青少年犯罪问题》2008年第6期。

间较短、时限不够等问题，如果交由公安机关承担调查工作，就可以使调查程序提前到侦查阶段进行，保障调查所需时间。从进行调查的能力和调查的成本两个方面来看，公安机关具备调查能力强和调查成本低的双优势，有利于保证调查的公正性和真实性。在具体的未成年人刑事案件调查实践中，北京市海淀区就要求区级公安机关承担对外来流动涉案未成年人的调查工作。[1]另有观点认为，从未成年检察工作来看，由检察官在审查起诉期间进行调查，有利于公诉部门更好地掌握少年犯罪嫌疑人的个人特殊情况，加强针对性，有助于提高检察机关量刑建议的可采性。[2]还有观点指出，结合我国大力推进社区矫正工作的宏观背景，应该由基层司法行政机构的工作人员承担未成年人刑事案件调查。首先，从社区矫正工作范围来看，对矫正对象的监管是法定职责，实现有效监管的必要条件是掌握矫正对象的个人特征，这就需要进行社会调查，实现个别化矫正，促进审判与矫治衔接。其次，我国在推进社区矫正过程中，已经比较注意在机构设置、人员配置和专业水平方面来提升社区矫正工作的科学化水平，与其他机构相比，这套人马具有人力资源的优势。[3]有观点认为可以使社会力量直接参与调查：“从价值观来看，社会工作最主要的利他主义价值观有利于社工进行社会调查工作，从科学理论、专业方法的知识能力来看，社会工作有利于促进社会调查工作的科学规范，对社会调查报告的翔实和客观提供了技术保障。”[4]也有观点进一步表示未成年人刑事案件调查一定要有社区矫正机构工作人员的参与，“因为他们熟悉所在社区环境，并且本身担负着少年的矫治教育职责，但是并不能以此将其作为主导机构，主导机构应为未保会。”[5]上述观点对未成年人刑事案件调查实施主体的观点都十分有建设性，然而也存在着一些问题。

1. 以公安机关、人民检察院和人民法院为调查主体

从《刑事诉讼法》第268条的规定来看，调查主体为公安机关、人民检

---

〔1〕 赵国玲：《未成年人司法制度改革研究》，北京大学出版社2011年版，第163页。

〔2〕 范勤：“试论未成年人刑事案件社会调查制度”，载《法治论丛》2002年第5期。

〔3〕 杨飞雪：“刑事案件社会调查制度研究——以未成年人刑事案件为例”，载《人民司法》2009年第3期。

〔4〕 席小华：“论社工介入未成年人犯罪审前社会调查制度的必要性”，载《社会工作》2010年第12期。

〔5〕 盛长富、郝银钟：“论我国未成年人刑事司法社会调查制度”，载《社会科学家》2012年第2期。

察院和人民法院。为保证调查的司法性和严肃性，启动主体为公、检、法三家当属无疑，在《刑事诉讼法》的授权下，开展社会调查既是公、检、法三家的权力，也是义务。而且，作为案件的承办机关和国家公权力机关，公、检、法直接掌握案件第一手资料，调查手段丰富，开展调查的公信力较强，被调查对象普遍较为配合，由其开展社会调查具有及时性、针对性和准确性等优势。

但是未成年人刑事案件调查工作主要由公、检、法三家承担，则至少会出现以下这些难点：

首先，大大增加了案件承办人的工作量，特别是在人案矛盾比较突出的地区，将严重影响办案效率。未成年人刑事案件调查程序确实也需要花费相当大的成本，不但需要经费保障支持，也需要大量的时间耗费，这也使得侦查机关在启动调查程序时相当犹豫。另外，这与未成年人刑事案件办案机构的专门化、专职化程度有关。理论上，未成年人刑事案件办案机构专门化、组织化程度越高，实行调查制度的动力和积极性也越高。这样一来，负责未成年人刑事案件审理的机构或工作人员由于很大程度上实现了机构专门化、人员专职化、业务专门化，因此，他们推行社会调查制度的积极性也最高。[1]而未成年人刑事案件检察机构专门化、专业化的起步则相对较晚、发展也较慢，组织化、专门化的程度明显较法院弱，因此在推行未成年人刑事案件调查制度方面的积极性不如法院系统。有关未成年人刑事案件侦查主体专门化、专业化的法律依据尽管也有，但由于各地政治经济文化条件差异较大，公安机关特别是基层的警力相对来说比较短缺，因而相关规定在绝大多数地区并没有落实到位，导致未成年人刑事案件侦查机构的专门化、专业化进程相当缓慢。在现有公安机关内部架构中，甚至很难建立一支办理未成年人刑事案件的专业化办案队伍，因此公安机关在推行未成年人刑事案件调查制度方面的力度和积极性也最低。

其次，案件承办人对非本地户籍的涉罪未成年人的生活环境、成长经历、家庭情况等较难掌握，这将影响社会调查的准确性，目前虽然公、检、法都有自己的数据库，但是三家联合与跨地区的信息互通工作在未成年人刑事案件调查方面仍需进一步努力。

---

〔1〕 胡云腾：“‘数说’少年审判”，载《人民法院报》2013年3月8日。

再次，公、检、法三家作为刑事侦查、采取强制措施、起诉和审判的职能机关，若由其直接开展调查，会使公众对调查的中立性甚至公正性产生怀疑。从目前实践中就可以发现，法院和检察院启动调查次数较多，公安机关次数相对较少。[1]结合实践情况来具体分析，导致这一情况产生主要是由于我国的未成年人刑事司法改革发端于法院系统，未成年人刑事案件调查制度也最早在法院系统开展建章立制活动，因而在法院系统的认同度也最高。对于侦查人员而言，由于现实中一直存在着“重追诉、轻保护”的思维，导致侦查人员缺乏对这一制度的理念认同。再加上繁重的案件处理负担，使得他们很少启动调查程序。

最后，基于法官的中立性和被动性，不应由其首先展开调查。因为先期的调查可能使其先入为主地进行裁判。有观点认为，由独立于法官的第三人进行调查，从中立的角度收集相关资料，就能保证法官的审判客观且公正。但是，我国处于高速发展和转型期，未成年人犯罪率提升，案件增多，特别是基层法院的工作压力十分巨大，再由独立法官进行未成年人刑事案件调查无疑会使本就紧张的司法资源捉襟见肘。因此在实践中，法院不亲自调查，委托社会团体进行调查的情况就出现了。社会团体包括妇联、共青团、关心下一代工作委员会等，他们志在保护未成年人的权益，对未成年人工作有很大的热情且工作责任心强，虽然委托社会团体调查有利于发动社会参与，保证司法民主，但是这类调查员专业性不足，难以保证调查报告的科学性。

因此，公、检、法应立足于调查的启动、委托、指导及审查，将调查工作委托给其他机关和组织，以保证司法资源的合理化配置，从而提高案件质量，保证诉讼效率，更加有利于保障未成年人合法权益，也有利于实现调查的专业化发展。但如果没有合适的委托调查对象，或者在对委托调查对象开展的调查报告进行审查后对真实性或完整性存疑的，则应自行开展调查，以最大程度保障涉罪未成年人的合法权益。

2. 司法行政机关、共青团组织及其他社会团体组织为调查主体

《人民检察院刑事诉讼规则（试行）》规定检察机关开展社会调查，可以委托有关组织和机构进行。而六部委《关于进一步建立和完善办理未成年人

---

〔1〕 蒋雪琴：“我国未成年人社会调查制度实践考察”，载《兰州大学学报》（社会科学版）2014年第5期。

刑事案件配套工作体系的若干意见》则规定社会调查由涉罪未成年人户籍所在地或者居住地的司法行政机关社区矫正工作部门负责，并可联合相关部门开展社会调查，或委托共青团组织以及其他社会组织协助调查。而《法院刑诉法解释》第476条第2款更是将委托未成年被告人居住地的司法行政机关、共青团组织以及其他社会团体组织进行调查放在法院自行调查的前面，作为社会调查方式的首选。以上这些法律文件共同构成司法行政机关、共青团组织以及其他社会团体组织成为受委托开展社会调查主体的合法性依据。因此无论是在学界还是在实践中，对于以司法行政机关、共青团组织以及其他社会团体组织成为优先调查主体的观点与做法大量出现。相比较其他主体，司法行政机关、共青团组织以及其他社会团体组织确有一定优势：一是有利于调查和掌握涉罪未成年人的家庭情况、教育环境、成长经历等信息；二是实践中相关组织亦承担帮教职责，由其开展社会调查，有利于与后期的帮教考察等工作相衔接；三是有利于推进社会调查工作的专业化、全程化、职业化发展；四是有利于节约司法资源，提高司法效率，维护司法的中立性和公正性。社会志愿者作为调查主体是因为他们具有爱心和责任心，他们对于帮助未成年人教育改造有极大的热情。他们之中不乏高级知识分子，专业领域涉及心理学、教育学、犯罪学等，但是，这种专业性人才占的比例较少。由于社会志愿者有自己的本职工作，是否有足够的时间和持续的热情都是不明确的，而且人员流动性强，缺乏专业性，无法保证报告的质量。实践中，场所和经费问题也是这一模式面临的最大问题。

但是，对于司法机关是否可以委托其他机关或团体、个人进行调查这一问题，在学界也有着较大的争论。想要解决这一问题，其关键就在于明确未成年人刑事案件调查权是不是司法权。如果调查权是司法权，那么司法权只能由司法机关行使，绝对不能够委托其他机关、团体或是个人行使；如果调查权不是司法权，那么委托其他机关、团体进行调查，或是以司法机关为主、依托其他机关和社会团体进行的方式是可行的。

对于司法权的认识，一般而言，“司法权应界定为裁判权。在程序方面，司法权具有六个基本特征：被动性、公开和透明性、多方参与性、亲历性、集中性和终结性。”[1]司法权的目的是作出终局性的裁决，为各方提供最权威

〔1〕 陈瑞华：“司法权的性质——以刑事司法为范例的分析”，载《法学研究》2000年第5期。

的救济。然而我国的司法权并非仅限于此，司法机关在刑事诉讼法中也包括公安机关（如《刑事诉讼法》第46条规定的“司法机关”）。未成年人刑事案件调查，在特征上与狭义的司法权的特征并不契合，并且调查行为以及所形成的调查报告的目的是在适用强制措施以及法官在量刑等方面起到参考作用，并不能达到作出终局性裁决的目的。无论从特征还是目的等方面来看，特别从不受追诉机关的影响来分析，也可以委托其他机关、团体进行调查，但是，这种调查应当采用以公安司法机关为主、依托其他机关和社会团体进行调查为补充的方式进行。

3. 辩护人的调查主体资格

是否允许辩护人开展涉罪未成年人刑事案件调查或者其提交的调查报告是否具有效力，在实践中争议颇多。辩护人基于其地位和职责，一般总是寻找对涉罪未成年人有利的证据而排除对其不利的证据。如果由辩护人进行社会调查，难免也会有这样的倾向性，因此其中立性和可信度存疑。但如果否认辩护人的调查主体资格，将使得社会调查制度丧失一个有效的监督和救济途径，不利于维护涉罪未成年人的合法权益。最高人民法院《关于审理未成年人刑事案件的若干规定》第21条也赋予了辩护人对涉罪未成年人开展调查的权利，而《法院刑诉法解释》第484条将辩护人提交的有关未成年被告人情况的书面材料，与调查报告并列作为法庭教育和量刑的参考，也从另一个方面体现出辩护人提交的有关未成年被告人情况的书面材料与社会调查报告的法律属性和地位相似甚至相同。[1]

总结来说，以司法行政机关作为调查主体，由其指派调查员不失为一种可行方式。对于这一观点的论述，将在本章第三部分详细进行。

（三）未成年人刑事案件调查程序的解读

任何制度的展开都必须有明确的程序规定，我国《刑事诉讼法》以及相关规定及司法解释没有对未成年人刑事案件调查程序进行设定，尽管我国司法实务对调查这一制度进行了一些积极的探索，并取得了很宝贵的实践价值经验，但因程序的缺失致使在实践中这一制度的运行存在一定的问题。

1. 未成年人刑事案件调查的启动时间

从现实情况来看，当前我国少年刑事司法社会调查程序最普遍的做法还

〔1〕吴燕、胡向远：“新《刑诉法》对未成年人案件社会调查制度的构建”，载《上海政法学院学报》2014年第1期。

是在法院受理案件后、开庭审理前这段时间启动社会调查。然而学界有观点认为在法院立案后开庭前启动社会调查，时间太过延迟。因为此时少年被告人已经经历了侦查、审查起诉等多个诉讼活动阶段，如果此时再启动社会调查发现少年被告人的成长经历、家庭、学校、社区环境等一些可以实施轻缓化或者非刑事司法化的理由时，就已经错过了司法分流的良好时机。另外，由于《刑事诉讼法》对法院办案审限的时间要求，目前调查实务当中普遍存在调查时间不够充裕的问题，进而影响了社会调查报告的基本质量。[1]

从国外要求的一般经验来看，给予调查员30日左右的时间进行调查是比较恰当的，但就当前我国现有的未成年人刑事案件调查具体情况来看，由于案件在法院立案庭立案后先移交到少年案件综合审判庭（或刑庭），再分到具体的承办法官手里，还要预留好开庭审案和合议结案的时间，调查员最多有半个月的时间进行调查，还要撰写出成形的调查报告，如果被调查者数量不多，时间也许还相对宽松，但是由于少年犯罪案件中团伙犯罪较为常见，往往涉及调查多名少年犯罪人情况的问题，这样调查时间就显得较紧，特别是对于适用简易程序审理的公诉案件，法律规定人民法院受理案件20日以后就要审结，那么能用于调查的时间就非常紧张，一般很难给予调查员如此充裕的时间。因此，一些试点法院只能要求调查员须在5日或10日内提交调查报告，而在这短短的几天时间内，调查员需要调查少年被告人的成长经历、学校、家庭和社区情况等一系列的问题。在实施社区矫正审前调查评估的地方，基层司法所的调查人员在进行调查和形成调查报告之后，还要报上级部门及主管领导审批才能移交，因此可能导致调查报告在仓促之间完成。由此造成的后果是："对于审限相对紧张的案件可能不会考虑适用社会调查制度，或者即便适用，收到的调查报告内容大多流于形式、不尽如人意，参考价值不高"。[2]可以说，调查时间的紧张对未成年人刑事案件调查报告的质量产生了消极影响。很多专家和学者从公安部、最高检察院和最高法院相关规定、司法解释等有关文件精神和全面调查原则是少年刑事案件诉讼之基本原则、贯穿整个少年刑事诉讼过程的角度出发，主张未成年人刑事案件调查应当能够

〔1〕 王广聪："少年刑事司法社会调查制度研究"，湘潭大学2012年硕士学位论文。

〔2〕 陈立毅："我国未成年人刑事案件社会调查制度研究"，载《中国刑事法杂志》2012年第6期。

贯穿于包括侦查、审查起诉和审判阶段等少年刑事诉讼的各个阶段。

从域外的情况来看，调查程序启动事实上与少年刑事司法的体制密切相关。美、日等国由法院启动社会调查程序的原因在于法院享有少年刑事司法案件排他性的“先议权”。所谓“先议权”是指某一个机关对少年涉罪案件具有优先处置权，是少年刑事司法职权主义模式的最显著的标志，主要特色在于确定一个职权机关来统领少年刑事司法工作，如美国独立的少年法院。检察官的起诉不是启动少年法院审判程序的因素。“全件送致主义”是指所有少年犯罪或虞犯案件均应移送至少年法院，除非经过少年法院的同意，原则上排除所有其他司法或行政机关对犯罪少年的管辖权。依据日本的《少年法》和我国台湾地区的“少年事件处理法”，不论何人，知道符合少年法院管辖的少年时，应向少年法院报告。检察官、警察、其他法院在执行职务时发现上述少年时，应当将案件移送给具有管辖权的少年法院。少年的监护人、学校及少年的保护机构在发现上述少年时，可以请求少年法院处理。

美国是现代少年刑事司法制度的摇篮，《少年法院法》与第一个少年法院均诞生于美国，其相关制度具有典型性。虽然当今美国各州少年刑事司法制度存在一定的差异，但其社会调查制度大致相同。根据各州法律规定，少年法院或少年法庭除设立少年法官外，另设观护官（the probation officer）。在美国少年刑事司法制度中，观护官不仅仅负责社会调查，还有其他重要职责，如在庭审时担任儿童的代理人，在观护期内，则对儿童进行监管，因此，美国的观护官被称为“法庭的右臂”。许多少年法院的支持者认为，美国少年法院的成功应归功于观护官的训练有素与富有效率的工作。具体来说，少年法院接到警察机关或社会民众对于少年犯罪嫌疑人的控告后，直接由观护官启动调查程序，了解涉案少年的背景资料。根据日本《少年法》等有关法律的规定，日本的社会调查制度采用典型的职权主义模式。[1] 根据日本《少年法》第 8 条的规定，受理案件的家庭法院有义务调查所受理的案件；调查由家庭法院的专门调查官根据法官的命令进行。由于目前并没有少年犯罪案件的先议权，因此也就不能从形式上照搬域外关于社会调查启动的经验。因此，需要对现有启动未成年人刑事案件调查方式进行完善。

---

〔1〕 尹琳：《日本少年法研究》，中国人民公安大学出版社 2005 年版，第 127 页。

2. 未成年人刑事案件调查报告的审理程序

关于调查报告是否要向控辩双方尤其是被告方披露的问题。理论上，一方面，由于未成年人刑事案件调查报告对涉罪未成年人处置方式具有的影响力，因此为了确保控辩双方尤其是被告方的知情权，以实现诉讼程序的公正性，似乎应当向其披露未成年人刑事案件调查报告的内容；但另一方面，作为针对涉罪未成年人人身危险性进行的调查，往往会涉及对与涉罪未成年人关系密切的人的调查，考虑到涉罪未成年人与一般守法公民相比可能具有的人身危险性，如果将未成年人刑事案件调查报告的内容向其全部披露的话，有可能会对这些信息提供者造成伤害，也可能会对作出不利于涉罪未成年人的评估意见的调查员构成危险，因此似乎不宜向涉罪未成年人披露未成年人刑事案件调查报告的全部内容。比较法考察表明，在英美法系国家，尽管仍存在争议，但至少在实践层面，一般都要求社会调查报告要向控辩双方披露。另外，关于未成年人刑事案件调查报告是否需要接受控辩双方尤其是被告方质证的问题。理论上，被告人享有与不利于自己的指控材料或人员对质的权利，而未成年人刑事案件调查报告可能同时包含对涉罪未成年人处置有利和不利的信息，因此未成年人刑事案件调查报告似乎应当接受控辩双方尤其是被告方的质证。比如在美国，尽管联邦最高法院并没有明示量刑程序是否适用对质条款，但根据传阅证据、交叉询问等证据规则在量刑阶段的失效，可以推断含有大量传阅证据内容的调查报告可以不接受交叉询问，不适用质证条款。反观我国，尽管制度上没有确立未成年人刑事案件调查报告的证据地位，而将其定位为公安司法机关工作人员办案的参考材料，但是考虑到其对涉罪未成年人处置可能带来的重大影响，根据2010年制定的《关于规范量刑程序若干问题的意见（试行）》第11条规定，涉及未成年人的社会调查报告应当在法庭上宣读，并接受控辩双方质证；2012年制定的《法院刑诉法解释》第484条虽不采用“质证”一词，但仍明确应当“听取控辩双方意见”。实践中，大多数法院都要求调查员出庭宣读未成年人刑事案件调查报告、说明调查情况、回答控辩双方的询问等。

3. 未成年人刑事案件的委托调查

最高人民法院《关于审理未成年人刑事案件的若干规定》规定，人民法院可以委托调查。《关于进一步建立和完善办理未成年人刑事案件配套工作体系的若干意见》规定，由公安机关委托进行未成年人的审前社会调查。《关于规范量刑程序若干问题的意见（试行）》规定，未成年人的审前调查由人民法院、人民检察院、侦查机关、辩护人委托。《刑事诉讼法》第268条规定："公安机关、人民检察院、人民法院办理未成年人刑事案件，根据情况可以对未成年犯罪嫌疑人、被告人的成长经历、犯罪原因、监护教育等情况进行调查。"从以上条文的文义来看，公安机关、人民检察院、人民法院都可以委托其他团体或机关进行调查。但上述规定存在不一致的地方，在具体工作中如何理解与执行，有不同的意见。

第一种意见认为，《关于规范量刑程序若干问题的意见（试行）》、《刑事诉讼法》第268条已有规定，人民法院、人民检察院、公安机关、辩护人都是委托主体，持该种意见的代表多为律师群体。

第二种意见认为，公诉案件，应由公安机关委托。自诉案件，应由辩护人委托。人民法院启动的重新调查由人民法院委托。持该种观点的是法院代表。法院代表提出，如果人民法院与公安机关、人民法院、辩护人同为初次委托调查的主体，案件进了法院后，法院发现没有委托社会调查的，需要委托调查，往往没法兼顾刑事案件审限与社会调查报告质量的关系。在审限较紧的情况下，司法行政机关社区矫正部门的调查可能流于形式，既难于提高审判质量，也不利于社区矫正工作部门对已决犯的社区矫正，建议公安机关为公诉案件初次调查的委托主体，辩护人为自诉案件初次调查的委托主体。

关于辩护人在公诉案件中是否可以作为委托调查的主体问题。法院代表提出，律师的职责是为被告人提出无罪、罪轻或者减轻、免除刑事责任的材料和意见，除非出现法律规定的特殊事由，律师的上述职责决定了律师不能向社区矫正机关提出不利于被告人的调查线索，只能向社区矫正机关提出对被告人有利的调查线索，律师如果作为委托调查主体的，将影响到社会调查报告的客观中立性，因此，律师在诉讼中的地位决定了律师在公诉案件中不宜作为社会调查的委托主体。

关于人民法院启动的重新调查由人民法院委托的问题。法院代表提出，人民法院经审查，认为社会调查违反回避规定，或者调查报告所依据的分析和评估材料不真实，或者没有关联性，不能作为定案根据，需要重新调查的，为保证审判质量和矫正效果，可由人民法院委托社区矫正机关重新调查，出具调查报告。

第二种意见比较适合当前的工作实际，可以考虑在吸收上述意见基础上，将委托主体重新界定为公诉案件由公安机关或者检察机关委托，自诉案件由辩护人委托，人民法院启动的重新调查由人民法院委托。

（四）未成年人刑事案件调查内容的解读

《刑事诉讼法》第268条规定："公安机关、人民检察院、人民法院办理未成年人刑事案件，根据情况可以对未成年犯罪嫌疑人、被告人的成长经历、犯罪原因、监护教育等情况进行调查"。《法院刑诉解释》第476条规定："对人民检察院移送的关于未成年被告人性格特点、家庭情况、社会交往、成长经历、犯罪原因、犯罪前后的表现、监护教育等情况的调查报告，以及辩护人提交的反映未成年被告人上述情况的书面材料，法庭应当接受。"《人民检察院刑事诉讼规则（试行）》第486条第1款规定："人民检察院根据情况可以对未成年犯罪嫌疑人的成长经历、犯罪原因、监护教育等情况进行调查，并制作社会调查报告，作为办案和教育的参考。"《人民检察院办理未成年人刑事案件的规定》第9条第1款规定："人民检察院根据情况可以对未成年犯罪嫌疑人的成长经历、犯罪原因、监护教育等情况进行调查，并制作社会调查报告，作为办案和教育的参考。"由以上法律及规定中可以看出，对于调查的内容是有一定原则性规定的。目前来看，在规范层面我国对社会调查的内容做了比较明确的规定，与西方国家有关未成年人社会调查的内容并无太大差异，包括：涉罪未成年人的性格特点、涉罪未成年人的成长经历、涉罪未成年人的家庭情况、涉罪未成年人的社会关系、涉罪未成年人的犯罪原因、涉罪未成年人犯罪前后的表现、涉罪未成年人的监护教育情况。当然，作为一份合格的社会调查报告，不但应包括社会调查所获取的信息，还要记载社会调查员对涉罪未成年人的综合评估意见和帮教矫正建议或量刑建议，即对涉罪未成年人违法犯罪的原因分析、回归社会的利弊因素分析、再犯风险可能性的综合评估和适用刑罚的建议。但在实践中，各地的调查报告内容大同小异，且呈现出简单化、格式化的现象，导致调查报告质量堪忧。

首先，虽然个人概况、社区情况、劣迹前科等客观性内容的完整度较高，但除劣迹前科的参考价值较大外，个人概况中的性格特征、特长爱好和社区情况的记载缺乏具体的内容，这使得社会调查员在做综合分析时无法就涉罪未成年人成长的社区环境、文化、治安状况等展开针对性评估。

其次，本案考察和社会调查状况部分以主观性内容为特征，要求社会调查员通过访谈、观察等多种方法展开深入的考察，但除了关于作案手段、强制措施等信息的完整度较高外（一般通过办案机关可以了解），其余部分的完整度相当低，比如被害人反映、学校情况反映、社区反映等对涉罪被告人能否采取非监禁刑或免除刑事责任方式有直接关联的信息网。

再次，从综合分析部分记载的内容来看，尽管对涉罪未成年人的个人概况、家庭结构、经济状况等做了一定的分析，但由于前述客观性材料、主观性材料的不足，导致这种分析依托的素材比较片面，无法保证其专业性和可信度。

最后，从调查人的意见部分来看，其所提的建议一般比较宏观并且缺乏实质性参考意义，大多表现为“可考虑从轻或减轻处罚”建议。这种简单化、格式化既表现为调查报告的内容多以涉罪未成年人人格状况为主，较少涉及犯罪行为方面的情况；也体现为对人格状况的调查、评估本身也是程式化的，对行为人人格并没有重点关注和科学调查，甚至流于形式。[1]由此导致社会调查报告的结论呈现形式化特征，大都表现为“可考虑从轻或减轻处罚”这种并无任何实质性意义的建议。

导致调查报告内容简单化与形式化的原因多种多样，如调查员的专业性、社会调查方法的科学性等，但更重要的影响因素可能与立法对调查制度的资源配置的有限性紧密相关，包括调查员的调查权利、社会调查的时间保障等。具体来说，第一，法律并未赋予调查员与涉案未成年人的会见交流权。理论上，基于全面性原则，要求调查过程既要查明涉案未成年人的案件事实情况，还要了解涉罪原因、作案动机和目的、犯罪心理演变过程以及与涉罪未成年人人格相关的信息。要获取这些信息，与涉罪未成年人的会见交流不可替代。尽管涉案未成年人的陈述会受利己主义的影响，从而提供虚假陈述，但作为行为亲历者和调查报告的客体，也是对自己的成长经历、社会交往、作案动机等情形感知最深的人，这种陈述提供的信息无论真假，都能够为调查员作出正面或负面的综合评估提供直接参考。遗憾的是，由于法律并没有明确社会调查员的法律地位，也没有赋予调查员与涉案未成年人的会见交流权，使得实践中调查员与处于羁押状态的涉案未成年人的会见非常困难，难以全面了解涉案未成年人的信息，严重影响调查报告的质量。

第二，法律也未赋予调查员对涉案诉讼材料的阅卷权。由于司法机关尤

〔1〕 徐昀：“未成年人社会调查制度的完善与运用”，载《当代法学》2011年第4期。

其是侦查机关在诉讼过程中所建构的诉讼材料不但包含涉罪未成年人的犯罪事实信息，也包括涉案未成年人的基本信息、相关记录及审讯笔录等信息，这些信息由于来源的可靠性，本身就应构成调查报告内容的一部分，是调查员了解涉罪未成年人的第一手资料，也为展开进一步深入调查提供线索。遗憾的是，包括《刑事诉讼法》在内的现行法律、法规并没明确调查员及其法律地位，也没有赋予调查员案卷查阅权，由此导致调查员的信息获取方式存在极大局限，无法调取、查阅诉讼卷宗，而只能通过外围调查的方式来获取相关信息，这直接影响了社会调查报告的质量。

第三，调查的时间与期限问题。这是一项高度专业化、内容精细化的调查活动，因此需要确保调查员有足够的时间展开充分的调查，以确保报告的质量。比如在美国，对于进入量刑阶段的未成年人刑事案件，缓刑官一般需要花30~60天才能准备好社会调查报告。在我国，由于未成年人刑事诉讼机制依附于一般刑事诉讼的特性，导致其在办案期限方面要遵守《刑事诉讼法》的一般规定，有关未成年人刑事案件办案期限的规定并没有考虑社会调查的需要，导致两者之间冲突。考虑到社会调查通常在法院审理阶段才启动和大量未成年人刑事案件适用简易程序的现实，这种冲突更为紧张。实践中，许多法院都要求社会调查报告必须在5日或10日内完成并提交。[1]在相对较短的时间内，要求调查员通过走访家庭、社区、学校、工作单位等多个地方，询问亲友、家属甚至被害人等多方意见，还要制作相应的调查报告。可以想象，这种未经详尽调查而仓促形成的调查报告的内容或质量很可能存在严重缺陷。[2]

（五）未成年人刑事案件调查报告的法律属性解读

从我国各地的司法实践中看出，调查报告大多时候只是作为量刑参考。对于是否应当将调查报告作为证据使用，我国理论界与实务界一直未达成统一的认识。在理论界，各专家学者都对未成年人刑事案件调查报告的法律属性发表了自己的观点。持否定说的观点认为由于调查方式尚未成熟，调查报告的质量不高，因此只能作为量刑参考。[3]我国的立法并未将调查报告定为

---

〔1〕 谭京生、赵德云、宋莹：“北京市法院未成年人刑事案件社会调查报告工作的调研及建议”，载《青少年犯罪问题》2010年第6期。

〔2〕 李丽：“别让涉罪未成年人社会调查流于形式”，载《中国青年报》2013年3月9日。

〔3〕 吴宗宪：“论少年犯罪案件审前调查制度的建立——以《刑法修正案（八）》社区矫正制度的确立为视角”，载《山东警察学院学报》2011年第5期。

证据，因此就不该突破立法，影响法律的严肃性。有论者进一步指出：未成年人刑事案件调查报告不能称之为证据。第一，按照我国现行法律和学界的通说，证据的内容需要与案件事实的内容存在关联性。而调查报告的内容并不直接针对案件本身，而是回溯案发前涉案少年的成长经历、一贯表现情况，展望未来涉案少年的人身危险性、再犯可能性，这些内容虽然重要，却不是直接的涉案内容，所以关联性欠缺。第二，关于未成年人刑事案件调查证据属于品格证据的观点也有待商榷，因为品格证据是英美法系证据法中的术语，在我国现行法律中没有相关规定，在没有体现案件事实、形成的程序缺乏规范的法律形式要件的情况下，明确未成年人刑事案件调查报告证据属性有悖于现有的刑法原则和法律规定。〔1〕

有论者认为，从调查程序的目的出发，调查全面掌握涉案少年的个人情况，是为了使法院在定罪特别是量刑的时候，能够采用一种最有利于矫正少年被告人再社会化的刑罚执行参考，这种参考不具有定罪量刑依据的法律意义，所以，调查报告不是定罪量刑的证据。〔2〕还有观点也持支持这一说法的态度："未成年人调查报告不能当做证据在刑事案件中使用，只能作为公安司法机关处理未成年犯罪嫌疑人案件的参考。"其理由在于：第一，刑事证据是指在刑事诉讼过程中能够证明案件真实情况的各种材料。从概念上看，证据必须对案件事实具有证明作用，与案件事实有着必然的联系，但未成年人刑事案件调查报告的内容主要由未成年犯罪嫌疑人、被告人的家庭情况、学校表现、社会交往、道德品行等组成，这些内容并不对案件事实起到相应的证明作用。第二，根据证据的特点，证据必须和案件事实具有关联性，和案件事实之间没有联系的材料不能称之为证据。未成年人刑事案件调查报告仅仅是对案件事实之外的与未成年犯罪嫌疑人、被告人个人相关的一些事实的反映，它与案件事实之间没有必然的联系。第三，从证据的种类来看，未成年人刑事案件调查报告不属于我国刑事诉讼法规定的任何一种证据。〔3〕

持肯定说的则认为，调查报告满足证据的客观性、关联性和合法性的要

〔1〕 赵国玲：《未成年人司法制度改革研究》，北京大学出版社2011年版，第241页。

〔2〕 徐建主编：《青少年法学新视野》，中国人民公安大学出版社2005年版，第754页。

〔3〕 杨东："未成年人社会调查报告制度研究"，安徽大学2014年硕士学位论文。

求，应当被视为证据。[1]支持这一观点的学者，从实体法、程序法和证据法三方面予以了论证。[2]该观点认为：

第一，未成年人刑事案件调查报告具有关联性。一般而言，案件事实包括定罪事实与量刑事实两部分。2012年《刑事诉讼法》第53条第2款在解释“证据确实、充分”的含义时，确认案件事实由定罪事实与量刑事实构成，且每一事实都应有相应证据予以证明。定罪事实是指已经发生且与犯罪构成要件紧密相关的事实。与定罪事实相关的证据主要是通过回溯的方式来寻找。量刑事实由两部分事实构成：①犯罪事实造成的社会危害性；②罪犯的人身危险性。虽然证明行为存在社会危害性的证据在一定程度上与定罪事实重合，但是证明罪犯人身危险性的部分事实并没有发生，因此罪犯人身危险性的程度如何需要法官借助现有的证据进行判断。换言之，量刑程序考虑较多的是罪犯的未来，是一种“以犯罪人为导向”的刑事诉讼程序。

第二，影响罪犯人身危险性的因素较多，仅凭定罪证据尚不足以准确评估罪犯的人身危险性。该方面的证据应以揭示罪犯人格特点和发展趋向为中心，这必然涉及罪犯的成长经历、家庭环境及教育背景等内容。制作调查报告的目的也在于此，通过搜集影响罪犯人格发展的相关证据，对未成年罪犯的人身危险性进行评估，从而作出准确的量刑裁决。实际上，判断证据是否具有关联性的方法有两种：①需要证明的事项从逻辑上看能够证明；②它能够说明证据所主要依赖的背景。为了评估与指控有关的主要证据，很有必要采用描述指控犯罪背景和情况的证据。社会调查报告大多是在上述第二层意义上符合证据的关联性，即量刑裁决需要反映罪犯基本情况或背景的证据的支持。

第三，调查报告具有客观性。证据的客观性是指证据所反映的内容应该是客观的。但是，从认识论的角度来看，人们不可能重现已经发生的犯罪事实，相应的，证据的客观性也具有相对性。换言之，证据的客观性不同于纯粹哲学意义上的客观性。有论者将证据的客观性定位于“在纯粹的客观领域出现的概念，是在人们对它予以认识和把握之前所具有的内涵”。这种将证据

〔1〕吴燕、吴翎翎：“少年品格证据若干问题初探”，载《青少年犯罪问题》2008年第5期。

〔2〕田宏杰、庄乾龙：“未成年人刑事案件社会调查报告之法律属性新探”，载《法商研究》2014年第3期。

的客观性绝对化、纯粹化的做法并不可取。证据虽然来源于案件事实，但是又不同于案件事实，是相关主体按照一定的法律标准将案件事实裁剪后的事实。一份合格的未成年人刑事案件调查报告是根据严格的法律程序制作的，由合格的制作主体、调查主体，科学的调查方法以及可以相互印证的证明材料组成。严格的制作程序是保障未成年人刑事案件调查报告客观性的重要前提，而制作方法的科学性则进一步增强了社会调查报告的客观性。

当然，未成年人刑事案件调查报告的客观性并不能证明其具有证明力或者具有较强的证明力。未成年人刑事案件调查报告与其他证据一样，也需要将其置于整个案件事实和证据链条中由司法主体作综合性判断。需要指出的是，未成年人刑事案件调查报告具有客观性得到了联合国大会相关文件的确认，并体现在《北京规则》之中。我国是该规则的签约国之一，确保社会调查报告制度得以全面落实既是保障未成年人合法权益的需要，也是履行国际条约规定的义务的需要。

第四，未成年人刑事案件调查报告具有合法性。一般而言，证据的合法性包括证据种类合法与取证程序合法两个方面。根据我国现行法律的规定，公安机关、检察机关和审判机关都有依法制作未成年人刑事案件调查报告的权利，这说明上述主体依法制作未成年人刑事案件调查报告在程序方面不存在任何问题。以下主要阐述未成年人刑事案件调查报告在证据种类方面是否合法的问题。显然，关于未成年人刑事案件调查报告法律属性的争议与新中国成立以来颁行的三部刑事诉讼法典对证据的种类均采列举式的规定不无关系。根据2012年《刑事诉讼法》的规定，证据是指可以用于证明案件事实的一切材料。换言之，所有能够证明案件事实的材料原则上都是证据。由于未成年人刑事案件调查报告与量刑事实紧密相关，属于能够证明案件事实的材料，因此其符合证据的含义。就证据种类而言，未成年人刑事案件调查报告在表现形式上并不符合单一的证据种类，而是多种证据形式的综合。这与电子证据的发展过程极为相似。在2012年《刑事诉讼法》修订以前，电子证据的独立地位并没有获得法律的认可，但是这并没有影响其在司法实践中被作为证据来使用，只是将其转化为不同的证据形式来使用而已，直至2012年《刑事诉讼法》将其确立为独立的证据种类。客观地讲，2012年《刑事诉讼法》对证据种类采用列举式的规定虽然具有明确、可操作性强的优点，但是也具有不能随着社会的发展而及时吸纳新出现的证据形式的缺点。

总之，在现有法律框架下，未成年人刑事案件调查报告要么是以证据的综合表现形式出现，要么是在证据概念下实际上发挥着证明的作用，无论其以何种形式存在，其合法性都是确定的。未成年人刑事案件调查报告既具有证据的基本特征，也契合证据的基本含义，[1]即使不作为证据也不失其发生证明的作用。

也有观点认为，调查报告应为专家意见[2]或者是鉴定意见。[3]还有一种观点认为，调查报告不能被作为定罪的证据，但是可以成为量刑的证据。[4]从比较法的角度看，调查报告在外国程序法中的功能一般都呈现多元化：①作为案件分流的标准。例如，美国多数州的法律均规定，少年法院在接到对未成年人的控告后，由专职缓刑官启动社会调查程序，对未成年人的生活背景展开调查。这种调查的目的在于寻找对未成年人案件作非正式处理的依据。②作为保释的根据。在英国，社会调查报告被区分为庭前社会调查与判刑前社会调查。其中，庭前社会调查的目的是评估未成年犯脱逃的风险，法官根据该风险评估材料和其他相关材料来判断应否准予保释未成年犯。③作为提起公诉的标准。④作为保护处分的根据。⑤作为量刑的根据。一般而言，规定了社会调查报告制度的国家的立法均明确规定社会调查报告是对未成年犯量刑的根据。

根据《刑事诉讼法》的规定，公安机关、检察机关及审判机关有权制作社会调查报告，并作为程序处理的重要依据。《公安机关办理刑事案件程序规定》第311条规定："公安机关办理未成年人刑事案件，根据情况可以对未成年犯罪嫌疑人的成长经历、犯罪原因、监护教育等情况进行调查并制作调查报告。作出调查报告的，在提请批准逮捕、移送审查起诉时，应当结合案情综合考虑，并将调查报告与案卷材料一并移送人民检察院。"由该条规定可以看出，公安机关制作社会调查报告的目的在于为检察机关审查批准逮捕、移送审查起诉作准备。在此，社会调查报告与案卷材料发挥着相同的作用，即

---

〔1〕田宏杰、庄乾龙："未成年人刑事案件社会调查报告之法律属性新探"，载《法商研究》2014年第3期。

〔2〕罗芳芳、常林："《未成年人社会调查报告》的证据学分析"，载《法学杂志》2011年第5期。

〔3〕王建喜："论我国未成年人犯罪背景调查制度的构建"，复旦大学2008年硕士学位论文。

〔4〕万扬："未成年人社会调查制度研究"，湖南大学2013年硕士学位论文。

被当做对未成年犯罪嫌疑人是否予以批准逮捕与作出起诉决定的证明材料。《人民检察院刑事诉讼规则（试行）》第286条第1款规定："人民检察院根据情况可以对未成年犯罪嫌疑人的成长经历、犯罪原因、监护教育等情况进行调查，并制作社会调查报告，作为办案和教育的参考。"该规则确认人民检察院具有制作未成年人刑事案件调查报告的权力，但是其将未成年人刑事案件调查报告的法律属性定位于"办案和教育的参考"。这也是很多论者认为调查报告仅具有办案参考属性而不具有证据属性的法律根据之所在。

还有观点认为，该规则只是从宏观方面界定了社会调查报告的办案参考属性，至于在微观方面，未成年人刑事案件调查报告仍具有作出程序处理的证据功能。原因在于，2013年修订的《人民检察院办理未成年人刑事案件的规定》第13条对调查报告的内容作了细化。该条规定："人民检察院办理未成年犯罪嫌疑人审查逮捕案件，应当根据未成年犯罪嫌疑人涉嫌犯罪的事实、主观恶性、有无监护与社会帮教条件等，综合衡量其社会危险性，严格限制适用逮捕措施，可捕可不捕的不捕。"

由此可见，未成年人刑事案件调查报告实际上已经成为人民检察院是否批准逮捕或决定逮捕以及是否起诉或附条件起诉的重要依据。[1]该观点进一步认为，调查报告在某种程度上迎合了犯因性需求，并且指向犯罪人的深层犯罪动机，对制订个别矫正方案极具参考价值。在外国，制作未成年人社会调查报告的目的之一是找出未成年犯违法犯罪的社会原因，以便对症下药，实施有针对性的矫正改造措施。2012年《刑事诉讼法》确立的未成年人刑事案件调查报告中涵盖了"监护教育"的内容，可以理解为未成年人刑事案件调查报告能适用于执行阶段。但是，由于该条规定较为模糊，因此未成年人刑事案件调查报告能否作为矫正的依据以及其矫正作用的大小都不确定。

从应然层面来看，未成年人刑事案件调查报告具有作为制订矫正计划、改造罪犯根据的重要作用。从实然层面来看，司法机关比立法机关走得更远。例如，北京市门头沟区人民法院就确立了以未成年人刑事案件调查报告为媒介的未成年人刑事审判司法社工制度。该制度由专业司法社工担任未成年人

---

〔1〕田宏杰、庄乾龙："未成年人刑事案件社会调查报告之法律属性新探"，载《法商研究》2014年第3期。

刑事案件调查员对未成年被告人开展审前未成年人刑事案件调查和心理辅导、进行再犯可能性专业评估、负责跟踪评估和帮教矫正。该制度充分体现了未成年人刑事案件调查报告的刑事一体化连接功能。实践证明，我国在未来立法时有必要明确规定未成年人刑事案件调查报告具有作为罪犯矫正依据的法律属性，使调查报告的功能在侦查、起诉、审判、执行等整个诉讼过程中都得到发挥。由此进一步得出结论，调查报告在未成年人犯罪刑事诉讼程序中扮演着极为重要的角色，它既是我国检察机关是否批准逮捕、决定逮捕、是否起诉的重要依据，也是我国审判机关裁决从轻处罚的根据，同时还是我国执行机关对未成年犯开展有针对性的改造、矫正工作的依据。社会调查报告作为独特的证据，作用于刑事诉讼的始终，体现了诉讼的完整性，而诉讼的完整性又反衬出社会调查报告在不同诉讼阶段所具有的连接性。但是，与外国相比，我国未成年人刑事案件调查报告的程序分流功能仍然不强。我国在未来立法时有必要强化未成年人刑事案件调查报告在程序分流方面的功能，并将其作为实施非刑事处分的重要依据。总之，未成年人刑事案件调查报告诉讼阶段的完整性决定其具有内在的证据属性。[1]

对于调查报告的性质，我们认为应当坚持“参考说”的观点。因为调查报告是对未成年犯的成长经历、犯罪原因、监护教育等情况进行调查，它反映的是未成年犯罪嫌疑人的背景资料，而不是犯罪事实。目前我国并未建立品格证据这一规则，不能有悖于现行的法律规定，因此，不能将调查报告作为证据使用，只能作为司法机关办案的参考资料，[2]但其作为办案的参考资料并不影响其应发生的作用和效果。如果将调查报告作为证据使用，存在争议还需进行质证，会导致问题更加复杂。刑事诉讼法将证据定义为可以用于证明案件事实的材料，调查报告与“案件事实”之间并无紧密联系，不能反映犯罪行为的客观情况。因此不能说调查报告是证据。并且《刑事诉讼法》将证据分为八类：物证，书证，证人证言，被害人陈述，犯罪嫌疑人、被告人供述和辩解，鉴定意见，勘验、检查、辨认、侦查实验等笔录，视听资料、电子数据。调查报告并不能归类到其中，所以只能将其作为一种参考资料。

---

〔1〕 田宏杰、庄乾龙：“未成年人刑事案件社会调查报告之法律属性新探”，载《法商研究》2014 年第 3 期。

〔2〕 郭欣阳：“未成年人社会调查报告的法律性质及其在审查起诉中的运用”，载《人民检察》2007 年第 3 期。

因此调查报告中的内容不应该影响法官正确认定案件事实，与定罪无关。但是这并不是意味着调查报告没有意义。在严格程序之下得出的翔实的调查报告，可以作为移送案件与否、起诉与否、法官量刑的依据和参考。这是符合未成年人刑事诉讼特殊规则的，体现出了对于未成年人的特殊保护与处遇。

（六）实践中调查报告作用与效果解读

本着“为司法机关贯彻教育、感化、挽救未成年人刑事被告人，正确处理案件提供重要依据”的目的，我国相关法律、法规及司法解释对未成年人刑事案件调查报告的作用作了较全面的规定，贯穿刑事诉讼除立案外的整个诉讼过程，包括侦查、审查起诉、审判和刑罚执行阶段：在侦查阶段，是公安机关决定是否提请逮捕、是否移送审查起诉和人民检察院审查批准逮捕时逮捕必要性标准的重要参考；在审查起诉阶段，是人民检察院作出酌定不起诉、附条件不起诉和制订未成年人帮教计划的重要参考；在审判阶段，是人民法院量刑的重要参考材料，尤其是在拟判处被告人管制、缓刑等非监禁刑和免除刑罚情形下，同时还为法庭教育提供重要参考；在刑罚执行阶段，为少年法庭回访、跟踪帮教和刑罚执行机关尤其是社区矫正机构进行针对性的个别化教育矫治提供重要的参考材料。实践中基于相关的资料和有关报道，可以为观察调查报告实际效果提供一些参考。

通过观察可以发现，受制度理念接受程度不同及社会调查资源充裕程度不同等因素影响，我国不同地区的社会调查报告的适用率呈现较大差异。比如，在较早践行调查制度的北京市朝阳区检察院，2013 年 1 ~6 月，对 93 名涉罪未成年人全部开展了社会调查，适用率达到 100%。四川省检察机关 2013 年1 ~3月共处理了 1000 名左右涉罪未成年人，对其中 728 人展开调查，适用率为 70% 左右。山西省太原市检察院 2013 年 1 ~6 月办理的未成年人刑事案件调查报告适用率也较高，在处理的 1064 名涉罪未成年人中，对 523 人进行了调查，适用率达到 49%。但根据江西省检察系统 2011 年 1 月至 2013 年 6 月的统计数据，这一时期共对 5700 名左右涉罪未成年人中的 813 名进行了调查，适用率为 14.2%。具体到一些基层司法机关，适用比例更低。此外，还需要关注的是，从相关媒体报道来看，有关侦查机关展开调查的报道较少，这可能意味着公安机关启动调查的可能性相对较低。总体上，考虑到调查报告主要适用于非监禁刑和不起诉案件，结合我国未成年罪犯 40% 左右的非监禁刑适用率，我国社会调查报告的整体适用率偏低，其平均水准至少也应维持在40%以上。[1]

另外，适用调查报告后涉罪未成年人的处理结果也是重要衡量指标。由于我国未成年人刑事案件调查制度适用条件本身的非罪化、缓刑化、轻刑化导向，导致实践中一旦对某个未成年人进行调查，就意味着对他从宽处理。在这个意义上，调查报告对于未成年人非罪化、非监禁刑化、轻刑化处置的适用效果是非常明显的。比如，云南省易门县检察院2013年5~9月在办案过程中进行过调查的15名涉罪未成年人，对其中11人不予逮捕、4人不起诉。[2]江苏省金湖县检察院2012年1~9月办理的12起社会调查中，2人被决定不予起诉，8人被判处缓刑，2人被轻刑处理。河南省法院系统通过全面建立调查报告制度等机制对未成年被告人依法尽可能多地适用轻、缓刑，未成年被告人被判处非监禁刑的比例逐年上升。据统计，2007年河南省法院对未成年被告人适用非监禁刑比例为39.48%，2008年37.78%，2009年38.69%，2010年42.82%，2011年47.6%。不过，这种非罪化、轻刑化、缓刑化的适用倾向使得未成年人刑事案件调查被误读为一种“照顾性”的制度，被异化为从对涉罪未成年人适用轻、缓刑出发的倾向性依据，[3]在某种程度上意味着对重罪未成年人排除适用。而根据《北京规则》规定的精神和重罪案件刑罚适用的更加复杂性、慎重性，对涉及重罪案件的未成年被告人更应进行调查，保证未成年被告人得到公正处理。

三、未成年人刑事案件调查制度的探索

（一）以司法行政机关作为调查主体，由其指派社会调查员进行调查

这种架构的优势之处在于：①刑罚个别化的理念不仅用于侦查、起诉和审判阶段，执行阶段也应当根据未成年犯的个人特点进行有针对性的教育。司法行政机关（司法行政机关是社区矫正工作的主体）主管刑罚执行的工作，

---

〔1〕 蒋雪琴：“我国未成年人社会调查制度实践考察”，载《兰州大学学报》（社会科学版）2014年第5期。

〔2〕 肖凤珍：“云南易门：社会调查机制有效帮教涉罪未成年人”，载《检察日报》2013年9月4日。

〔3〕 蒋雪琴：“我国未成年人社会调查制度实践考察”，载《兰州大学学报》（社会科学版）2014年第5期。

由其事先对未成年犯进行调查，可以将审判和执行良好衔接。②我国司法资源中公检法三机关工作繁重，人员不足，在法律规定的时限内查清犯罪事实已属不易。若再将未成年人刑事案件调查这一任务交于这三部门，效果不会理想。相比之下，由司法行政机关担任调查主体更为合适，也有利于辩护律师与诉讼代理人的参与。有人建议在司法行政机关下设专门的调查机构，招聘组建专业的调查队伍，并且对调查员的培训和管理都由司法行政机关统一负责。[1]这是一个可以尝试的建议，但也会有相应的问题。因此，调查员的选任应当经过竞选考核、公开聘任，选任之后要制订相关考核机制，我们在本章最后一节会进行详细的论述。除此之外，司法行政机关应当定期对调查员进行培训，提高调查员的综合素质，保障未成年人刑事司法工作的有效进行。因此，明确调查员的权责也是十分必要的。调查员是依照法律的规定对未成年犯的有关量刑的事实进行调查，调查结果对未成年犯的量刑有影响，所以调查员的权责应当具体明确才能保证少年司法的公平。③司法行政机关担任调查主体可以避免公检法及辩护人担任调查员的不利影响，可以减少调查阻力，保障调查顺利进行。

（二）建构调查员的诉讼权利

造成我国未成年人刑事案件调查报告质量不高的一个重要原因在于调查员法律地位的缺失和诉讼权利的缺乏，导致调查只能通过外围访谈等方法从侧面了解涉罪未成年人的人格信息，其局限性极大地制约了调查报告的质量，进一步影响其在使用者（主要是法官）心中的地位。因此，有必要在规范层面确认调查员的法律地位和诉讼权利。

1. 确认调查员的诉讼地位

在我国的实践中，并未明确调查员参加庭审时的身份为何，但从其庭审活动需要接受控辩双方质询来看，似乎是作为证人来看待的，这既不符合社会调查报告的非证据属性，也无法体现调查员的专业和职业属性。比较法考察发现，未成年人刑事案件调查的执行主体也是非常多元的，但都展现出共通的一面，即他们是作为少年法院处理未成年人刑事案件的辅助机构参与其中。这一点可为我们提供参考。事实上，在我国，尽管没有明确的法律规定，但如果根据最高人民法院《关于印发一审未成年人刑事案件适用普通程序的

〔1〕 康黎："追诉人人格调查"，载《西部法学评论》2012年第2期。

刑事判决书样式和一审未成年人刑事公诉案件适用简易程序的刑事判决书样式的通知》(2009)的规定可以推断：调查员在庭审中的法律地位与翻译人员类似，应当属于审判辅助工作人员。

2. 明确调查员的权利

关于调查员的调查权利，现有研究一般都从调查的方法论这一技术性角度展开，很少将其上升到诉讼权利的高度。既然法律已经明确了未成年人刑事案件调查是未成年人刑事司法的一种诉讼制度，为了确保这一制度能够有效运行，应当明确调查员的诉讼权利。这其中，会见权和阅卷权是关键。从前面可以看出，这两种权利的缺失，导致了调查方法的单一化，进而极大地影响了调查报告的质量。因此，建议在制度层面明确调查员在调查过程中享有与涉罪未成年人（包括羁押）会见交流的权利和到办案机关查阅、摘抄、复制与涉罪未成年人有关的案卷信息的权利。当然，对于这些处于诉讼过程中的案件信息，调查员负有保密的义务，应坚持不伤害涉罪未成人的原则。

3. 完善调查报告的披露机制

实践中，尽管辩护律师可以通过阅卷来实现调查报告披露的目的，但主管机关并没有考量调查报告与一般诉讼证据的差异性。一方面，为防止调查报告中可能出现的偏差，为未成年人及其代理人提供了充足的接触调查报告并对其提出质疑的机会，保障未成年人刑事案件调查程序中未成年人的参与权。因此，原则上都应当向涉罪未成年人及其法定代理人、被告人披露社会调查报告的基本内容，而且应当在开庭前披露，以确保有足够的时间准备质证材料，避免庭审中对调查报告的质证流于形式。但另一方面，明确调查报告信息披露的限度。由于调查的目的是为了保护涉罪未成年人、寻求最佳处理方案，如果披露相关信息对未成年人产生较大心理伤害时，应当保密；同时，由于涉案未成年人的人身危险性相对守法公民而言较高，因此也需要保护在调查过程中对涉罪未成年人进行过不利信息描述的人的人身安全，一般对其父母、配偶、亲友提供的材料应当保密。

4. 建立调查员出庭规则

为了确保调查报告信息的准确和适用的公正性，应当明确调查员以出庭为原则，不出庭为例外。主要是因为调查员作为调查报告的制作主体，有责任就调查报告的形成过程及评估意见回答控辩双方尤其是被告方的疑问或澄清某些争议，以确保调查报告内容的客观性。此外，在我国的未成年人刑事案件庭审中，调查员还要承担协助法庭开展法庭教育的职责。因此，调查员应当参加庭审。但是在参加庭审过程中，由于调查员作为少年司法辅助人员的定位和定罪量刑程序没有完全分离的现实，调查员的出庭规则可以考虑设置如下：调查报告应当在法庭调查最后阶段出示，而且以调查员宣读调查报告的形式出示；在审判长的主持下，控辩双方围绕调查的主体资格，调查的方法、步骤、内容及其真实性和相关性进行发问；调查员应当回答控辩双方的提问，并就控辩双方对调查报告中有争议、矛盾或表述模糊方面的内容进行解释说明。

（三）建立信息交流与跨地协助机制

我们应当在这基础上进一步完善这一机制。对于外地户籍的未成年犯，若他在所住辖区居住满 1 年，应当视其为本辖区的居民，对其在本辖区居住期间的表现予以调查，事后也将其放在辖区内进行社区矫正；若是未满 1 年，不符合暂住标准，应当由犯罪地所在的社区矫正机构进行委托，由户籍所在地的社区矫正机构进行社会调查，受托方应当全力配合。各省、市的司法行政部门可以利用他们之间的行政关系建立起异地协助机制，通过网络平台资源共享，这样可以使社会调查制度惠及更多外地户籍未成年犯。对于不具备协作机制的地区，可以借助未成年人保护组织或法律援助组织跨地协助的网络平台。

（四）扩大调查制度的适用范围

“合适成年人”在场制度是刑事诉讼充分考虑未成年犯罪嫌疑人存在的生理和心理弱点的客观情况的结果，是刑事诉讼体现人性关怀的一大表现。根据《儿童权利公约》第 40 条第 2 款第 2 项的规定，缔约国应当确保所有被指称或指控触犯刑法的儿童得到以下保证：父母或法定监护人在场，除非认为这样做不符合儿童的最大利益，特别要考虑到其年龄或状况。我国作为缔约国，理应将其内化为我国的具体法律规定。在讯问和审判的时候，有合适成年人在场，在心理上就给了未成年犯罪嫌疑人一种受保护、受尊重的感觉，这样可以减免涉罪未成年人在讯问时可能导致的心理扭曲而尽量按其本来的意愿作出陈述，同时合适成年人也可以即时监督和制止办案机关在讯问和审判中发生的非法以及不正当行为。由此可见，“合适成年人”的选任直接关系到未成年人的利益保障，因此必须对“合适成年人”的人选进行认真细致的调查。由于该内容在第五章已论述，在此不再赘述。在调查过程中可以了解谁有强烈的社会责任感和较好的沟通能力，以及谁能真正站在未成年人的角度维护其合法利益，有必要吸收其作为调查见证人。

“附条件不起诉”制度，不同于一般的起诉制度，它是以起诉便宜主义为基础，是一种缓冲机制。美国、德国、日本等许多国家都有相关的规定，只适用于轻罪案件。例如：日本《刑事诉讼法》第248条规定：“检察官根据犯人的性格、年龄及境遇、犯罪的轻重、情节及犯罪后的情况，认为没有必要予以追诉的，可以不提出公诉。”日本检察官需要考虑的因素有三项：一是犯罪行为人的因素，包括犯人的品德、日常行为、是否有前科、年龄、家庭环境、社区环境、人际关系等；二是犯罪的因素，包括犯罪的轻重、情节、对社会的影响等；三是犯罪后的因素，包括有无反省举动、争取被害人谅解，有无逃亡或毁灭、隐藏证据的行动等。由此可以看出日本检察官所要调查的内容与我国长期司法实践中社会调查的内容是大同小异的。此次《刑事诉讼法》修正案确定了这一制度，对我国未成年人司法改革有着重要的推动意义，受惠的不仅仅是未成年人这一群体，也包括家庭、社会，甚至是整个国家。附条件不起诉制度不仅仅关注具体案情，更关注未成年犯罪嫌疑人的主观恶性及其人身危险性，对其有无教育和改造的可能。附条件不起诉制度适用轻罪行并且具有悔罪表现的未成年犯罪嫌疑人，悔罪表现一般表现为：未成年犯罪嫌疑人实施犯罪后如实坦白犯罪事实，无逃跑或毁灭、隐藏证据的行为，具有良好的家庭、学校监督以及社区帮教的条件，有弥补犯罪行为带来的危害后果的意思表示，向被害人支付一定数额的赔偿金或与被害人达成和解，等等。[1]这些内容大部分都囊括在未成年人刑事案件调查的内容中，通过调查了解未成年犯罪嫌疑人的家庭情况、社交情况、犯罪前后表现以及对其改造的难易程度等，依照公共利益、诉讼效益的原则进行综合裁量，以最终做出是否适用附条件不起诉制度的决定。

调查制度应当贯穿于诉讼程序的始终，未成年人刑事案件调查报告在这两个制度中被采用，可以避免重复调查，节约司法资源。

（五）调查的方式应多元化

为了保证调查报告的合法性、准确性，科学设定调查方式就成为不可忽视的环节。目前，我国未成年人刑事案件调查的方式普遍存在单一化的倾向，

---

〔1〕 徐美君：《未成年人刑事诉讼特别程序研究》，法律出版社2007年，第117页。

常见的几种方式有：①格式化表格。多数地方司法机关将要调查的内容制作在一张表格内发给调查对象，让被调查者按照表格上的要求填写，通过对表格的审阅加上未成年犯罪嫌疑人的相关资料了解未成年人的成长背景、心理状态等。②会见被调查人。会见被调查人是社会调查最直接、最常见的调查方式，但是在实际运用中社会调查工作往往会遇到一些阻碍，例如因未成年人刑事案件调查程序对被调查者不具有强制性，被调查者往往有抵触心理，消极的对待会见；或者被调查者积极主动提供虚假信息以期未成年人犯罪嫌疑人得到惩罚，这些需要调查员有较强的分辨能力，这跟其谈话技巧及其丰富的知识储备和社会阅历是分不开的。有的学者认为可以采取结构性的访谈（即事先做好会谈的内容概要，根据概要的内容进行谈话）为主，非结构性访谈为辅的方式。此种方式灵活，可以适应不同的情况。③实地走访调查。调查员进入未成年犯罪人所在家庭、学校、社区、工作单位等地区，对未成年人的父母、亲属、朋友、老师等进行单对单的调查访问。以上三种方式是比较传统常见的，但又有自身的局限性，实践中采取了交叉使用的方法，即“以实地考察为主，间接调查方式为辅”。调查员应当进行实地考察，与被调查者当面会谈，若是被调查者地处偏远地带或者不方便接受调查，也可以采取书信、邮件、电话等方式进行。

随着科技进步和未成年人犯罪形式的多样化，若只局限在上述的调查方式上，不利于真正了解未成年犯罪嫌疑人，抓不到问题的实质。所以社会调查的方式应当多元化，在传统方式的基础上进行创新，即在必要的时候应当对未成年犯罪嫌疑人进行鉴定和人格测评：①鉴定。在调查的过程中，对于一些需要用专业知识和技能才能解决的问题，需要靠鉴定来完成。常见的有精神病鉴定、心理鉴定、伤情鉴定等。在瑞典，法院在选择对被告人的制裁的方法时，为了解被告人的心理，生理状况，可以要求医师提出诊断书。如果是在将被告人交付扣留或交付不隔离的精神病学处理时，以及将未满 18 岁的少年交付少年拘禁时，医生的诊断书一定要由有资格的精神病科医师作出，若其不能作出，法院不能作出裁判。[1] 在日本，由少年鉴别所对未成年犯的身心进行鉴别，通过调查身体状况、心理及精神医学的检查等，结合其他调查的事实作出报告以便法官做出合理的裁判。在我国台湾地区，“少年法院”

〔1〕 贾广飞：“论刑事诉讼中的犯罪人格调查制度”，青岛大学2010年硕士学位论文。

专门设置了心理测验员、心理辅导员及佐辅员，在少年调查官或者少年保护官的指挥监督下，对被疑有精神缺陷的未成年犯罪人进行心理测验、分析和辅导，心理测验与分析的结论是少年调查官调查报告的重要内容。我国应该在未成年人社会调查中逐步推行这些方式。②人格测评。人格测评经过科学的验证，证明它能对未成年犯罪人的刑事责任能力和人身危险性进行评估，及时纠正未成年犯罪人的扭曲心理，为其教育改造奠定坚实的基础。[1]近年来，域外已经出现了一些具有代表性的人格测评调查量表。比如美国心理学家梅加吉（Megargee）的明尼苏达多项人格量表，区分出10种人格类型；卡特尔（Catteii）的人格特质理论编制了16项人格因素调查表；古德伯格（Goldberg）的五因素人格结构，通过对犯罪人的神经质性、宜人性、外倾性、认真性、创造性进行分析，以此来评价犯罪人。

（六）规范调查制度的制约机制

调查员拥有法律赋予的调查权，若没有相关的约束机制，一旦权力放大，就会滋生腐败，会降低未成年人刑事案件调查报告的公正性。我国立法在这一领域仍然处于空白的状态，这不利于发挥其效能，也不利于调查制度在全国范围内的推广。少年司法相对发达的日本就规定，在诉讼程序的全过程，法官应当监督调查官的活动，与调查官保持联络，确保程序的公正。我国的监督权隶属检察机关，检察机关应当发挥其效能，保证未成年人刑事案件调查的公正、有序地进行。与此同时，不仅要发挥检察院的监督职能，也要在制度上设置硬性规定约束调查员的行为。因此笔者在这里提出以下几点建议：

1. 建立调查制度的监督机制

建立未成年人刑事案件调查的监督机制应该从两方面着手，即司法监督和社会监督：

（1）司法监督。司法监督是指公安机关、人民检察院、人民法院有权监督调查员的工作并且审查调查报告。首先，公安机关、检察机关、法院应对未成年人刑事案件调查报告进行程序性审查。对违反程序性规定的行为，应当予以纠正。若是一般的违反程序行为，通知司法行政机关采取补救措施；若是发现调查员以非法的手段获取调查内容的，应当将调查报告退回司法行

〔1〕管士寒、王格："日本少年司法制度及其借鉴"，载《河南司法警官职业学院学报》2012年第10期。

政机关，要求其另行指派调查员重新调查，并建议对相关的人员进行行政处分。情况严重涉及犯罪的，应当立即立案侦查。其次，公安机关、检察院、法院应对调查的内容进行实质性审查。未成年人刑事案件调查报告是随卷移送的，如果三机关认为调查报告不够全面或者内容有偏差，可以要求出具调查报告的司法机关进行补充调查或者自行调查。因为在审查起诉阶段或审判阶段，检察官和法官可以根据未成年人刑事案件调查报告来决定是否起诉及是否予以判处监禁刑，所以对于未成年人刑事案件调查的实质性审查应当谨慎、客观。

（2）社会监督。社会监督是指公民、法人或者其他组织都有权对调查组织的工作进行监督。司法行政机关应当设置监督电话及意见箱，在官方网站上公布调查员的职能和权限，将调查工作的进程及时予以更新，接受社会监督。对于人民群众所反映的情况，司法行政机关应当及时予以调查，核对信息的真伪。对违反规定的调查员，撤销其调查权利，另行指派调查员接手。严重违纪的，给予行政处分，已经触犯法律的，移交有关机关处理。

2. 调查员责任追究机制

（1）调查员的保密义务。社会调查的目的是为了挽救失足的未成年人，帮助其更好地回归社会。因此，调查员应当对其在工作中获悉的未成年人的相关情况保密，以保护未成年人的权益。若是调查员违反了保密的义务，应当根据情节的轻重，给予警告、记过或者记大过的行政处分。

（2）调查员应当在开庭前3日将社会调查报告送至控辩双方，并且调查员有出庭的义务，应当在庭上宣读社会调查报告，接受控辩双方的质询。调查员有义务对社会调查的内容进行解释。调查员应当确保调查内容全面真实、客观公正。若公安机关、人民检察院和人民法院在审查中发现调查员有违反规定的行为，应当根据不同的情况作出不同的处理：调查员工作态度恶劣，工作作风懈怠，造成不良影响的，应当向调查员所属的司法行政机关提出意见，司法行政机关可以给予警告、记过或者记大过处分。调查员有徇私枉法、徇情枉法的行为，使调查内容严重失实，造成不良后果的，应当向调查员所属的司法行政机关提出意见，司法行政机关可以给予记过、记大过处分；情节较重的，给予降级或者撤职处分；情节严重的，给予开除处分。调查员有贪污受贿行为，已触犯刑法，构成犯罪的，应当移交给检察院立案起诉。

（3）将调查员完成调查的情况纳入到考核体系中，调动调查员的积极性，以提高调查员的自我约束力。由司法行政机关进行考核，对于考核结果为优秀和称职的调查员，可以给予相应的奖励和晋升职务的资格。对于考核结果为不称职的调查员，通过谈话和培训帮助其改正提高，若还是没有改善，则给予相应的行政处分。

（七）未成年人刑事案件调查的具体程序设置

对于公检法机关的调查程序应当严格遵守刑事诉讼法的规定和基本原则进行，在此不作论述。下面就公检法机关委托调查程序予以简述。

（1）在确定委托主体后，公安机关出具委托书。公安机关在办理未成年人案件时，应当同一时间启动未成年人社会调查制度，制作社会调查委托书，委托书中应该注明委托以及受委托的单位，将委托的事项以及相关的调查线索送至未成年犯罪嫌疑人住所地所在的司法行政机关，并且委托书中应当附有相关的调查线索，比如被调查人的住所、联系方式等基本信息。若是未成年犯罪嫌疑人是外地户籍的流动人口，应当将委托书以邮件的方式寄至其所在地的司法行政机关，接受委托的司法行政机关应当予以配合。委托人不得要求或者暗示调查机关根据其意思来制作调查报告。

（2）司法行政机关受理委托书。区、县司法行政机关对公安机关委托的调查事项进行审查，符合法律规定的，应当予以受理。若是不符合法律规定或者超出了调查机关的权限范围的应当在 3 个工作日内作出不予受理的决定，通知委托人并告知原因。若是委托人提供的材料不齐全，应当立即通知其补全。

（3）司法机关指派调查员。司法行政机关应当自收到委托书 3 日内指派社会调查员，为了确保调查的公正，调查员的人数一般应在 2 人以上，条件允许的情况下应当配备心理学、社会学等方面的社会工作人员以方便调查的展开。司法行政机关应当根据一定的标准选任社会调查员：①调查员应当热衷于未成年人教育、帮教工作，思想端正，道德品质优秀，具有强烈的社会责任感。②调查员应当熟悉未成年人的身心特点，具有良好的沟通能力、文字能力，具有一定的文化素质且身体健康。③调查员应当熟悉办案纪律和相关法律知识，有一定的犯罪学、心理学、教育学等专业知识。调查员采取回避制度，若与未成年犯罪嫌疑人有亲属关系或者利益冲突的，调查员应当自行回避。未成年犯罪嫌疑人的近亲属或者利益相关人也可以向司法行政机关提出回避申请，由司法行政机关的负责人决定调查员是否应当回避。

（4）调查员进行调查，出具调查报告。调查员在接到指派后，对公安机关提供的调查线索进行整理，采取实地走访、查阅收集相关资料、个别约谈等方式对未成年犯罪嫌疑人的个人情况、家庭情况、教育情况、犯罪原因、悔罪表现、帮教条件等进行全面的调查。必要的时候，可以采用鉴定以及人格测评的方法。社会调查员应该在10日内完成调查，若是案情复杂或是遇到疑难问题，经司法行政机关的负责人批准可延长时限，调查期限最迟不得超过20日。调查员将调查到的内容制作成笔录，必要时可以采取录音录像的方式记录，由被调查者确认无误后签字。调查报告中无法完成的部分，调查员应当说明原因。调查报告完成之后，由调查员将报告提交到其所在的区、县司法行政部门审查。

（5）司法行政机关审查调查报告。司法行政机关应该对调查报告进行审查，若发现调查报告的内容不齐全、表述含糊等情况，应当责令调查员进行补充调查。若是发现社会调查员是使用暴力、威胁、欺骗等非法手段获取材料的，不得将获取的材料作为调查报告的内容，应当另行指派调查员进行调查。调查报告经司法行政机关审核通过后，应当由负责人签字盖章后，移送委托机关。

第八章

未成年人犯罪记录封存制度

2012年修改的《刑事诉讼法》秉承了宽严相济的刑事政策，契合了未成年人司法的未来发展趋势，设立了未成年人犯罪记录封存制度。《刑事诉讼法》第275条规定："犯罪的时候不满18周岁，被判处5年有期徒刑以下刑罚的，应当对相关犯罪记录予以封存。犯罪记录被封存的，不得向任何单位和个人提供，但司法机关为办案需要或者有关单位根据国家规定进行查询的除外。依法进行查询的单位，应当对被封存的犯罪记录的情况予以保密。"犯罪记录封存制度在诉讼程序中奠定了基本法的法律地位。尽管该制度已确立，在一定意义上仅是从无到有的进步，然而仅仅规定一个条款来涵盖此制度的所有内容，难免因该制度立法的简疏导致司法上适用的困惑，不仅在理论上尚存需要讨论的问题，而且在实践中仍有许多有待改进的方面，亟待理论予以探索。

一、未成年人犯罪记录封存制度概况

（一）未成年人犯罪记录封存制度基本内涵

对于未成年人犯罪记录封存这一概念，学界各专家学者有着不同的看法。关于未成年人犯罪记录封存制度，我国《刑事诉讼法》规定其暂不适用于所有未成年犯，制度适用的对象，仅限于被判处5年有期徒刑以下刑罚的未成年犯。有论者称其为未成年轻罪记录封存制度。[1]还有观点认为，未成年人

〔1〕束传祥："试析未成年犯罪记录封存制度的必要性"，载《齐齐哈尔师范高等专科学校校报》2014年第2期。

犯罪记录封存是指不完全消灭未成年人犯罪记录，在法律规定的范围内，通过技术性操作严格限制未成年人犯罪记录被查阅。[1]总结以上对于封存制度的理解可以发现：在符合法律规定的情形时，未成年犯罪人的犯罪记录被技术性的限制起来而不被外界任何人、任何单位所查阅。具体到我国刑法体系中是指犯罪时不满18周岁，被判处5年以下有期徒刑、拘役、管制的，应将其相关犯罪记录做封存处理。该犯罪记录被做封存处理的，相关机关不得向其他任何单位和个人提供，司法机关为查办案件需要或有关单位根据法律法规规定必须进行查询的除外。同时，上述单位或个人，应当对相关封存信息予以保密。

在国外，基于犯罪学的立场，未成年人犯罪是一种不完全等同于成年人犯罪的特殊社会现象，甚至有些国家还特意创设了未成年人犯罪与成年人犯罪两个概念。例如日本的“少年非行”就是指的未成年人犯罪，英国、美国等则一般将“crime”适用于成年人犯罪，而对于未成年人犯罪则使用“juvenile delinquency”，即少年错罪。以上区别不仅仅在于其名称、叫法的不同，而且内涵也大相径庭。在1960年召开的联合国罪犯处遇大会上通过的决议指出，如果能够对那些轻微的少年违法行为不予追究刑事责任的，那么就应该尽量不去处罚那些未成年犯罪人，同时对未成年犯罪人不应随意扩大，而应尽可能地限制在违反刑法的犯罪行为内。[2]

随着现今社会的发展，未成年人犯罪比率每年都在上升，未成年人犯罪已经成为我国甚至全世界广泛关注的一个社会热点问题。我国法律中规定的未成年人，与我们平时所说的未成年人的概念是不相同的，对于未成年人的年龄的界定是由法律做出严格规定的。《刑法》第17条第1～3款规定：“已满16周岁的人犯罪，应当负刑事责任。已满14周岁不满16周岁的人，犯故意杀人，故意伤害致人重伤或者死亡、强奸、抢劫、贩卖毒品、放火、爆炸、投毒罪的，应当负刑事责任。已满14周岁不满18周岁的人犯罪，应当从轻或者减轻处罚。”据此，我国《刑法》明确规定，未成年人犯罪是指已满14周岁而不满18周岁的未成年人所实施的犯罪行为。

我国的未成年人犯罪有日趋严重的趋势，从而导致的情况是未成年人犯

---

〔1〕马艳君：“未成年人犯罪记录封存制度实践设想”，载《法学杂志》2013年第5期。

〔2〕康树华、向泽选：《青少年法学新论》，高等教育出版社1996年版，第93页。

罪格外引人关注。但是，未成年人相较于成年人来说，自身有其特殊的身心特点，未成人的辨别是非能力和自我控制能力与成年人相比，明显地存在着差异，并且容易受到外界因素的影响。因此，相对于成年人来说，对于未成年人不应以惩戒为主，而是应当注重感化、挽救未成年人，帮助他们重新进入社会。刑事司法关于未成年人犯罪记录封存制度的产生标志着我国作为发展中国家，法律方面正在不断地完善，更加注重人权方面的保障。未成年人犯罪记录封存制度不仅是对未成年人的犯罪记录进行隐藏，而更加注重的是对未成年人的将来负责。帮助未成年人减轻心理上的负担，协调处理好人际关系，帮助未成年人解决来自工作、学习以及来自社会的评价等诸多方面的问题。在此基础上，未成年人犯罪记录封存制度为我国目前来说不算成熟的未成年人保护方面提供了新的发展契机。

（二）未成年人犯罪记录封存制度立法文意解读

《刑事诉讼法》第 275 条规定："犯罪的时候不满 18 周岁，被判处 5 年有期徒刑以下刑罚的，应当对相关犯罪记录予以封存。犯罪记录被封存的，不得向任何单位和个人提供，但司法机关为办案需要或者有关单位根据国家规定进行查询的除外。依法进行查询的单位，应当对被封存的犯罪记录的情况予以保密。"可见，未成年人犯罪记录封存制度包含封存对象、封存内容、例外情形及相关责任等方面的要素。犯罪记录封存对象限于犯罪时不满 18 周岁且被判处 5 年有期徒刑以下刑罚的人的犯罪记录。对于封存对象的理解，首要问题是是否只有在法院作出生效判决之后才能进行犯罪记录封存？本条使用术语"被判处"而不是"应该判处"，意指"实际判决"。《人民检察院刑事诉讼规则（试行）》第 503 条规定，犯罪的时候不满 18 周岁，被判处五年有期徒刑以下刑罚的，人民检察院应当在收到人民法院生效判决后，对犯罪记录予以封存。其使用"在收到人民法院生效判决后"一语印证了犯罪记录封存的对象只限于未成年罪犯的生效判决。有论者指出，未成年人犯罪记录封存的对象不限于生效判决，还包括被人民检察院相对不起诉、附条件不起诉的案件及公安机关的侦查情况档案资料。但这种扩大性解释并不合适。犯罪记录封存制度的意义在于减轻规范性犯罪标签对未成年人的负面影响。根据无罪推定原则，相对不起诉及附条件不起诉本意是指行为人并没有构成犯罪。2012 年最高人民法院、最高人民检察院、公安部、国家安全部、司法部《关于建立犯罪人员犯罪记录制度的意见》中明确规定，犯罪记录是国家专门机关对“犯罪人员”情况的客观记载。很明显，此处的“犯罪人员”是指被法院定罪的人员。若对“犯罪人员”做扩大性解释，使其包括一切进入诉讼程序中的犯罪嫌疑人、被告人，无疑是对无罪推定原则的违反，不利于对未成年人的保护。我国立法以“刑罚”作为犯罪记录封存制度的适用标准，而国外有些立法兼采“定性”与“定量”标准，把诸如危害国家安全犯罪等具有严重社会危害性的犯罪排除于犯罪记录封存制度适用范围。我国立法采“定量”标准的优势在于便利司法实践操作，有利于实现形式上的公正。

2012年修改的《刑事诉讼法》没有明确犯罪记录封存主体。一般来说，涉及犯罪记录的机构都应属于犯罪记录封存主体，包括法院、检察机关、公安机关、国家安全机关及看守所、拘留所、社区矫正机构、监狱等司法行政部门。根据《关于建立犯罪人员犯罪记录制度的意见》规定，犯罪记录封存内容包括犯罪人员的基本情况、检察机关（自诉人）和审判机关的名称、判决书编号、判决确定日期、罪名、所判处刑罚以及刑罚执行情况等。但在司法实践中也存在政法委作为犯罪记录封存主体的情况。有论者认为，未成年人犯罪记录封存制度的封存主体应以司法机关为主导，即以检察院和法院作为犯罪记录的封存主体，政法委牵头协调，相关单位、部门或个人予以配合。主要理由有二：①从封存的行为性质和行为效力来看，对符合条件的未成年犯的犯罪记录予以封存，是司法机关的职务行为，其封存的行为效力具有普适性，不适宜由政法委来实施。首先，地方政法委作为地方党委的一个部门，虽然其对辖区司法机关具有领导作用，但其毕竟不是司法机关，不具有作出司法行为的正当性；其次，地方政法委的行为效力具有地域性的限制，不具有行为效力的普适性，即地方政法委的行为无法要求其他地方的单位或个人遵照执行；最后，封存犯罪记录一定程度上意味着对检察院决定或法院裁判中确定的未成年人犯罪前科的否定，由政法委作为封存主体，难免让人产生政法委不正当干涉检察院决定或法院裁判的嫌疑。综合治理办公室作为政法委的一个内设机构，更加不宜作为封存的主体。②从国外的立法例上看，以司法机关作为未成年犯犯罪记录的封存主体是通例。如法国规定，符合条件的人申请复权只能向法院提出请求。德国规定，少年法官可依职权宣布消除前科记录。俄罗斯规定，未成年人的前科由法院撤销。至于相关单位、部门或个人要配合司法机关进行封存，是指所有知晓未成年犯犯罪记录的单位、部门或个人在收到检察院或法院的封存裁定书后，对未成年犯的犯罪记录应当依法予以封存；在未收到检察院或法院的封存裁定书的情况下，对未成年犯的犯罪记录应当严格保守秘密。[1]

另外，“被判处5年有期徒刑以下刑罚”是否包含被判处附加刑？有观点认为，我国刑法典对刑罚轻重的划分以主刑为标准，附加刑只具有参考意义。为此，“被判处5年有期徒刑以下刑罚”包含被并处罚金、没收财产或者附加剥夺政治权利的情形。需要指出的是，立法将“5年有期徒刑以下”作为适用犯罪记录封存制度的先决条件，但是指个罪构成5年有期徒刑还是包括数罪并罚的情形并不明确。从保护未成年人利益角度出发，宜对此做限制性解释，即“5年有期徒刑以下”只适用于个罪情形，不包括数罪并罚的情况。换言之，若未成年罪犯犯有数罪，个罪没有超过5年有期徒刑，但数罪并罚后超过5年有期徒刑者，对其仍可适用犯罪记录封存。我国立法和司法实践中已有类似做法。例如，《刑法》第81条第2款规定：“对累犯以及因故意杀人、强奸、抢劫、绑架、放火、爆炸、投放危险物质或者有组织的暴力性犯罪被判处10年以上有期徒刑、无期徒刑的犯罪分子，不得假释。”立法对假释适用的限制性规定只适用于个罪情形，即在行为人犯有数罪，个罪属暴力犯罪或构成累犯但均未超过10年有期徒刑，并罚超过10年有期徒刑时，仍然可以适用假释。综上，将犯罪记录封存适用条件之“5年有期徒刑”做个罪适用限制性解释，符合存疑时做有利于被告的解释原则与司法适用统一性原则。

为与其他相关法律规定衔接，立法设置了犯罪记录封存的例外情形，但因其规定过于模糊，导致理论界与实务界产生不同认识。首先，对“司法机关办案需要”的理解存在分歧。学者似乎对此问题没有太大的争议。有论者认为从其字面含义上看，此处司法机关包括公安机关、国家安全机关、检察机关、法院等机关。但立法未对“办案需要”中的案件性质做出特别限制，换言之，它可以包括行政案件、治安案件、民事案件、经济案件及刑事案件等。有论者认为，未成年人犯罪记录封存制度的目的在于保护未成年人免受“犯罪标签”的负面影响。立法做此例外规定目的是平衡人权保障与维护社会

〔1〕邓文婷、彭情宝：“未成年人犯罪记录封存制度的适用——基于修改后刑事诉讼法第275条为逻辑起点的展开”，载《广西政法管理干部学院学报》2014年第1期。

秩序两者之间的关系。若将“办案需要”中的案件性质理解为所有案件，则这种例外很可能转变为原则。因此，从立法保护未成年人合法权益的原则出发，不宜对案件性质做扩大解释，宜将其限制为“司法机关侦查犯罪案件需要”。另外，对“需要”一词亦应做狭义解释，立法宜确立“最后手段原则”以界定“需要”的外延，即只有在司法机关穷尽所有手段仍无法查证并做出决定时，方可查阅未成年人犯罪记录。其次，对“有关单位”与“国家规定”的含义存在争议。《刑事诉讼法》及有关解释、规则和规定未明确“有关单位”的范围及“国家规定”的含义。有论者指出，从刑事一体化角度考虑，宜将“有关单位”界定为公司、企业、事业单位、机关和团体。这意味着，理论上除个人外，社会上所有合法存在的单位都可以查询未成年人的犯罪记录。而司法实务中，个人查询犯罪记录的情况比较少见，查询主体主要是有关单位，且多出于就业招聘及升学录取等事由，而这些情形直接影响未成年人的合法权益。但是对“有关单位”的宽泛性解释有违立法设置未成年人犯罪记录封存制度的初衷。根据《刑法》第96条规定，“国家规定”是指全国人民代表大会及其常务委员会制定的法律、决定，国务院制定的行政法规、规定的行政措施、发布的决定和命令。这意味着，国务院各部委制定的规章、地方性法规、政府规章及其他规范性文件都不能作为查询未成年人犯罪记录的依据。但我国现有法律、法规总体数量极为庞大，并且上述“国家规定”中存在大量可以查询犯罪记录的依据，如《公务员法》、《检察官法》、《法官法》、《律师法》、《教师法》、《拍卖法》、《会计法》、《注册会计师法》、《公司法》、《执业医师法》、《兵役法》等法律均明确规定了有犯罪前科人员的职业禁止。如此，未成年人犯罪记录封存制度的意义将大打折扣。有论者认为，欲解决上述问题，可以考虑以下两条途径：一是限定“有关单位”与“国家规定”的范围；二是修改立法中有关有犯罪前科者职业禁止的规定。第一条途径的缺陷是可能造成“单位”之间的不公平，且与《刑法》中的规定不能保持一致；后一种方法可在与刑法规定保持一致的同时，切实维护未成年人的合法权益。综上，采用第二种完善方法相对较为适宜。

（三）我国未成年人犯罪记录封存制度的基本理念

1. 未成年人犯罪记录封存制度的理论基础

关于未成年人犯罪记录封存制度的理论基础，学界有各种各样的观点。

如：未成年人刑事案件特殊性的要求[1]；国家责任[2]；矛盾的特殊性[3]；社会预防论、犯罪医疗观[4]等。虽然观点多种多样，但本质上还是源于未成年人刑事制度的理论基础。总结起来，包括以下几点：

（1）刑罚个别化原则。现代刑罚个别化原则的要义在于：刑罚轻重不仅取决于犯罪人基本犯罪事实，而且应考虑其人身危险性。而人身危险性不像犯罪案情那样易于把握，为避免量刑的不恰当，必须以一种可靠的方式获得，社会调查制度是主要从犯罪人的人格特征出发，获知犯罪人人身危险性，因而社会调查制度是实现刑罚个别化的重要途径。现代刑罚论的新观念认为，刑罚的目的包括一般预防和个别预防。犯罪的原因包括社会原因和个体原因。犯罪概念是人的要素与行为的结合，基于上述理念，刑罚的个别预防与刑罚个别化相呼应。刑罚个别化理论是指根据犯罪人的个体情况，有针对性地适用相应的刑罚和改造措施，以期有效地改造、教育罪犯，去除罪犯的人身危害性，起到预防犯罪作用。[5]从其本质来说，刑罚个别化是用以调整刑罚与犯罪人之间关系的恰当性和迎合性，使之能很好地契合，最终收到最好的教育结果。刑罚个别化原则既要考虑犯罪未成年人的基本犯罪事实构成，也要考虑其人身危险性和主观心理状态，考虑各方面因素后，决定定罪量刑及刑罚执行方式，以有效地实现预防犯罪和矫正罪犯的目的。刑罚个别化即是区别对待原则。区别对待原则在我国未成年人犯罪的处理上显得尤为突出，根据不同的未成年个体和具体的案件情况，采取不同的改造措施，达到教育、挽救的目的。社会调查制度对未成年被告人的家庭环境、性格特点、学校情况和平时表现等进行调查，结合罪前、罪时和罪后的调查的事实和资料，客观评价行为人基本犯罪行为以及主观恶性和人身危险性，做到定罪量刑的科学化和合理化。[6]

因此，社会调查制度是刑罚个别化原则的基本要求和方式，是刑罚个别

〔1〕曾新华："论未成年人轻罪犯罪记录封存制度——我国新《刑事诉讼法》第275条之理解与适用"，载《法学杂志》2012年第6期。

〔2〕刘清生："规范与事实之间的冲突与弥合：未成年人犯罪记录封存制度的未来走向"，载《中国刑事法杂志》2012年第6期。

〔3〕黄训平："未成年人犯罪记录封存制度研究"，郑州大学2013年硕士学位论文。

〔4〕傅芳："前科消灭：犯罪记录封存与禁止传播"，苏州大学2012年硕士学位论文。

〔5〕冯卫国："未成年人刑事案件的审前调查制度探讨"，载《少年司法》2007年第1期。

〔6〕冯卫国："未成年人刑事案件的审前调查制度探讨"，载《少年司法》2007年第1期。

化的具体展开。刑罚个别化原则，是再社会化理念和教育刑演绎的结果，因此社会调查制度也是实现再社会化理念和教育刑的必由之路。1955年在日内瓦召开的第一届预防犯罪及罪犯处遇大会的主要内容为实行个体区别化对待，从人格调查的结果决定个别对待措施，方便个别矫治。日本犯罪学家菊田幸一则把判决前的人格调查称为寻求处遇方法的方式、手段，是治疗犯罪人的首次处方笺。社会调查制度对于社区矫正更具有不可替代的作用。缓刑、假释等在很大程度上依赖于再犯预测水平。对罪犯人身危险性和再犯可能性大小的测定，有赖于科学的未成年人刑事案件社会调查制度。

（2）再社会化理论。未成年人犯罪是一种特殊的社会现象，它有别于成年人犯罪。虽然未成年人是在其主观意志驱动下实施的犯罪行为，但是由于未成年人社会阅历浅，并不能真正认识到自己行为的性质和后果，而且社会上各种消极因素、不良影响、制度缺陷、恶劣环境对未成年人犯罪有着深远的影响，所以未成年人既是加害人，又是受害人。[1]从社会学的角度看，罪犯再社会化是人的社会化的一种特别形式。人的社会化，是指人自从出生以来，不断学习社会规范和接受社会文明，逐渐由生物样式的人转变为社会样式的人的过程，社会化正常过程是个体与社会的协调发展，而有缺陷和不完全的社会化过程有可能导致反社会行为和反社会人格形成。从社会学理论讲，社会化缺陷的产物就是犯罪。有过错就需要弥补，为了弥补社会化过程中的缺陷，国家对社会化的缺陷者实施强制性的再社会化，即罪犯再社会化。罪犯再社会化的理论也是使罪犯顺利地重返社会的基本刑事政策理念。我国台湾地区学者林山田先生把再社会化原则归入到现代刑事政策的基本原则。他认为，再社会化原则即指刑罚权的行使和界限，应以犯人再社会化的需要程度为依据，刑罚的宣告与执行仅仅是罪犯再社会化的手段。因此，只有符合再社会化理论的刑罚，才是有意义的刑罚，阻挠罪犯再社会化目的的刑罚，不应该采用[2]。实现未成年罪犯的再社会化，和我国教育、挽救、感化未成年人的目标相一致。社会调查制度对于缺陷未深的未成年人回归社会正常化显得尤为重要，从而促进未成年人与社会的和谐发展。

（3）犯罪人格理论。人格障碍从心理学上研究是一种病态，是相对于人

〔1〕胡春莉：《未成年人刑罚制度研究》，武汉大学出版社2012年版，第25页。

〔2〕冯卫国："未成年人刑事案件的审前调查制度探讨"，载《少年司法》2007年第1期。

格健全、精神健康者而言的，在遇到合适的诱因时就极易走向犯罪道路的心理状态。在个体的人格形成过程中，14 周岁至 18 周岁是人格形成的关键时期。在此阶段形成的犯罪人格具有不稳定性和临时性，较为容易矫正。污点消除制度能够有效地给未成年人重新做人的机会，避免了给未成年犯罪人打上永久的犯罪标签，与我国关于对未成年人犯罪“预防、挽救和改造”的刑事政策相符合。人格调查制度进入司法程序，能够客观细致评价未成年人的人格发展状态，是司法人文关怀的体现。推行社区矫正制度，更能为未成年犯罪人提供良好的“人格环境”，消除心理危险因素，促进其人格的健全和发展。青少年时期，是一个人的人生观、价值观、世界观形成的关键时期，对青少年加以必要的人格缺陷修正和引导，是积极的、可行的，也是有益的。

（4）淡化犯罪标签。标签理论认为，犯罪是社会互动的产物。犯罪是在与对行为人有意义的他者互动中的产物。犯罪记录查询制度有利于控制社会的同时，强化了犯罪的标签性作用。如果说刑事责任承担是对成年人自由意志选择行为的对应评价，那么看护、引导应该是对未成年人犯罪的相应措施。与成年人相比，未成年人缺乏摆脱犯罪标签、适应社会的能力。事实证明，最初那些有轻微不良行为的少年儿童容易由于被贴上“坏”标签而不断受到排斥，并被同样具有“坏”标签的未成年人群体吸引。对“集体温暖与认同”的需求迫使他们逃离正常群体。他们在经历权威司法系统的犯罪标签过程后很可能会丧失回归社会的能力。受心智因素影响，未成年人在社会中始终处于被动地位，以成年人组成的国家与社会对未成年人的犯罪行为有着不可推卸的责任。正是在此意义上，国家亲权理论成为指导未成年人刑事司法程序的重要理念。与成年人犯罪的个体责任承担不同，未成年人犯罪原因的社会性特点决定了国家与社会有责任分担未成年犯之罪责，并有义务保护未成年人免受他者、社会及国家行为的负面影响。未成年人犯罪记录封存制度契合未成年人犯罪原因的社会性特点，封存未成年人犯罪记录的价值取向之一就是降低权威司法系统对犯罪反应的后遗效果。未成年人犯罪司法程序的非公开性能够确保审理及执行的保密，而封存犯罪记录则可防止社会对未成年人的二次不利评价。与成年罪犯的犯罪记录查询制度相比，国家采用“刻意隐瞒”的方式分担了未成年人承受社会评价的部分责任。如此，国家能够确保未成年人在“审判剧场”与“社会场域”都免受非规范评价，将国家评价行为产生的标签作用降至最小。

2. 我国未成年人犯罪记录封存制度的正当性

未成年人犯罪记录封存制度的正当性，也是在谈到该制度时的一个热点问题。各学者分析制度正当性时所采用的理论也是各不相同。例如，罪责刑相适应[1]；国家责任和个人权利之间平衡，是贯彻宽严相济刑事政策的具体体现；[2]行为人在法律意义上被视为未实施过犯罪，行为人在法律上的虚拟地位不应遭受任何歧视性待遇；[3]我国司法实践探索的经验总结及其法律化的要求[4]。尽管理论各不相同，但最终的落脚点都是犯罪记录封存制度有其正当性。

《刑法》第 4 条规定："对任何人犯罪，在适用法律上一律平等。不允许任何人有超越法律的特权。""任何人"是不因其家庭、职业、财产状况、政治面貌等不同而加以区别对待，追究刑事责任，不允许享有任何特权。"一律平等适用刑法"是指在刑法的定罪、量刑和行刑三个方面都必须坚持以事实为根据、以法律为准绳的基准对其加以判处。对所有的犯罪行为人，但凡罪行相同、主观恶性相同、改造表现相同就应该一视同仁地对待。刑法面前之所以需要平等，是因为人们有被尊重的需求，受到平等待遇的需求。平等并不意味着对所有犯罪行为人都无差别地对待，平等的实质要求是要符合普遍正义。虽然量刑完全平等，但他们的承受能力却不是完全平等的。因而法官在量刑时必须做到差别化。对于未成年人犯罪而言也是如此。

未成年犯罪人不同于成年犯罪人，他们的人身危险性、再塑造性、主观恶性等都不同于成年犯罪人，若是简单地把他们与成年犯罪人同等对待，不免会造成对他们的实际承受能力的打击，进而产生的不良影响更为严重。刑事法律关系中的未成年犯罪人与成年犯罪人具有相当大的差异性。如果未成年犯罪人与成年犯罪人被以同样的罪名、同样的刑罚来对待，那么刑罚对未成年犯罪人的打击和伤害肯定是过犹不及的。正因为如此，世界各国普遍会将 14 周岁以下的未成年人划归为完全无刑事责任能力人。当然，尽管在实质意义上，14 周岁以下的未成年人被当做无刑事责任能力人对待，但并不因此

[1] 黄训平："未成年人犯罪记录封存制度研究"，郑州大学 2013 年硕士学位论文。

[2] 樊崇义主编：《2012 年刑事诉讼法：解读与适用》，法律出版社 2012 年版，第 356 ~ 375 页。

[3] 于志刚：《刑罚消灭制度研究》，法律出版社 2002 年版，第 694 页。

[4] 曾新华："论未成年人轻罪犯罪记录封存制度——我国新《刑事诉讼法》第 275 条之理解与适用"，载《法学杂志》2012 年第 6 期。

表示国家法律对这种行为不予追究。这只是免除了他的刑事责任，但并未完全免除其应承担的行政责任、民事责任和社会责任。在英美法系国家，就有将轻罪的未成年犯罪人交予社区进行社会服务以替代刑事处罚。在吸收并借鉴英美法系国家的社区服务基础上，我国也开始认识到了其重要性，并努力探索类似制度的建立，因而为贯彻落实刑法中的人人平等原则，必须坚持普遍保护和特殊保护相结合，对相同犯罪做相同处理，对不同责任能力做有区别的刑罚处罚。

刑罚的初衷是打击犯罪并预防犯罪，那就应该针对不同的犯罪行为人设立不同的责任承担方式和量刑幅度比例，成年犯罪人较之于未成年犯罪人犯罪意识明显，社会危害性较大，对其应处以相比于未成年犯罪人更重的刑罚处罚才能够对其予以打击。而对于未成年犯罪人来说，则应考虑到其年龄、心智、情感等尚未完全成型，可塑性极强，且对感情和温暖更为敏感，因而让未成年犯罪人承担刑事责任时就必须考虑到上述方面。未成年犯罪人处于尚未成熟阶段，由于其辨认能力与控制能力均不成熟，因而相较于成年犯罪人而言主观恶性和社会危险程度都较小。事实上，坚持罪刑相适应原则和刑法规定的从轻、减轻处罚原则并不冲突，通过考察法定量刑情节合理决定量刑幅度、对特殊群体进行特殊对待，差别化的对待不完全竞合的犯罪行为人是对该平等原则的有益补充和完善。

刑罚的最终目的通过对犯罪行为人的人权保障，促进社会各项事业的顺利进行。既然保障人权是刑罚的最终目的，那未成年犯罪人在司法活动中的人权保障就更应该得到重视。绝大多数国家一致对未成年犯罪人选择从轻、减轻处罚，直至排除适用死刑，是在必要惩罚的要求与预防再次犯罪的目标下综合考虑得出的结论。因为未成年犯罪人的主观危险性较成年罪犯小得多，一味地对其实施严刑峻法反倒失去了预防其再次犯罪的法律效果。

刑罚的预防功能主要是指刑罚的特殊预防和刑罚的一般预防。刑罚的特殊预防比一般预防更加严厉，是指通过对犯罪分子适用管制、拘役、有期徒刑和无期徒刑使其在一段时间内或者终身不具有再次危害社会的可能性，或对其处以死刑剥夺其生命使其失去再次危害社会的机会，最终达到消除犯罪分子的人身危险性，维护社会和谐稳定。综合考虑未成年犯罪人的身心、年龄及智力等原因，其本身的社会危险性并不高，若对其科以较为严厉的刑罚不仅偏离了罪责刑相适应原则，更背离了刑罚的本意和初衷。刑法具有的国家强制性、暴力性要求刑罚具有谦抑性，而刑罚的一般预防就是通过对犯罪分子科处严厉刑罚以具有一定的震慑力，同时也对社会上的潜在犯罪分子产生心理恫吓作用，使其对犯罪产生畏惧心理，直至不再有犯罪的念头，从而确保社会稳定。但必须看清楚的是，未成年犯罪人与成年犯罪人是有很大差异的，对未成年犯罪人来说，重新回到社会，并且良好地重新融入社会，需要的更多是社会的认同而非严酷的刑罚。若刑罚执行完毕或是假释期间届满后，在未来的学习、就业和生活中总是被犯罪记录圈住，对其今后的心理及思想产生的不良影响尤为严重。因而，对其适用区别于成年犯罪人的刑罚，能够更好地帮助、挽救未成年犯罪人。

学界还有论者指出，未成年人犯罪记录封存制度可以平衡保障人权与维持社会秩序的矛盾。[1]该观点认为，犯罪记录是对行为人过去犯罪事实的客观记录。从纯粹事实角度看，过去的犯罪事实与行为人的其他客观行为没有实质区别，是行为人客观经历的重要组成部分。但社会他者对犯罪事实这一客观行为有着特别的兴趣，尤其是在国家加入这一行为记忆主体之后，通过诸如职业禁止等规范性制度，提醒公众与社会不要忘记行为人是一名曾经犯过罪的人。从规范意义上看，行为人被定罪量刑并被执行刑罚，国家对犯罪事实的评价行为已经结束。但从非规范层面上看，犯罪记录查询制度赋予社会相应主体第二次评价犯罪的权利，他们不但可以查询犯罪记录，在主观层面再次评价犯罪行为，还可以通过有关配套制度，限制行为人实施特定行为。犯罪记录查询制度的意义在于保障社会秩序。受心智不成熟的影响，未成年人群体属弱势群体，他们缺乏自我保护的能力。若国家一味强调国家秩序，恣意曝光未成年人犯罪记录，无疑会严重损及本已处于弱势的未成年人的合法权益。修改后的《刑事诉讼法》确立未成年人犯罪记录封存制度是优先考虑未成年人利益的重要表现，是国家秩序向人权保障的适度让步。但《刑事诉讼法》在强调保护未成年罪犯权益的同时，表现出明显的“克制情绪”。基于控制犯罪的需要，《刑事诉讼法》规定，未成年人犯罪记录封存制度的适用存在两个例外：一是刑罚例外，凡是被判处5年有期徒刑以上刑罚的不得封存犯罪记录；二是查询主体例外，司法机关根据办案需要或有关单位根据国家规定可以查询未成年人犯罪记录。上述例外规定是对人权保障与国家秩序利

---

〔1〕 庄乾龙：“论未成年人犯罪记录封存制度”，载《中国青年政治学院学报》2014年第4期。

益平衡之后的再次平衡。应当说，该观点是可取的。

二、未成年人犯罪记录封存理论解读

（一）前科消灭、档案封存概念的关系

未成年人犯罪记录封存和前科消灭被经常放在一起讨论，对于两者之间的关系，学界也有各种讨论。有观点认为，这二者之间是相互联系的，封存是前科消灭的一种方式，指有犯罪前科的人在符合法定条件时，在一定空间内对其犯罪记录予以封存，未经有关部门同意，不允许公开其犯罪记录的一种旨在保护犯罪人未来正常生活的制度；〔1〕也有论者认为，前科和犯罪记录是两个不同的概念，犯罪记录和前科之间的关系是一种特殊的前提与结果、评价与被评价的关系：犯罪记录客观地记载了行为人的犯罪事实及其承担的相应法律后果，前科则是基于犯罪记录的存在而导致的规范性评价。〔2〕还有观点认为，犯罪记录的存在必然导致规范性评价，但是这种评价不能称之为前科，因为前科的本意是犯过罪的人所处的一种法律状态，这种状态是通过犯罪记录呈现出来的。所以，前科消灭就是犯罪记录的消灭。〔3〕

前科消灭应当是基于保护未成年犯罪人犯罪矫正后的利益，屏蔽或禁止未成年人犯罪信息传播的制度总称。这包括审判不公开的信息封闭化，可查阅信息渠道的有效控制，犯罪档案封存，已披露信息的禁止传播，对不可避免披露的信息印象进行强制无前科推定等等。在这一体系中，最重要的概念是：消灭记录，封存档案，免除报告义务，从而构成最狭义的“前科消灭”概念。直接将“犯罪记录封存”与“消灭前科”等同起来，逻辑上显然是不严谨的，但它也体现了人们的一些固定思路，即多样化的信息控制规则和强制推定规则的整体性观念不发达。

在语言上，由于该理论和制度由国外引进，也引起自然歧义。国外未成年人犯罪记录封存，用的是“sealed”一词，虽然在法律上未对其给予明确的定义，但实践中的未成年人犯罪记录封存指的是法庭下令将与未成年人犯罪

〔1〕 裔双浩：“浅论未成年犯罪人前科封存制度”，载《法制社会》2010年第6期。

〔2〕 于志刚：“‘犯罪记录’和‘前科’混淆性认识的批判性思考”，载《法学研究》2010年第3期。

〔3〕 刘传稿：“论未成年人前科消灭制度的设立”，载《云南社会科学》2013年第5期。

有关的一切记录完整的保存起来，并贴上“封存”标签，或者该犯罪记录由警察局、法院或者地区法庭保管，一般情况下，公共机构无权查阅，且任何机构无权披露与该封存记录有关的任何信息，但在特殊情况下，满足一定条件的公共机构（或者得到法庭准许的命令或者得到有权机关的授权）有权查阅该犯罪记录。该犯罪记录一经封存，便在法律上被视为当事人未曾犯过该罪。而未成年人前科消灭，用的是“expunge”和“eliminate”，意思是“删除、擦除”。国外前科消灭在法律上也没有明确定义，实践中的具体做法是将涉及未成年当事人姓名有关的所有记录从公共信息库中移除或将与未成年人犯罪有关的记录进行销毁“destroy”。而“expunge”、“eliminate”和“destroy”等词引起了一些学者的误解，认为前科消灭就是将与未成年当事人有关的一切资料统统物理销毁，任何机构再也查找不到当事人前科档案，加上国内对前科消灭方式丰富度不甚了解，则更加深了这一误解。实际上，前科消灭不仅包括了犯罪记录的法律意义消除即封存档案，还包括了犯罪记录的物理消除即消灭记录。需要明确的是，此处的物理消除并不等于司法档案的销毁，消除的仅仅是公众可能获悉的前科的文字性记录，以使社会公众无从查阅，而非销毁当事人司法档案，而且彻底销毁司法档案也不具有现实可行性。原因有以下三点：

（1）司法系统的完整性。案件从立案到结案是一个完整的司法过程，应当有连续不断的司法记录。如果前科消灭销毁的是司法档案，那么就将中断完备的司法记录，割裂了相互关联的司法程序，破坏司法的系统性。

（2）他案件之间的关联性。一个人犯罪往往与他案或者将来案件息息相关。如果销毁的是当事人的前科档案，则在处理相关的其他案件，尤其在其他案件与前科消灭之当事人案件时隔许久的情况下，由于销毁了当事人的司法档案，则导致其他案件无从查证或丧失重大线索，不利于发现案件真实，冤假错案、悬案发生的概率将会提升。

（3）当事人重大利益保护。虽然当前侦破案件的技术手段日益先进，但与错综复杂的犯罪行为相比有时候还是会有偏差，因此免不了出现司法裁判背离案件真相的情形。如果案件当事人申请消灭的是司法档案，那么当事人就将永远失去揭露案件事实、澄清冤假错案的机会，一切都变成无从考证，也会给恶意陷害之人以可乘之机，极大地损害当事人重大利益。从保护未成年人将来利益的角度出发，对未成年人犯罪记录的物理消灭可能是最好的，也是最安全的。但为了维护国家司法系统性、便于其他案件或将来案件或冤假错案的审查以及保护未成年当事人的重大利益，与之相关的犯罪档案则只能采取封存方式，不能消灭。

（二）犯罪记录封存的范围问题

基于未成年犯罪人重归社会和尊重国际规则的考量，犯罪记录封存制度所起到的作用十分明显。但是在刑法中具体该如何规定值得认真探讨。对此，理论界有不同的观点。有的主张对依法被判处5年以下有期徒刑、拘役、管制、单处罚金或免予刑事处罚的未成年人可以适用。〔1〕。也有论者认为，对犯罪性质可不作限制，即无论是危害国家安全犯罪还是普通犯罪，都可以予以封存消灭。〔2〕还有论者认为，原则上应该无一例外，但是对涉及危害国家安全罪与毒品犯罪的人应例外。另有论者认为，在我国凡是行为人被判处10年以上的有期徒刑和无期徒刑的案件，皆属于严重刑事犯罪，重罪则无封存与消灭一说。〔3〕

《刑事诉讼法》第275条规定："犯罪时不满18周岁，被判处5年有期徒刑以下刑罚的，应当对相关犯罪记录予以封存。犯罪记录被封存的，不得向任何单位和个人提供，但司法机关为办案需要或者有关单位根据国家规定进行查询的除外。依法进行查询的单位，应当对被封存的犯罪记录的情况予以保密。"《人民检察院刑事诉讼规则（试行）》第503条规定："犯罪的时候不满18周岁，被判处5年有期徒刑以下刑罚的，人民检察院应当在收到人民法院生效判决后，对犯罪记录予以封存。"《法院刑诉法解释》第490条也规定："犯罪时不满18周岁，被判处5年有期徒刑以下刑罚以及免除刑事处罚的未成年人的犯罪记录，应当封存。"由以上的规定来看，未成年人犯罪记录封存的对象为已满14周岁不满18周岁的未成年犯罪人。其中，14周岁、18周岁是指"犯罪时"的年龄，并不在乎审判时的实际年龄。也就是说即使在发现犯罪行为或审判犯罪行为时行为人已满18周岁，而只要其犯罪时不满18周岁的，就不能否定对该行为人可以适用犯罪记录封存制度的既定事实。而未

〔1〕 丁戊等："我国未成年人轻罪犯罪记录消灭制度探究（下）"，载《预防青少年犯罪研究》2012年第1期。

〔2〕 何承斌："确立'前科消灭'制度之研究"，载《首都师范大学学报》（社会科学版）2004年第6期。

〔3〕 颜超明、张训："论我国前科消灭制度的现实化"，载《中国刑事法杂志》2010年第6期。

成年人的相关犯罪记录被封存的法定条件，也即唯一条件为“被判处5年有期徒刑以下刑罚的”情形。5年有期徒刑以下刑罚，还包括拘役、管制，从其犯罪性质上来看属于轻罪。5年有期徒刑以上刑罚，则一般被视为重罚。而被科处重罚的未成年犯罪人，要么是触犯了重罪，要么就是犯罪行为及犯罪后果特别严重，不适合作封存处理。由以上分析可以看出，对于犯罪记录封存所适用的范围是进行了较为严格的界定的。

（三）封存的效力与内容

封存内容为“犯罪记录”。犯罪记录有两层含义：一是未成年人触犯刑法的客观事实；二是记载犯罪事实及刑事诉讼整个过程的文书裁判记录。司法机关和有关单位不仅要对未成年犯罪人的相关犯罪档案信息予以保密，还要对其曾经犯罪与受到过刑罚处罚的客观事实予以保密。[1]除法律法规另有规定外，上述机关及查询犯罪记录的主体均不得对外透露其曾经犯罪的客观事实，情节严重的，将追究行政责任，构成犯罪的，应追究刑事责任。封存的效力范围及程度是封存制度能否有效实施的关键。我国目前制度的规定较为原则性，具体规定不明确，在实践中操作有一定困难，这里可以参考域外的成熟制度。美国除在《美国法典》中专门用一节来规定未成年人犯罪记录的使用规则和明确未成年人犯罪记录封存制度外，其《青少年犯教养法》第5021节“取消定罪的证明书”也涉及未成年人犯罪前科消灭。该条规定：“a）在教养处对原定最大限度刑期届满前的被送交的青年犯实行无条件释放时，原定罪即自动取消，教养处应发给青年犯定罪取消证明书。b）对已由法院给予缓刑的青年犯，法院可以自动酌定在原定缓刑期满以前解除该青年犯的缓刑，予以无条件释放，原有罪判决因此自动失效，法院应发给青年犯有罪判决失效证明书。”具体以俄亥俄州的规则为例：①封存的犯罪记录只允许法官、警察和检察官查询，其他任何个人或机构在当事人就业和购房时，不得询问该有关背景。未成年人达到18周岁时，其犯罪记录不会自动封存或消灭；申请需得到少年法庭首席法官的许可；法官需要考量的因素包括：犯罪的年龄、犯罪性质、对社会的危害程度以及其他因素等。②未成年人前科消灭是将与该未成年人有关的一切犯罪信息统统消灭，包括电子档案的物理消

〔1〕 曾新华：“论未成年人轻罪犯罪记录封存制度——我国新《刑事诉讼法》第275条之理解与适用”，载《法学杂志》2012年第6期。

灭，以使该信息此后不可再使用；经封存的犯罪记录在以后的任何时候可申请予以消灭；当未成年人达到23岁或者犯罪记录已被封存超过5年，该当事人的前科自动消灭。

德国未成年人犯罪前科记录消除分为两种方式：一种是法官判决消除；另外一种是刑罚及其余刑被免除后前科记录的消除。《德意志联邦共和国少年法院法》专门在第四章就未成年人犯罪记录消灭的两种方式作了详细规定。第一种方式被规定在该法第97～99条中。只有使少年法官确信被判刑的少年行为无可挑剔，且证实已具备正派品行时，少年法官才可以依据其职权，或经被判刑少年、其监护人或法定代理人的申请，宣布消除前科记录。如果该申请是由检察官提出的，或经少年法院帮助机构的代表申请，那么少年法官也可以宣布消除其前科记录。但是如涉及依《普通刑法典》第174～180条（即妨害性自决权）或第182条（即对未成年人的性滥用）所为之裁判，则不得宣布之。消除前科记录命令只能在执行刑罚2年以后或刑罚被免除后作出，但消除前科记录对被判刑少年显得特别重要的，不在此限。刑罚执行期间或缓刑考验期间不得作出上述命令。第98条规定了法官判决未成年人前科记录消灭的程序。指出负有对被判刑人进行监护教育任务的初级法院的少年法官具有管辖权。被判刑人如已成年，则由被判刑人住所所在辖区内的少年法官管辖。具体而言，少年法官应优先委托对被判刑人在执行刑罚后进行照料的机构，对被判刑人的行为及考验情况进行调查。少年法官也可自行调查。调查时应听取被判刑人的意见；如被判刑人尚未成年，还应听取其监护人、法定代理人以及学校和主管行政当局的意见。调查结束后，还应听取检察官的意见。第99条规定了少年法官判决消灭未成年人前科记录的形式为裁定。若少年法官认为消除前科记录的条件尚不具备，则可延缓裁判，但延迟的期间最多不得超过2年。并且规定可对该裁决立即提起上诉。第二种方式即刑罚及其余刑被免除后的前科记录的消除，涉及该法第100～101条。然而，这种前科消灭是可以被撤销的。被判处2年以下少年刑罚，因刑罚或其余刑在缓刑期届满后而消灭的，法官应宣布其前科记录被视为已消除。如涉及依《普通刑法典》第174～180条或第182条所为之裁判，不得宣布之。如果被宣布前科记录已消除的被判刑人，在消除前科记录之前因犯重罪或故意犯轻罪被判处自由刑的，法官以判决或事后以裁定形式撤销前科记录消灭命令。

由以上国外规定可以看出，犯罪记录封存制度主要应达到以下法律效力：

第一，限制查询犯罪记录。未成年人犯罪记录封存并不是单纯地将犯罪记录予以彻底销毁，而是将记录予以封存，在司法机关和有关单位查询该未成年人犯罪记录时予以否定，或者直接给予“无犯罪记录”的答复。第二，免除前科报告义务。被封存犯罪记录的未成年犯罪人在刑满释放或假释期满后，在就业、求学等社会活动中不再需要填写“受过刑事处罚”字样的标签。[1]免除前科报告义务，意味着他们可以像平常人一样在就业、求学等过程中享有其应有的正当权利。第三，刑事法律后果保持。一个人触犯了刑法，无论怎样，他都要为其实施的犯罪行为承担不利后果。即使该犯罪记录得以封存而不为外界所知晓，但其依旧需要接受刑法制裁，刑事法律的不利后果得以保持。第四，封存效力持续。司法机关及有关单位依据法律法规对未成年人犯罪记录查询的，原机关应保持犯罪记录封存状态，同时，司法机关和有关单位也具有了为其保守秘密的义务和责任。

但上述法律效果在实施过程中有很大的困难，有论者就指出，在未成年人犯罪记录封存制度中，很容易出现“载体可封，信息难封”的问题。[2]因为我国有着严格的档案管理制度，且积累了丰富的档案管理经验，司法实践中也鲜有涉及档案管理不慎被窃取或公开的案件。相关主体完全可以借鉴一般档案管理制度或者司法机关特有的档案管理制度，对犯罪记录以归档的方式进行封存。但问题是，犯罪记录封存最终目的是禁止他人了解未成年人的有关犯罪情况，以免造成不良影响。接触犯罪信息载体虽然是了解犯罪信息的重要途径，但并不是唯一途径。在目前，社会成员至少可以从以下几个途径了解未成年人的犯罪信息。首先，未成年人犯罪案件的公开判决。2012 年修改的《刑事诉讼法》虽然把不公开审理的被告人年龄扩展至审判时不满 18 周岁，但问题是，犯罪记录封存制度的适用对象是犯罪时未满 18 周岁的人。这意味着，对于犯罪时未满 18 周岁、审判时已满 18 周岁的人可以公开审理。另外，无论是公开审理抑或非公开审理，法院对未成年人犯罪案件的最后判决都是公开的。社会主体完全可以从此途径获知未成年人犯罪信息。其次，新闻媒体报道。新闻报道与司法行为有着密切的关系，两者在维护司法公正方面都肩负着重要的责任。新闻媒体与司法机关应各自以法律规范为底线，

---

〔1〕 马艳君：“未成年人犯罪记录封存制度实践设想”，载《法学杂志》2013 年第 5 期。

〔2〕 庄乾龙：“论未成年人犯罪记录封存制度”，载《中国青年政治学院学报》2014 年第 4 期。

恪守职业道德，确保彼此的距离。但司法实践中，两者逾越界限的情形并不少见，尤其是新闻媒体的不适当报道很可能会影响司法公正。该问题将在第九章中论述。最后，从附条件不起诉以及帮教中可以获得未成年人的犯罪信息。由于附条件不起诉和帮教的开放性特点很可能会将未成年人犯罪的情况暴露给所有社会成员。可见，犯罪记录封存制度本身存在着诸多漏洞，单纯封存记录犯罪信息的载体很难实现对未成年人合法权益的切实保护。

另外，由于目前制度设计的原因，导致一封到底之后，出现了很多与其他制度相矛盾的问题。根据2012年修订的《刑事诉讼法》，司法机关一旦启动犯罪记录封存程序，对未成年人具有终生有效性，不得以任何理由撤销犯罪记录封存，并公开信息。立法采取犯罪记录封存的绝对模式，有利于实现对未成年人合法权益的刚性保护，但刚性立法很有可能会引发矛盾。

首先，2012年修订的《刑事诉讼法》虽然完善了上诉不加刑程序，但并不彻底。在以下两种情形下法院可以做出加刑判决：①第二审人民法院发回原审人民法院重新审判的案件若有新的犯罪事实，人民检察院补充起诉的或者人民检察院提出抗诉的或者自诉人提出上诉的；②人民法院根据审判监督程序提起再审。若法院根据上述理由对实施犯罪记录封存的未成年犯进行二审或者再审后做出的判决超过5年有期徒刑的，该如何处理呢？可能有人会认为，根据犯罪记录封存制度，一审犯罪事实仍应封存，对二审或再审犯罪事实则应公开。但一审犯罪事实与二审或再审犯罪事实同属一个犯罪事实，且二审或再审犯罪事实才是“真实事实”，法院对一个犯罪事实只能做出一次评价，否则违反禁止重复评价原则。若对二审或再审犯罪事实继续进行封存，则又不符合犯罪记录封存条件。如此，会出现两难的局面。

其次，根据《刑法》有关规定，如果罪犯在行刑过程中又犯新罪或者发现有漏罪的，应该与前罪进行数罪并罚。因此，未成年罪犯在行刑过程中被发现有漏罪或者实施新罪，则应对其进行数罪并罚，但若并罚结果为5年以上有期徒刑，是否需要撤销以前的犯罪记录封存呢？有人将此看成是“封存回转”行为。〔1〕有观点就认为，当被封存犯罪记录的未成年人在封存期间又犯新罪，或者被发现尚有未受追究的其他犯罪行为，经查证属实，应及时解

〔1〕 高一飞、高建：“犯罪记录封存的制度安排与实施机制”，载《南通大学学报》（社会科学版）2012年第5期。

除犯罪记录封存。[1]根据犯罪记录封存的彻底性，似乎无论出现什么样的情形都不能撤销犯罪记录封存，但如此又与其本身规定的条件相违背。较为妥善的做法是区分不同情形，若漏罪或新罪的刑罚超过（不包括）5 年有期徒刑的，应撤销犯罪记录封存；若漏罪或新罪的刑罚未超过（包括）5 年有期徒刑的，则不应撤销犯罪记录封存。

最后，犯罪记录封存目的在于为未成年犯罪人顺利回归社会提供便利条件。为便于司法实践操作，立法以 5 年有期徒刑为界限，为犯罪记录封存划定了刚性标准。刑罚成为对未成年犯罪人适用犯罪记录封存制度的唯一标准，这意味着，司法实务并不考虑未成年罪犯的主观态度，即使其态度极为恶劣，不思悔改，若其宣告刑低于 5 年有期徒刑也应适用犯罪记录封存制度。因此，该制度对于主观罪恶较大、悔罪态度较差的未成年罪犯很可能起不到应有的督促作用。立法与制度的威慑、督促作用宜呈连续状，犯罪记录封存制度的刚性化不但会削弱该制度的持续督促作用，甚至可能会纵容未成年人实施违法犯罪行为。

而另外一个未成年犯罪人回归社会时的问题，就是如何出具无犯罪记录证明的问题。因未成年犯罪人符合条件，其犯罪记录已被封存，但相关机关在出具无犯罪记录证明时便遇到了法律规定与客观真实义务履行相矛盾的难题。多地实践中采取的方式是在出具无犯罪记录证明时予以附注《刑事诉讼法》第 275 条的规定，并在有疑问时予以解释。福建省福鼎市检察院和公安机关在这方面做得较好，不仅对于犯罪记录被封存人员的证明予以附注，而且对于所有出具的无犯罪记录证明都予以附注。这样就避免出现附注的属于特殊情况的情形，引起其他机关的猜测。这里可以采取以下的方式出具无犯罪记录证明：在其需要出具无犯罪记录证明时，不对有无犯罪记录予以说明，只对那些判处 5 年以上有期徒刑刑罚的部分予以说明，即证明中写明：曾被判处 5 年以上有期徒刑刑罚。其他诸如没有犯罪记录，或者符合封存条件被封存的，一律写明：未曾被判处 5 年以上有期徒刑刑罚。这样一来，不仅符合了犯罪记录封存制度的要求，同时也不违背客观真实义务的履行。

---

〔1〕 青岛市中级人民法院课题组："未成年人轻罪犯罪记录封存程序的构建"，载《山东审判》2011 年第 2 期。

（四）社会公众对于犯罪记录的认识问题

囿于传统社会观念，社会大众对那些有犯罪前科的犯罪人的成见是根深蒂固的。尽管我国法律并没有对那些改过自新人员作过任何有歧视性的规定，但在社会现实生活中对有犯罪前科的人排斥与歧视的情形却屡见不鲜。尤其对于那些因少不更事犯下罪的未成年人来说，轻微犯罪使其有过短暂的牢狱生涯，但因相关机关没有对其“犯罪记录”予以封存，以至于泄露出去，一旦被他人知晓和掌握其犯罪前科信息，那他之前的改过自新、洗心革面将会前功尽弃毁于此。在学习、生活、工作过程中四处碰壁之后，索性“破罐子破摔”，最终成为社会的不稳定因素。[1]而由其他发达国家的未成年人犯罪记录封存制度可以看出，他们对于制度的理解与设计比较成熟：

一是对犯罪信息屏蔽及传播控制有较深刻的理解。在阐释记录封存与前科消灭制度有关概念的时候，对不同概念以及由此产生的法律上应当具备的不同态度有明显区分，在制度设计中对犯罪信息屏蔽和传播控制十分有效。

二是各国对制度规则细化特点鲜明。纵观上述国家和地区的法律规则不难发现，规定事无巨细，很少有演绎性示例条文规则。对程序何时启动、如何启动，方式和内容是什么、效力怎样等问题都有详细的明文规定。

三是各国家和地区在制定制度时充分考虑了例外和冲突，为冲突例外预留了必要法律空间。

（五）与相关法律法规的对接

《刑事诉讼法》规定的未成年人犯罪记录封存与我国现行法律体系中的其他诸多法律法规相冲突。根据相关法律规定，有犯罪前科的不得或在一定期限内不得从事以下职业：公务员，检察官，法官，律师，拍卖师，会计师，注册会计师，公司的董事、监事和经理，执行医师。同时根据《兵役法》规定，依法被剥夺政治权利的人，不得服兵役。而且有犯罪前科的人即使未被剥夺政治权利，在政审时往往也难以通过。因此，在上述法律未修改之前，犯罪记录封存制度在实施中将“大打折扣”。尤其是从目前各地未成年人犯罪记录封存工作的试点情况来看，该项制度与公安机关的许多现行规章存在不同程度的冲突：①与公安部的《重点人口管理规定》存在矛盾。根据该规定，包括五大类共20种人员属于公安机关重点管理的人员。其中第四类是“因故

---

[1] 黄训平：“未成年人犯罪记录封存制度研究”，郑州大学2013年硕士学位论文。

意违法犯罪被刑满释放、解除劳动教养不满5年的”。公安机关会深入社区、街道、居委会或者村委会调查了解其基本情况，调查核实与其相关的信息资料，同时进行重点监控和定期帮助教育。未成年人犯罪记录即便进行了封存，其效果也令人怀疑。②与公安机关的户籍管理制度相冲突。我国现行户籍制度是计划经济时代的产物，每位公民的出生、上学、结婚、就业、迁移等无不受到户籍制度的制约。户籍与公民的政治、经济、文化教育权利挂钩，记载了该公民的违法犯罪情况及服刑情况。在我国户籍制度改革之前，未成年人犯罪记录封存制度难以有效实现。此外，我国目前还没有建立犯罪信息登记、查询的专门制度，行为人犯罪信息散见于人事档案、户籍登记和其他相关人事资料中。这对未成年人犯罪记录封存制度提出了严重挑战。[1]

我国《刑事诉讼法》规定的未成年人犯罪记录封存制度过于原则化，使得在具体实践时，产生了与现有法律法规的对接问题。《刑事诉讼法》只是对该制度进行了制度化的设想及构建，至于具体封存对象、封存程序、解封操作及保密工作等丝毫没有涉及，也没有考虑到未成年犯罪人的相对不起诉和附条件不起诉可否参照适用该制度问题。在法律效力上，《刑事诉讼法》规定，未成年犯罪人的犯罪记录被封存的，不得向任何单位和个人提供，但司法机关为查办案件需要或者有关单位根据国家规定进行查询的除外。其中，“有关单位”具体是指哪些单位，“国家规定”具体又是指哪些法规？若不能对其作出具体细致的解释，在司法实践中可能会出现“非左即右”的倾向：要么许多单位认为自己是规定中的“有关单位”，要求查阅其相关犯罪记录；要么未成年人犯罪记录的保存机关以“有关单位”为由随意予以拒绝，阻止了有权单位行使正当权利。笼统、原则性的规定不仅无助于对“有关单位”的查阅权利的保障，更无助于未成年人轻罪犯罪记录封存工作的彻底有效落实。

我们认为，目前最重要的是保护未成年人的权益，可以在未成年人犯罪记录封存制度中加入特殊规定，即“当本法与其他法律相冲突时，优先适用本法”。这样，未成年人犯罪记录封存制度优先适用于其他法律制度，我们认为，这属于较好的解决方案。国家在进行少年司法活动时，既要注重对未成

〔1〕 刘清生：“规范与事实之间的冲突与弥合：未成年人犯罪记录封存制度的未来走向”，载《中国刑事法杂志》2012年第6期。

年人的教育感化，又要保证司法的公正性，要将二者有机的统一，才是真正的制定法律的目的所在。未成年人犯罪记录封存制度的法律价值在于一旦有前科的未成年人的犯罪记录依法被撤销后，就会引起相应的法律效果。司法机关对未成年人的犯罪记录进行封存后，未成年犯在法律上被视为未犯罪的人。例如《瑞士刑法典》规定，恢复的法律权益范围包括“恢复担任公职之资格，恢复亲权及监护人的资格，撤销禁止执行职业、营业、商业行为的处分”。我国对此在法律上并没有明确的规定，但相较于世界其他各国来说，未成年人在犯罪记录被封存后，其将不会受到犯罪记录的困扰。与此同时，在未成年人的档案中也不会出现有关犯罪记录、受到刑事处罚的相关记载。同时，未成年人的民事、行政上的法律权利也会得到恢复，未成年人能够在社会上更好地立足。对此，我们认为，犯罪记录被封存的未成年人如果再次犯罪，不应当以累犯论处，这也是为了更好的落实未成年人犯罪记录封存制度。如若对再次犯罪的未成年人以累犯论处，那么将使未成年人犯罪记录封存制度形同虚设，不利于我国法律制度的发展。未成年人的犯罪记录一旦被封存，就应当被视为没有犯过罪的普通人。

三、未成年人犯罪记录封存制度的探索

由上述分析可以看出，想要使未成年人犯罪记录封存制度得以切实实施与运行，必须从整体制度设计与公众认识两个方面展开完善与发展。未成年人犯罪记录封存制度在域外相对成熟，有许多国家和地区都先于我国设立了该制度，并收效甚好。但是由于社会文化的差异等因素，不加以区分的嫁接与借鉴，不但得不到良好的效果，反而使社会产生抵触心理，降低法律制度的威信。诚如一位学者所言“我们应当以主体的姿态和客观批判的精神去借鉴，而不是以一种臣服者的心理去接纳”[1]。

（一）未成年人犯罪记录封存制度设计

1. 犯罪记录封存的启动

在该制度的启动程序尤其是启动主体上学界存在多种观点。一种观点认

---

〔1〕 汪海燕：《诉讼法理论与实践——司法理念与三大诉讼法修改》，北京大学出版社2006年版，第176页。

为将启动权交由当事人自己，即由当事人申请来启动犯罪记录封存制度，而不应该由国家机关依职权启动。[1]其理由主要为：虽然封存犯罪记录是为了帮助未成年犯罪人更好地重新融入社会，但是也不能不顾未成年犯罪人自己的想法而强迫其封存记录，应当充分的尊重未成年人自己的想法。毕竟犯罪记录对未成年犯罪人造成什么程度的影响，只有当事人自己才知道。是否需要封存犯罪记录，也应当由未成年犯罪人自己来决定，任何人都不能代替当事人自己的想法。当然，也不是只由未成年犯罪人自己来决定，未成年犯罪人的监护人也可以代为申请。对于此种观点，我们不敢苟同。首先，犯罪记录封存，作为对未成年犯罪人的一种保护，出自于国家社会的责任，也应由国家与社会来启动与实施。其次，未成年犯罪人出于自身认知上、阅历上的不足，有时候对于犯罪记录的影响认识并不深刻，这时如果由未成年犯罪人自主选择，难免会产生日后追悔莫及的情况。因此，对于犯罪记录封存的启动，还是应由国家机关依职权启动。也有观点认为，单一的自动启动，难免会出现由于国家机关的疏忽导致应当封存的犯罪记录没有封存等情形，从而损害了未成年犯罪人的合法权益。因此有必要赋予未成年犯罪人及其法定代理人以申请权，对于应当封存而没有封存的犯罪记录，有权申请相应的机关进行封存。原则上由本人申请，如果本人仍属未成年人或其他不能申请的，则由其法定代理人或者其他近亲属在一定期限内向有关机关提起。需要明确的是，既然赋予未成年人及其法定代理人以申请封存的权利，那么就要由相关机关负责权利告知，在判决生效之时就应当告知申请犯罪记录封存的程序与时限。[2]还有观点认为，对于未成年人犯罪记录的封存，不应再采用当事人申请模式，也不能像有的人所主张的那样采取所谓“多元化”启动模式，而应当一律依照职权行使。因为2012年修订的《刑事诉讼法》规定，对于未成年人犯罪记录“应当”予以封存，这种规范属于命令规范，对于司法机关来说，封存犯罪记录既是职权，也是命令性的职责。只要符合2012年修订的《刑事诉讼法》第275条第1款的适用条件，有关司法机关就无权对犯罪记录不予封存；即使没有未成年犯罪人及其法定代理人、监护人的申请，也应当

〔1〕 王歆：“论我国未成年人犯罪记录封存制度的完善”，辽宁大学2013年硕士学位论文。

〔2〕 陈鹏飞、张毅：“论我国未成年人犯罪记录封存制度”，载《广西政法管理干部学院学报》2014年第2期。

及时启动封存工作。否则，即属违法。行为人或其法定代理人等发现未成年人的犯罪记录符合封存条件而没有被封存、没有被及时封存的，可以向相应的司法机关提出申诉、控告；司法机关收到申诉、控告后，应当及时作出处理，并告知行为人或其法定代理人。[1]

需要说明的问题是，未成年犯罪嫌疑人的相对不起诉的适用情形为“犯罪情节轻微，依照刑法规定不需要判处刑罚或者免除刑罚的”，未成年犯罪人的附条件不起诉的适用情形为“可能判处1年有期徒刑以下刑罚的”。而未成年人犯罪记录封存的适用条件是“被判处5年有期徒刑以下刑罚的”，是否包含这两种情况下的未成年犯罪嫌疑人，并没有明确说明。[2]我们认为，相关司法解释或规范性文件应对此作出说明，并将这两种情形下的未成年犯罪嫌疑人的记录参照未成年人犯罪记录封存制度适用。

从国外的立法来看，犯罪记录封存程序的启动方式主要有两种：一是依据法律规定自动启动，二是依相关人员的申请而启动。前者依法自动地对犯罪记录进行相应的处理，体现的是国家责任，后者则体现的是权利自治。根据不同的情形，学界认为有不同的启动方式：①对于由检察机关作出相对不起诉和附条件不起诉决定的未成年人犯罪记录，由检察机关启动封存程序，并向递交起诉意见书的公安机关送达相关的封存告知书，告知其该案件适用封存程序；同时向检察机关内部的有关部门发放封存通知书，通知其对该档案进行封存处理。②对于法院作出的未成年犯罪人5年以下有期徒刑、拘役、管制判决，由法院启动封存程序，并向提起公诉的检察机关送达封存告知书，告知其该案件适用封存程序；同时向法院内部的有关部门发放封存通知书，通知其对该档案进行封存处理。对于执行阶段的未成年犯罪行为人的犯罪记录封存权也应交由法院行使。因为未成年犯罪人犯罪记录封存实质是未成年人犯罪案件审理的延续，是一种司法裁判权，若交由执行机关行使则会造成现行权力配置的混乱，因而交由法院行使是最合适的。

这里还有观点认为，对于实施封存的主体，应该根据不同情况进行分别确定：第一，未成年人案件由公安机关负责侦查。在侦查完毕，公安机关认为有必要追究刑事责任的情形下，交由检察机关审查起诉。如果检察机关作

[1] 肖中华：“论我国未成年人犯罪记录封存制度的适用”，载《法治研究》2014年第1期。

[2] 马艳君：“从两方面搭建未成年人犯罪记录封存制度”，载《检察日报》2012年9月10日。

出了不起诉处理，那么公安机关应当主动封存侦查阶段的相关文书，防止信息泄露。如果案件最后由法院依法做出了封存犯罪记录的决定，则公安机关在收到封存通知书之后应当封存相关档案。另外，公安机关在整个未成年人刑事案件办理过程中，应始终履行保密的义务，不得对外公开涉案未成年人的人身信息。

第二，作为承担审查起诉职能的机关，检察院负责对未成年人案件的起诉。当检察院认为该未成年犯罪嫌疑人符合不起诉的条件时，检察机关便可做出记录封存之决定，将相对不起诉、附条件不起诉等文件封存。同时，应将封存决定书送交负责侦查的公安机关。如果在案件最终移向法院起诉，并由法院做出封存决定的情况下，检察机关应当在收到决定书之后履行封存义务。在审查起诉的整个阶段，检察机关应该对未成年人身份信息予以保密。

第三，法院作为未成年人刑事案件的裁判者，侦查材料、审查起诉材料、辩护材料最终将汇总于法庭。因此对于未成年人刑事案件，法院是资料最齐全，了解最全面的机构。当法院做出封存犯罪记录之决定时，应当将相应庭审资料、判决书等封存。同时应当将决定书送交公安机关、检察机关以及刑罚的执行机关。在司法实践中，未成年人案件检察处、少年法庭等专门办理未成年人案件的部门，能够起到专案转办之作用，获得了良好的社会效果。各封存主体逐渐建立起专门的未成年人刑事部门，由熟悉未成年人身心发展特点，善于做未成年人思想教育工作的公检法机关人员分别专职承办此类案件，便于更为系统地开展涉案未成年人的教育感化工作，切实落实对未成年人的司法保护。〔1〕

2. 封存的查询与审核

关于未成年人犯罪记录封存的查询主体，《刑事诉讼法》并未明确规定，仅规定“司法机关为办案需要或者有关单位根据国家规定进行查询”。这是一个抽象的条文，在实践中不仅不具有可操作性，反倒会引发查询主体之间的混乱。我们认为，对“有关单位”应作出列举式的规定。例如，公安机关、检察机关、审判机关、政府性的人事档案机关及党组织等，从而排除某些单位以“有关单位”的名义侵害到未成年犯罪人的利益。

---

〔1〕 诸葛旸、杨同祝：“未成年人相对不起诉记录限制公开的理论探讨与制度构建”，载《中国检察官》2010 年第 7 期。

查询主体可以包括司法机关和有关单位，而审核主体则应该确定。未成年犯罪人的犯罪记录在刑事司法程序的各个环节都会有所留存，那就需要由一个有能力担当的审核机关进行查询的审核，否则各个机关都进行审核会导致各自为政，削弱了记录封存的效力。因为检察机关作出起诉或不起诉决定的关系，具体来说审核机关应分为两种情况：

第一，由做出案件处理结果的人民法院担任审核主体。原审人民法院受理犯罪记录封存的申请后，便于对未成年人考验期内的罪后表现及悔改程度等综合情况进行审查。在符合法律规定的情况下，法院做出封存未成年人犯罪记录的裁定，同时给予未成年人封存犯罪记录的裁定书。同时，法院将做出的犯罪记录封存裁定送达检察机关和公安机关。

第二，我国《刑事诉讼法》规定，只有人民检察院享有公诉权，其他任何机关均没有该项权利。人民检察院审查起诉的过程中，在认为犯罪嫌疑人罪行较轻，社会危害性不大的情况下，可以做出酌定不起诉的决定，即人民检察院在符合法律规定的情况下，可以做出不起诉的决定。因此，如果未成年人的犯罪情节较轻，并且没有给社会造成严重的危害程度时，人民法院在法律规定的情况下，可以作出酌定不起诉的决定，诉讼程序到此就可以终止。但是，即使人民检察院做出酌定不起诉的决定，也不能认为未成年犯罪嫌疑人的行为不以犯罪论处。相反，未成年人的行为已经构成了犯罪，只是人民检察院因为情节轻微而做出不起诉决定。对此，由做出不起诉决定的人民检察院担任未成年人犯罪记录封存制度的适用主体。因为对于此类情况，并没有涉及人民法院来行使具体的职权，人民法院对案件的熟悉程度远远不如人民检察院。因此，由人民检察院来担任受理机关更加的合适。

由此可知，未成年人犯罪记录封存制度的受理机关可以分为两类：一类是原审作出判决的法院；另一类是在作出酌定不起诉决定时，由作出不起诉决定的人民检察院担任。

3. 封存的执行

封存的决定书应在做出决定之日起 7 个工作日内送达原侦查机关及执行机关。上述机关在收到决定书之后，应将相关案卷作特殊封存处理，除法律另有规定外，不得将档案内容泄露给任何人、任何单位和组织。同时，任何人、任何单位和组织也不得向上述单位借阅、复制、摘抄、利用该档案材料。公安机关户籍等有关部门和人员出具该封存当事人的身份证明时，视其未有犯罪记录。“犯罪记录被封存的，不得向任何单位和个人提供，但司法机关为办案需要或者有关单位根据国家规定进行查询的除外。依法进行查询的单位，应当对被封存的犯罪记录的情况予以保密。”这即意味着未成年人的犯罪记录只有在两种情况下才能被查阅：

（1）“司法机关为查办案件需要”进行查询。对未成年人犯罪记录封存的这一例外规定是查清案件事实的客观要求，是维护国家、社会和个人利益的最低标准，也是顺应《北京规则》的必然选择。

（2）“有关单位根据国家规定”进行查询。这是一个原则性的规定，在实践中不仅不具有可操作性，反倒会引发查询主体之间的混乱。我们认为，对“有关单位”应作出列举式的规定。例如，公安机关、检察机关、审判机关、政府性的人事档案机关及党组织等，从而排除某些单位以“有关单位”的名义侵害到未成年犯罪人的利益。[1]在实践中，犯罪记录封存机关在审查有关单位据以要求查询的“国家规定”具体内容时，应当注意这些规定是否与《刑法》第100条第2款规定的未成年犯罪记录报告免除义务制度（刑法的规定当然也属于“国家规定”）相冲突；如果冲突，这些国家规定的具体内容应当被视为“实质无效”，即不能作为查询的合法依据。《刑法》第100条第2款规定，犯罪的时候不满18周岁被判处5年有期徒刑以下刑罚的人，在入伍、就业时免除如实向有关单位报告的义务。显然，刑法上的犯罪记录报告免除义务制度，与《刑事诉讼法》第275条犯罪记录封存制度相互呼应，在适用条件上也彼此一致。而既然公民在入伍、就业时没有如实报告自己在未成年时曾经犯罪的义务，那么，这就意味着：第一，与入伍、就业有关的单位不应向司法机关查询公民有无未成年犯罪记录，不然，就与《刑法》第100条第2款规定的精神严重背离。因为既然免除了公民报告未成年犯罪记录的义务，那么公民即使在被问及18周岁以前曾经犯罪与否时，就有权拒绝回答，或者有权回答说“没有”，是故，如果允许有关单位对有无未成年犯罪记录进行查询，就相当于变相地剥夺了公民的这种免除报告义务的权利，免除报告义务制度便形同虚设。第二，即使有关法律、行政法规明确规定了，或者规范隐含性地要求了公民在入伍、就业时有向有关单位报告有无犯罪行为、有无受过刑罚处罚的义务，但这些规定应当在报告未成年犯罪问题上作出

〔1〕 房清侠：“前科消灭制度”，载《法学研究》2001年第4期。

“除外”（排除适用）的解释结论。相应地，有关单位向犯罪记录封存机关查询有关未成年犯罪情况时，不应被准许。因为《刑法》是基本法律，在法律体系中的位阶高于其他普通法律、行政法规。所以，后者的规定与前者的规定发生冲突时，应当服从前者的规定。例如，《教师法》第14条规定：“受到剥夺政治权利或者故意犯罪受到有期徒刑以上刑事处罚的，不能取得教师资格；已经取得教师资格的，丧失教师资格。”如果教育主管部门为了确认教师资格申请者信息而向司法机关调查、查询申请者是否有受到剥夺政治权利或者故意犯罪受到有期徒刑以上刑事处罚的经历时，如涉及法定应当封存的未成年犯罪记录（如在不满18周岁的时候故意犯罪被判处5年有期徒刑以下刑罚的），封存犯罪记录的司法机关应当不予准许查询，因为教师资格的取得属于“就业”的范畴。我国有关未成年人特殊保护的法律法规以及法律解释，也作出了一些禁止歧视未成年犯罪人或未成年犯罪行为的规定。这些规定应当作为禁止查询被封存的未成年人犯罪记录的依据。例如，《未成年人保护法》第57条第3款规定：“解除羁押、服刑期满的未成年人的复学、升学、就业不受歧视。”这就要求，对于因未成年时犯罪被判处监禁刑刑满释放，被判处管制、剥夺政治权利、宣告缓刑、被假释的罪犯，有关单位在其入学、就业时不得查询被封存的未成年人犯罪记录，如向犯罪记录封存机关申请查询，应不予批准。否则，有关单位不论出于何种目的对未成年人犯罪记录予以查询本身就是一种歧视。除非是社区矫正部门认为刑罚尚未执行完毕或正在考验期的未成年人，需要相关单位、学校配合，做好帮教工作，可以将相关犯罪情况告知有关单位、学校。当然，该有关单位、学校有保密的义务。[1]

4. 犯罪记录封存的监督

人民检察院作为国家的法律监督机关，由于其监督职能可以成为监督的主体。对于未成年人的犯罪记录进行监督。其主要内容包括法律的适用和执行两方面。法律适用是否正确，既是犯罪记录封存启动的先决条件，又是检察机关行使监督职能的重要内容。根据《刑事诉讼法》第275条的规定，检察机关对未成年人是否符合这些条件进行严格的审查。

人民检察院的监督职能体现在执行阶段的监督。具体包括对有关职能部门犯罪记录封存的规范性进行监督，包括是否依照法律规定：即使封存了案

〔1〕 肖中华：“论我国未成年人犯罪记录封存制度的适用”，载《法治研究》2014年第1期。

卷档案等材料，是否落实了相应的保密措施等。对于符合条件的未成年人犯罪记录应当封存，如果负责机关应当封存而没有封存、封存不当、犯罪记录被封存之后未尽到妥善保管的义务或者根据例外规定而查询的相关单位与个人未尽到保密义务等情形的，应当按照工作失职进行追责，在相应的考核中予以惩戒，触犯其他规定的，按照其他规定进行处理。[1]

同时，监督机关也要受到来自其他机关的监督，由于检察院实行的是垂直领导，因此下级检察院应受到上级检察院的监督检察。除了人民检察院作为监督机关以外，未成年人所在的学校，所居住的社区也可以担任监督机关。对未成年人的人身危险性的评估并不是一成不变的，对未成年人的心理状况、行为表现由最接近未成年人的机关担任监督机构，这是一个最可行的办法。未成年人所在的社区、学校可以更加接近于未成年人的生活，对于未成年人的一举一动都可以进行了解。相较于人民检察院来说，社区、机构的职权较小，但是，未成年人所在的学校、社区可以承担监督未成年人的义务，如果未成年人有再次犯罪的趋势，也可以及时的通知人民检察院，由人民检察院进行处置。这样，人民检察院和未成年人所在的学校、社区可以经常的保持联系了解未成年人的具体情况，及时发现问题并能够帮助未成年人更好的生活。

（二）从社会大众意识中推行强制推定规则

囿于传统社会观念，对那些有犯罪前科的犯罪人的成见在我国是根深蒂固的。强制推定规则，是在改变社会大众的认识上进行的一项努力。因为犯罪记录的封存并不是记录的完全消灭，并且完全消灭也是不可能的。因此就要推行此种规则，在社会公众认识的层面，达到一种对于未成年人犯罪记录的“隔绝”、“封存”。这一点在域外制度中规定较为明确。

未成年人由于其具有的特殊性质，对其犯罪记录封存处理不仅符合刑法的人权保障职能、体现刑罚的人道主义价值，同时还超越了一般道德意义上的正义观念，对失足未成年人进行宽恕。该制度为依法惩处未成年人犯罪、保护社会提供了更大的可能，为未成年犯罪人复归社会，保护未成年人健康成长提供了坚实的保障。《刑事诉讼法》设计的未成年人犯罪记录封存制度能够在一定程度、一定范围内限制前科的强大的打击力度，在未成年人健康成

---

〔1〕陈鹏飞、张毅：“论我国未成年人犯罪记录封存制度”，载《广西政法管理干部学院学报》2014年第2期。

长的道路上所产生的意义无疑是巨大的。

（三）严格规定未成年人犯罪案件保密程序

未成年人犯罪记录封存制度目的有二：一是限制有关主体查询未成年人犯罪记录，防止常规制度对未成年罪犯形成的制度性歧视，避免国家对未成年人的第二次负面评价；二是限制其他有关社会主体获悉未成年人犯罪信息，防止未成年人遭受社会成员“道德洁癖”的洗礼。但单靠未成年人犯罪记录封存制度，难以独立完成上述重任。未来立法有必要严格规定未成年人犯罪案件保密程序：一是规定未成年人案件公开判决的例外情形，对于可能判处5年以下有期徒刑的未成年人案件，其审判程序与判决程序一律保密；二是严格规定未成年人案件诉讼程序，对于未成年人涉嫌犯罪案件，新闻媒体及其他社会主体一律不得报道，对于透露案件信息的内部知情人员或擅自报道未成年人案件的新闻媒体及有关责任人员应严格追究相应责任。同时，司法机关和科研机构在查询未成年人犯罪记录之前，应当在申请书中载明用途。司法机关应表明查询是为哪个案件所需以及查询者的身份。科研机构也应当在申请书中注明查询之目的，以及查询者的身份和单位，方便日后的监督和追责。查询信息的司法机关和科研机构，在其接下来的任何档案材料和科研成果中，都不能出现任何明确的或者影射未成年人身份信息的内容，不得将该信息泄露给其他机关或个人使用。一旦未成年人因其犯罪记录被泄露、公开而遭受不利后果的，该单位应当承担赔偿责任，相关责任人应当受到法律制裁。[1]当负责登记、提供信息，或者使用信息的部门和工作人员违反规定泄露了未成年人的个人信息，情节严重或者造成严重后果的，应当允许权利人对责任主体提起侵权之诉。当单位和相关工作人员出售或者非法提供未成年人相关信息给他人的，情节严重的，应追究其涉嫌“非法提供公民个人信息罪”的刑事责任。如果他人或者单位窃取或者以其他方法非法获取上述信息，情节严重的，追究其涉嫌“非法获取公民个人信息罪”的刑事责任。如果信息管理人员基于故意或重大过失，导致有关信息被不当披露，并造成严重后果的，应同时承担行政责任，外部行政责任包括赔礼道歉、履行法定义务、行政赔偿等，内部行政责任包括警告、记过、降级、撤职等。

---

〔1〕 刘清生：“规范与事实之间的冲突与弥合：未成年人犯罪记录封存制度的未来走向”，载《中国刑事法杂志》2012年第6期。

（四）扩大封存的适用范围

关于封存的范围，2012 年修改的《刑事诉讼法》第 275 条规定为“5 年有期徒刑以下刑罚”的犯罪记录，而修改后《人民检察院刑事诉讼规则（试行）》第 507 条规定了“检察院作出不起诉的决定”也要进行封存，这是对《刑事诉讼法》第 275 条规定范围的补充。但在司法实践的具体适用时，还是容易出现以下问题：除了对被判处 5 年有期徒刑以下刑罚（当然的包括管制、拘役两种主刑）的未成年犯以及检察机关决定不起诉的未成年犯罪嫌疑人的记录进行封存外，是否还应该对法院判处附加刑或免予刑事处罚的未成年犯的犯罪记录进行封存？另外，“检察院作出不起诉的决定”是否应包括绝对不起诉、相对不起诉和附条件不起诉的情形？[1] 有观点认为“犯罪记录封存制度只适用于已被法院作出判决的未成年犯。对于判决之前的诉讼阶段能否披露犯罪信息，除法院审理阶段有不公开原则可依据外，其他如未成年犯被立案侦查、被采取强制措施、被提起公诉或不起诉等信息能否对外披露，该制度无能为力。”[2] 还有观点认为，需要优化条件，扩大适用范围。关于罪行条件的设置，不应当仅以所判处的刑罚为唯一标准，而应结合具体的犯罪形态。对于《刑法》规定的八类严重犯罪，且情节较为严重，被判处一定刑罚以上的犯罪，目前不宜封存。其他的未成年人犯罪，一般都应当予以封存。关于悔改条件，应当本着宽松的原则，对未成年人的悔改条件要求不宜太高。具体而言，以下情形即认为是悔改表现：认罪态度良好、刑罚执行期间遵守规定、有立功表现或者没有重新犯罪等情形。所谓的悔改条件，不可避免地存在模糊性，需要一定的主观裁量，其具体内容的考察还需要进一步地细化，尽可能地增强可操作性。[3]

基于以上观点以及实践中北京出现的李某某案件引发的媒体与舆论热潮，在一定程度上反映出我国侦查、起诉阶段对未成年人信息保护的不力。基于无罪推定原则，任何尚未被法院判决有罪的人，应当是无罪的。在未成年人

---

〔1〕 邓文婷、彭情宝：“未成年人犯罪记录封存制度的适用——基于修改后刑事诉讼法第 275 条为逻辑起点的展开”，载《广西政法管理干部学院学报》2014 年第 1 期。

〔2〕 莫湘益：“犯罪记录封存的制度规范与功能延伸”，载《湖南警察学院学报》2012 年第 3 期。

〔3〕 陈鹏飞、张毅：“论我国未成年人犯罪记录封存制度”，载《广西政法管理干部学院学报》2014 年第 2 期。

尚未被依法认定有罪之前，其个人隐私受到法律保护，不能由于被追诉，而理应受到社会的口诛笔伐。因此，我们认为，应当将犯罪记录封存的时间延伸至侦查、审查起诉阶段，使得在法院作出裁判前，未成年人的信息同样得到保密。具体来说，自未成年人案件被公安机关受理，经历审查起诉，直到法院作出最终判决之前，公检法机关都应当负有保密义务。公安机关的侦查材料，检察机关作出的附条件不起诉、相对不起诉相关资料同样应当被封存；在审判阶段，应当遵守未成年人案件不公开审判的规定，只要是实施犯罪时不满18周岁的未成年人案件，即使开庭时已是成年人，仍然应当不公开审理。同时，还应将封存对象适当扩大，即未成年人犯罪记录封存对象应当包括所有未成年人。无论从生理学角度、社会学角度抑或是从心理学角度来看，未成年人都是一类特殊群体。该特殊性集中表现在未成年人的可塑性上。该特殊群体不会因为刑罚的轻重而改变，即使被判处再重刑罚的未成人，其仍然是这个特殊群体的一分子，期待着社会给予引导和关爱，来树立正确的人生价值观。《北京规则》要求罪错未成年人的隐私应当受到保护，并没有区分轻罪和重罪。在域外，封存未成年人犯罪记录也适用于所有未成年犯，只是在消灭其犯罪记录时不同罪行和刑罚的未成年人考验期限不同。如法、德等大陆法系国家，日本、韩国等亚洲国家和我国香港、澳门特别行政区以及我国台湾地区，在未成年人犯罪记录消灭制度上，均以罪的轻重作为区别对待的重要标准。有观点进一步认为，罪错未成年人亦是犯罪行为的受害者，未成年人被判处的刑罚越重，越能说明其受害之严重，越需要社会的关爱，给其更加宽阔和平坦的复归道路。

（五）构建相应的救济程序

在救济途径上，可以拓展多种渠道，如未成年人及其监护人申诉，当事人发现违规封存甚至泄露信息时有权向司法机关提出申诉、控告。同时，检察机关应当发挥法律监督职能。有论者认为，作为国家法律监督机关，有权力和义务对刑事诉讼各环节进行法律监督。犯罪记录封存制度是刑事诉讼的一个环节，检察机关同样可以行使法律监督权，对犯罪记录封存的启动、是否依法进行了封存、查询使用是否合法等进行法律监督。具体而言，检察机关可以采取以下措施应对违法行为：①当事人的犯罪记录未被封存或封存不当的，未成年人及其法定代理人可以向检察机关提出申诉，检察机关受理之后立即审查。检察机关经审查，认为相关机关有违规行为的，可以通过检察建议的方式向有关机关提出，要求其改正。②对有关单位与个人，依法查询后没有履行应有的义务，可以决定限制其再次查询的权利，并向其他机关通报。③对于例外查询主体，在依法查询被封存的记录之后未尽到保密义务的，或者其他人员破坏犯罪记录封存的，造成未成年人名誉受损，该未成年人可以向法院提出侵权之诉，法院应当受理；如果情节严重，符合《刑法》第253条之一的规定的，构成出售、非法提供公民个人信息罪，依法追究刑事责任。[1]

基于以上考虑，在外部监督上，当公安机关和法院都作为未成年人犯罪记录封存制度的决定机关时，检察机关应当各有侧重，因决定主体制宜。对于法院所作出的未成年人犯罪记录封存决定，检察机关应当重点关注被告人主体是否为未成年人。当未成年人身份确信无疑，法院却没有决定对该定罪量刑的未成年人犯罪记录予以封存时，检察机关应当通过纠正违法、检察建议乃至抗诉，要求法院对适格未成年人的犯罪记录作出封存决定。

除主体资格之外，检察院应当重点关注公安机关持有的包含未成年人个人信息的侦查资料、撤案资料是否被泄露，是否有专人专管、分类保存，是否存在应当提交审查起诉而未予提交的情况。而后，采取检察建议的方式，纠正公安机关封存过程中的错误。基于检察机关的垂直领导体系，上级检察机关可以针对下级检察机关所作出的相对不起诉、附条件不起诉处理以及依此作出的犯罪记录封存决定进行监督，上级检察机关经审查，认为下级检察机关的不起诉决定确有错误，应当撤销不起诉决定，并交由下级检察机关提起公诉。对于不依法封存的，上级检察机关可以责令其立即改正。

（六）全国性未成年人犯罪记录系统的构建

数据库的建立，可以公安数据库及监狱罪犯档案为依托。公安数据库为公检法司数据库中最全面最庞大的数据库，且已建立以省为单位的具体数据库，方便整合为全国性数据库。而司法部门的监狱罪犯档案检索系统中对已决犯的信息掌握得最为全面，从入狱罪名到在监表现再到出狱时间等都清晰在案，且其罪犯档案正副本均留底保存，对未成年人的犯罪记录更是特别对待、着重记录，从根本上符合未成年人档案封存所应具备的背景要件。因此

[1] 陈鹏飞、张毅："论我国未成年人犯罪记录封存制度"，载《广西政法管理干部学院学报》2014年第2期。

应当以上述两个数据库为依托，整合附条件不起诉、酌定不起诉、缓刑、免刑等记录以及看守所的服刑记录，并在此基础上各部门按照保管的档案材料进一步完成查漏补缺工作，形成全面无遗漏的全国犯罪记录查询系统。在此之外，对于犯罪记录的查询，建立查询主体的权限分级制度。可以考虑各地公检法司负责人及分管负责人拥有常态的完全权限；案件经办人拥有其阶段时限内的完全权限；由国家认可的科研机构出于科研需要，有权申请查询未成年人犯罪记录资料。但是，科研机构查询，并不是由机构人员查询，而应当委托当地公安部门的专门人员进行查询，即公安部门设立专门人员负责对有关单位的查询。这样一来，既满足了要保证相关主体可在特定事项、特定范围内依法进行查询的要求，又可以良好发挥犯罪记录封存的作用。

（七）尝试有条件地消灭未成年人犯罪记录

不容忽视的是，犯罪记录封存仅仅是将未成年人的犯罪信息通过技术性操作，将其隔离保存，不为外人所知，但未成年人仍有犯罪记录。让未成年人无后顾之忧，真正回归融入社会，应当消除其犯罪记录。《联合国保护被剥夺自由少年规则》第 19 条表明犯罪记录封存仅是少年司法保护的最低要求。一方面，现阶段的犯罪记录封存制度符合现实需要，是保护未成年人和保护社会的价值平衡的要求。另一方面，未成年人复归社会，恢复权利，消除其犯罪记录是大势所趋。同时，犯罪记录的最终消除必须以犯罪记录的有效封存为基础。试想，要是犯罪记录封存漏洞百出，未成年人犯罪信息肆意传播，其隐秘性都无法保障，事后即便消除了记录，对于已经踏入社会的未成年人，作用微乎其微。因此，有观点认为，可以在未成年人犯罪记录封存的基础之上，针对被法院定罪的未成年人设立附条件的犯罪记录消除制度。该观点同时提出，犯罪记录消除制度的立法和实践在西方已相对成熟，在借鉴的同时，可以从以下几方面入手，设立犯罪记录消灭制度：

第一，对被法院判决有罪的未成年人，在其刑罚执行完毕之后设立一定的考察期限。消除犯罪记录的考察期的时间长度应根据未成年人所犯罪行和刑期的长短，其违法行为对社会带来的危害而做出合理规定。考察期限过长，将错过未成年人求学和求职的最佳时机；考察时间过短，无法真正反映未成年人的品行状况。参考美国马萨诸塞州犯罪记录制度和法国前科消灭制度，对于判处 3 年以下有期徒刑、拘役、管制、单处罚金、免除刑罚的，刑罚执行完毕后予以 3 年的考察期。如果未成年人在刑罚执行完毕 3 年内无重新犯罪，且品行端正，其可以向法院申请消除犯罪记录。对于判处 3 年以上有期徒刑的未成年人，予以 5 年的考察期。另外，对公安机关撤销案件、被检察机关相对不起诉和附条件不起诉的未成年人案件记录，不设考察期，公安机关和检察机关因工作需求在一定时间内自动消除。

第二，设立有公检法机关组成的考察小组，通过对未成年人亲属、学校、街道社区、派出所等进行访谈，从而了解未成年人在考察期内是否品行良好，是否重新犯罪等情况，最终出具考察情况，作为法院是否决定消除犯罪记录的依据。

第三，申请程序和决定程序。出于对未成年人最大利益保护的考量，申请主体可以多元化，未成年人、监护人、不限于近亲的亲属皆可提出申请。在申请书中表明未成年人在考察期内的表现和思想状况，同时附上判决书，向作出判决的法院提出申请。法院受理之后，根据考察小组出具的考察情况，作出消灭或者不予消灭的决定。未成年人及其亲属对不予消灭犯罪记录的决定有异议的，可以申请复议。

每一项法律制度都有与之相适应的社会现实基础，犯罪记录消灭制度作为一项诉讼制度因 2012 年修改《刑事诉讼法》创设上的简疏以及相关适用解释、规则和规定的补充不足，需要司法实践不断进行探索，也需要理论不断完善该制度的具体适用规则。该项制度作为一个宏观性制度建设来说，其完善是一个系统工程，其完善也不可能一步到位，需要循序渐进，需要不断研究和探索并为封存未成年人犯罪记录制度的发展提供思路与开辟道路。

第九章

未成年人刑事案件不公开审理制度

司法公开、透明是刑事诉讼程序公正的重要保障，公开审理也是刑事诉讼的一项重要制度。为了保护未成年人的身心健康，世界上大多数国家均规定了未成年人刑事案件的不公开审理制度。我国《刑事诉讼法》在特别程序中也规定了"不公开审理制度"、"犯罪记录封存制度"等；我国《未成年人保护法》第58条及《预防未成年人犯罪法》第45条第3款也规定了在判决宣告后，禁止新闻报道、公开出版物等披露未成年犯罪人的姓名、住所、照片及可能推断出该未成年人的资料。《北京规则》第21条规定，对少年罪犯的档案应严格保密，不得让第三方利用。2009年最高人民法院颁布了《关于人民法院接受新闻媒体舆论监督的若干规定》；2013年10月23日，最高人民法院、最高人民检察院、公安部、司法部《关于依法惩治性侵害未成年人犯罪的意见》（法发［2013］12号）等法律法规也对此作出了规定。然而，在不起诉决定、判决中又要求公开。那么，如何处理好保密制度与新闻媒体之间关系则是探讨未成年人刑事案件诉讼程序需要解读的问题之一。

一、未成年人刑事案件不公开审理制度概览

（一）我国未成年人刑事案件不公开审理制度的发展和现状

我国刑事诉讼法中对未成年人刑事案件的审判方式经历了一个逐步改善的过程。1996年《刑事诉讼法》在对未成年人刑事案件审判的处理上是将16岁作为一条分界线，针对分界线的上下，分别采用了"一律不公开"和"一

般不公开”两种形式，即14周岁以上不满16周岁的未成年人犯罪的案件，一律不公开审理；16周岁以上不满18周岁的未成年人犯罪的案件，一般也不公开审理。2012年修改的《刑事诉讼法》第274条规定，“审判的时候被告人不满18周岁的案件，不公开审理。”这说明立法对未成年人不公开审理的要求更为严格，即只要被告人开庭审理时未满18周岁法院就不能公开审理，不存在任何例外情形；如违反，则属于审判程序违法，构成上级法院在二审或再审程序中撤销原判的理由。可见，2012年修改的《刑事诉讼法》与过去立法比较而言，对未成年人刑事案件不公开审理的要求规定得更为彻底，这对于避免未成年人受到公开审理的人格伤害、减小他们回归社会的障碍有着积极的意义。与此同时，我国《刑事诉讼法》第270条规定了合适成年人参与制度，即“对于未成年人刑事案件，在讯问和审判的时候，应当通知未成年犯罪嫌疑人、被告人的法定代理人到场。无法通知、法定代理人不能到场或者法定代理人是共犯的，也可以通知未成年犯罪嫌疑人、被告人的其他成年亲属，所在学校、单位、居住地基层组织或者未成年人保护组织的代表到场，并将有关情况记录在案。”

我国设立合适成年人参与制度有利于保护未成年犯罪人的合法权益，增强讯问、审判的人性化，消减未成年犯的对立情绪，扩大教育挽救的效果。该制度的主要内容包括：①合适成年人的确定。合适成年人首选未成年犯罪嫌疑人、被告人的法定代理人，且是“应当通知”到场。只有在法定代理人无法通知、法代理人不能到场或者法定代理人是共犯的情形中，才可以从未成年犯罪嫌疑人、被告人的其他成年近亲属，所在学校、单位或者居住地基层组织或者未成年人保护组织的代表中，选择通知合适的成年人参与。②合适成年人参与的场合为未成年犯罪嫌疑人、被告人接受讯问或审判时，而西方国家仅限于讯问场合。由于未成年人犯罪案件实行不公开审理，因此在审判过程中，如未成年被告人所在学校和未成年人保护组织派代表到场，须经未成年被告人及其法定代理人同意。③合适成年人的权利。到场的合适成年人享有两项权利，即对侵犯未成年人合法权益的讯问、审判行为提出意见的权利，以及阅读讯问笔录、法庭笔录的权利。除此之外，法定代理人作为诉讼参与人，可以代为行使未成年被告人的诉讼权利，可以在被告人最后陈述后进行补充陈述。《人民检察院办理未成年人刑事案件的规定》要求办理未成年人刑事案件实行教育、感化、挽救的方针，坚持教育为主、惩罚为辅和特殊保护的原则，在严格遵守法律规定的前提下，按照最有利于未成年人和适合未成年人身心特点的方式进行，充分保障未成年人合法权益。其要求依法保护涉案未成年人的名誉，尊重其人格尊严，不得公开或者传播涉案未成年人的姓名、住所、照片、图像及可能推断出该未成年人的资料；开展社会调查应当尊重和保护未成年人名誉，避免向不知情人员泄露未成年犯罪嫌疑人的涉罪信息。依据该规定，对被封存犯罪记录的未成年人，只有在实施新的犯罪或发现漏罪，与封存记录之罪数罪并罚后，被决定执行5年有期徒刑以上刑罚的，应当解除封存。由此可以看出我国司法机关对未成年人案件不公开的保护程度在逐步增加，这将有利于合理界定媒体报道的限度，从而更有利于对未成年被告人隐私权的保护。

我国刑事诉讼法之所以对涉案未成年人进行这样的规定，是由我国未成年人的身心特殊性所决定的。主要有以下几个方面的原因：

（1）未成年人刑事案件不公开审判有利于未成年人回归社会。未成年人犯罪是主客观方面的诸多因素作用的结果，处于特殊年龄段的未成年人，其知识结构、思想感情、身心发育尚未成熟，他们并不具备完全辨别是非能力和自我控制能力，其行为带有较大的盲目性和突发性，也更容易受到社会不良环境的影响和侵蚀，难以对外界的客观信息做出正确的选择和评价，表现在行为上则其具有一定的反传统道德规范和社会规范的特点。未成年人犯罪作为一种复杂的社会病态现象，尽管有行为人自身的原因，但更多的存在家庭、学校、社会等各个方面的责任。处理未成年人犯罪的刑事案件，更多的是矫正、改造，而不是惩罚。欲达到教育、感化、挽救的目标，对犯罪的未成年人的隐私保护就是关键。同时，我们也应该认识到未成年人犯罪也是具有一定的社会危害性的，并对社会秩序产生极大消极影响，而经改造后的未成年人势必回归社会，而未成年刑事案件不公开审理制度在广义上亦从属于社会系统，故而必须将未成年人案件不公开审判制度放到社会系统之中加以思考。在司法通过对犯罪活动的打击来达到惩戒罪犯分子的活动中，要做到一般预防与特殊预防的相结合。正如贝卡利亚（Beccaria）在《论犯罪与刑罚》一书中所说的，公众所关心的不仅是不要发生犯罪，而且还要关心犯罪对社会造成的危害要尽可能小一些。因而，犯罪对公共利益的危害越大，促使人们犯罪的力量就越强，制止人们犯罪的手段就应该越强有力。[1]而未成年人犯罪的社会危害性要明显小于成年人犯罪，且未成年人具有极大的可塑性和可挽救性。所以对未成年人犯罪应该采取有别于成年人犯罪的惩罚方式和强度，应该将正式性控制和非正式性控制结合起来，即通过司法审判予以惩戒的同时，也要针对未成年人犯罪的特殊性特点，通过其他的社会辅助性力量如学校、未成年犯罪人的家长和亲属等予以感化，只有这样才能真正做到对未成年人犯罪一般预防与特殊预防相结合。另外，未成年人犯罪实质是一种社会冲突，是一种未成年人通过其行为对抗社会的冲突行为。由于未成年人心智上的不健全，仅仅是传统的刑罚惩罚往往难以达到效果，反而可能会增加未成年犯罪人对社会的仇恨，加剧矛盾，使其出狱后继续犯罪。因此必须建立一个合理的机制来缓解矛盾，未成年人犯罪案件不公开审理制度恰当地缓和了这个矛盾。它给予了未成年犯罪人一个可以重新改过的机会，很多国家还设立诸如“前科消灭”制度来更好地保护未成年犯罪人的隐私，促进其更好地重返和融入社会，过上正常生活。

（2）未成年人犯罪案件不公开审理制度符合基本人性和人权。众所周知，未成年人在社会中一向被视为社会弱势群体，其诉讼行为能力、心理承受能力相对成年人有很大的差距，自由也受到其法定监护人的限制。所以，未成年人有权也应当得到特殊的司法保护。在现代社会，平等对待包括两种情形：同等情况同等对待和不同情况区别对待。所以在刑事审判程序上对未成年人的不同规定是符合分配正义要求的。审判公开在现代司法中被视为是实现司法公正的一大保障，同时也是实现司法公信力的基石，但基于未成年人的特殊性和人类基于本性的对未成年人的同情，对未成年人的犯罪行为应当尽量减少公开在社会面前的范围和内容，以减少其因为接受审判所带来的痛苦。

（3）未成年人犯罪案件的不公开审理制度能使审判更加顺利进行，未成年人由于其特殊的年龄阶段，身心发育都不成熟，心理承受能力较差。公开审判对其有着巨大的心理压力，容易使其在审判中丧失自我辨别能力，在没有公众关注之下，未成年人会有更好的状态去接受法庭的调查，拉近他们与法官之间的距离，让他们深刻地认识到自己的错误，配合检察机关和法院共同查清案件的事实真相。

---

〔1〕［意］贝卡利亚：《论犯罪与刑罚》，黄风译，中国法制出版社2002年版，第75页。

（4）未成年人犯罪案件的不公开审理制度对侦查、起诉和执行具有一定的辅助功能。首先是对侦查的作用，我国《刑事诉讼法》第113条规定：“公安机关对已经立案的刑事案件，应当进行侦查，收集、调取犯罪嫌疑人有罪或者无罪、罪轻或者罪重的证据材料。对现行犯或者重大嫌疑分子可以依法先行拘留，对符合逮捕条件的犯罪嫌疑人，应当依法逮捕。”第114条规定：“公安机关经过侦查，对有证据证明有犯罪事实的案件，应当进行预审，对收集、调取的证据材料予以核实。”在这一系列侦查过程中，通常会向嫌疑人身边的人传达其是犯罪分子的信息，特别是如果是未成年人，不管其有罪无罪都会对其以后的生活产生不良的影响，很有可能会使其一直生活在这样的阴影中。而未成年人案件不公开审理制度则正是要保护犯罪的未成年人的隐私，使其犯罪事实和记录只被较小范围的人如亲属、司法人员、社区矫正人员等知道，从而使其在接受完刑罚处罚后可以更好地融入社会，从而不会再次走向犯罪的道路。

《刑事诉讼法》第270条规定，“对于未成年人刑事案件，在讯问和审判的时候，应当通知未成年犯罪嫌疑人、被告人的法定代理人到场。无法通知、法定代理人不能到场或者法定代理人是共犯的，也可以通知未成年犯罪嫌疑人、被告人的其他成年亲属，所在学校、单位、居住地基层组织或者未成年人保护组织的代表到场，并将有关情况记录在案。”第274条规定，“审判的时候被告人不满18周岁的案件，不公开审理。”《刑事诉讼法》为了消减未成年犯的对立情绪，扩大教育挽救的效果，设立合适成年人参与诉讼制度，对于不公开审理制度有所突破。最高人民检察院出台的《人民检察院办理未成年人刑事案件的规定》要求办理未成年人刑事案件实行教育、感化、挽救的方针，坚持教育为主、惩罚为辅和特殊保护的原则，在严格遵守法律规定的前提下，按照最有利于未成年人和适合未成年人身心特点的方式进行，充分保障未成年人合法权益，特别强调依法保护涉案未成年人的名誉，尊重其人格尊严，不得公开或者传播涉案未成年人的姓名、住所、照片、图像及可能推断出该未成年人的资料；开展社会调查应当尊重和保护未成年人名誉，避免向不知情人员泄露未成年犯罪嫌疑人的涉罪信息。对被封存犯罪记录的未成年人，只有在实施新的犯罪或发现漏罪，与封存记录之罪数罪并罚后，被决定执行5年有期徒刑以上刑罚的，应当解除封存。由此可以看出我国司法机关对未成年人案件不公开的保护程度在逐步增加，这将有利于合理界定媒体报道的限度，从而更有利于对未成年被告人隐私权的保护。

因此，未成年人刑事案件判决前，审判人员不得向外界披露该未成年人的姓名、住所、照片及可能推断出该未成年人的资料。未成年人刑事案件的诉讼案卷材料，除依法查阅、摘抄、复制以外，未经本院院长批准，不得查询和摘录，并不得公开和传播。在一定程度上界定了法官与外界公众特别是媒体之间公开未成年犯罪案件信息的界限，同时，也在不公开审理中明确规定了对未成年人及其法定代理人的权利的保护，虽然没有明确的监督机制，但也在一定程度上避免了在未成年人犯罪案件不公开审理的过程中对未成年犯罪人权利的侵害。然而判决公开在一定程度上意味着不公开审理的保密性在一定程度上被削弱，致使不起诉或者判决前的一系列对未成年人犯罪案件的不公开保护措施的效果大大降低，特别是在当今社会，社交网络和传播媒介的高度发达，各个法院都在进行判决书上网活动，接受社会的监督，那么一旦未成年人犯罪案件的判决公开，则势必社会也就了解了未成年人犯罪的具体信息，同样会对未成年犯罪人在接受完刑罚重新融入社会造成不良的影响。

目前我国法律中有两部关于保护未成年人的专门法，《未成年人保护法》和《预防未成年人犯罪法》，随着未成年人犯罪随着社会发展而发生的变化，这两部法律在2012年也进行了相应的修改。《未成年人保护法》第五章“司法保护”详细规制了公安、检察、司法机关在司法活动中如何保护未成年人的合法权益；而《预防未成年人犯罪法》则设专章“对未成年人重新犯罪的预防”，对未成年犯罪嫌疑人在讯问、审判等环节的权利进行保护。我国《预防未成年人犯罪法》第45条规定：“人民法院审判未成年人犯罪的刑事案件，应当由熟悉未成年人身心特点的审判员或者审判员和人民陪审员依法组成少年法庭进行。对于审判的时候被告人不满18周岁的刑事案件，不公开审理。对未成年人犯罪案件，新闻报道、影视节目、公开出版物不得披露该未成年人的姓名、住所、照片及可能推断出该未成年人的资料。”《未成年人保护法》第50条规定：“公安机关、人民检察院、人民法院以及司法行政部门，应当依法履行职责，在司法活动中保护未成年人的合法权益。”第58条规定：“对未成年人犯罪案件，新闻报道、影视节目、公开出版物、网络等不得披露该未成年人的姓名、住所、照片、图像以及可能推断出该未成年人的资料。”

2013年，最高人民法院、最高人民检察院、公安部、司法部《关于依法惩治性侵害未成年人犯罪的意见》对未成年被害人隐私权利保护作出了特别要求。其第5条规定："办理性侵害未成年人犯罪案件，对于涉及未成年被害人、未成年犯罪嫌疑人和未成年被告人的身份信息及可能推断出其身份信息的资料……应当予以保密。……对性侵害的事实注意以适当的方式叙述。"第13条规定："办案人员到未成年被害人及其亲属、未成年证人所在学校、单位、居住地调查取证的，应当避免驾驶警车、穿着制服或者采取其他可能暴露被害人身份、影响被害人名誉、隐私的方式。"其目的就在于希望新闻媒体在对性侵害案件进行报道时，注意切实保护好未成年人、未成年犯罪嫌疑人和未成年被告人的隐私。由此可以看出，《未成年人保护法》和《预防未成年犯罪法》以及《关于依法惩治性侵害未成年人犯罪的意见》，都在未成年人犯罪案件中对未成年被告人进行了专门的保护，明确规定了媒体不应向社会大众泄露未成年被告人的隐私，为媒体在涉及未成年人犯罪案件中的报道上设置了禁区，对未成年人犯罪案件的不公开审理不是秘密审理，其不公开的目的在于结合未成年被告人自身的未成熟的身心特点，可恢复性强于成年犯罪人的特征，对其进行专门的保护，以期达到挽救的目的，使其更好地接受教育和改造，重新融入社会，避免其再次犯罪。

（二）未成年人刑事案件不公开审理制度基本趋势

未成年人的犯罪问题在第二次世界大战以后逐渐开始引起国际社会的普遍性关注，为了保护未成年犯罪人的身心健康，使其更好地回归社会，出现了一系列关于未成年人司法制度的专门性法律公约性文件。如《公民权利和政治权利国际公约》第三部分第14条第1款："所有的人在法庭和裁判所前一律平等。在判定对任何人提出的任何刑事指控或确定他在一件诉讼案中的权利和义务时，人人有资格由一个依法设立的、合格的、独立的和无偏倚的法庭进行公正的和公开的审讯。由于民主社会中的道德的、公共秩序的或国家安全的理由，或当诉讼当事人的私生活的利益有此需要时，或在特殊情况下法庭认为公开审判会损害司法利益因而严格需要的限度下，可不使记者和公众出席全部或部分审判；但对刑事案件或法律诉讼的任何判决应公开宣布，除非少年的利益另有要求或者诉讼系有关儿童监护权的婚姻争端。"上述规定是审判公开的国际法渊源，由此也确立了国际上公认的审判公开原则，但是上述规定明确表示在少年利益的情况下此规定不适用，因而我们也可以看出，这也是未成年人不公开审判制度完善的国际法律文件。我们将主要以法治发达国家为例进行相关的介绍。

1. 美国

美国的未成年人审判方式主要经历了三个大的阶段，即从殖民地时期到未成年法院建立之前，采取的是和成年人诉讼程序一样的公开模式；在未成年法院建立之后直到20世纪80年代之前，采取的是有别于成年人诉讼程序的不公开模式；从20世纪80年代至今，采取的则是公开和不公开相结合的混合模式。[1]

混合模式作为美国未成年人审判方式的主流方向是伴随着联邦最高法院对宪法修正案的进一步解释确立的，在20世纪90年代初期，美国未成年人暴力犯罪激增，这就促使了人们对公共安全的关注，愈发认为未成年人也应对自己的行为负责。一些州开始对未成年人犯罪实施更趋强硬的刑事政策。其中一个重要的表现就是将未成年人诉讼程序逐渐予以公开。官方试图通过公开未成年人诉讼程序，来回应公众对公共安全的担忧，进而阻止和减少犯罪。由此，美国各州纷纷制定和修改成文法，规定未成年案件中的公开条款。截至2004年，只有4个州在制定法中规定绝对不公开未成年人诉讼程序，如康涅狄格州等。有14个州的法律规定未成年人诉讼程序是公开的，但是，允许法官依据裁量权基于未成年人或其监护人的申请而不公开诉讼程序，如亚利桑那州。有16个州规定，当未成年人在一定年龄以下或者被指控轻微犯罪时，应不公开诉讼程序，但是，未成年人在一定年龄以上而且被指控制定法上列举的严重犯罪时，程序则自动公开，如加利福尼亚州等。有17个州的法律规定未成年人诉讼程序是不公开的，但是，允许法官基于有关当事人的申请而公开程序，如阿拉巴马州等。美国关于对未成年人犯罪刑事审判方式的转变的过程，体现了美国对传统司法理念的扬弃，它的历程可以概括为：在区分未成年人诉讼程序与一般刑事程序的二元结构框架下，未成年人刑事诉讼程序逐渐放弃了绝对化原则，开始吸收一般刑事程序中的合理的要素，并且努力在传统保护未成年人利益的刑事司法理念和一般成人刑事诉讼之间寻求一个恰当的平衡点。同时，这一转变过程也充分表现出在未成年人犯罪刑事审判方式是否公开这一问题上始终面临的各种问题，在宪法中体现为与被

〔1〕 杨雄：“看不见的正义？——从比较法视角看未成年刑事审判的不公开与公开”，载《青少年犯罪问题》2009年第3期。

告人的正当程序权利、公众和媒体的知情权的冲突；在制定法上，表现为与未成年人犯罪刑事审判程序自身目标、自身系统的协调；在社会层面上，表现为与当前和今后的犯罪形势、公共安全、对被害人保护的协调，但至今仍没有达成共识。

2. 英国

英国与刑事案件审理有关的秘密庭审的一般规则来源于判例法，其一贯强调的是，只有在司法要求进行秘密庭审的特殊情况下才能作出秘密庭审的决定。为将公众排除在庭审之外，必须具有非常有说服力的理由。在一起联邦法院审理的案件中，法官强调，对司法公开原则的背离必须具有合理的理由，在一定程度上，并且只有在不超出这一程度的范围内，法院应该有理由相信这样做是为了服务于司法的目的。最近的案例调查显示，秘密庭审是一种例外情况，如果存在其他能够满足司法利益的方法，应该避免进行秘密庭审。而未成年人刑事案件秘密庭审，是法官权衡各种利益后可以作出的一种理性的选择。[1]

另外，《俄罗斯联邦刑事诉讼法典》第 18 条规定："对于未满 16 周岁的人犯罪的案件，依照法院说明理由的裁定和审判员的决定，也可以进行不公开审理。"《德国法院组织法》第 169 条规定了审判程序公开制度，为保护被告人隐私或者出于对公众利益的考虑，在特殊情况下法官可以决定不公开审理。而德国《青少年刑法》第 48 条也这样规定："进行审判的法庭不得公开审理和宣判。"我国台湾地区"少年事件处理法"第 34 条规定："审理不公开。但得许少年之亲属、学校教员、从事少年保护事业或其他相当之人在场旁听。"美国、英国、俄罗斯都是要求法官在权衡各方面的因素后再对是否对未成年人案件公开审判做出决定，即以不公开审理为原则，以公开审理为例外的一般不公开原则。而德国和我国台湾地区则是采取了对社会公众一律不公开的绝对性原则。

（三）未成年人刑事案件不公开审理制度的意义

未成年人刑事案件不公开审判是我国刑事诉讼领域顺应国际未成年人刑事案件审判模式发展趋势的一大进步，这意味着我国在保障未成年人权利方

---

〔1〕 高一飞、李维佳："审判公开的限度——以未成年刑事审判为例"，载《法律科学》2013 年第 2 期。

面又向前迈出了一大步。20 世纪 50 年代开始，未成年人犯罪在国际上开始引起广泛的关注。以美国为例，自 1899 年美国伊利诺伊州制定世界第一部未成年人法，并建立世界上第一个专门审判未成年人案件的法院以来，美国各州在之后的几十年内纷纷出台关于审判未成年人案件的法律并建立相应的专门法院。英国、德国、俄罗斯、我国台湾地区等国家和地区也都有关于未成年人案件不公开审判的相关法律制度。可以说，不公开审判制度是审判未成年人刑事案件的原则，目前这个制度已经成为一个国际惯例。

未成年人刑事案件不公开审判更能确保审判顺利进行。未成年人心智发育不成熟，在公开审判这种公众关注度高、公开程度大的情况下，很可能产生紧张畏惧甚至抵触的情绪。不利于案件事实的查清以及审判的顺利进行。即“公开审判所造成的思想压力使得未成年人在法庭上难以准确表达意愿，从而影响审判质量”。相反，在不公开审判的情况下，不存在或只存在少数如社区矫正组织成员等旁听者，相对封闭的环境可以大大缓解未成年人的紧张情绪，更能确保案件事实的理清和审判的顺利进行。

未成年人刑事案件不公开审判更利于其回归社会。未成年人处于特殊的年龄阶段，处于心理和生理尚未成熟的状态，他们并不像成年人一样具有良好的辨别是非的能力以及自我控制能力，未成年人犯罪不仅有其自身的原因，更体现了家庭、学校和社会在未成年人教育方面的缺失。如果通过公开审判，将犯罪的未成年人贴上“标签”，很可能使其站在社会的对立面。相反，如果社会反应的对象已有某种规范或其他因素的约束，或贴上的标签比较容易改变的话，或已被贴上标签，却有朋友及他人的帮助，对之进行帮教，结果很可能是积极的。对未成年人案件的审判，更多的是出于对其矫正、改造的目的，而不是单纯为了惩罚。所以，如何让未成年人认识和改造自己，更好的发展自己是未成年人案件审判中需要考虑的问题。正是基于上述考虑，未成年人刑事案件不公开审判的制度才得到越来越广泛的认可。

二、未成年人刑事案件不公开审理与媒体公开探析

阳光是最好的防腐剂，对刑事案件的公开审判有利于防止司法擅断，制约司法权的滥用，保障被告人获得公正的审判。在对公众不公开的程序中，由于缺乏对裁判者的监督，对人权的侵犯存在着很大的风险。一个正义的社

会，司法独立与表达自由都是不可缺少的。一方面，媒体对司法程序的报道满足了公众的知情权，是传递司法信息的一种方式。同时，某些报道又可能对法官、陪审员和证人及公众造成影响，甚至影响司法公正。因而媒体与司法的关系是一种复杂的关系，但媒体对司法的适度介入仍具有积极的意义。美国独立宣言起草人之一托马斯·杰斐逊（Thomas Jelferson）曾经说过："如果由我来决定，有政府而没有报纸，或者有报纸而没有政府，我不会有任何迟疑地选择后者。"〔1〕贝卡利亚在《论犯罪与刑罚》中也指出："舆论也许是对司法的唯一制约手段，因此审判必须公开，证据必须公开；唯有如此，民众才会认为，我们的知情权受到保护，我们不是闭目塞听的奴隶。"从这个角度来看，司法独立与表达自由二者虽然都是民主社会的重要价值，但当两者进行平衡时，新闻自由应当是放在第一位的。问题是司法独立也是社会不可缺少的，新闻自由的重要性始终不能成为否认司法独立的理由。我国《刑事诉讼法》第11条规定，"人民法院审判案件，除本法另有规定的以外，一律公开进行。"审判公开，就是指人民法院审判案件过程与判决除特别规定外都应当公开进行，允许公众旁听、媒体报道，不得私下秘密进行。这是起源于资产阶级革命时期，是针对封建主义的司法专横、秘密审判和法官擅断而提出来的旨在保障人权的一项重要思想。〔2〕而媒体的报道在这公开的过程中起到很重要的作用，它是连接司法审判和社会公众知情权之间的桥梁，在很大程度上推进着司法公平正义的实现。

2005年，国家广电总局印发了《广播影视新闻采编人员从业管理的实施方案（试行）》。该方案第7条规定了要切实维护未成年人的合法权益。采编涉及未成年人的负面报道，要遵守我国对未成年人保护的法律规定，维护未成年人的权益。未获得未成年人的监护人同意，一般不披露未成年人的姓名、住址、肖像等能够辨别和推断其真实身份的信息和音像资料。不动员未成年人参与可能损害他们性格和感情的节目；对有可能被未成年人模仿而导致不良后果的报道内容和播出形式要加以防范；对未成年人犯罪案件一般不予公开报道。广播影视不能借报道新闻、宣传法制之名展示未成年人犯罪案件，

---

〔1〕［美］托马斯·杰斐逊：《杰斐逊文集》（下），生活·读书·新知三联书店1993年版，第1325页。

〔2〕张宇飞："论审判公开的理论基础"，载《辽宁工程技术大学学报》2005年第6期。

不能为了追求收听率和收视率而公开披露未成年人的犯罪细节、作案方式。特殊情况需要报道的，要采取必要的技术手段加以处理。在此方面，最高人民法院《关于人民法院接受新闻媒体舆论监督的若干规定》对协调媒体与司法的关系也作出了规范。为进一步落实公开审判的宪法原则，规范人民法院接受新闻媒体舆论监督工作，妥善处理法院与媒体的关系。该规定在一方面规定人民法院应当主动接受新闻媒体的舆论监督，为新闻媒体对案件的报道划出了明确的红线，具体地列举了违反法律规定，依法应当追究责任的五种情形：①损害国家安全和社会公共利益的，泄露国家秘密、商业秘密的；②对正在审理的案件报道严重失实或者恶意进行倾向性报道，损害司法权威、影响公正审判的；③以侮辱、诽谤等方式损害法官名誉，或者损害当事人名誉权等人格权，侵犯诉讼参与人的隐私和安全的；④接受一方当事人请托，歪曲事实，恶意炒作，干扰人民法院审判、执行活动，造成严重不良影响的；⑤其他严重损害司法权威、影响司法公正的。这些规定对于规范媒体与司法的关系具有重要意义，尤其是对未成年人案件更应从严掌握。

在当今这样一个信息爆炸的时代，媒体已经渗透到社会生活的各个领域，同时，司法作为法治社会重要的组成部分，与人们息息相关。一方面，媒体报道可以增加司法审判活动的公开性和透明度，推动公平正义的实现，维护法治的公信力。另一方面，媒体的报道也可能会在审理过程中产生一定的社会舆论导向性，其可能会在不恰当的时间和地点披露案件信息或发表评论，给司法活动添置了很多障碍，会对办案人员产生一定的压力。尤其是在网络媒体和自媒体发达的今天，公众的知情权得到了极大的保障，获得信息的渠道越来越多，通过公众在网络上对司法审判的讨论留言，舆论传播的速度和广度都达到了前所未有的程度，可以这么说，在当今社会，任何国家的司法都不能无视媒体的存在。所以，在当今世界，不同法系国家的媒体和司法的关系差异越来越小，在相互借鉴中实现了逐渐融合。主要有以下几个原因：

1. 言论自由形式平等使司法与媒体关系简单化

媒体与司法关系是复杂的，但同时也有简单的一面。司法对媒体的限制，不能超过对普通公民的限制，司法对媒体不能有对普通公民以外的限制，简单地说就是，媒体对司法监督权利享受普通公民的待遇。媒体自由不应当受到任何形式的限制，普通公民的言论自由用人际对话的形式表达，还是借助媒体进行表达不应当有区别。根据《公民权利与政治权利国际公约》第19条特别规定，在行使这些自由时，“不论国界，也不论口头的、书写的、印刷的、采取艺术形式的，或通过他所选择的任何其他媒介。”欧洲人权法院也曾指出：“公众有权得到信息和思想，而媒体则应当充当公众的看门狗”；1994年国际法学家协会的《关于媒体与司法关系的马德里准则》第1条规定，媒体有权在不妨害无罪推定原则的前提下，对审理前、审理中和审理的案件加以评论。或许有的法官会担心，批评对裁决会有影响，因而这一程度上也影响了司法过程中的独立。但从国际公约的规定来看，评论对司法的影响总是有的，但是，不能因为这种影响而牺牲言论自由；司法人员也是公民社会中的一分子，司法在一定程度上考虑民意并不是坏事，这是民众监督司法的表现，只是不能屈服于民众的激情进行裁决。

2. 自主媒体出现使大众传播与人际传播一体化

尽管国际公约强调言论自由不应当存在形式上的差别，但是在公民社会，简单的人际传播与现代复杂的大众传播在与国家权力的关系方面存在不同的属性。大众传播将传播行为从表达行为和接受行为中独立出来，传播者成为专业化的中介，存在国家与公民、媒介与公民、国家与媒介之间的关系，媒体和司法机构同为社会公器，需要法律对其进行不同于公民个人的法律调整。但是，传统媒体和受众正在发生变化，自主媒体的兴起向不受地理限制、通过现代科技连接在一起的公众进行传播。它表明由个人发出的真实声音和文化表现将在这种新媒体的创造过程中得到复活。在媒体与司法的关系问题上，人际传播与大众传播一体化意味着，只要允许公开审判和旁听，每一个对案件了解的人都可能成为记者，通过自主媒体发出声音。所以，在这样的情况下，除非让所有的人噤声，否则，单独对媒体的发表和评论行为进行限制是不必要的和没有意义的。

3. 媒体影响和促成司法裁判体现价值的多元化

由于言论自由的重要性，司法避免媒体的情绪化影响只能通过司法机关单方的程序完善而不是通过对媒体的特别限制来完成。司法受到媒体的影响，在任何国家都不可避免。司法过程也是一个特殊的社会活动，因而不可能不受到其他因素的影响。不仅在事实审理中陪审员和法官难以避免媒体的影响，在量刑程序中，立法的本意就是容忍媒体对司法的影响。通过个案表达个案以外的法律正义观和社会价值观，这在任何国家都是正常的，如在美国历史上通过对1963年的吉迪恩案件（Gideon V. Wainwright）的裁判，确立了政府在任何情况下有义务承担请不起律师的人的法律援助义务的“吉迪恩”规则；通过 1966 年的米兰达案件（Miranda V. Arizona）的裁判，确立了被告人有沉默权的米兰达规则。

案件的裁判，从来都是一定背景下的社会各种正义观和价值观平衡的产物。美国的这两个案件正是在事实清楚的情况下，为了维护社会的整体正义，推翻了原来的裁判。那种认为定罪量刑不受任何媒体言论的影响的想法是不现实的，也同样是没有意义的。媒体会通过个案来表达自己对媒体与司法的关系、程序正义与实体正义的关系、公正与效率的关系以及政治伦理与司法伦理的关系的立场，审判在一定程度上是一门考虑民意又不屈从于民众激情的艺术；媒体通过报道和评论来监督案件的裁判，又通过个案的报道来引发民众对相关社会问题的讨论与思考。这样司法与媒体通过各自履行自己的职责达到共同维护社会公平与正义之目的，形成良好的法治环境体系。

考虑到未成年人生理与心理的特点，未成年人刑事案件不公开审理，符合法治原则的要求。在未成年人刑事案件的新闻报道上，不管是英美法系国家还是作为大陆法系的中国，在这个问题上认识是一致的，对新闻媒体在此类案件上的报道进行约束。

（一）我国媒体报道未成年人犯罪案件问题的理论分歧

在早期的未成年人犯罪报道中，由于当时社会法律意识普遍淡薄，隐私保护尚未得到重视，媒体对报道细节的处理较为粗糙，因而给失足的未成年人挽救并重新回归社会带来极大的负面影响。此后，该领域的报道方式得到了一定修正，媒体逐渐注意对一些敏感信息进行“模糊化处理”。但不可否认的是，报道在内容和形式上仍然存在着一些疏漏。在有些媒体报道上，虽然没有直接公开披露未成年犯罪嫌疑人、被告人的相关信息，但却乐于挖掘其生活细节、家庭背景、亲属关系等以吸引受众眼球。尤其是媒体在报道李某某轮奸案时，虽然没有实名报道，但是还是留下很多的线索，甚至是用局部打马赛克的照片来吸引读者的眼球，甚至还报道了其父母的很多轶事，在社会上造成了很大的影响。我国媒体对未成年人犯罪案件的报道主要存在以下几个问题。

1. 文字报道问题

我国《刑事诉讼法》中尚无对此类案件的明确规定，只有《预防未成年人犯罪法》和《未成年人保护法》中对于媒体报道有相关的规定，但是不够具体，可以说审判中的新闻报道规则是目前我国最欠缺的内容之一。正因为如此，很多与未成年人犯罪相关的报道都可以看到，有时甚至被告人的头像未作处理就赫然印在报纸头版，即使《预防未成年人犯罪法》和《未成年人保护法》对未成年人犯罪规定了“不得披露该未成年人的姓名、住所、照片、图像以及可能推断出该未成年人的资料”。但因未有相应追责机制，其规定未能得到有效执行。很显然，上述规定中有两个立法缺陷：①无明确的监管机构。这两部法律目的是明确的，就是保护未成年被告的隐私权不被侵犯，营造有利于挽救未成年被告人的社会环境。但是，由于没有规定具体的监督机构，即使有媒体违法报道了，也没有机构出来对其进行指正甚至惩罚，致使这些规定成了一纸空文。②没有明确相关责任主体的法律责任。不管是追究侵权媒体的民事责任还是行政责任，甚至是刑事责任，法律都没有相关规定，犯了法不被惩罚，法律就没有威慑作用。这也是媒体违法报道严重的一个重要原因。

2. 视频报道问题

在未成年人刑事诉讼中，视频报道又应当包括图像、摄影报道和庭审直播两个方面。我国法律是不禁止记者媒体进入法院的，但是对于法律规定的不公开审理的几类案件都做了相应限制。未成年人刑事案件审判是不公开审判，因此不允许不相关人员进入旁听，对于摄影、直播是绝对禁止的。绝对禁止不利于案件的新闻舆论监督，审判过程中很可能会存在侵犯未成年人合法权益的问题。

（二）未成年人刑事司法领域隐私权和知情权的冲突

未成年人刑事司法毕竟是一个新兴领域，由于实践经验缺乏和立法滞后，未成年被告人的隐私权、公众的知情权与媒体的传播权之间界限不明。

1. 司法实践中的乱象

（1）蛛丝马迹：涉及未成年人裁判文书的信息处理。裁判文书上网是大势所趋，文书中隐私信息处理问题随之而来。2013 年 7 月实施的《最高人民法院裁判文书上网公布暂行办法》在确立生效裁判文书“全面公开”原则的同时，规定了不能上网公布的例外情况，并规定文书上网前应进行技术处理隐去个人信息，如具体住址、身份证号码等，对刑事案件被害人、证人、被告人家属的姓名以“某某”代替。公共网络上的情况更加混乱。2012 年，光明网在报道桂平市法院判决的一起未成年人抢劫案时这样写道：“黄某军、黄某鑫、黄某任本为桂平市石龙镇某中学的在校学生，三人与社会上陈佳力（1987 年出生）、潘文华（另案处理）结交的黄某源、甘某炽、黄某管相识……”找法网上刊载的《李红芳犯猥亵儿童罪一案一审刑事判决书》中则写道：“上述事实，有如下证据证实：①被害人蔡××陈述：……7 月 22 日由蔡××之祖父母蔡××、樊××，之姑蔡军晓，之叔蔡军卫……②证人樊××证言：……艳珂还讲了李红芳摸后给她两元钱……”通过对这些公开的媒体报道和案件判决书中证人、法定代理人、就读学校、所在地等信息的简单分析，仍可以基本锁定未成年被告人的身份。这种忽视对涉案未成年人给予基本的宽容与关爱的行为，有失媒体应有的职业操守。

（2）过度曝光：涉及未成年人案件的不公开审理。网上热炒的“李某某”案或可引以为典型案例。案件一旦被媒体关注，当事人就很难有隐私可言。这些极度吸引眼球的词汇让此案难逃公众视野，无怪使兰某律师发出无奈的声音：“所谓隐私都已成伪概念。李某某在案发之初就已被社会剥得干干净净，体无完肤，甚至株连其父母……”有的网友甚至提出“真相比隐私权更重要”的要求。在自媒体的“话语霸权”之下，没有人理会李某某属于法律特殊保护对象这一事实，也没有任何人考虑过对李某某进行隐私保护。李某某及其家人、案件被害人甚至律师等相关人员的基本信息、照片都被网络爆了个“底朝天”，案件有关的证据、庭审甚至辩护词等也接二连三地暴露在聚光灯下。经此法庭与媒体的“双重审判”，李某某身上的“标签”已然无法去除，回归社会只是美好的愿景。

（3）“隐性启封”：仪式化活动与犯罪记录封存的悖论使后者执行效果不佳。我国《刑事诉讼法》第 275 条规定了未成年人轻罪犯罪记录封存制度，然而，为落实犯罪记录封存制度而进行的犯罪记录封存仪式却一定程度上背离了记录封存的初衷。封存仪式通常须集中一批未成年犯才能进行，参加仪式的人员通常包括公、检、法、司、青、妇、关等“有关单位”的负责人，而审判有关案件的承办人则未必参加。未成年人为获得“封存证书”，只能让自己暴露在几乎无关的人员面前，曝光在媒体的聚光灯下。封存仪式本身带有了“启封”的性质，使得原本正面的媒体报道自然带上了“信源噪音”。其他一些仪式化活动，如组织少年犯参加义务劳动，对判处缓管免的少年犯进行集中回访帮教，组织少年犯的文艺晚会等，都存在类似问题，使媒体无意中对“隐形启封”起到推波助澜之效。

2. 立法上的缺陷

我国尚无针对未成年被告人隐私权保护的单独立法，现有的法条散见于《未成年人保护法》、《刑事诉讼法》及其司法解释中。在我国加入的国际条约中，未成年人的隐私保护规定反而相对国内法而言更加清晰明确。但是总体而言，无论国内法还是国际法，这些条文都存在着表述模糊、可操作性差的问题。比如《未成年人保护法》第 58 条和《法院刑诉法解释》第 469 条仅仅对不得向外界披露刑事案件涉案未成年人的信息作了原则性规定，而犯罪记录封存、出庭保护等原本需要一部法律才能写清楚的内容被“浓缩”到一个条文当中，尽管“不得泄露涉案未成年人资料”是硬性规定，但其推断却需根据具体情况分析，其不但内容过于简单，而且没有规定罚则，成了“没牙的老虎”。而从新闻法层面来看，即便是单纯对新闻行为进行总体规范的法律，其立法工作也进展甚微，遑论未成年人犯罪这个专业领域。由于我国没有《新闻法》，只得将对媒体与隐私关系的调整留给实践。上述实践与立法的问题，都是在当前新媒体时代下未成年被告人隐私权保护中亟须解决的问题。这些问题也反映出，在新媒体时代，未成年被告人的隐私权保护在逐步弱化。这就不得不令我们深思：我们究竟该如何与时俱进？当下，完全隔离媒体于司法已无异于掩耳盗铃，破解未成年人刑事司法中媒体与隐私的难题，必须回溯至二者的本源，重构司法的“媒体真实”之维。

3. 策略审视：未成年人刑事司法中隐私权保护之价值选择

法律是人们探索解决社会矛盾和冲突的产物，法律的制定和实施过程，就是价值的碰撞和选择的过程。那么，在未成年人刑事司法领域媒体与隐私的矛盾中，蕴含着哪些法律价值的冲突？它们的重要程度和位阶次序如何？要回答这个问题，当从少年司法制度的起源说起。

（1）少年司法的特质。以教育为导向的裁判少年司法制度源于“童年”概念的产生和发展。资产阶级启蒙运动之前，儿童被认为是“小个子的成年人”，法律地位等同于成年人。从 17 世纪开始，“童年”观念逐渐随着资本主义的勃兴而发展起来，并依成长阶段之不同需求分为儿童时期和少年时期，儿童时期重养护，少年时期则重教保。相应的，刑事司法领域中将未成年人与成年人犯罪一视同仁的做法逐渐被摒弃，取而代之的是一套符合未成年人身心特征的法律制度。人们在以解决矛盾纠纷为目标的传统刑事司法制度内，注入了教育、保护的因素；促进司法权与行政权、立法权之间的相互交融与渗透，以寻找最佳的权力组合；开创少年司法制度的法庭模式，并最终确立了少年司法制度。可见，正是教育、保护的功能，使得少年司法制度得以脱胎于以查清事实真相为目标的成人司法制度，具有独立存在的特殊法律价值。

我国的未成年人司法也延续了这一特点，并在《刑事诉讼法》第 266 条专门规定了“对犯罪的未成年人实行教育、感化、挽救的方针，坚持教育为主、惩罚为辅的原则”。调查、合适成年人、犯罪记录封存等特别程序的存在也证明了教育、保护是少年司法的首要价值追求，少年司法权的要义正是教育权，裁判权的行使应以教育、保护为导向。未成年被告人的隐私权同样服从于少年司法的教育特质。一方面，以不公开方式进行审理，对轻罪犯罪记录予以封存，在公开的判决书中隐去个人信息，助力未成年被告人无痕回归社会；另一方面，弱化司法的对抗属性，而多用圆桌审判、法庭教育、“司法一条龙”帮教机制等形式，在查清基本事实的前提下，侧重发挥审判的教育功能。

（2）媒体权力：源于并超越公众知情权。早在 18 世纪末，美国政治家托马斯·杰弗逊认为，“自由报刊应该成为对行政、立法、司法三权起到制衡作用的第四种权力”。19 世纪 50 年代，马克思也提出“第三种权力”说，指出像报纸这样的大众传播媒介应当成为“广泛无名的社会舆论的工具，它是国家中的第三种权力”。无论是“第四种权力”还是“第三种权力”，他们都在强调媒体无形而强大的影响和控制力量。这种力量根源于公众对真相的渴望。随着社会进步，人们渴望体察外界，获悉更多信息的需求也逐步提升，公众的知情权因而应运而生。知情权最早由美国新闻编辑肯特·库柏（Kent Copper）提出，其基本内涵是：公民享有通过新闻媒体了解政务信息的自由和权利，国家应最大限度地确认和保障公民知悉、获取信息尤其是政务信息的权利。联合国《世界人权宣言》第 19 条指出：“人人有权享有主张和发表意见的自由。此项权利包括持有主张而不受干涉的自由，以及通过任何媒体和不论国界寻求、接受和传递消息和思想的自由。”随后，在实践中，知情权的外延逐渐超出了公民对于政务信息的获知权利，扩大到一切关系到公民权利和利益、公民个人想了解或者应当让公民个人了解的各种信息。

随着媒体的发展，由公众知情权衍生出媒体报道权，即新闻媒体自由地搜集新闻信息并将它们报道出来的权利。公众知情权通过媒体的新闻传播得以实现，同时媒体也是知情权的表达渠道，两者是二位一体的存在形式。但是，在社会信息的传播实践中，媒体报道过程与公众的知情权存在缺位、错位甚至越位的现象，使得媒体报道权成为超越公众知情权的存在。有时，客观报道的职业理念让位于片面宣传的需要；有时，媒体会因为人为改变信息落差，在大众关心的重要信息面前失语；有时，一些媒介和从业者以“无冕之王”自居，对社会领域和报道对象过度参与。

（3）隐私保护：要真相还是要未来？未成年被告人隐私权与媒体报道权之间的冲突问题，最终落实到司法的教育作用是否要让位于公众的知情权。司法的教育作用，至少包含了两层含义：一是“教”，即狭义的教育，教导未成年人掌握主流的社会生活能力；二是“育”，即为未成年人提供条件，保护未成年人免受不良侵害。从狭义的教育层面而言，“少年宜教不宜罚”。正如我国台湾地区学者林纪东所言：“少年法庭实以审判机关而兼具教育机关之性质……且为特殊之教育机关。”从保护的层面而言，对特殊少年——犯罪少年、虞犯少年、无人管教少年和需要扶养少年，需要通过少年司法制度予以特殊的保护。司法的教育权的发挥，重在满足人们的基本需求：生理需求和安全需求。一方面，不良少年有与他人一样的需求，然而由于缺乏良好的家庭或社会教育，需求层次相对偏低，且获取满足的能力受限。因此，国家有必要提供足够的教养，让这部分人获得基本的社会生存能力和信心，能够顺利复归社会主流。这种“足够的教养”，是不需要也不可能满足其高层次需求。另一方面，根据“双保护原则”，对于不良少年周边的人而言，他们受到未成年人罪错的侵害，亟须司法帮助其重新获得安定的生活，因而司法的教育权同样只能满足基本的生理需求和安全需求。而知情权，已经远远超越了生存和安全的层面，属于求知的需求。马斯洛（Abraham Harold Maslow）认为，求知的需要虽然未被列入到他的需求层次排列中，但应居于尊重需求与自我实现需求之间，属于最高层次的需求。高层次的需求，一般在更低层次的需要获得满足后才会出现。因而，在少年司法领域还在追求满足不良少年及其周边的人的基本需求时，知情权需求的满足位次应当排在教育权之后。当知情权有助于司法发挥教育权能时，少年法庭可以对媒体开放报道；而当知情权可能危害司法发挥教育权能时，则知情权必须让位于教育权，对媒体报道应有所限制。[1]我国《未成年人保护法》对此也设有禁区，即“任何组

〔1〕吴星、郭婕：“真相与未来——新媒体时代未成年被告人隐私权的司法保护”，载《中国青年研究》2014年第5期。

织或者个人不得披露未成年人的个人隐私”。

（三）媒体报道未成年人刑事案件禁止之比较研究

未成年人刑事案件不公开审理意味着公众不能旁听案件的审理过程，媒体不能现场报道司法过程，但案件审理前及判决后媒体能否报道司法过程和判决结果，各国立法的规定也是见仁见智。根据1989年《英国儿童法》第97条的规定，任何人都不得公开旨在或可以确定儿童参与治安法院依法审理的诉讼程序的材料或该儿童的住址或所在学校。但如果为了儿童福利之需要，法院可以命令公开。公开的途径包括通过电视节目。任何违反本条规定的人都应当构成犯罪，经简易程序定罪，可以判处不超过第4标准等级的罚金。从该规定中可以看出，虽然关于媒体报道未成年人刑事案件原则上是禁止的，但该禁止不是绝对的，若是为了儿童福利的需要，法院可以裁定媒体报道未成年人刑事案件。一言以蔽之，在英国，无论是禁止还是允许媒体报道未成年人刑事案件，其首要考虑的是儿童的福利。如果违反禁止报道之义务，则可能会构成犯罪，面临相当数额的罚金处罚。

《日本少年法》第61条禁止新闻报道等的刊载规定：对于交付过家庭法院审判的少年或者少年时因为犯罪而被提起公诉者，不得在报纸及其他印刷品上刊载，通过其姓名、年龄、职业、容貌等信息可以推断该案件与本人有关的报道或者照片。这就是说，少年参与诉讼的信息是一项隐私，受到法律的严格保密，无论何种理由，严禁媒体报道少年刑事案件，泄露涉案少年的相关信息。日本绝对禁止媒体报道未成年人刑事案件的规定，与少年法的宗旨是呼应的。媒体报道少年刑事案件，披露少年的犯罪信息，是一项危害少年福祉、可能妨碍少年将来正常社会化的活动。因此，为了少年的健康成长，禁止媒体报道少年刑事案件。

我国台湾地区“少年事件处理法”第83条规定：个人不得于媒体、资讯或以其他公示方式揭示有关少年保护事件或少年刑事案件之记事或照片，使阅者由该项资料足以知悉其人为该保护事件调查、审判之少年或该刑事案件之被告。违反前项规定者，由主管机关依法予以处分。“电视、广播、新闻纸、杂志及其他出版品，虽然有报道新闻、发表舆论、评论政事、介绍风俗民情、揭开社会善恶面目、扬善弃恶等言论自由”,〔1〕但这种自由不是绝对

〔1〕（台）刘作揖：《少年事件处理法》，三民书局2010年版，第264页。

的，自由限于法律允许的范围内，即言论自由不能侵犯他人的隐私权和名誉权等。少年为未来之栋梁，少年若因一时冲动，误触刑罚，应当寄予同情和宽恕，所以犯罪少年应当是受保护之人，而非受惩罚之人。因此，少年犯罪和卷入刑事诉讼程序的信息应当作为一项隐私，予以保密，而不得公开。可见，我国台湾地区少年法绝对禁止媒体报道少年刑事案件，如果违反相关规定，虽然不构成犯罪，但由主管机关依法给予处分。

未成年人刑事案件不公开审判制度被世界上绝大多数国家奉为一项原则并在实践中得到严格遵守。但令人不得不反思的是，未成年人刑事案件不公开审判制度的发源地美国，面对愈演愈烈的少年暴力犯罪，一改少年福利和矫正刑事政策路线，对少年犯罪采取强硬政策，越来越多的州公开了未成年人刑事案件审判程序。一般而言，一个国家的未成年人刑事案件审判是否公开与该国未成年人犯罪状况、国家民众对少年犯罪的看法和感受、犯罪处遇目标的定位以及政治氛围等密切相关，很难从绝对的角度去评价哪一国家的制度是最先进的，但是可以说该制度是否有利于社会的发展。因此，虽然不能说哪一个国家未成年人刑事案件审判不公开制度的规定是最优秀的，但却可以根据司法实践的状况去评估该制度是否最有利于少年福祉的保护，有利于社会的和谐发展。由于各种各样的原因，每个国家的未成年人刑事案件不公开审判制度的设计并非完美，但通过与他国立法例的比较研究，则可以发现其中之不足，从而去改革之、完善之。在预防和矫正未成年人犯罪问题上，非刑事化、非监禁化和轻刑化的理念，已经是国际社会处置涉罪未成年人的主流趋向；“预防为主、教育为主、惩罚为辅”，或者逐渐免于惩罚的司法理念，将愈来愈成为我国少年司法体系的主导思维。经验表明，未成年罪犯是不能单靠法律的强制而予以改变的，以“孝”为核心内容的孝悌、感恩、知耻、自省等道德情感教育，容易走进未成年犯的内心，有利于唤醒他们处于泯灭状态的本善心、恭敬心、羞耻心、感恩心、悔改心，启迪他们的人性之美，重塑他们的精神世界。这是符合习近平总书记指示的教育实践，是符合国际主流趋势的教育新走向。[1]具体来说主要可以总结为以下几点：

（1）隐私权保护已成为大势所趋。随着法治文明的发展，与隐私相关的

〔1〕 高维俭、梅文娟：“未成年人刑事案件不公开审判的比较研究”，载《预防青少年犯罪研究》2014 年第1 期。

诉讼及立法数量与涵盖范围不断扩大，隐私权保护成了公法特别是刑事法所关注的焦点，相关立法日益完善。同时，为防止国家在保护隐私的同时转变成对公民隐私的最大威胁，凡涉及未成年人刑事审判，司法机关权力的行使更应受到严格控制。个人信息即使被官方掌握，也不意味着就此变成了公共资源而可以任意强制公开。加拿大最高法院在女王诉米尔斯案（R v. Mills）一案的判决中认为，"官方掌握信息记录并不必然导致个人对隐私合理期待的消失"。

（2）隐私权并非一种绝对权。隐私权并非绝对不可侵犯。尽管隐私是宪政民主国家的精髓，但它是一项存在于相互关系之中、取决于周边环境的社会化概念，绝对的隐私必然导致与其他私人或公共利益发生摩擦和冲突，隐私权必须在与其他自由和利益的平衡中获得存在的可能性。

（3）平衡原则——"合理的隐私期待"在隐私的披露与限制方面，各国通用的是"合理的隐私期待"原则。该原则最初由美国宪法第四修正案的一系列判例确立，认为隐私权的保护应坚持主客观相统一，即同时符合主观上个人的隐私期待和客观上社会对该隐私期待的认可。对于"合理"的标准，则与刑法中的合理标准相类似，即人们凭借正常的谨慎、注意、技能会在类似情况下做出的行为。

（四）我国《刑事诉讼法》对媒体报道未成年人犯罪案件的限制

2012 年修改的《刑事诉讼法》增设了附条件不起诉制度、犯罪记录封存制度，并完善了不公开审理制度，在原有法律规定的基础上扩张了对媒体未成年人犯罪报道的法律限制。对犯罪记录公开的限制是《刑事诉讼法》新增内容的主要关注点之一。犯罪记录又称"前科"，指犯有罪行或被判处刑罚的事实。将成年罪犯的犯罪记录在社会中公开是全世界的通行法律实践，旨在将罪犯排斥在关涉公共利益的重要行业之外预防其再犯，此外，也需要普示公众加以防范，避免遭受再次伤害。此类记录在社会中的公开及散播很大程度上依赖于媒体作为信息传播公共平台，媒体在此起着扬声器的作用，强化前科制度的实施效果。虽然被媒体传播的犯罪记录对罪犯带来了某种延伸的不利益，不利于其重返社会，但此时公共利益的需要重于对个人隐私的保护。然而在未成年人犯罪案件中，个人隐私与公共利益则需重新平衡。未成年人犯罪多是不良生活环境下的被动选择，而非自由意志的结果。在他们人生刚起步的时段，如果将其犯罪记录公之于众，很可能对其未来求学、就业、升迁等一系列事情造成严重影响。此外，未成年人身心尚未发育成熟，可塑性较强，尚有矫正重塑的可能。因此，化解犯罪记录对未成年人不利影响的意义则超越了预防再犯之目的，从而被各国的法律实践所普遍采用。那么《刑事诉讼法》中增设的犯罪记录封存制度和附条件不起诉制度，以及不公开审理制度，在媒体报道未成年人犯罪的选材、选题范围、报道介入点等方面将会产生哪些影响：

（1）记录封存制度对媒体获取犯罪记录的影响。《刑事诉讼法》第275条规定：犯罪的时候不满18周岁，被判处5年有期徒刑以下刑罚的，司法机关和有关部门应当对相关犯罪记录予以封存。犯罪记录被封存的，不得向任何单位和个人提供。但司法机关为办案需要或者有关单位根据法律法规规定进行查询的除外，依法进行查询的单位应当对被封存的犯罪记录的情况予以保密。这一规定与我国《刑法》第100条中规定的“依法受过刑事处罚的人，在入伍、就业的时候，应当如实向有关单位报告自己曾受过刑事处罚，不得隐瞒。犯罪的时候不满18周岁被判处5年有期徒刑以下刑罚的人，免除前款规定的报告义务”的规定相对接。从国际规则来看，犯罪记录封存与国际上的前科消灭制度相似，从程序上保障未成年人在接受刑罚处罚后重新融入社会。尽管记录封存制度原则上排斥外界获取未成年人犯罪记录，但记录查询制度还是为特定单位在特定情形获取记录开了口子。该条文规定司法机关为办案需要或者有关单位根据国家规定可以进行查询而媒体是否在有关单位的范围之内。从立法宗旨来看，记录封存制度设立的目的在于不让外界获知未成年人犯罪经历，而媒体正是外界获取信息的窗口，一旦媒体在报道中披露相关记录，封存制度便失去了意义。故而媒体显然应当排除在有关单位之外。此外，该条文不仅规定了特殊的权利主体，还规定了记录查询必须具有特定的目的，即符合与司法活动同等重要的公共利益时方可实施记录解封。正如伊藤正法官提到的，“只有存在优越于犯罪人权益的重大公共利益时，才可以考虑公开他人的犯罪记录，但即使这样，也仍应当将其限于必要且最小限度的范围之内，但即使这样，也仍应当将其限于必要且最小限度的范围之内。”[1]假设媒体有权查询犯罪记录，由于本条规定查询单位的保密义务，媒体在报道中依然不能披露相关资料。从媒体报道角度看，在未成年人罪犯中

〔1〕于志刚：“关于构建犯罪记录终止查询制度的思考”，载《法学家》2011年第5期。

只有犯轻罪者可以不受犯罪记录的负面影响，排除在媒体可报道范围之外。但是重罪案件往往具有较大的社会影响，受关注度高，具有较大的新闻价值，而封存制度却未对此有所限制。2012年修改的《刑事诉讼法》为媒体报道未成年人犯罪案件增加了重重束缚，为了避免可能引发的法律纠纷，这一领域几乎可以被认为是媒体新闻报道的禁区。可以预测，在我国法治进程进一步深化的过程中，记录封存制度还会更加倾向于对未成年人的保护，实现未成年人犯罪的“记录绝对封存”，媒体对未成年人犯罪案件的报道空间将会大大限缩。

（2）附条件不起诉制度对媒体报道内容的影响。附条件不起诉制度，对于媒体而言，可供选择的具有报道价值的案件范围将有所限缩。其主要问题是媒体能否在附条件不起诉的考验期内介入报道。该制度的“监督考察”一定程度上限制了犯罪嫌疑人的迁徙自由，但若本人不离开所居住地，其从事何种（合法）活动却不受限制。因此该条文并没有禁止媒体在考验期内与犯罪嫌疑人进行会面。也就是说，在不影响考察机关对未成年人教育矫治的前提下，媒体是可以介入报道的，但该犯罪嫌疑人需要按照考察机关的规定报告。另外，附条件不起诉情形满足犯罪记录封存制度适用条件，因此媒体在考验期内进行报道时将很难接触到犯罪记录。

（3）不公开审理原则范围扩张及其对媒体报道的影响。不公开审理是指人民法院根据法律规定或者其他正当事由，对某些特殊案件不进行公开审理的司法审判制度。未成年人犯罪的案件属于不公开审理的范围。2012年修改的《刑事诉讼法》改变了1996年《刑事诉讼法》16岁作为界分并适用不同规定的情形。“审判的时候被告人不满18周岁的案件，不公开审理。”也就是说，凡未成年人犯罪案件，只要在审判时被告人尚不满18周岁，案件一律不公开审理。该法扩大了未成年人犯罪案件适用不公开审理的范围，其目的在于避免给未成年人心理造成创伤，为其减轻不良影响以便未来顺利回归社会。这也意味着在整个审判阶段媒体将全程无法参与，而只能等到判决宣判时才可介入报道；即使媒体能够在审判之前就展开工作，也不得不在开庭之后中断；且庭审中公布的案件重要信息将无法在报道中使用。这一变革对于庭审类法制节目的影响较大，有可能直接导致未成年人案件被排除在庭审类节目的内容范围之外。

（4）对未成年人犯罪案件中未成年人信息身份的法律保护对媒体报道的

影响。我国针对未成年犯罪人的身份信息进行法律保护源于未成年人特殊保护的需要，是国际公约与规则的要求，是我国未成年人特别、优先保护原则的体现，也是基于未成年人犯罪特殊刑事政策的考量。未成年人是国家的希望，民族的未来。同时，未成年人处于人生发展的初期，也是最重要的时期，具有身心发育尚未成熟、心理承受能力较弱、易受外界影响、可塑性强等特点。世界各国在任何历史时期均十分重视对未成年人的特殊保护。国家对未成年人的特殊保护源于国家亲权理论。该理论认为，国家应当积极介入未成年人的照顾与教育事务当中，充分保护未成年人的各项权利，保障其健康全面发展。未成年犯罪人也是需要特殊保护的未成年人。我国关于未成年犯罪人身份信息保护的立法即源于未成年人特殊保护的现实需要。标签理论认为每一个人都有“初级越轨”，但只有被贴上“标签”，初级越轨者才有可能走上“越轨生涯”。该理论解释了一个积小恶而成大恶的过程，一个人在与周围环境的互动过程中，被贴上某种“标签”，将导致其向这个“标签”所示的方面进一步发展。也就是说，犯罪“标签”一定程度上导致了人们重新犯罪。由于未成年人的特殊性，其更容易受到这种犯罪“标签”的影响。未成年犯罪人的姓名或者其他可借以识别该未成年人身份的信息一旦遭到披露，将会对其身心健康造成十分不利的影响。因此，从刑事政策的角度来考量，对于未成年犯罪人的身份信息应予以法律保护，避免犯罪“标签”对其成长的不良影响。《未成年人保护法》第3条规定，“国家根据未成年人身心发展特点给予特殊、优先保护，保障未成年人的合法权益不受侵犯”。确立了我国未成年人特别、优先保护原则。根据相关法律规定，犯罪人的身份信息并不属于其隐私权保护的范围。但是，我们不能以这个理由来否定对未成年犯罪人身份信息的法律保护。因为我们必须根据未成年人的身心特点给予其特殊、优先保护，而“否认犯罪人身份信息属于隐私权范围的理由，均不足以对抗这种未成年人的特别、优先保护”。信息公开必须以“儿童利益优先”为原则，同时注重被害人隐私的保护，无论以何种理由公开相关信息，如不能保护未成年人隐私，或者公布的信息让任何一个人能够推断出未成年人，应当予以禁止。

三、未成年人刑事案件不公开审理与媒体公开探索

从推进以“审判为中心”诉讼制度改革的基本要求来看，未成年人犯罪

案件的不公开审理对媒体也有一定的限制意义。如果媒体过度披露未成年人案件的未成年人（包括未成年被害人）的身份和信息，与我国现行法律不相符合，无益于对未成年人教育与挽救。那么，如何处理媒体来源于公检法机关的未成年人案件的消息与法律保障未成年人合法权益的关系，“未成年人”的“性”与“暴力”的素材优先抑或保护未成年人合法权益优先仍需要进一步探索，以免给涉案的未成年人带来不应有的痛苦甚至毁灭性的灾难。

（一）未成年人犯罪案件中对法官的相应限制

国际规则和各国法官职业规则认为，法官和其他普通公民一样，享有言论自由，但在行使这一权利时应当注意方式，要能够维护司法尊严、司法公正和司法独立性。之所以要限制法官的言论自由，是因为所有的公务员言论都应有所限制，而法官职业的特殊性要求其应受到比普通公务员更多的限制。特别是在审理未成年人犯罪的案件中，更要严格地加以限制。“为了能够令人满意地履行司法职务，法官就必须接受对其公民权利的限制。没有人是被迫成为法官的，但是，如果一个人决定接受司法任命并愿意长期做法官，他就必须接受对其公民权利的某些限制。”[1]法官言论的限制范围包括法官不应当评论案件；法官要与媒体保持距离，如法官不必要向媒体解释自己的看法、法官个人不应当回应媒体的批评、法官应谨慎参加广播和电视节目、法官不应当兼任记者或者通讯员；法官应当保守司法秘密；法官在社会活动中的言论应当维护法官公正的形象。同时，在未成年人犯罪案件中落实对法官的限制，还应当解决对违反规定的法官的相应的惩戒措施。建立责任追究机制，任何未经法定程序对未成年被告人的隐私进行刺探、获取甚至公开的行为，都应当受到行政法或者刑法的制裁，以其情节轻重，可以分别以违反治安管理、妨害刑事诉讼等理由科以相应处罚，并可由被侵害者提出民事赔偿的主张。另外要推动法院数字化建设，对于未成年人刑事案件，保存好数字化的庭审资料，形成对案件相关当事人和法官的双重制约和保护，有助于保持在不公开庭审下的司法公正，也有利于对未成年人的优先保护。

（二）未成年人犯罪案件中对检察机关的相应限制

在我国，检察机关是国家专门法律监督机关，负有保证法制统一的使命，不仅监督警察，监督法官，而且自身亦有侦查权和不起诉权，如何处理检察

〔1〕怀效锋主编：《法官与媒体》，法律出版社2006年版，第225页。

机关与媒体的关系不仅关系到检察工作能否为社会了解，更与检察公信力戚戚相关。检察机关与媒体的关系，是检察机关向媒体公开检察信息过程中建立的互动关系，是双方互为主动的关系，一方面检察机关主动向媒体发布信息；另一方面，媒体也主动收集信息。在检查信息公开过程中，检察机关依照自己意愿限制信息的发布范围，而媒体则为追求新闻的轰动效应竭力收集任何可能的爆炸信息，在一轮又一轮的限制与反限制的博弈中，检察机关和媒体追求各自目标的实现。然而凡博弈必有规则，否则就会陷入混乱。处理检察机关与媒体的关系，即是要确立检察机关与媒体关系的规则，让规则发挥作用。遵守规则则结果具有可预测性，只有确立检察机关与媒体关系的规则，检察机关才能借由媒体实现检务公开的预期目的，媒体才能通过检察机关获取期许的新闻信息。如何处理检察机关与媒体之间的关系，已成为摆在检察机关和媒体面前的重要课题。

由上可知，向媒体公开检察信息，确是检察机关的义务。那么，检察机关应当向媒体提供哪些信息呢？显然，基于特定理由，检察机关不会将某些信息提供给媒体，而基于其他理由，某些信息又必须提供给媒体，这就涉及向媒体公开检察信息的范围。在未成年人犯罪案件中，在注意保护未成年人的同时，也应注意并不是所有信息都不公开。在我国对未成年人犯罪案件的检察信息公开的保护中，可以对于有可能影响执法程序、影响公平受审判、影响个人隐私、泄露执法机关信息来源、泄露执法技术或程序或导致规避法律、影响任何个人安全或生命的材料，可以不公开。

（三）未成年人犯罪案件中对律师的相应限制

律师与媒体之间存在着相当紧密的联系，无论是在律师承办案件的过程中还是律师在扩大自身影响进行广告宣传的同时，二者都发生着千丝万缕的联系。在这个过程中，律师与媒体的关系既涉及新闻自由与司法独立的关系，也牵涉到当事人要求公正审判的权利与媒体宣传的关系，当事人的隐私权与辩护律师的独立性的关系，等等。在庭上，辩护律师与媒体之间的关系也就是媒体应该怎么报道律师庭上的言论的问题，因为律师在此时是法庭的一部分，其言论应该是享有豁免权的，但未成年人犯罪案件不应包括在内，之所以将其排除在外，这是因为未成年人犯罪有着不同于成年人犯罪的特殊性。

律师与媒体是天然的盟友，他们都是社会私权利制约公权力的代表，在代表公民权利和社会理性的不同声音方面也具有很大的共性。在刑事诉讼中，律师的参与是当事人行使辩护权，构建合理诉讼结构，实现司法公正的必然要求；媒体的参与是满足公众知情权，增加司法的透明度，实现司法公正的应有之义。辩护律师通常会选择媒体宣传作为一种辩护策略，在宣传中塑造当事人的形象，获得民众的谅解和同情，争取司法机关的宽大处理，从而达到其诉讼目的。在刑事诉讼中，律师与媒体之间的良性互动，能达到信息公开，满足公众的知情权，完善司法的监督机制，使得正义以可以看得见的形式实现；但是，律师和媒体之间也存在冲突，律师为了自己的利益过度地操纵媒体，煽动民意，尤其是在案件未结阶段的偏向性宣传，容易对司法造成压力，对司法独立是一种损害。如在曾经闹得沸沸扬扬地李某某等人的强奸案中，其律师就存在着严重的违规现象，没有保护好未成年犯罪人的隐私，对其身心造成了不良的影响，擅自披露办案及案件审理过程中的某些具体情节，其擅自向媒体披露的案件情节，使媒体受到了有导向性的误导，进而相关的报道也在社会上产生了很大的不良影响，对被害人和未成年犯罪人李某某都造成了不良的影响，同时也对法院对案件的审理造成了一定的社会舆论压力。中华全国律师协会颁布的《律师执业行为规范》和北京市律协制定的《北京律师执业行为规范》对于律师各项执业行为均有明确规定，全市律师在代理不公开审理案件过程中都应当严格遵守相关法律法规及行业规范，注重职业操守，自觉履行不公开相关审判信息的保密义务，不实施有悖于禁止性法律规定的行为，依法依规履行代理职责，做维护行业形象和声誉的典范。《刑事诉讼法》规定人民法院审判第一审案件不公开审理的情形包括：有关国家秘密的案件、有关个人隐私的案件、审判时被告人不满18周岁的案件以及涉及商业秘密当事人申请不公开审理的案件。律师在参与未成年人犯罪案件的辩护时，应当严格保护未成年人的个人隐私不受到侵害，不得将其个人信息全部公开，从而对其今后的健康成长造成不良的影响。

（四）不公开审理制度与媒体报道监督的重建

1. 建立未成年人犯罪案件审判的有限报道制度

未成年刑事案件的审判一般是不公开的，因此，新闻媒体也不能进入法院进行报道，更谈不上摄影直播了。正是因为没有了社会舆论的强有力监督，反而容易导致案件审判过程中出现问题。因此，有必要建立我国未成年人刑事案件有限报道制度，当然如果涉及个人隐私的话还是应当绝对禁止。根据相关法律的规定，对未成年人刑事案件进行报道不能公布未成年被告人的姓名与照片，这也是媒体进行报道的一个不能逾越的“红线”。在我国尚未明确媒体报道违法监管机构的情形下，这个有限报道的事项和程度如何把握，仅仅通过媒体行业自律与新闻从业者的自身素质约束是难以实现平衡的。如果媒体对未成年人刑事案件报道违反法律规定，那么由作为审判机构的法院对新闻媒体进行纠正与处罚是合适的。法院审理案件之前，在相关媒体向法院申请进入法院进行报道的情况下，法院就应当有相关的责任去约束媒体的行为，监督审判过程中新闻媒体是否有不合适的行为，包括提示他们在之后的报道中注意的各种事项。解决了未成年人刑事案件新闻报道监督主体问题，接下来便是关于责任承担的问题了。如果新闻媒体违反未成年人刑事案件有限报道制度的规定，首先应当要求媒体停止不当报道，同时对造成的影响进行消除。其次，如果造成了未成年人经济损失的话，应当给予赔偿。如果媒体是恶意报道，且造成了恶劣的影响，可以追究相关人员的责任。

媒体对未成年人犯罪案件审判的报道必须在对未成年人相关身份保密的基础上，以一个中立的立场进行报道，新闻报道应该忠于事实的真相，而不可以只是为了博得公众的眼球而进行具有导向性的报道，煽动不必要的社会极端情绪。如在合肥少女周某毁容案中，法院以故意伤害罪判处被告人陶某（1995 年出生，犯罪时 16 岁）有期徒刑 12 年零 1 个月。2011 年 9 月，陶某因与少女周某发生矛盾，遂往周某身上泼洒打火机油并用打火机点燃，致使周某严重烧伤毁容。事件发生后不断被媒体跟进报道，在此期间，陶某的姓名、照片、出生年月等个人信息不断被披露，各种传言也由不同媒体报道出来，这不仅对被告人陶某，也对同为未成年人的周某产生了极大地负面影响，同时媒体导向性报道所驱使的社会公众舆论也对负责审理此案的法院造成了极大的压力。所以今后对不公开审理的未成年人犯罪案件，媒体刻意挖掘和传播相关信息的行为将具有违法性，即便是其曾经被公开披露过的内容，媒体也不得将该部分资料再次挖掘出来予以公开报道。

由此，我们可以看出，媒体的过度报道对未成年人刑事案件审判所带来的巨大的副作用。特别是在案件侦查阶段的刑事司法报道频频出现过度报道的问题，我国《刑事诉讼法》对侦查向来奉行侦查密行原则，为保全涉案相关证据并确保侦查程序能够顺利进行，禁止侦查机关公开侦查过程与侦查行为，同时也基于无罪推定原则，禁止侦查机关在犯罪事实尚未进入审判程序之前公布犯罪嫌疑人的个人信息，媒体对尚处于侦查阶段的案件无权从官方获知详情。

我国立法没有对侦查机关与媒体交往的界限作出相应的规范，实践中媒体的报道空间基本上取决于侦查机关的偏好与需要。当侦查机关出于平常的犯罪倡导、消息散布或士气激励等因素的考虑，需要借助媒体的刑事司法报道以实现目的时，往往对媒体大开方便之门。本来在侦查阶段极为受限、自由度极低的刑事司法报道，在侦查机关积极配合乃至提供一些便利和条件时，又显得格外的自由。媒体可以拿到许多本应保密的案件资料，有些专跑侦查机关的政法记者甚至可以身处警方侦讯被追诉人的现场，拿到被追诉人的供述笔录复印件，甚或亲身讯问被追诉人；获得警方许可，甚至可以跟随警方进行秘密侦查，全程报道警方的侦破方案、破案技巧和侦破经过等等。这种详细披露公安机关侦办方向及过程的情形，暴露侦办单位已掌握之线索、泄漏被害人及证人身份、将犯罪过程故事化、巨细靡遗地介绍犯罪过程及细节、以片面的线索自行推断案情、以重建现场的拍摄手法来虚拟案件发生经过。故意突显犯罪严重程度或不法利益的报道行为，远远超出侦查不公开原则所追求的目的，既有违被追诉人权利保障原则，在全社会产生犯罪嫌疑人即真正犯罪之人的认定，造成媒体预审的舆论效果，又可能导致侦查机关资讯优势的丧失而妨碍案件的顺利侦破，侵损法官公正审判的能力，因而造成媒体与侦查机关、审判机关绝大多数情况下的无谓的对立和冲突，也构成刑事司法报道应受限制的坚定理由。

法官在同媒体接触的时候，也要注意自己的言论可能对未成年人犯罪案件所造成的影响。其应当保持谨慎的态度，不得针对具体案件和当事人进行不适当的评论，不得在言论中泄露关于未成年被告人的隐私，避免因言语不当对社会舆论造成导向性引导，从而损害未成年被告人的合法利益。同时，还要完善参与案件的律师、法定代理人等诉讼参与人的保密和不得泄露的义务。根据《刑事诉讼法》第27条的规定，在未成年人犯罪案件中，经未成年被告人及其法定代理人同意，未成年被告人所在学校和未成年人保护组织可以派代表到场。这些人员中不包括新闻记者，这是对现行的《刑事诉讼法》相关内容的一次完善与细化，该条文充分考虑到了媒体可能对未成年被告人的相关信息和隐私泄露所带来的种种不良影响，因而将其排除在知情人之外。同时，法官也要提醒这些有限的参与诉讼了解案情的相关人员不得泄露相关庭审细节，以免信息外泄对未成年犯罪人及其家庭造成不必要的损害。

2. 建立未成年犯罪案件被告方申请公开审判制度

不公开审判是基于未成年人权利的特殊保障，但是公开审判又是现代社会防止司法腐败的重要手段，这两者之间的价值取舍存在一定冲突，但并不是不可调和的。目前，赋予未成年被告人及其法定代理人申请公开审理的权利，允许他们申请公开审理，是国家与地区防范未成年人刑事案件不公开审判难以得到监督的一个重要制度设计。监督困难只是未成年人刑事案件审判的一个方面，在现实中，更为重要的是围绕未成年人刑事案件信息不公开而引发的一系列问题。在未成年人刑事案件审判过程中只允许法定代理人与辩护人到庭，其他诸如亲属、朋友、老师是不能进行旁听的，他们只能被拒之门外。在中国留守儿童日益增多的情况下，每天与孙子女一起居住的祖父祖母甚至都无法进入法庭，因为很多未成年人父母长期在外，未成年人只能由并不是法定监护人的祖父祖母抚养，而且在我国《刑事诉讼法》中，祖父祖母也不属于近亲属。加上今天未成年人与周围亲属甚至父母沟通极少。在这种情况下，一旦未成年人犯罪被羁押，其周围的很多人将得不到正确的信息来源，最直接获取信息的开庭审判又不能旁听，从而会导致很多人在相当大程度上对司法制度的不理解。同时，也将妨碍法院审判过程的顺利进行和造成未成年被告人日后教育改造的困难。因此，为保证未成年人刑事案件审理的公正，应该允许未成年犯罪嫌疑人或其法定代理人申请公开审理，赋予他们申请公开审理的权利。如果是一个受到虚假控诉甚至是“刑讯逼供”的未成年被告人，他将会十分渴望案件公开审判，受到公众的关注，使案件在社会舆论的监督之下审判。在申请公开审判制度中最重要的内容就是赋予未成年被告方申请公开审理的权利，因为最清楚案件事实的是被告人自己，由他们根据案件的实际情况和自身的利益去决定是否公开审判或者由不公开审判转换为公开审判。申请公开审判制度利用直接利害关系人的积极姿态，导入被告方的力量，客观上形成了对不公开审判的监督。从保护未成年被告人合法权益的角度去看，它与不公开审判制度具有相同的意义。

在具体司法实践操作中，我国可以赋予未成年被告人及其法定代理人申请公开审判的权利，为了保护未成年人的利益，可以规定申请公开审判需要经未成年人本人和其代理人一致同意。在考虑未成年被告人利益的同时，也赋予法官一定的自由裁量权，让其综合各种利益考虑，从而做出最终的决定，一般来说，只要是不涉及个人隐私、国家机密、商业秘密或者损害公共利益和社会公序良俗，损害司法公正和公信力，法官可以准许该案进行公开审判。公开审判后，可发挥媒体保障社会公众知情权及其对司法的监督作用，从而保障未成年被告人利益不被不公开程序所可能隐含的不公正而侵害。

2012 年修改的《刑事诉讼法》为现有媒体限制法律规范体系带来了新的“变革”，媒体也将面临更为严峻的报道难题：一是在选题方面，附条件不起诉制度将导致一部分诉讼在起诉环节终止，媒体面临可利用未成年人犯罪案源缩减难题，而不公开审理制度也使得报道准备工作不得不在审判过程中断，媒体无法在庭审环节获取一手信息；二是在报道介入时间方面，不公开审理制度阻断了媒体参与报道未成年人案件的审判环节，媒体将无法获取在庭审环节呈现的案件相关信息，而庭审类节目甚至将面临无法报道未成年人犯罪案件的境地；三是在材料使用方面，《刑事诉讼法》就信息保密的重申将在未来改变媒体不规范报道的现状。鉴于此，有论者对未成年人犯罪报道领域的前景表示了担忧。如果媒体对于未成年人刑事案件的报道没有法律层面比较周全和慎重的把握与考量，最好避而远之，必须强调的是在文明的法治社会中，在人权保护的主题下，对媒体侧重于程序和行为方式的规范限制是大势所趋，而我国《刑事诉讼法》在某些方面彰显了法律对人权的尊重以及更为全面的保护。在一定程度上，更为严格的媒体行为规范对于未成年人刑事案件报道，甚至对媒体未来的发展而言是件好事。媒体法制报道只有在规范、合理、不违背伦理精神，不违反法律规定的基本要求下，厘清法律规制的边界，同时应考虑未成年人的未来，尊重未成年人的名誉，尊重其人格尊严，不得公开或传播涉案未成年人的姓名、住所、照片、图像及可能推断出该未成年人的资料，严守媒体的职业道德。

后 记

本书是“研究生学习基地建设（1900542869/023）项目”成果。本项目在研究过程中综合了目前学术界有关未成年人刑事诉讼程序研究的主要观点与理论争鸣，结合了公安司法机关践行未成年人刑事诉讼程序的实践，针对理论的观点争鸣与实践的困惑提出了解决问题的思路与办案工作的努力方向，旨在为培养、训练“熟悉未成年人身心特点”办案人员、保障未成年人案件质量以及“推进法治专门队伍正规化、专业化、职业化，提高职业素养和专业水平”提供理论依据与办案指导。

本成果历经一年的研究历程，在北京工商大学教授、法学院副院长谢安平和中央财经大学教授、博士生导师郭华的主持下，在中央财经大学法学院硕士研究生高寒、冯康、于丰源、杨茜、曾薇、韩笑、种政、邬巧莹、张蕊等的参与下，几经讨论与修改，形成了《未成年人刑事诉讼程序探究》这一成果，在此对本成果研究中所参考文献的作者以及为此付出艰辛劳动的参与者表示衷心的感谢！本书的写作虽然时间较长，但因能力有限，还未能达到预期的理想，有些参考文献或者参考研究成果未能一一列出或者引用观点被曲解，敬请学者谅解，敬请读者提出宝贵意见。

郭　华　谢安平

2015 年 2 月 10 日

图书在版编目（CIP）数据

未成年人刑事诉讼程序探究/谢安平，郭华主编. —北京：中国政法大学出版社，2015. 4
ISBN 978-7-5620-5915-8

Ⅰ. ①未… Ⅱ. ①谢… ②郭… Ⅲ. ①青少年犯罪－刑事诉讼－诉讼程序－研究－中国
Ⅳ. ①D925. 218. 04

中国版本图书馆CIP数据核字(2015)第044040号

出 版 者　中国政法大学出版社
地　　址　北京市海淀区西土城路25号
邮寄地址　北京100088信箱8034分箱　邮编100088
网　　址　http://www.cuplpress.com（网络实名：中国政法大学出版社）
电　　话　010-58908289(编辑部)　58908334(邮购部)
承　　印　固安华明印业有限公司
开　　本　720mm×960mm　1/16
印　　张　20
字　　数　325千字
版　　次　2015年4月第1版
印　　次　2015年4月第1次印刷
定　　价　46.00元